상생 IT 혁신 기반으로 한

성공적 eSCM 구축 운영

SUPPLY CHAIN MANAGMENT

ISP, BPR, ERP, SCM, TOC, PLM의 방법론 및 사례 중심

한올출판사

머리말

21세기를 맞이하는 기업은 개방화와 국제화, 정보의 다양화 및 분산화, 제품수명주기의 단축과 수익률의 감소, 고품질의 제품, 지식산업의 등장, 고객욕구의 증대 등 다양한 내·외적 환경변화에 대응해야 하고 경쟁우위를 확보하기 위해 끊임없이 기업의 변화능력을 확보해야 한다. 이러한 환경변화에 맞게 기업은 제품을 생산하여 판매하는 기업의 시스템 전체가 경쟁력을 갖추어 총체적 우위를 확보하고 고객의 기호와 감성에 호소하는 제품을 만들 수 있도록 다양한 정보를 제공하는 시스템을 필요로 하게 되었다.

또한 기업간 경제의 패러다임이 개별기업간 경쟁에서 네트워크간 경쟁으로 전환됨에 따라 공급사슬관리의 중요성이 부각되고 있고, 이러한 공급사슬관리에 있어 효과적인 물류시스템의 구축이라는 측면은 네트워크의 경쟁우위를 제공하는 중요한 수단으로 부각되고 있다. 이러한 시점에서 기업들은 eSCM에 대하여 적극적으로 구축하기 위하여, 기존 eSCM시스템을 운영하고 있는 선진기업 대상으로 벤치마킹과 기업환경에 적합한 eSCM도입에 대해 여러 방면으로 연구조사를 실시하고 있는 실정이다. 제조업의 eSCM시스템은 최종적인 통합 e-Manufacturing이 될 수 있는 것이라 더욱이 기업간의 상호 협업화(collaboration)와 정보화가 갖추어진 조건 하에서 가능하기 때문에 더욱 신중을 기해야 한다. 다시 말하자면, 모기업과 102차 벤더 기업간의 패밀리 형태(전자, 자동차, 조선, 철강 등) 단위로 한 상생 IT 기반에서 성공적으로 eSCM 구축운영이 되게 해야 한다는 것이다.

한편, 컴퓨터와 통신기술의 발전과 인터넷의 대중화, 이에 따른 정보교류의 급속한 확산은 정보사회로의 진입을 앞당기고 있으며, 컴퓨터는 21세기를 지배할 가장 필수적인 문명의 유용한 도구로써 사용자 중심으로 발전해 가고 있는 실정이다. 본인이 그 동안 기업에서 경영전략과 정보화 시스템구축 운영을 직접 담당한 체험의 토대와 대학교에서 강의한 느낀 점을 집필하였다. 특히 eSCM 기반환경과 관련 연구, 국내 기업간의 eSCM분야 컨설팅 활동과 대학교·대학원에서 강의를 통해 eSCM 기반시스템 구축이 단순히 업무담당자와 시스템 개발·운영자의 영역을 넘어서 사용자 중심체제(CEO포함)로 바뀌어갈 것임을 감지하게 되었다. 이는 eSCM 기반환경에 대한 내용이 사용자 중심과 eSCM전략 중심으로 탈바꿈해야 한다는 것으로서, eSCM분야의 이해관계자들은 물론 eSCM을 운영하는 실무진으로부터 최고경영자에 이르기까지 eSCM 기반에 대한 어느 누구 할 것 없이 접해야 할 내용인 것이다. 다시 말해서 컴퓨터나 eSCM 기반환경이 더 이상 신비의 난해한 대상이기보다는 국가 경쟁력과 기업군(모기업과 협력사)을 비롯한 모든 현대조직의 경쟁력을 뒷받침해 주는 수단으로 인식되어 어떻게 하면 이를 세계 일류의 기업군으로서 최대한 경영전략과 전술로서 활용할 수 있겠는지에 관심의 초점이 모아져야 한다는 것이다.

이러한 관점을 좀 더 구체적으로 말하자면, 개인 수준에서는 컴퓨터 프로그래밍을 잘 모르는 사용자들에게 그들이 원하는 응용시스템을 개발해 줄 수 있도록 해야할 것이다. 이를 위해서 시스템 개발과정에서의 사용자 참여폭이 확대되어야 할 뿐 아니라 기존 시스템의 효과적 활용, 최종사용자 컴퓨팅 등이 강조되어야 한다. 또한 조직수준에서는 웹 기반환경의 자체개발 이외에도 외주개발, 외부와의 공동개발 및 패키지구입 등 폭넓은 웹 기반환경에 따른 확보대책이 강구되어야 하고 웹 기반환경 관련한 기술을 조직의 전략적 차원에서 활용하도록 꾸준한 노력을 해야 할 것이다. 본서는 바로 이와 같은 사용자 중심의 관점에서 기술되었는데, 모두 다섯 부분으로 이루어져 있다. 제 1부에서는 시대의 디지털화에 있어서, eBiz시대의 기업환경 변화, 디지털 기업경영의 전환, 기업 정보화의 변환과 운영을 종합적으로 정리하였다. 제 2부에서는 기업내부 정보화를 하기 위한 ISP수립, eERP체계 중심의 BPR적용 및 설계, 기업내부 정보화를 위한 ERP적용을 구성하는데 필연적인 내용을 정리하였다. 제 3부에서는 디지털화의 지원 요건으로서, 경영정보 지원의 책임역할과 총체적 경영개선에 대하여 다루었다. 제 4부에서는 기업외부와의 상생을 위해, ASP체계와 eERP활용 전략, 공급사슬관리(SCM) 적용하는데 체계적으로 정리하였다. 제 5부에서는 상생IT기반의 SCM구축 운영으로서, eSCM기반을 위한 확장된 eERP구축하는데 필요한 내용, 기업간 eSCM기반의 수용모델 그리고 PLM의 성공적 도입방안을 제시 하였다. 기업간의 디지털화 환경을 활용하는 것은 시대의 흐름과 환경변화를 충분히 반영한 접근된 시스템 구현으로서 지속적으로 정보화 활용을 수용되어야 할 것이다. 이 본문의 구성은 다음 그림과 같다.

책 내용의 구성

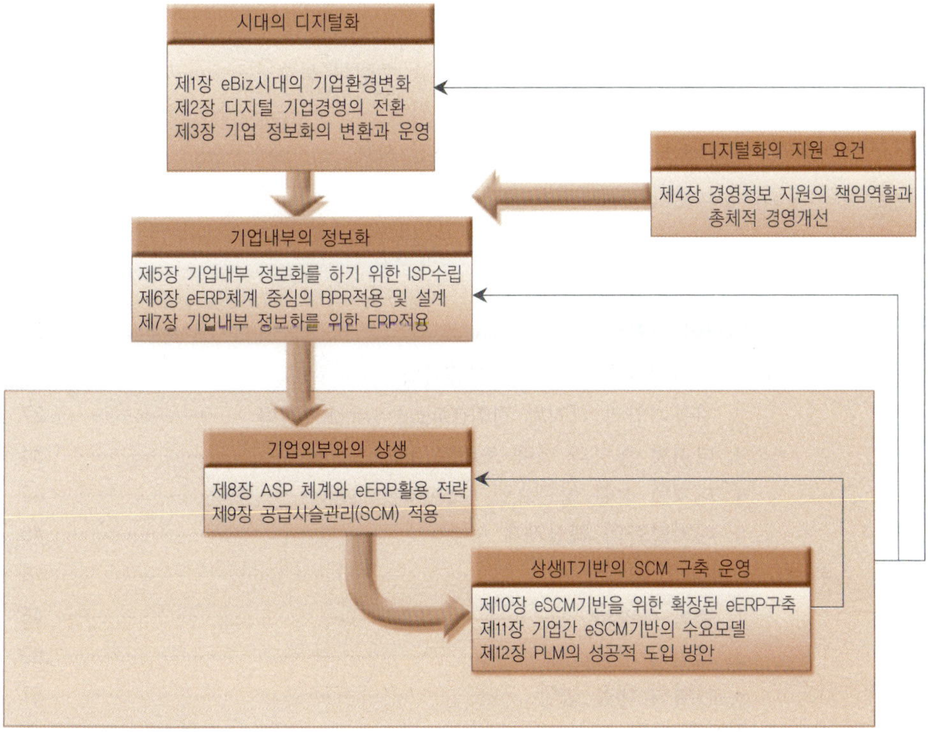

CONTENTS

Chapter 1 e-Biz시대의기업환경 변화

Chapter 2 디지털 기업경영의 전환

하다. 전 세계의 고객으로부터 정보사용 수준에 관한 요구가 쇄도할 수 있으며, 그 요구는 현재의 수준보다 훨씬 다양한 형태로 나타날 수 있다. 이러한 고객의 욕구를 만족시키기 위해서는 단순한 정보를 제시하는 것에서 벗어나 전문지식을 이용한 웹사이트 시스템을 개발하는 것이 필연적이다.

기업들은 가상 시장공간(virtual marketplace)에서 통신채널의 이익과 잠재적 고객(potential customers)에 대한 조사를 위해 웹사이트 구축에 적극적으로 나서고 있다. 그러나, 웹사이트를 효과적으로 활용하는데 있어 많은 기업들은 실패를 하였다(Dutta, et al., 1998). 사실, 대부분의 기업들이 웹 페이지를 구축하는 주된 이유 중 하나가 회사운영에 대한 고정된(static) 정보를 홍보하는 것이었다(Angehrn and Meyer, 1997). 웹사이트의 부적당한 정보보유는 기업의 가치 있는 사업 이미지를 위태롭게 할 수도 있다. 오늘날, 인터넷 관련 분야의 사업에서의 많은 실패사례로 인해 회의적 측면이 많아지기는 하였지만, 많은 수익을 내고 있는 기업들도 있다. 이에 따라, 기업들은 웹사이트의 질을 높일 수 있는 요인들을 발견하기 위해 많은 관심과 투자를 기울여야 할 필요성이 존재하는 것이다.

인터넷의 특별한 특성 중 하나는 바로 상호작용이다(Butler and Peppard, 1998; Ghosh, 1998; Palmer and Griffith, 1998; Peterson, et al., 1997). 상호작용의 특성은 Kotler(1967)가 제시했듯이 고객지향 마케팅 개념과도 상통하며, 인터넷 활성화의 물결로 인해 기존의 전통적 사업개념을 고칠 필요가 있다. 다수의 사용자들간의 통신으로 인하여(Hoffman and Novak, 1997) 기업보다도 오히려 고객들의 힘이 더 커지는 현상이 나타나고 있다(Bakos, 1997; Benjamin and Wigand, 1995; Kozinets, 1999; Rayport and Sviokla, 1994, 1995). 이로 인해 웹사이트에서 고객들의 인지도를 효과적으로 관리하기 위해 웹사이트에 대한 고객들의 인지도를 검증하는 것이 필연적으로 대두되고 있다. 그러므로, 이 책은 웹사이트에 대한 고객들의 인지도에 영향을 주는 요인이 무엇인가를 밝히고자 하는데 초점을 둔다.

이러한 이슈(issue)와 관련하여 본다면, 이 책이 제시되는 주목적은 다음과 같다. 웹의 이론과 개념 확립을 통해서 최종사용자 중심의 컴퓨터 기반으로 웹의 구성요소를 이용하여 디지털화로 전환된 모델을 구축하는데 있다. 이러한 구축이 정보시스템 평가와 감사를 통해서 웹 활용실태와 사례연구를 조사하여 이를 반영한 리모델링을 위해 분석연구와 적용방안을 모색하는데 있다.

제 2 절 사회 환경의 변화

정보기술의 발달로 인하여 사회적 변화를 시키는 것은 여러 가지 요인이 있지만, 그 중에서 가장 큰 변화를 일으키는 것이 기술이다. 인류의 역사를 보면, 원시 수렵사회로부터 농경사회로 이전하면서 변화된 근본적인 동기 원인은 철을 다루는 기술이었고, 농경사회에서 산업사회로 변하게 된 것은 각종 산업기계화라는 새로운 기계장치를 개발하였기 때문이다. 산업사회에서 정보화사회로 이전하게 된 원동력은 반도체와 통신의 개발이라고 할 수 있다.

이러한 기술에 의한 큰 변화가 최근에 다시 일어나고 있다. 컴퓨터, 소프트웨어, 하드웨어, 네트워크, 통신 등의 복합기술로 이루어진 정보기술(information technology)이 정보화 사회로 인해 생활의 기본을 혁신적으로 변화시키고 있다. 첫째, 공간에 대한 개념 변화로 인터넷 사이버 공간의 출현이다. 둘째, 시간 개념의 변화가 낮과 밤의 구분이 파괴되었음을 들 수 있다. 즉, 24시간이 모두 활동할 수 있는 환경이 되었다. 낮인 상황이 생겼다. 셋째, 속도 개념에 있어 초고속 통신망이 일반화되고 있다. 넷째, 통신의 대화 형태가 1 對 다수뿐만 아니라 다수(n) 對 다수(m) 등으로 다양한 통신환경체제가 되고 있다. 다섯째, 매체에 대한 개념이 단일매체나 아날로그 방식이 아니라 정보전달 기술의 다양성과 통신전달 매체인 디지털화로 바뀌고 있다. 현실세계(real world)에서 하나의 도시를 건설하기 위해서는 문화환경, 산업인프라, 공공인프라 및 법률제도가 필요하듯이, 사이버 세계(cyber world)에서도 전자상거래에 관련된 전자상거래기본법, 전자서명법, 국제법, 전자망법, 지적재산권법 등의 각종제도가 필요하고 또한, 다양한 인프라가 〈그림 1-1〉과 같이 복잡한 체계로써 많이 필요한 것이다.

이를 위해 현실세계와 사이버 세계를 비교한 것이 〈표 1-1〉이다. 〈표 1-1〉은 정보

표 1-1 산업사회와 사이버사회의 생활의 비교

구 분	산업사회	사이버사회
수 단	· 노동 및 자본 중심	· 두뇌 및 지식산업 중심
가 치	· 시설의 자동화, 산업사회의 정보화	· 정보의 산업화
거 래	· 물리적인 재화의 이동	· C2B, B2B, B2G, G2G 등 전자상거래와 광속거래
공 간	· 토지, 공간의 제한	· 가상공간, 공간의 무제한
시 간	· 1일 8시간(주간).	· 1일 24시간 운영(주, 야)
속 도	· 자동차, 해운 및 비행기 속도	· 통신의 초고속
대화채널	· 1:1, 1:n	· n:m

기술에 의한 생활의 변화를 산업사회와 사이버사회를 비교하여 정리한 것이고, 〈그림 1-2〉는 정보기술에 의한 사이버 사회의 성숙된 모습을 그림으로 나타낸 것이다.

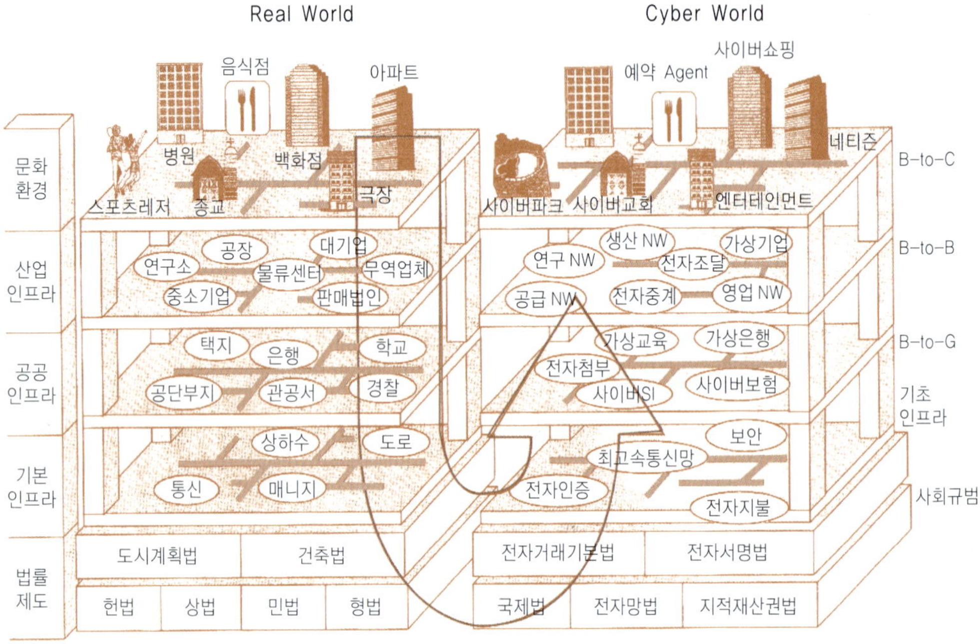

그림 1-1 현실세계(real world)와 사이버세계(cyber world)의 비교환경

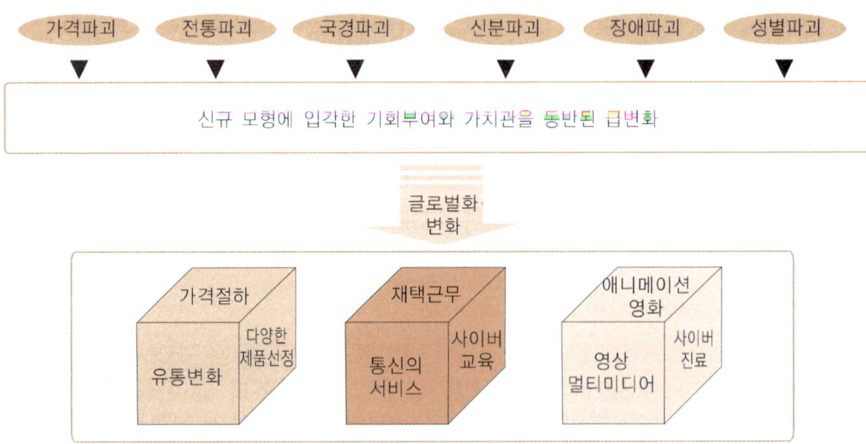

그림 1-2 IT에 의한 사이버사회의 환경

디지털화는 정보기술 발전에 따라 인프라 구축 차원을 넘어서서 사회의 기본 환경에 대한 바탕으로 탈바꿈하고 있다. 즉, 종래의 디지털은 아날로그에 대비되는 단순

기술적 의미로만 사용되었으나, 21세기에는 산업 전반을 변혁시키는 주된 요인이 되고 있다. 아날로그 사회의 주체인 에너지 집약구조로부터 디지털 사회의 주체인 비트(bit)의 조합인 EDI, 멀티미디어 정보 등의 구조로 변하고 있는 것이다. 이미 디지털 시대에 도래하여 각 분야에서 적용하고 있는 실정이다.

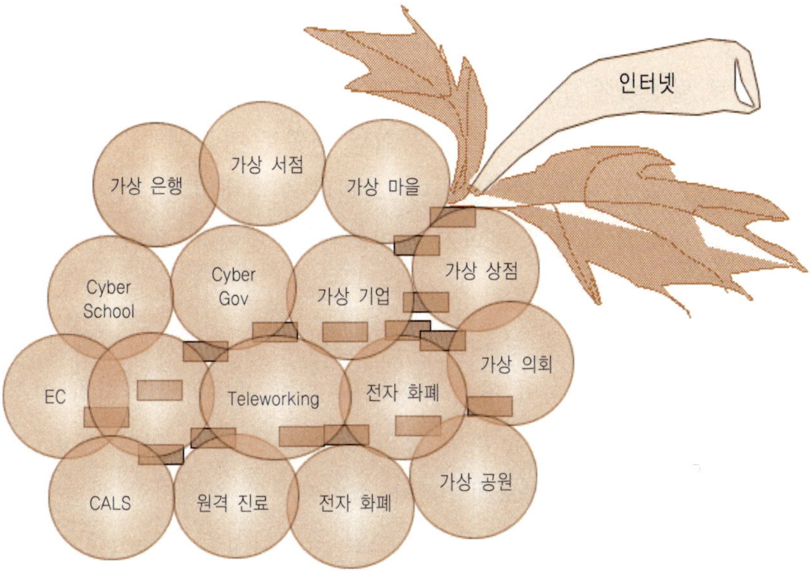

그림 1-3 사이버 사회의 성숙된 모습

선진기업의 경영자(CEO)들은 21세기를 디지털 시대라고 선언하고 새로운 물결조류에 대응하는 기업경영전략을 마련하는데 고심을 하고 있다. Microsoft사가 1999년 5월 18일부터 미국 시애틀에서 개최한 1999년 CEO Summit에서 제시된 의견은 디지털 시대의 경영전략이었으며, John Naisbitt는 Global Paradox에서 디지털 네트워크는 개인들로 하여금 시차 없이 의사소통을 가능하게 함으로써, 일하는 방법, 노는 방법, 움직이는 방법 그리고 생각하는 관점을 변화시킨다고 하였다. Intel의 앤디 그로브 회장은 지금 출구를 알 수 없는 전략적 변곡점에 놓여 있으며, 디지털에 의하여 만들어지는 미래에는 과거와는 전혀 다른 새로운 경영전략이 필요하다고 하였다. 또한 SONY의 이데이 사장은 과거 25년이 디지털화되는 기반조성 기간이었다면 앞으로의 25년은 디지털의 폭발기가 될 것이고 2010년까지 상상을 초월하는 변화가 예상된다고 하였다. 최근 인터넷의 저변확산은 디지털 시대로의 진입을 앞당기는 견인역할을 하고 있으며, 기업은 새로운 물결조류에 적응하는 것으로 충분치 못하여 기회를 先占하고 새로운 트렌드를 창출하는 새로운 경영 패러다임이 요구하고 있다.

제 3 절 경영환경의 변화

1. 기업 환경의 변화

기술발전과정으로 보면, 산업사회에서 정보화 사회로 진입한 이후 정보통신기술들이 개별적으로 발전하여 수렴 및 융합된 것이 바로 인터넷이다. 그러한 계기로 인하여 산업사회의 삶의 모습에서 사이버 사회의 생활로 바뀔 수 있게 하는 국제적으로 표준화된 정보기술이 바로 인터넷이다. 그러나 인터넷의 정의는 매우 다양하며, 어떠한 방향으로 다각적 측면의 정의로 정리되어 갈 것이다. 측면의 정의를 정리한 것이다. 형태적으로 보면, 국제표준 통신규약(TCP/IP)을 기반으로 전 세계 모든 조직 및 개인이 접속하는 개방형 글로벌 네트워크라고 할 수 있다. 형태는 정해져 있지 않았지만 전 세계적으로 수억 명의 사용자와 수천 만대의 컴퓨터가 연결되어 있는 네트워크, 노드(node), 사용자, 파일 등의 집합으로 볼 수 있다. 또한 사용 측면으로 보면, 저렴한 비용으로 정보제공자와 소비자간의 직접적인 쌍방향 정보교환 채널 구축이 가능하게 되었다. 인터넷 확산으로 국제디지털 경제시대가 앞당겨짐에 따라 기업경영환경에도 많은 변화가 일어나고 있다. 첫째, 판매자와 구매자 사이의 거래나 관계가 지역적 장벽을 초월한 실질적인 글로벌화가 훨씬 앞당겨졌다는 점이다. 둘째, 인터넷에 의한 홈페이지 개설 등이 이제까지는 단순정보제공이나 홍보차원이었으나, 인터넷의 확산에 따라 적극적인 마케팅 수단으로 사용된다는 점이다.

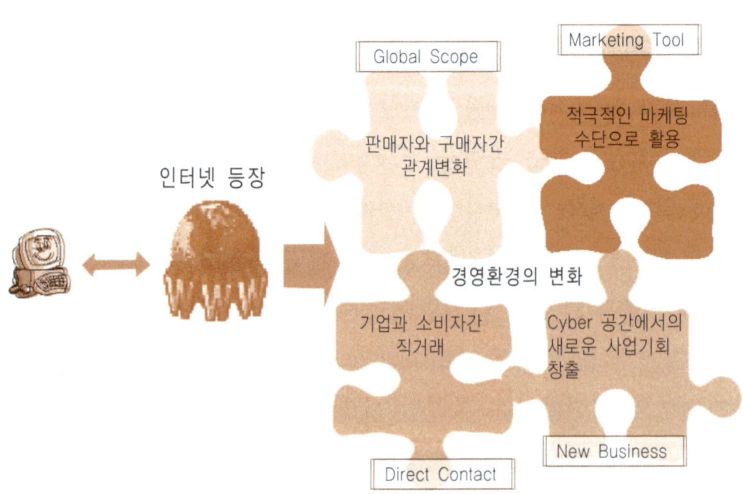

그림 1-4 인터넷 확산에 따른 기업경영환경의 변화

셋째, 전자상거래를 통하여 기업과 기업, 기업과 소비자간의 직거래가 가능하게 되었다. 기존 유통구조에 새로운 경쟁자가 등장한 것으로 유통체계의 근본적인 변화를 일으키고 있다. 넷째, 사이버 공간에서의 새로운 사업기회 창출 가능성이다. 정보기술에 의하여 형성된 사이버 공간에 있어서 독점과 장기간 동안 기득권을 차지할 수도 없으며 정립된 거래 관행도 거의 없기 때문에 무궁무진한 사업기회가 잠재되어 있다고 할 수 있다. 〈그림 1-4〉은 인터넷 확산에 따른 기업경영환경의 변화를 요약한 것이다.

2. 기업의 이해당사자 변화

컴퓨터와 정보통신의 발전으로 인해 인터넷 확산에 따른 경영환경 변화는 기업과 직접적인 관련이 있는 이해당사자에게도 많은 변화가 예상되고, 기업의 이해당사자 중에서 소비자인 고객, 근로자, 그리고 고용구조 측면에 있어서도 변화가 예상됨을 정리할 수 있다.

1) 소비자

인터넷을 본격적으로 활용하는 디지털 시대의 소비자는 전 세계를 상대로 방대하고 다양한 정보를 신속하게 획득하여 구매 의사결정을 내리기 때문에 예전과는 다른 소비 패턴을 보일 것이다. 소비자가 얻을 수 있는 이점을 요약하면 다음과 같다. 첫째, 선택의 폭이 넓어진 점이다. 기존의 지리적인 장벽을 극복하여 직접 상점을 방문 할 필요 없이 완벽한 정보를 바탕으로 다양한 제품 중에서 선택할 수 있게 된 점이다. 둘째, 편의성이 증대되었다는 점이다. 물품 및 서비스를 구매하는데 따른 시간과 비용을 절감할 수 있다는 점이다. 또한 가상점포를 통하여 필요한 제품과 서비스를 일괄적으로 구매하고 해결하는 원스톱 서비스(one stop service)를 받을 수 있게 되었다. 셋째, 저렴한 가격으로 구매 및 맞춤형 거래가 가능하다는 점이다. 현재는 전자상거래에 의한 상품가격이 반드시 저렴한 것은 아니지만, 경쟁이 치열해짐에 따라 가격은 점점 하락할 것이고, 특히 정보가 쌍방향으로 신속하게 전달된다는 점에서 맞춤형 거래가 발전할 가능성이 높다.

2) 근로자

정보통신산업의 발전으로 프로그래머, 시스템분석가, 컴퓨터 엔지니어 정보시스템감사사, 정보통신보안감사사 등에 대한 수요가 증가하고 있지만, 전자상거래가 활성화되면 인력수요 및 운영 측면에서 많은 변화가 예상된다. 첫째, 정보기술 및 미칠 수 있기 때문이다. 따라서 HR부문은 환경 변화에 따라 적절한 인사 제도를 새롭게 설계하고, 왜 이러한 변화가 필요하고, 변화가 어떻게 진행될지 그 프로세스를 명확히 구분해 구성원들을 이해시키고 설득함으로써 조직이 추구하는 변화에 실행력을 더해 주어야 한다. 미국의 인사저널인 'Human Re-source Management'는 1995년에 HR역량에 대한 흥미로운 결과를 발표한 적이 있다. 그 내용을 보면 미국 109개 회사 1,500여 사업부에서 종사하는 12,689명의 HR분야 전문가들을 대상으로 '향후 HR전문가들이 가져야 할 핵심적 자질이 무엇인가?'라는 설문에 응답자의 41.2%가 HR전문가들이 갖추어야 할 필수 자질로서 '변화 관리 능력'을 강조했다. 이는 향후 HR부서의 핵심으로 조직의 혁신을 이끌 수 있는 변화 담당자로서의 자질이 더욱 강조되고 있음을 시사한다.

3) 고부가가치 HR 서비스를 위한 전문 컨설턴트

HR부문의 기본적인 역할은 선발, 배치, 훈련, 평가, 보상, 승진에 이르기까지의 전반적인 HR프로세스상에서 효율적인 서비스를 제공하는 것이다. 정보 기술은 이러한 HR서비스의 효율성을 촉진할 수 있는 중요한 수단이 되고 있다. 즉, IT를 이용해서 HR프로세스 리엔지니어링이 가능하게 된 것이다. 따라서 단순 행정처리 위주의 저부가가치 업무는 아웃소싱 시키거나 e-HR시스템 도입 등으로 효율화 하고, 향후 HR 부서는 조직 전반에 걸쳐 HR 관련 전문 컨설팅 서비스를 제공하는 고부가가치 업무를 수행해야 한다. 이를 위해 소프트한 측면의 HR 이슈를 해결하고 전문 컨설팅을 담당할 수 있는 HR전문가 양성과 확보에 힘쓰는 것이 중요하다. 해외 선진기업의 HR 부서가 보상 전문가, 평가 전문가, 전략 컨설팅 및 카운셀링 전문가 등 다양한 HR전문가 확보·육성에 주력하는 것도 이러한 이유이다.

예컨대 Johnson & Johnson사는 조직 효율성 제고 차원에서 HR프로세스 리엔지니어링을 실시하였다. 그 결과 보상, 평가, 노사관계 등 각 분야의 실력 있는 HR담당자로 구성된 '전문가 센터(center of expertise)'와 e-HR시스템 도입을 통해 HR서비스를 제공하는 '서비스 센터(service center)'를 운영하기 시작했다. 전문가 센터는 오프라인뿐만 아니라 Web 상에서 개별 구성원 및 사업부가 필요로 하는 HR 전문 컨설팅을 실시간으로 수행하고 있다. 그리고 서비스 센터는 급여계산, 복리후생관리 및 각종 지급업무와 같이 일반적인 행정업무에 속하는 서비스 기능들을 하나로 통합하여 신속하고 효율적인 HR서비스를 제공하고 있다. 또한 이러한 활동이 성공적이기 위해서

셋째, 전자상거래를 통하여 기업과 기업, 기업과 소비자간의 직거래가 가능하게 되었다. 기존 유통구조에 새로운 경쟁자가 등장한 것으로 유통체계의 근본적인 변화를 일으키고 있다. 넷째, 사이버 공간에서의 새로운 사업기회 창출 가능성이다. 정보기술에 의하여 형성된 사이버 공간에 있어서 독점과 장기간 동안 기득권을 차지할 수도 없으며 정립된 거래 관행도 거의 없기 때문에 무궁무진한 사업기회가 잠재되어 있다고 할 수 있다. 〈그림 1-4〉은 인터넷 확산에 따른 기업경영환경의 변화를 요약한 것이다.

2. 기업의 이해당사자 변화

컴퓨터와 정보통신의 발전으로 인해 인터넷 확산에 따른 경영환경 변화는 기업과 직접적인 관련이 있는 이해당사자에게도 많은 변화가 예상되고, 기업의 이해당사자 중에서 소비자인 고객, 근로자, 그리고 고용구조 측면에 있어서도 변화가 예상됨을 정리할 수 있다.

1) 소비자

인터넷을 본격적으로 활용하는 디지털 시대의 소비자는 전 세계를 상대로 방대하고 다양한 정보를 신속하게 획득하여 구매 의사결정을 내리기 때문에 예전과는 다른 소비패턴을 보일 것이다. 소비자가 얻을 수 있는 이점을 요약하면 다음과 같다. 첫째, 선택의 폭이 넓어진 점이다. 기존의 지리적인 장벽을 극복하여 직접 상점을 방문 할 필요 없이 완벽한 정보를 바탕으로 다양한 제품 중에서 선택할 수 있게 된 점이다. 둘째, 편의성이 증대되었다는 점이다. 물품 및 서비스를 구매하는데 따른 시간과 비용을 절감할 수 있다는 점이다. 또한 가상점포를 통하여 필요한 제품과 서비스를 일괄적으로 구매하고 해결하는 원스톱 서비스(one stop service)를 받을 수 있게 되었다. 셋째, 저렴한 가격으로 구매 및 맞춤형 거래가 가능하다는 점이다. 현재는 전자상거래에 의한 상품가격이 반드시 저렴한 것은 아니지만, 경쟁이 치열해짐에 따라 가격은 점점 하락할 것이고, 특히 정보가 쌍방향으로 신속하게 전달된다는 점에서 맞춤형 거래가 발전할 가능성이 높다.

2) 근로자

정보통신산업의 발전으로 프로그래머, 시스템분석가, 컴퓨터 엔지니어 정보시스템감사사, 정보통신보안감사사 등에 대한 수요가 증가하고 있지만, 전자상거래가 활성화되면 인력수요 및 운영 측면에서 많은 변화가 예상된다. 첫째, 정보기술 및 컴퓨터 관련 고급인력 수요가 증대될 것이다. 양적인 측면뿐만 아니라 질적으로 높은 수준의 인력 수요가 증대할 것이다. 전자상거래의 활성화는 노동시장의 판도를 변화시킬 것으로 보이는데, 정보통신과 관련되는 단순기술 인력수요는 축소될 것이고, 일반관리에 있어서도 단순직 인력은 축소될 것이다. 둘째, 인력 운영의 유연성이 제고될 것이다. 조직운영을 위한 정보기술의 활용으로 기업통신망 및 인터넷을 통하여 조직 내에서 정보 및 지식의 신속한 전달과 공유가 이루어짐으로써 보다 유연한 조직구조로 변화할 것이다. 재택근무(telecommuting)의 증대로 생산성 향상, 비용절감, 근로의욕 제고뿐만 아니라 재택근무자는 시간을 보다 자율적이고 효율적으로 운영할 수 있다. 셋째, 전자상거래 정보가 실시간으로 전 세계로 교환됨에 따라 근로자들의 업무활동 영역이 글로벌화 된다. 또한 고용 및 충원을 위한 정보를 인터넷을 통하여 폭넓게 수집하게 됨에 따라 국가간 고급인력 유출문제가 심각해질 가능성이 많다. 업무 관련지식을 획득하고, 여가를 즐기며, 지식과 교양을 쌓는데 있어 인터넷을 널리 활용함에 따라 근로자의 삶의 방식도 많은 변화가 예상된다.

3) 고용구조의 변화

디지털 시대의 도래로 인해 각 산업별이나 서비스업종 및 무역업에 있어서 다양한 분야에 부합된 고용구조로 각 업종에 맞는 고용구조가 정립될 것이다. 전자상거래의 활성화에 따른 고용구조의 변화는 산업, 지역, 기술영역에 따라 상이하나 미국 노동통계국과 증권위원회의 관련 통계자료에 의한 OECD에서 예측한 내용을 살펴보면 다음과 같다. 〈표 1-2〉는 미국과 유럽연합(EU) 10개국의 전자상거래(EC)산업 고용비중과 그 기여도를 나타낸 것이다.

표 1-2 전자상거래 관련산업의 고용성장에의 기여도

구 분	총고용대비 점유율(%)		총고용대비 기여도(%)	
	미국(1996)	EU-10*(1996)	미국(1993-96)	EU-10*(1993-96)
하드웨어 통신장비	1.4	2.0	0.034	0.002
컴퓨터데이터통신서비스	1.0	0.8	0.090	0.078
통 신	1.0	1.8	0.021	0.017
금융중개	5.7	4.3	0.038	-0.013
무 역	22.0	13.4	0.570	0.094
소 개	31.7	22.3	0.751	0.178
기타 산업	68.3	77.7	1.521	0.330
총고용성장율			2.272	0.508

EU-10*: EU 10개국(벨기에, 덴마크, 프랑스, 그리스, 이탈리아, 룩셈부르크, 네덜란드, 포르투갈, 스페인, 영국)
출처: ETRI 주간기술동향(1999.5)

〈표 1-2〉에서의 전자상거래 산업은 하드웨어 통신장비, 컴퓨터데이터통신서비스, 통신, 무역을 대표로 보면, 미국의 경우 총 고용대비 점유율은 26%이고, EU의 경우는 18%를 차지한다. 전자상거래의 직접적인 결과로 정보산업과 정보서비스 관련 활동은 증가할 것으로 보이며, 전자상거래에 의한 중간제품과 서비스에 대한 매출 증가에 따라 간접적으로 고용창출이 예상된다. 특히 가격 탄력성에 따라 소프트웨어, 온라인 서비스, MP3, 출판업, 컴퓨터 및 부품 등이 판매 증가로 인하여 관련된 산업의 고용 수요를 증가시킬 것으로 보인다. 전자상거래는 정보기술 전문가(소프트웨어 개발자, 하드웨어공급 및 유지보수 기술자, 네트워크공급 및 컨설턴트, 통신, 업무분석 및 설계자, SI 컨설턴트, 정보시스템감사사, 정보통신보안감사사 등)가 단순분야의 기술보다는 복합 다양한 종합적 기술지원을 할 수 있는 조직적이고, 장기적인 기술 능력을 보유한 사업적 응용능력을 가진 것이 필요할 것이다.

제 4 절 인터넷 시대의 기업 경영

기업이 인터넷 시대에 경쟁우위를 확보하기 위해서는 지금까지와 다른 전략과 접근법이 필요한 것이 아니라 인터넷을 기존의 전략과 경쟁 방식에 대한 보완적 역할을 수행하는 것으로 이해하고 활용해야 한다. 인터넷이 산업구조와 경쟁우위에 미치는 효과 및 인터넷이 제공하는 기회에 대해 알아본다. 흔히들 인터넷은 우리를 둘러싸고 있는 모든 것을 변화시킨다고 한다. 이러한 현상은 특히, 기업 경영에서 두드러지게 나타나는 듯하다. 즉, 인터넷은 저렴한 비용과 용이한 접근성으로 광범위한 연결성을 제공해 주는데, 이러한 인터넷의 속성이 기업의 경영 및 경쟁 전략과 관련된 기존의 룰과 사업 모델을 완전히 재검토하도록 하고 있다는 것이다. 실제로 일부 기업들은 인터넷을 활용하여 기존의 품질 경쟁에서 가격 경쟁으로 경쟁의 룰을 변화시킴으로써 산업의 경쟁구조와 수익성을 근본적으로 바꾸기도 한다.

1. 전략에 미치는 영향

인터넷이 경영 전략의 효용성을 감소시키고 기존의 게임 룰을 완전히 변화시키는가를 판단하기 위해서는 보다 면밀한 검토가 필요하다. 지난 수십년간 기업의 전략을 이끌어 온 사상은 기업 활동과 관련된 경영자의 의사결정을 지원하는 '경영 정책 또는 계획', 산업구조 및 경쟁자를 분석하는 '경쟁 분석', 경쟁우위 원천을 다루는 '핵심 역량' 등 몇 가지를 지적할 수 있다. 문제는 인터넷이 이들 경영 전략의 본질적인 기능에 어떠한 영향을 미치는가 하는 점이다. 일부는 인터넷의 등장으로 인해 환경이 급변하고 경영의 스피드가 중요해짐으로써 상대적으로 안정적인 환경과 정확한 예측에 기반을 두고 있는 전통적 개념의 전략이 그 효용성을 상실해간다고 주장한다. 이러한 상황에서는 중장기 경영전략이라는 것이 반드시 달성해야 할 계획이라기보다는 운에 의해 달성 정도가 결정되는 것 정도로 인식된다는 것이다. 또 포터가 강조하는 산업 구조 분석도 해당 산업과 경쟁자, 공급자, 잠재적 진입자 등이 명확히 규정되어야 하는데, 인터넷의 등장과 빠른 기술 발전으로 인해 이들 요소에 대한 구분이나 분석 자체가 어렵고 무의미할 수가 있다는 것이다. 결국, 이러한 주장에 따르면 인터넷 환경 하에서는 전략보다 전술이 중요하며, 전략이란 것도 경쟁에서 이기기 위한 해답을 구하는 것이라기보다는 단지 기업이 나아가야 할 방향성(direction)을 정하는 것 정도로 이해해야 한다. 그러나 과연 그러한가? 인터넷 시대에서 경쟁우위를 확보하기 위해서는 지금까지와는 다른 전략과 접근법이 필요한가? 그렇지는 않다. 왜냐하면 인터넷이라는 것은 기존의 전통적인 사업 방식을 지원하고 보완해주는 수단의 성격이 강하기 때문이다. 그렇다면 인터넷을 활용하여 어떻게 경쟁우위를 확보하고 성과를 높일 수 있을까? 이에 대한 답을 얻기 위해서는 인터넷이 산업 구조와 경쟁 우위에 미치는 효과를 먼저 분석할 필요가 있다.

2. 산업 구조에 미치는 영향

인터넷의 등장은 두 가지 측면에서 산업에 영향을 미치고 있다. 첫째는 온라인 경매, e-Marketplace 등 새로운 산업을 탄생시켰다는 점이며, 둘째는 커뮤니케이션과 정보 수집 및 거래 비용을 절감시킴으로써 산업 내 효율성을 제고 시켰다는 점이다. 그러나 인터넷에 의해 탄생된 신 산업이든 기존 산업이든 간에 이들 산업의 수익성은 여전히 전통적인 전략에서 이야기하는 요인들에 의해 결정되어 진다고 할 수 있다. 예컨대, 신 산업의 경우에도 산업의 수익성을 결정짓는 공급자, 경쟁자, 고객, 유통채널 등의 경쟁 요인들을 분석함으로써 미래의 경쟁 구조와 수익성이 어떻게 변화될 것인지를 파악할 수가 있는 것이다. 문제는 이들 경쟁 요인들이 산업마다 상이

하고 시간에 따라 급변하기 때문에 인터넷이 산업의 장기 수익성에 미치는 효과를 평가하기에는 다소 어려움이 있을 수 있다는 점이다. 인터넷이 산업 구조와 기업에 미치는 효과에는 긍정적인 면과 부정적인 면 모두가 있다. 즉, 인터넷은 정보 수집을 용이하게 하고 구매, 마케팅, 유통상의 어려움을 감소시키며 구매자와 판매자를 용이하게 연결시켜 주는 등 산업의 효율성을 증대시키는 효과를 지니고 있음에도 불구하고, 기업이 이러한 효과를 자사의 이익으로 연결시키기는 더욱 어려워지고 있다. 이는 인터넷이 정보수집을 용이하게 하여 구매자의 힘을 증대시키며, 기존 채널에 대한 의존성을 저하시켜 진입 장벽을 낮추는 등 경쟁을 보다 격화시키기 때문이다. 예를 들어 현재 많은 닷컴 기업이 합병되거나 철수를 하고 있어 한편으로는 경쟁이 줄어들지만, 다른 한편으로는 낮은 진입 장벽으로 인한 신규 닷컴 기업의 등장과 기존 기업의 인터넷 사업 진출로 인해 경쟁이 더욱 치열해지고 있는 것이다. 이렇게 볼 때, 인터넷은 일반적으로 기업간 경쟁을 보다 격화시키고 산업 수익성을 저하시킬 것으로 보인다.

3. 경쟁 우위에 미치는 영향

앞에서 살펴본 바와 같이 인터넷이 기업간 경쟁을 격화시키고 그 결과 산업 수익성을 저하시킨다면 개별 기업은 어떻게 대응해야 할까? 기업이 취할 수 있는 유일한 대안은 비용을 절감하거나 가격 프리미엄을 향유할 수 있는 경쟁 우위를 확보하는 것이다. 즉, 인터넷을 활용하여 운영 효율성(operational excellence)을 확보하거나 또는 차별적인 제품과 서비스(product & service leader-ship)를 제공할 수 있는 독특한 포지션을 택하는 것이다. 물론 이 양자 모두를 추구할 수도 있다. 먼저, 인터넷은 실시간으로 정보를 교환할 수 있게 함으로써 가치사슬 전반의 효율성을 높여준다. 기업들은 이러한 인터넷을 활용하여 경쟁사보다 높은 운영 효율성을 확보함으로써 경쟁우위를 지닐 수 있게 되지만, 다른 한편으로는 모방이 보다 용이해짐으로써 경쟁 우위를 지속하기가 더욱 어려워졌다. 즉, 오늘날에는 많은 기업들이 인터넷을 활용하여 유사한 사업 모델과 시스템을 단기간에 개발, 모방하고 있으며, 그 결과 운영 효율성 제고를 통한 경쟁 우위의 지속성 확보가 점점 더 어려워지고 있는 것이다. 경쟁 우위 확보의 또 다른 대안은 경쟁사와는 차별화된 포지션을 확보하는 것이다. 향후에는 가치 창출 네트워크상의 핵심 활동을 장악하고 이를 바당으로 개별 가치사슬 상에서 최상의 역량을 지닌 다른 기업들과 파트너십을 형성하여 다양한 사업 모델을 수행하는 가상 기

2) 마케팅 측면의 기회

인터넷을 활용해 제품과 서비스를 기존 또는 신규 고객에게 보다 효과적인 방법으로 제공할 수 있는 e-Marketing 기회는 제품의 효익과 속성을 고객에게 보다 잘 전달함으로써 '판매 과정의 효율성'을 높여주는 것, 고객의 니즈 충족과 제품의 용이한 구매를 지원함으로써 '고객의 구매 경험을 강화' 하는 것, 제품의 사용으로부터 오는 만족을 증대시키는 서비스를 제공함으로써 '고객의 사용 경험을 강화' 하는 것 등의 세 가지로 유형화해 볼 수 있다. 이러한 기회를 확보하기 위해서는 고객이 인지하는 제품 차별화 정도와 구매 빈도의 두 가지 요소를 고려해야 한다. 먼저 차별화 정도가 높은 제품에 대해서는, 차별성을 선호하는 고객을 대상으로 판매 전후에 제품의 효익과 특성을 강조하는 판매 정책을 전개하는 것이 바람직한 반면, 차별화 정도가 낮은 제품의 경우에는 고객의 구매 및 사용 경험을 자극하는 판매 정책을 전개하는 것이 필요하다. 다음으로 구매 빈도와 관련해서 보면, 구매 빈도가 낮은 경우에는 구매 과정에서 보다 많은 정보를 필요로 하게 되며, 따라서 탐색과정을 보다 편리하게 지원해줄 수 있는 정책이 필요하다. 그러나 반대로 구매 빈도가 높은 고객의 경우에는 정보보다는 거래 비용에 대해 보다 민감하게 반응하므로 거래비용을 최소화할 수 있는 정책을 전개하는 것이 바람직하다. 지금까지 설명한 두 가지 요소를 조합해 보면 고객을 다음 네 가지 그룹으로 분류해 볼 수 있다. 첫째는 '높은 구매 빈도-낮은 제품 차별화' 영역으로서, 이는 광범위한 지역·고객을 대상으로 표준품을 판매하는 B2C 전자 상거래 업체가 주 대상으로 삼고 있는 분야이다. 이 영역에서는 특히, 신속한 탐색과 맞춤 서비스 제공을 통한 고객의 구매 및 사용 경험 제고와 저렴한 구매 비용을 강조하는 활동을 전개할 필요가 있다. 둘째는 '낮은 구매 빈도-낮은 제품 차별화' 영역으로서, 웹사이트 등을 통해 풍부한 정보를 제공해 줌으로써 구매자의 선택을 용이하게 해줌과 동시에 구매 경험을 자극하는 정책을 전개하는 것이 바람직하다. 고객의 니즈에 맞는 보완적 제품을 제공함으로써 원 스톱 쇼핑을 가능하게 하는 것이 그 한 예라 할 수 있다. 셋째는 '낮은 구매 빈도-높은 제품 차별화' 영역으로서, 고객을 제품 개발 과정 등에 참여시켜 그들의 니즈가 반영된 제품을 제공함과 동시에 제품의 효익을 제고하는 활동을 강화하는 것이 필요하다. 대표적 예로 Timex는 i-Control이란 시계설정 시스템(i-control watch-setting system)을 다운로드해 주는 서비스 활동을 전개하고 있다. 끝으로 '높은 구매 빈도-높은 제품 차별화' 영역에 대해서는 차별성이 당연한 것으로 인식되지 않도록 제품의 차별적 속성을 지속적으로 강조함과 동시에 고객에 대한 개인화된 서비스 제공과 관심 표명을 통해 로열티를 높이는 활동이 필요하다.

3) 서비스 측면의 기회

e-Service는 목표 시장의 개별 고객 니즈를 이해하는 것에서부터 출발한다. 이러한 이해를 바탕으로 시간에 따라 변화되는 고객의 니즈를 중심으로 서비스를 제공할 것인지, 또는 고객의 생애에 걸쳐 나타나는 이벤트를 중심으로 서비스를 제공할 것인지를 결정해야 한다. 소니의 경우는 SonyStyle을 통해 고객 니즈를 파악하고 이에 부합하는 개별화된 제품과 서비스를 제공함으로써 고객과의 관계를 강화해 가고 있다. 일반적으로 인터넷이 제공하는 서비스 기회를 확보하기 위해서는 먼저 고객에게 제공할 가치와 이로부터 향유할 가치를 포함한 목표의 명확화와 데이터 분석 능력 제고 및 이를 바탕으로 한 차별적 고객 가치 제공 등이 필요하다. 끝으로 인터넷이 제공하는 제반 기회를 장기적으로 향유하기 위해서는 경쟁사가 모방하기 어려워야 하며, 이를 위해서는 인터넷을 통해 제공되는 제품과 서비스 또는 인프라스트럭처가 기존의 것과는 차별화 되고 또 어느 정도 트레이드 오프 관계에 있어야 한다. 기존의 관행이나 강점을 어느 정도 희생해야 새로운 것을 얻을 수 있는 트레이드 오프 관계가 존재할 때 경쟁사가 쉽게 진입하기가 어렵기 때문이다. 이 외에도 독점 또는 규모의 경제 효과가 크게 작용하는 제품이나 서비스일수록 시장 선점 효과 또한 크므로 선발자의 이점을 향유하고 유지할 수 있도록 하는 것이 중요하다. 이는 결국, 모방이 상대적으로 용이한 인터넷 기술 자체보다는 제품이나 서비스와 같은 전통적인 부분에서의 경쟁력 확보가 보다 중요하며, 이러한 대전제 하에서 인터넷을 보완적으로 활용함으로써 상호 시너지가 창출될 수 있도록 하는 것이 핵심이라는 것을 의미한다. 즉, 인터넷 시대에는 전통적 개념의 경쟁우위와 전략 및 인터넷을 적절히 결합하는 통합적 전략을 구사하는 기업이 최후의 승자가 될 것이다.

제 5 절 디지털 시대의 e-인력자원 역할

디지털 시대에 인적자원(human re-source: HR) 부서는 전문성을 기반으로 다양한 미칠 수 있기 때문이다. 따라서 HR부문은 환경 변화에 따라 적절한 인사 제도를 새롭게 설계하고, 왜 이러한 변화가 필요하고, 변화가 어떻게 진행될지 그 프로세스를 명확히 구분해 구성원들을 이해시키고 설득함으로써 조직이 추구하는 변화에 실행력을 더해 주어야 한다. 미국의 인사저널인 'Human Re-source Management'는 1995년에 HR역량에 대한 흥미로운 결과를 발표한 적이 있다. 그 내용을 보면 미국 109개 회사 1,500여 사업부에서 종사하는 12,689명의 HR분야 전문가들을 대상으로 '향후 HR전문가들이 가져야 할 핵심적 자질이 무엇인가?'라는 설문에 응답자의 41.2%가 HR전문가들이 갖추어야 할 필수 자질로서 '변화 관리 능력'을 강조했다. 이는 향후 HR부서의 핵심으로 조직의 혁신을 이끌 수 있는 변화 담당자로서의 자질이 더욱 강조되고 있음을 시사한다.

3) 고부가가치 HR 서비스를 위한 전문 컨설턴트

HR부문의 기본적인 역할은 선발, 배치, 훈련, 평가, 보상, 승진에 이르기까지의 전반적인 HR프로세스상에서 효율적인 서비스를 제공하는 것이다. 정보 기술은 이러한 HR서비스의 효율성을 촉진할 수 있는 중요한 수단이 되고 있다. 즉, IT를 이용해서 HR프로세스 리엔지니어링이 가능하게 된 것이다. 따라서 단순 행정처리 위주의 저부가가치 업무는 아웃소싱 시키거나 e-HR시스템 도입 등으로 효율화 하고, 향후 HR 부서는 조직 전반에 걸쳐 HR 관련 전문 컨설팅 서비스를 제공하는 고부가가치 업무를 수행해야 한다. 이를 위해 소프트한 측면의 HR 이슈를 해결하고 전문 컨설팅을 담당할 수 있는 HR전문가 양성과 확보에 힘쓰는 것이 중요하다. 해외 선진기업의 HR 부서가 보상 전문가, 평가 전문가, 전략 컨설팅 및 카운셀링 전문가 등 다양한 HR전문가 확보·육성에 주력하는 것도 이러한 이유이다.

예컨대 Johnson & Johnson사는 조직 효율성 제고 차원에서 HR프로세스 리엔지니어링을 실시하였다. 그 결과 보상, 평가, 노사관계 등 각 분야의 실력 있는 HR담당자로 구성된 '전문가 센터(center of expertise)'와 e-HR시스템 도입을 통해 HR서비스를 제공하는 '서비스 센터(service center)'를 운영하기 시작했다. 전문가 센터는 오프라인뿐만 아니라 Web 상에서 개별 구성원 및 사업부가 필요로 하는 HR 전문 컨설팅을 실시간으로 수행하고 있다. 그리고 서비스 센터는 급여계산, 복리후생관리 및 각종 지급업무와 같이 일반적인 행정업무에 속하는 서비스 기능들을 하나로 통합하여 신속하고 효율적인 HR서비스를 제공하고 있다. 또한 이러한 활동이 성공적이기 위해서는 실력 있는 HR전문인력 보유가 중요하기 때문에 동사는 사내 HR전문인력 양성을 위한 '인사 전문가 과정'을 운영하고 있다.

4) 종업원 몰입 극대화의 견인차

HR부문은 종업원으로부터 회사와 일에 대한 몰입을 이끌어내는 데 주도적 역할을 해야 한다. 구성원의 만족감이나 충성도를 높일 수 있는 방안을 강구하는 것은 HR부문이 수행하는 중요한 역할 가운데 매우 소프트한 측면이다. 이는 종업원들이 얼마나 만족하고, 조직을 신뢰하며, 신명나게 일 할 수 있는가의 문제로, 최근 관심을 모으고 있는 구성원의 감성역량(emotional competency)과 직결되는 것이다. 감성역량이란 '자신의 감성과 다른 사람의 감성을 잘 다스려 자신과 타인이 함께 좋은 관계를 유지하는 능력'이다. 이를 통해 구성원들은 효과적으로 스트레스를 관리할 수 있으며, 조직은 건설적이고 창조적인 조직 분위기를 조성할 수 있다. 감성역량을 높이기 위해서는 종업원의 니즈를 명확히 파악하고 이러한 니즈 충족이 선행되어야 하며, HR부문은 구성원들의 감성적 문제를 해결할 수 있는 전문능력을 갖추어야 한다. Hewlett-Packard사의 인사 부문 부사장인 Pete Peterson은 HP의 인적자원관리의 성공 비결을 묻는 질문에 대해 "우리 회사는 HR의 사명으로서 현장의 라인 관리자나 HR전문가들 모두에게 'Employee Champion'이 될 것을 강조한다"라는 말을 한 적이 있다. 여기에는 HR담당자가 종업원의 니즈를 이해하고 이를 충족시키며 그들의 공헌도가 더 높아질 수 있도록 제반 여건을 마련할 수 있어야 한다는 함의가 담겨져 있다. 따라서 HP는 정기적으로 실시하는 '종업원 서베이(employee survey)'를 통해 구성원들의 관심사를 지속적으로 모니터링하여 구성원들이 조직 내에서 경험하게 되는 다양한 문제를 파악하고 이를 해결하는 데 주력하고 있다. 이와 더불어 '종업원의 우울증 진단(assessment of employee depression)'이라는 감성 측정 설문을 정기적으로 실시함으로써 업무 스트레스로 초래될 수 있는 우울증과 같은 종업원의 심리적 문제도 파악하여 카운셀링 서비스를 제공하고 있다. Marriot Hotel은 수 십여 명의 행동 심리학 및 카운셀링 전문가를 보유하고 업무와 관련하여 발생할 수 있는 구성원의 스트레스나 무력감과 같은 감성적 문제 해결에 나서고 있다. 아울러 HR담당자뿐만 아니라 현장 관리자들에게도 구성원들의 감성적 문제를 해결하는데 필요한 전문교육을 주기적으로 실시하고 있다.

2. 인력자원(HR) 부문의 필요 역량

위와 같이 디지털 시대에 필요한 HR의 역할을 제대로 수행하기 위해서는 HR부문이 우선적으로 역량 있는 전문가들로 구성되어야 한다. 그렇다면 HR부문에 필요한 HR역량의 개념과 강화 방안은 무엇인지 살펴보자.

1) HR담당자가 갖추어야 할 역량 요인들

HR역량이란 HR부서가 조직의 효율적 인적 자원 관리뿐만 아니라 조직의 경쟁우위 확보에 도움이 될 수 있도록 조직 운영 프로세스 전반에 가치창출을 주도하는데 필요한 능력을 의미한다. 스탠포드 대학의 Pfeffer교수의 연구에 따르면, 미국 내 다양한 산업에 속해 있는 선도 기업들이 지속적으로 경쟁 우위를 갖으며 산업 내 1위 자리를 고수할 수 있었던 가장 큰 이유는 기업의 인적 자원 관리가 뛰어났기 때문이며, 이를 가능하게 하는 원동력이 바로 기업 내 HR담당자들의 탁월한 역량이었다고 한다. HR부문의 담당자가 갖추어야 할 기본적인 역량 요인들은 다음과 같다. 첫째, 인성 역량은 개인적 태도 및 특성과 관련된 것이다. 조직 구성원들이 주인의식을 갖고 업무 수행을 할 수 있도록 하는 책임감, 구성원들과 바람직한 관계를 형성해 나가는 관계 형성력, 그리고 변화하는 작업 환경 및 구성원들의 요구 사항에 적절하게 대응하고 업무를 통해 발생될 수 있는 갈등을 해소하도록 돕는 유연성 등이 여기에 해당 된다. 둘째, 리더십 역량은 사업 전반과 관련하여 미래의 니즈와 기회를 인식하고, 변화와 혁신을 이끄는 능력을 의미한다. 예를 들어, 국제적 경험과 안목을 바탕으로 기업 내·외부 환경변화를 미리 감지해 미래 HRM(human resource management)의 비전을 제시할 수 있는 능력이라 하겠다. 셋째, 관리 역량은 회사의 전략적 목표 달성을 도울 수 있도록 HR시스템을 계획하고 이를 효율적으로 운영하는데 필요한 능력이다. 이를 위해서는 항상 현재의 시스템과 서비스의 문제점이 무엇인가를 파악하고, 보다 바람직한 서비스를 제공할 수 있는 방안을 고민해야 한다. 또한 구성원의 니즈를 이해하고 예상하여 구성원의 욕구를 충족시킬 수 있는 서비스를 제공하며, 구성원 만족을 최고의 가치로 삼는 마인드를 가져야 한다. 넷째, 직무 특유의 전문역량은 HR에 대한 전문지식을 갖춤과 동시에 사업에 대한 깊이 있는 이해를 바탕으로 회사의 전략과 HR을 긴밀하게 연계 시키거나 비즈니스 파트너로서 조직운영 및 혁신과정 전반에 걸쳐 지원과 조언 등의 컨설팅 역할을 수행할 수 있는 능력이다.

향후 이러한 HR담당자들의 역량이 필요하다는 것은 국내 HR전문가를 대상으로 조사된 설문 결과에서도 일관되게 나타난다. 설문에 참여한 응답자들은 HRM 전반에 대한 폭 넓은 지식 및 전문지식, 기업경영 및 사업 전반에 대한 이해, 미래 HRM에 대한 비전과 커뮤니케이션 능력, 현장 관리자에 대한 내부 컨설팅 능력, 국제적 경험과 안목 그리고 기업 내·외적 변화가 미치는 영향력 평가 능력 등을 21세기에 필요한 HR 담당자들의 자질이라고 밝히고 있다.

2) HR역량 강화를 위한 제언

HR부문이 이상에서 언급한 HR역량을 제대로 갖추기 위해서는 다음에 유념해야 한다. 첫째, HR을 둘러싼 환경변화에 민감해야 한다. 전략과 HR의 연계는 최근 가장 관심을 모으고 있는 부분이다. 이를 위해선 경영환경 변화와 조직이 보유한 핵심 역량이 무엇인지 파악할 수 있어야 한다. 이때 HR부문은 HR에 특화된 지식뿐만 아니라 사업에 대한 지식을 이해하고 조직의 가치, 문화, 구조 및 운영 방식에서 핵심 역량이 무엇인지 파악할 수 있는 조직진단 능력을 갖추고 있어야 한다. 예컨대 GE에서는 환경변화와 조직능력 파악을 위해 HR부문은 전체 조직의 구성원 및 분야 별 전문가를 대상으로 조직의 가치 및 문화, 개인 및 조직 역량, 평가·보상 시스템 등과 같은 조직 운영 방식, 조직구조, 혁신 및 변화 능력, 리더십이라는 6가지 측면에 있어서 정기적인 조직진단을 수행하며, 이를 HR전략수립에 반영하고 있다. 둘째, 최고의 전문가를 지향해야 한다. 우리 기업의 실정은 어떠한가? HR의 다양한 역할이 강조되고 있음에도 불구하고 우리 기업내에는 HR전문가가 하나도 없다라는 말을 종종 듣는다. 점점 전문화·다양화 되고 있는 HR부문의 역할을 효과적으로 수행하기 위해, 하루 빨리 조직 내 전문 HR인력을 확보하고 양성할 수 있는 대책 마련이 시급하다. 예컨대 향후 우리 기업에 필요로 하는 HR의 역할이 무엇인지 명확히 구분하고, HR담당자들의 역할에 따라 역량 요인을 관리하는 것도 하나의 방법이 될 수 있다. 셋째, 다양한 역할 수행에 있어 균형성을 유지해야 한다. 이미 앞에서 밝힌 바와 같이 향후 조직에서 필요로 하는 HR의 역할은 매우 다양하다. 하지만 이러한 역할을 모두 다 완벽히 수행할 수는 없다. 일예로 현장에서 종업의 니즈를 피부로 감지하고 이들의 니즈 충족을 위한 'employee champion'이 되는 것과 전략과 HR의 연계를 위해 전략적 파트너의 역할을 수행하는 것은 서로 상충되는 일이 될 수도 있다. 하나는 현장의 목소리를 경청해 이를 해결해야 하는 바텀 업(bottom up)식 업무라고 한다면, 다른 하나는 조직의 상위 레벨에서 톱다운(top-down)으로 이루어지는 전략적 업무에 속하기 때문이다. 이를 위해서는 향후 현장에 필요한 HR 기능들은 대폭 라인에 권한을 위임할 수 있어야 한다. 아래 「사례」에서 볼 수 있듯이 HP의 경우 'HR역할 측정 서베이'를 통해 HR의 역할을 4가지 영역으로 구분하고, 라인과 HR부문에 필요한 권한과 책임뿐만 아니라 세부 활동까지 제시하여 각 역할 간의 균형 유지에 힘쓰고 있다.

3. Hewlett-Packard사의 인사혁신 사례

HP사는 'HR역할 측정 서베이'를 통해 만들어진 'Multiple HR역할 모델'을 기초로 인사 혁신을 성공적으로 이끌었다. 이는 다양한 HR 역할 간의 균형성을 갖추기 위해 HR의 Key 역할이 무엇인지 구분한 것이다. Hewlett-Packard는 인적자원 관리 역량이 매우 뛰어난 것으로 유명하다. 1990년 대 중반 Pete Peterson이 HR부문의 부사장이 되었을 때, HR부문의 많은 변화가 있었다. 예를 들어 HR부문의 높은 서비스 질을 유지하면서도, HR담당자 한명 당 관리해야 할 종업원 수를 1:53에서 1:80으로 높임으로써 조직에 상당한 이득을 가져 다 주었다. 이러한 변화를 가능하게 했던 이유는 HR의 명확한 역할을 규명하고, 체계적이고 통합된 HR서비스 제공 및 현장을 중심으로한 사람 관리의 중요성을 인식시켜 라인 관리자들의 지원을 얻는 등 HR부문의 혁신을 성공적으로 수행했기 때문이다. Peterson은 HR담당자들에게 "회사에 가치를 창출하고, 종업원들에게 더 품격 높은 서비스를 제공하며, 효율적으로 인적자원을 활용할 수 있도록 우리가 앞장 서야 한다"라고 항시 강조한다. 이러한 비전을 실천에 옮기기 위해 HP의 HR전문가들은 4가지 목표를 세우고 있다. 첫째, 경영의 효율성과 팀웍 강화를 위한 촉진자로서 측정자로서, 개선자로서의 역할을 수행한다. 둘째, HR은 사업 전략과 연계하여 그 역할을 명확히 정립하여 전략 달성에 기여한다. 셋째, HP의 구성원뿐만 아니라 조직역량 강화를 위해 조직의 학습화를 가속화 한다. 넷째, HR 부문은 인사의 고유기능을 충실히 수행한다.

이러한 목표 달성을 위해 HP는 'HR역할 측정 서베이(HR role-assessment survey)'를 통해 '장기적이며 전략적인 것인가?' 혹은 '단기적이며 운영적인 것인 가?'와 '시스템과 프로세스와 관련된 활동인가?' 아니면 '사람에 초점을 둔 활동인가?'에 따라, '전략과의 연계(strategic alignment)', '변화 담당자(change agent)', '서비스 전달자(service delivery)' 및 '종업원 챔피언(employee champion)'이라는 4개의 HR의 주요한 역할이 무엇인지 구분했다. 또한 이러한 역할을 규정한 후에는 현장 관리자와 HR부문을 중심으로 '누가 이러한 활동에 책임지고, 어떤 활동을 전개해 나갈 것인가'를 결정하였으며, HR역할 간의 균형도 유지하고 있다. 더불어 각각의 역할 수행을 위해 요구되는 HR역량이 무엇인지를 파악하고 이의 배양에 힘을 쏟고 있다. 이를 위해 HP의 HR팀은 '경쟁 우위 인사과정'이라는 HR육성과정을 개설하고, 지속적으로 HR담당자 및 현장 관리자들이 HR역량을 강화할 수 있도록 하고 있다. 이러한 과정을 통해 HP의 HR부문은 맡은 바 역할을 명확히 파악하며, 최고경영층을 비롯해 전체 조직 구성원에게 어떠한 가치를 전달할 것인가를 지속적으로 탐구한다.

2 Chapter 디지털 기업경영의 전환

제 1 절 디지털 전환전략

1. 디지털화를 서두르는 전통기업

1) 선진기업들은 디지털 충격에서 벗어나 On-line과의 융합을 지향

디지털 충격에서 벗어나 변신에 성공하는 전통기업들이 속속 출현에 따라 GE, 소니, 델, IBM, NTT 등이 디지털화에 성공한 것으로 평가되며, NASDAQ 주가하락 등으로 인터넷 벤처기업들의 거품이 걷히면서 전통기업의 강점이 다시 부각된다. 현 단계는 ① 기존 질서의 파괴자 출현 ② 전통기업의 반격을 거쳐 ③ 전통·사이버 기업의

표 2-1 디지털 혁명의 3단계(소니 이데이 회장)

	1단계 기존질서의 파괴자 출현	2단계 전통기업의 반격	3단계 전통/사이버기업 융합으로 뉴비즈니스 창출
해외	1995 넷스케이프 주식공개→인터넷 비즈니스모델이 전통기업의 비즈니스 상식에 도전	1998 인텔, 반즈&노블즈, 월마트, 메릴린치 등의 디지털화 시작	2000 AOL과 타임워너 합병→기존사업과 사이버 사업간 최적조합 구축
국내		1999 코스닥 황제주 등장 대기업 인터넷사업 출범	2000 (온라인/오프라인간 전략적 제휴 모색)

융합이 일어나는 중에 있다. 소니의 이데이 회장은 전통기업과 온라인기업이 융합하는 디지털 혁명 3단계에 진입했다고 선언하였으며, 국내에서는 1999년 인터넷 업체의 시장가치가 폭등하면서 디지털 혁명의 1단계가 시작되었고, 현재 대기업들의 디지털화 가동으로 2단계가 진행 중에 있다고 볼 수 있다.

2) 디지털 혁명에 신중한 대응이 필요한 시점

현재의 전략적 선택이 향후 10년간의 기업 지도를 결정할 것이어서 신중한 대응이 필요하다. 이는 GE, 소니 등 선발업체를 제외한 다수 전통기업들은 디지털 전략의 노선을 명확히 설정하지 못하고 있는 상황이다. 무조건 디지털 사업에 참여해야 한다는 「디지털 대세론」과 기존 사업방식을 고수하는 「자기류 고수」의 양극단이 혼재되고 있다. 그리고 자사가 보유한 핵심역량에 입각하여 단계적으로 접근하는 전략설계가 필수적이며, 「어떤 영역에서, 어떤 역량으로 사업을 할 것인가」에 대한 구체적인 비전 아래 치밀한 실행계획을 보유해야 한다. 디지털 경제에서는 경제법칙과 경영상식이 무너짐에 따라 전통기업의 기존 전략 고수가 불가능해짐에 따라 수확체증 현상이 보편화되며 기업의 현재순익보다 미래 기대가 시장가치를 좌우되고, 자사 핵심역량보다는 연결의 경제를 통한 신규 비즈니스 모델의 창출이 경쟁력의 제고를 가능하게 되며, 과거 전통기업 경쟁력의 주 원천이던 「규모의 경제」가 소멸되므로 스피드, 서비스, 상품간 통합 등 새로운 수익원천의 발굴이 필수적이 된다. 디지털 시대에는 「규모의 경제」 가 소멸됨에 따라 디지털 시대에는 고객이 인터넷에서 주문형 상품을 구입하는 것이 추세이며 이를 위해 맞춤 생산을 하게 되어 「규모의 경제」가 소멸되고, 전통기업은 주문형 상품에 대한 생산을 하청업자에게 이전하고 주된 역할을 생산에서 제품통합 및 서비스로 변경(「규모의 경제」는 하청업체에서 발생)되게 되며, Dell은 기존 「규모의 경제」 부분을 전부 하청으로 해결하고 서비스영역에 위치하여 고객의 다양한 욕구를 충족시킨 대표적인 회사가 되겠다.

3) 전통기업은 자사의 강점을 전략적으로 활용

최근 인터넷 기업의 서비스 불안정성, 조직몰입(commitment)의 결여 등이 문제로 부각되면서 전통기업의 강점이 다시 부각됨에 따라 브랜드력(고객신뢰), 자금력(신용), 종업원의 충성도, 축적된 R&D성과 등이 가상공간으로 도약하는 지렛대 역할을 하게 되므로서, 반즈앤노블은 웹주소 barnesandnoble.com이 복잡하다는 이유로

bn.com을 채택했는데 이는 기존 브랜드 가치를 포기하는 실수로 판명되며, 기존 자원을 사이버 공간에서 최대한 활용하기 위해서는 경영자원의 재구축 및 재활성이 필요하다. 또한, 기존 역량과 자원을 과신하고 혁신을 거부할 경우 보유 강점이 오히려 디지털화의 제약요인으로 작용함에 따라, 메릴린치는 초기에 기존 증권중개업에서 보유하고 있던 역량을 과신하여 사이버 증권거래를 도외시한 결과 막대한 기회손실을 초래하고, 기존 오프라인의 강점은 사이버 공간에서 약점으로 돌변 가능성을 갖게 된다. 〈표 2-2〉은 온라인에서 약점이 될 수 있는 오프라인의 강점이 될 수 있는 점을 제시한 것이다. 그리고 오프라인의 고유역량과 기득권이 너무 강할 경우 디지털화의 추진이 순조롭지 않을 가능성으로 인해 월마트, 디즈니 등 일부 오프라인의 강자들은 초기에는 적극적으로 디지털화를 추진했으나 현재 한걸음 물러나 기존사업 강화로 방향 선회되고 있다.

표 2-2 온라인에서 약점이 될 수 있는 오프라인의 강점

오프라인의 강점	전환	온라인의 약점
로열티가 강한 종업원	➡	활발한 인력이동 및 신규인력
막대한 자금력	➡	유효 자금화
치밀한 관리시스템	➡	인터넷 신규가입의 활발한 추진 및 벤처 캐피털리스트 기능의 저해
대규모의 R&D	➡	과감한 R&D, 다이나믹한 IT 파트너쉽 형성 저해

주) A&D(acquisition & development): R&D가 자체 개발인데 비해 A&D는 기업 매수 등을 통해 외부의 기술을 전략적으로 획득하는 방식

2. 전통기업의 디지털 전환(digital switch) 전략

디지털 전환의 기본방향은 전환전략의 핵심이 기존 사업의 디지털화와 신규 인터넷사업 진입에 있어서 기존 사업의 디지털화를 ① 제품의 디지털화 ② 인터넷 활용의 강화(B-to-C, B-to-B) ③ 조직 및 경영관리의 디지털화로 볼 수 있다. 동시에 기존 사업과는 별도로 인터넷 사업으로 다각화하는 것이 가능하다. 〈그림 2-1〉은 전통기업의 디지털화 하는 것을 보여 준다.

3. 디지털 경영의 전략 포인트

인터넷 경쟁 환경에서 기업이 채용할 수 있는 경영 전략은 디지털 테크놀러지와 네트워크 사회라는 두 가지 특성을 반영한 것이어야 하며 이는 곧 일곱 가지의 전략 포인트로 요약 가능하다. 인류 사회는 처음부터 그리고 언제나 항상 네트워크 사회였다. 네트워크 사회란 것은 한 개체 혼자가 아니라 둘 이상의 개체가 서로 관계를 맺는 그 과정에서 사회적인 의미와 가치가 만들어지는 사회를 의미한다. 인간(人間)이라는 한자어 자체가 사람과 사람 사이라는 뜻을 가지고 있는 것만 보아도 알 수 있다. 이것은 경제 활동에 있어서도 마찬가지여서, 기업과 공급업자나 유통업자는 물론, 기업과 고객 사이도 원래는 대단히 긴밀한 관계를 바탕으로 이루어진 것이었다. 그러나 산업혁명으로 유발된 대량 생산, 대량 소비의 문화는 거래 관계에서 인간적인 면을 없애고 단지 돈과 상품이 오가는 관계만 남겨 두었던 것이다. 그러나 최근 정보 기술의 발달을 바탕으로 다시 네트워크 사회가 대두하고 있다. 인터넷으로 대표되는 범지구적인 디지털 정보통신망은 이러한 네트워크 사회를 더욱 촘촘히 엮어주는 매개가 되고 있다. 이러한 환경 변화의 큰 흐름을 읽지 못하면 기업 전략이 잘못 짜여질 것은 당연한 일이다. 따라서 기업 전략을 담당한 사람이라면 기술 변화를 읽고 그 기술 변화가 초래할 사회 변화를 예측하여 이를 기업 전략에 반영하여야만 한다.

1) 새로운 네트워크 사회

네트워크 사회의 재등장을 유도한 새로운 기술적 발전의 방향은 크게 네 가지로 요약할 수 있다. 그것은 디지털화, 정보 처리 능력의 향상, 연결성의 향상 및 정보 처리 속도의 증가이다. 그런데 이들은 모두 같은 뿌리에서 출발한 것이며 따라서 긴밀한 관계를 갖고 있다. 즉, 이들은 모두 컴퓨터와 인터넷이라는 기술적 결실의 특성인 것이다. 컴퓨터를 통해 정보는 디지털의 형태로 기록되고, 처리되며, 저장되었다. 그리고 인터넷을 통해 범지구적인 연결성을 확보하게 된 것이다. 이러한 새로운 기술 발달의 결과 새롭게 등장한 네트워크 사회의 기본 속성은 전통적인 네트워크 사회와는 다른 속성을 가지게 되었다. 그것은 범지구적 상호 작용의 가능성, 정보 전달 수단의 다양화, 거래 비용의 제로화 그리고 물적 자산 독립성이다. 범지구적 상호 작용의 가능성은 인터넷의 기본 속성에서 비롯된다. 그러나 단순히 더 많은 사람과 커뮤니케이션이 가능하다는 정도의 변화가 아니다. 상호 작용 범위가 확대되면 사업의 범위, 시장의 범위가 확대된다. 그 뿐만 아니라 기업내부와 기업외부와의 경계가 모호하게 되어 기업 조직의 변화, 고객대응 방식의 변화가 요구되기도 한다. 그 결과는 간명하다. 지금까지의 기업경영 방식으로는 곤란하다는 것이다. 디지털 기술의 발달은 정보 전달수단 또한 다양화 시켰다. 과거에는 사람이 직접 하는 말과 종이 위에 쓰여진 글과 그림이 정보전달 수단의 대부분이었다. 그러나 이제는 모든 종류의 감각이 정보 전달에 활용되고 있다. 문자는 물론, 음성을 포함한 모든 종류의 소리 정보, 그림을 포함한 모든 종류의 시각 정보가 정보 전달 수단으로 활용 가능하다. 이는 정보 전달의 정확성이라는 장점을 제공하기도 하지만 막대한 양의 정보를 한꺼번에 보여주어 오히려 원하는 정보를 얻지 못하게 하는 정보 희석이라는 부작용을 나타내기도 한다. 새로운 네트워크 사회가 가지는 세 번째 특성은 모든 종류의 상호 관계, 특히 거래에 있어 비용이 거의 들지 않는다는 것이다. 미국은행연합의 조사에 따르면 창구에서 거래가 발생할 경우의 거래 비용은 1.07불, 전화일 경우에는 0.68불, ATM의 경우에는 0.27불 그리고 인터넷의 경우에는 0.10불이었다고 한다. 이처럼 새로운 네트워크 사회에서는 거래에 따른 비용이 거의 제거될 것이며 그 결과 가치사슬 전반에 걸친 변화가 초래될 것이다. 또한 그에 따라 기업조직의 변화 또한 불가피할 것이다. 새로운 네트워크 사회가 가지는 마지막 특성은 모든 행위가 물적 자산과 특별한 연관을 갖지 않고 발생할 수 있게 되었다는 점이다. 특정 행위가 순전히 가상공간에서만 발생할 수 있게 되면 자연히 공간적 제약, 시간적 제약이 무의미하게 된다. 따라서 기업은 고객들과 언제, 어디서나 접촉할 수 있게 된다.

2) 디지털 경영 환경

새로운 네트워크 사회를 경영 환경으로 볼 경우 이러한 디지털 경영 환경이 가지는 특성은 다음과 같은 여덟 가지로 요약할 수 있다. 디지털 경영 환경의 첫 번째 특성으로는 수렴 현상을 들 수 있다. 수렴 현상이란 산업간, 기업간, 또는 기업의 각 기능간, 심지어는 기업과 고객간의 분명한 경계가 사라지고 이들이 하나로 -다시 말하면 고객의 관점으로- 수렴되는 현상을 말한다. 이러한 수렴이 기업내부에서 생길 경우 전통적인 조직구분이 파괴되는 현상이 나타날 것이며 기업외부에서 생길 경우에는 산업의 가치사슬이 파괴되는 현상이 나타날 것이다. 이런 현상은, 고객의 입장에서는 기업내부의 각 조직이 무슨 일을 하도록 규정되었다는 것이 아무런 의미가 없기 때문에 그리고 산업의 가치사슬의 각 단계를 밟아 나간다는 것에 아무런 의미를 느끼지 않기 때문에 더욱 가속화되고 있다. 말하자면 고객들은 한 웹 페이지에서 다른 웹 페이지로 넘어가는데 아무런 저항을 느끼지 않는다. 따라서 자신이 원하는 것을 자신이 바로 얻으려고 하지 다른 누군가의 손을 거쳐서 그것을 얻어야 한다는 것에 저항감을 느끼기 때문이다.

두 번째 특징으로는 수확 체증의 법칙이 적용된다는 것이다. 수확 체증의 법칙이란 수량이 증가함에 따라 한계 수익이 감소하지 않고 오히려 증가한다는 것을 말한다. 이것은 네트워크의 가치는 네트워크 참여자의 수의 제곱에 비례한다는 Metcalfe의 법칙으로 요약 가능하다. 즉, 네트워크의 가치는 그 네트워크에 속하는 참여자가 증가하면 할수록 증가한다는 것이다. 또한, 이 말은 새로운 참가자는 더 큰 규모의 네트워크에 참가하는 쪽이 더 유리하다는 말과도 일맥상통한다. 그리고 이 두 가지를 조합하면 네트워크 규모의 貧益貧 富益富 현상이 발생하는 이유도 쉽게 설명된다. 디지털 경영 환경의 세 번째 특징은 고객에 대한 정교한 정보의 확보 가능성이다. 고객에 대한 정확하고 정교한 정보의 의미는 고객이 누구인지를 파악하는 것, 그리고 그 고객이 어떤 반응을 보일 것인지를 예측하는 것을 의미한다. 고객 개개인에 대하여 이 정도의 정보를 갖게 되면 마케팅 활동이 과거와 같은 대량 생산적인 것이 아니라 매우 개인적인 것으로 전개될 수 있게 된다. 사실, 과거 수공업 시대에는 모든 기업 활동이 당연히 1대 1로 이루어졌다. 그러나 대량 생산의 시대에 접어들면서 고객에 대한 정보의 양이 사람들의 처리 능력을 벗어났기 때문에 이러한 1대 1의 관계가 파괴되었던 것이다. 그러나 이제는 정보 기술의 발달로 고객들의 선호와 행동에 대해 더 많은 정보, 더 정교한 정보를 확보할 수 있게 되었다. 디지털 경영환경의 네 번째 특징은 즉시성이다. 즉시성이란 말 그대로 시간적인 지체 없이 '즉시' 반응해야 한다는 것이다. 이것은 두 가지 측면에서 중요성을 가진다. 첫째는 고객의 반응에 대해 즉시 반응한다는 것이고 둘째는 비즈니스 사이클 자체를 매우 빠른 속도로 움직인다는 뜻이다. 고객 반응에 대한 속도로서의 즉시성은 해당 웹 사이트의 반응 속도는 물론, 서비스의 제공이나 제품의 납품 등 모든 고객 대응 활동의 속도를 말한다. 사실, 기업의 경쟁 우위 요소로서의 스피드 또는 시간의 중요성은 두말할 필요가 없을 것이다. 하물며 기다리느니 다른 웹 사이트로 이동하겠다는 경향이 강한 온라인 고객의 특성을 고려한다면 스피드의 중요성은 새삼 강조할 필요가 없을 것이다. 비즈니스 사이클의 속도로서의 즉시성은 디지털 기업 환경의 속도와 관계가 있다. 그것은 디지털 기업 환경은 그 변화의 속도가 전통적인 산업에 비해 대단히 빠르다는 것이다. 기업의 변신 노력이 자신이 속한 환경변화의 속도 이상으로 전개되지 못한다면 그 기업의 운명은 뻔한 것이다. 디지털 기업 환경의 다섯 번째 특징은 그것이 구매자 우위 시장이라는 점이다. 구매자 우위 시장이란 거래 관계에서 협상의 주도권을 구매자가 가지는 시장이다. 물론, 과거 공급 부족의 시대에는 당연히 공급자 우위 시장이었다. 그러나 전 세계적으로 연결된 네트워크는 거래 관계에서의 주도권을 공급자에서 구매자에게로 급속히 이전시켰다. 그것은 잘 연결된 네트워크를 통해 구매자들은 비교적 저렴한 비용 또는 거의 공짜로 전세계의 공급자들을 검색할 수 있게 되었고, 또 각 공급자들의 장단점에 대한 정보를 풍부하게 가질 수 있게 되었기 때문이다. 게다가 구매자들은 과거처럼 전시된 상품을 가져가는 식의 단방향성 구매가 아니라 쌍방향의 커뮤니케이션을 통해 자신이 원하는 것을 정확하게 표현하고 이를 공급하도록 만드는 능력도 갖게 되었다. 더군다나 구매자끼리의 활발한 정보 교환을 통해 한 번 구매자들의 눈에서 벗어난 공급자는 다시는 그 시장에 발붙이지 못하도록 만들 수도 있게 되었다. 결국 거래 관계에서의 협상권은 차지하고 구매자의 마음에 들지 못하는 공급자는 생존조차 불투명한 시대가 된 것이다. 디지털 기업 환경의 여섯 번째 특징은 진입장벽의 완화라고 할 수 있다. 새롭게 만들어진 시장에서는 누구든 같은 출발선에 놓여 있다고 할 수 있다. 그런데 디지털 기업 환경에서는 전통적인 시장 구분이 불분명해지고 그 대신 전통적 기준에서 본다면 여러 가지 시장이 혼재된 또는 혼합된 듯한 새로운 시장이 매일 매일 만들어지고 있다. 게다가 그러한 새로운 시장이 비즈니스 모델이라는 이름으로 한 개별 기업에 의해서 새롭게 만들어질 수도 있다. 따라서 디지털 기업 환경에서는 기존의 명성, 기존의 투자는 별로 의미가 없다. 누구나 언제 어디서나 전 세계를 시장으로 사업을 할 수 있게 된 것이다. 디지털 기업 환경의 일곱 번째 특징은 구매자와 공급자간의 관계가 재설정된다는 것이다. 지금까지의 구매자 공급자 관계는 각종 중개상을 매개로 단선으로 연결되어 있었다. 그러나 구매자와 공급자간의 직접 연결이 가능하게 된 디지털 기업 환경에서는 과거와 같은 중개상이 더 이상 필요하지 않게 되었다. 구매자는 직접 공급자를 찾을 수 있게 되었고 공급자도 직접 구매자와 접촉할 수 있게 된 것이다. 그러나 디지털 기업 환경이라고 해도 중개상의 역할이 완전히 없어진 것은 아니다. 오히려 전 세계에 흩어져 있는 구매자에 대한 각종 정보를 모으고 중개하는 역할은 더욱 중요해 지고 있다. 이런 역할을 수행하는 인포미디어리의 입지는 더욱 강화될 것이다. 디지털 기업 환경의 여덟 번째 특징은 고객간 상호 관계가 중요 시 된다는 것이다. 과거와 달리 고객들은 서로가 가진 정보를 공유하기가 매우 용이한 환경에 놓여있다. 이런 활동, 정보 공유 활동은 단순히 이메일을 통해 이루어질 수도 있고, 게시판이나 토론 그룹을 통해 이루어질 수도 있다. 또는 개인 홈 페이지를 통해 매우 조직적으로 전개될 수도 있다. 문제는 이러한 고객간의 정보 공유, 고객들의 커뮤니티 형성이 기업 성과에 대단히 큰 영향을 줄 것이라는 점이다. 사실, 지역적 기반이나 물리적 근거가 없는 커뮤니티라는 의미로서의 가상 커뮤니티는 개념상으로는 약간의 논란이 있다. 그러나 진짜 중요한 문제는, 가상 커뮤니티의 정의가 아니라 가상 커뮤니티가 엄연히 존재한다는 것이며, 기업 활동의 입장에서 볼 때, 오프라인에서 이루어지는 對고객 활동을 아무리 잘 해도 온라인에서 이루어지는 고객들 스스로의 커뮤니티에서의 평가가 나쁘다면 매우 치명적인 결과를 가져올 것이라는 점이다. 즉, 예전에는 기업과 고객이 직접 대응하는 것만으로 충분했지만 이제는 고객간의 사회적 관계, 고객간의 상호 작용의 과정에도 기업이 개입할 필요가 있다는 점이다.

예를 들면, 찰스 슈왑 : 컨텐츠 통합, 리얼타임, 프로슈머 전략으로 성공했다. 찰스 슈왑은 컨텐츠 통합, 리얼타임, 프로슈머를 이용하여 성공적인 온라인 증권사가 될 수 있었다. 찰스 슈왑은 1971년에 샌프란시스코에서 설립된 회사이다. 이 회사는 온라인으로 사업 영역을 옮기고 저가 전략을 채택하면서 급성장한 회사로 잘 알려져 있다. 그러나 단순히 사업 환경을 바꾸고 가격을 낮춘 것만이 성공 요인은 아니었다. 찰스 슈왑이 사용한 첫 번째 디지털 전략은 컨텐츠 통합이었다. 사실, 수수료 수준만으로 보면 찰스 슈왑보다 더 낮은 수수료율을 제공하는 증권사는 매우 많았다. 찰스 슈왑이 주목한 것은 비록 낮은 수수료를 지불하는 고객이라고 해도 이들 또한 적절한 조언과 정보를 제공받기를 원한다는 것이었다. 이에 따라 찰스 슈왑은 각 고객에 대해 최적의 정보 제공이 가능하도록 고객 지향적으로 웹 사이트 구조를 개편하고 각종 컨텐츠-찰스 슈왑이 직접 생성한 컨텐츠는 물론, 외부에서 가져 온 컨텐츠를 포함한 모든 컨텐츠를 유기적으로 배치하였다. 찰스 슈왑이 사용한 또 하나의 전략은 리얼타임 대응이었다. 모든 거래가 그렇겠지만 특히 금융 거래에서 즉각적인 반응은 필수적인 것이다. 찰스 슈왑은 자신의 주 사업 영역을 인터넷으로 옮김으로써 기계적이고 정규적인 부분을 자동화할 수 있었고 따라서 고객에 대한 리얼 타임 반응을 가능하게 하였던 것이다. 특히 기존의 경쟁사들이 담당 영업사원과의 직접 면담이나 전화 면담을 주요 고객 접촉 창구로 하였기 때문에 찰스 슈왑의 온라인 대응은 고객으로 하여금 더더욱 빠른 속도감을 느끼게 해 주었다. 찰스 슈왑이 사용한 세 번째 전략은 고객의 프로슈머(prosumer)化 였다. 기존의 오프라인 증권사들의 기본적인 고객 대응은 '고객은 금융 현실에 대해 대단히 무지하기 때문에 전문적인 조언이 필요하고 당연히 그에 대하여 높은 비용을 청구한다'는 것이었다. 그러나 찰스 슈왑은 달랐다. 찰스 슈왑은 고객은 충분한 정보만 제공된다면 스스로 판단할 수 있다고 생각하였다. 따라서 제공되는 서비스도 질적으로 다른 것이었다. 기존의 증권사들은 완성된 정보를 제공한 반면 찰스 슈왑은 기초 자료에 가까운 정보들을 제공하였다. 그리고 그러한 데이터를 가공하여 자신이 필요로 하는 정보를 생성하는 것은 고객의 몫으로 남겨 두었다. 그리고 그 대신 매우 낮은 수준의 비용만을 청구하였던 것이다. 찰스 슈왑의 디지털 전략은 대단히 성공하였던 것으로 보인다. 이는 찰스 슈왑의 성장세로도 증명이 되지만 미국 기준으로 볼 때, 온라인 서비스를 제공하는 증권사가 100개가 넘었다는 사실로도 증명이 될 것이다.

3) 디지털 전략의 포인트

이러한 디지털 기업 환경의 특징에 대응하기 위한 기업 전략은 다음 일곱 가지 포인트로 구성되어야 한다. 디지털 전략의 첫 번째 포인트는 컨텐츠의 통합이다. 결국 디지털 경영 환경에서의 기업 활동은 고객이 원하는 컨텐츠를 어떻게 만들고 어떻게 제공할 것인가로 귀결된다. 그런데 아무리 컨텐츠를 잘 만들었다고 해도 이를 고객에게 적절히 전달하지 못하면 아무 소용이 없다. 따라서 생성되고 수집된 컨텐츠를 고객 관점에서 하나의 틀 안에 포괄적으로 배치시킬 필요가 있다. 이것이 컨텐츠 통합이다. 컨텐츠 통합 활동은 디지털 기업의 활동이 고객 관점으로 수렴되는 것에 대응하는 활동이라고 할 수 있다. 기업은 컨텐츠 통합을 전략적으로 활용하기 위해서는 컨텐츠의 중요성을 인식하고 다양한 정보원으로부터의 컨텐츠를 하나의 틀로 통합하며, 경쟁자와의 차별성을 부각시키고 나아가 장기적 관점에서의 구도를 갖고 있어야만 한다. 디지털 전략의 두 번째 포인트는 프리웨어의 제공이다. 프리웨어란 무료로 제공되는 제품이나 서비스를 말한다. 기업은 프리웨어를 제공함으로써 고객의 관심과 이용을 촉발할 수 있게 되고 나아가 기 제공된 프리웨어를 기반으로 부가 기능, 유지 보수 등을 통해 본격적인 수익을 확보할 수 있게 된다. 그러나 프리웨어 전략의 진정한 핵심은 고객의 관심이 희소 자원이 되어버린 디지털 기업 환경에서 자사의 제품이나 서비스에 대한 고객의 관심을 유발시켜 궁극적으로는 네트워크 효과를 극대화하기 위한 기본적인 수단으로 이를 이용할 수 있다는 점이다. 말하자면, 공짜로 서비스나 제품을 제공함으로써 절대 규모의 달성에 필요한 소수의 고객을 확보할 수 있게 될 경우 공짜 제공 자체는 마이너스이나 결과적으로는 나머지 대다수의 고객들의 가치를 높이는 플러스 효과를 가져올 수 있다. 디지털 전략의 세 번째 포인트는 대량 개별화(mass customization)이다. 대량 개별화란 다수의 고객을 대상으로 그 각각에게 개별화된 제품이나 서비스를 제공한다는 의미이다. 물론, 지금까지의 산업 형태는 맞기준으로 문제해결사업(problem solver), 고객케어사업(customer carer) 등으로 재편하게 되었고, 현재 문제해결형 회사 중 일부 선도회사들이 고객케어(customer care)형으로 이전 중에 있으며, 전형적 제조업체인 포드는 자동차 관련 제반 서비스를 복합하여 종합케어를 제공하는 업체로의 변신을 시도하게 되었다. 〈그림 2-7〉은 디지털시대의 산업구조를 변화시키는 내용을 표현한 것이다.

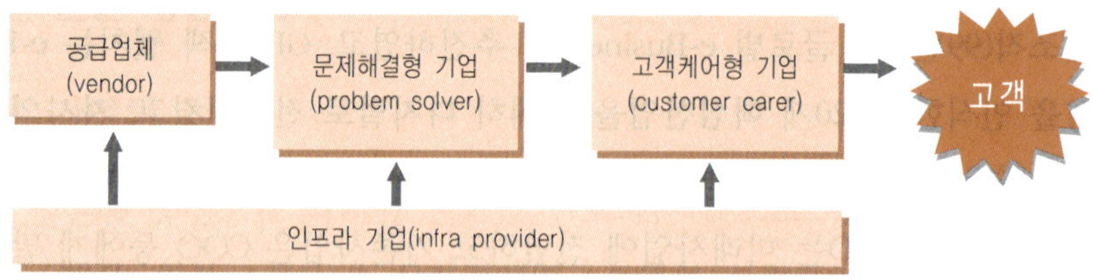

단순문제해결에서 고객케어로 이전

<u>단순문제</u> <u>고객케어(customer care)</u>

자동차 수요 → 자동차 생활(car life)의 재설계
(자동차 + 자동차 보험 + 액세서리 + 자동차수리 + 여행안내)

주식 투자 문제 → 종합웰스케어
(주식투자 + 채권투자 + 보험 + 은행예금)

- 해당 제품의 단순 제공보다는 그 제품을 중심으로 한 관련 제품·서비스를 토털 패키지화하여 고객의 요구를 총체적으로 충족

그림 2-7 디지털시대의 산업구조 변화

성공요인 4 : 경영시스템의 웹화(Webification)를 적극 추진

「구매-자원관리-판매」에 이르는 경영 프로세스 전반을 인터넷 활용을 통해 웹화하고 스피드를 획기적으로 개선되어 진다. 납품체제, 대금결제, 고객서비스는 물론 기업 내부의 행정 및 지원업무를 모두 인터넷을 통해 자동화 및 스피드화 되며, GE는 GE TPN(trading process network)을 구축하여 바이어-공급자간 구매·마케팅·판매 프로세스를 근본적으로 개선된다. 시스코는 고객 전화서비스를 폐지하고 이를 웹상에서 해결함으로써 응답속도와 고객만족 모두를 비약적으로 향상 시켰다. 고객서비스의 웹화와 지식경영시스템에 있어서도, 시스코의 고객서비스 웹화의 성공요건은 과거 고객문의 응답처리에 대한 포괄적인 DB가 구축되어 있었기 때문에 지식 경영시스템을 통해 전 구성원의 지식이 결집되고 이것이 웹화됨으로써 전화응답 없이도 고객의 문의를 효과적으로 해결할 수가 있다. 인터넷을 기반으로 기업 외부의 프로세스와 내

부의 프로세스를 막힘없이 연결함으로써 가치사슬(Value chain)을 확장하게 된다. 특히 SCM(supply chain management), CRM(customer relation management) 등 기업경계선상의 프로세스를 문턱 없이 설계할 수가 있다. UPS의 CRM 성공 사례를 보면, 하루 120만건의 물품배달 추적문의를 받는 UPS는 홈페이지에 물품추적 서비스 패키지를 설치하여 무료로 제공하고 있고, 추적문의 건수의 40%를 홈페이지에서 처리하여 추적 전화에서 발생하는 비용 2달러 50센트를 10센트 이하로 절감함으로써 고객과 업체가 모두 만족하게 되었다.

성공요인 5 : 디지털 경영을 뒷받침하는 기업문화 구축

위험을 감수하는 기업가정신이 존중받고 개인의 창의성이 최대한 인정받는 문화를 정착되게 된다. 아마존은 「십자군은 9시에 출근하고 5시에 퇴근하지 않는다. 우리는 십자군처럼 세계를 바꾸고자 하는 사람들과 일하기를 원한다.」는 모토로 종업원을 채용하였고, 정예화된 기업문화의 시즈(seeds)를 키우고 이를 전체에 전파하였다. 기업 내 디지털-아날로그 문화간 충돌이 불가피함에 따라 기업의 명확한 방향을 제시하여 불필요한 저항을 최소화하였다. 인텔은 사내에 고착된 자력주의 문화를 극복하기 위해 구사업을 「블루」, 웹사업을 「그린」으로 표현하였고, 「Thinking Green」을 슬로건으로 그린 사업·전략·행동양식을 전사에 확산시키는데 주력을 다하였다. 제휴, 합작, 인수합병이 빈번해짐에 따라 이질적인 조직과의 문화융화 능력이 중요한 기업 경쟁력 요인으로 등장하게 된다. 이는 R&D와 A&D를 통해 단기간에 효과적으로 핵심기술을 확보하기 위해서는 문화융화가 필수적이고, 넷스케이프와 AOL이 합병 시 실리콘밸리적 사고와 미 동부식 사고의 융화가 가장 중요한 이슈로 제기된다.

5. 디지털화의 핵심과제

1) 기업이 지향하는 바를 명확하게 설정

뚜렷한 지향점 없이 대세에 추종하는 식의 디지털화는 오히려 기존 역량을 잠식시킬 우려가 있다. 급격하게 디지털화를 추구하는 과정에서 기존 역량만 잠식되는 사태를 방지하기 위해서는 뚜렷한 전략목표를 수립하는 것이 필수적이며, 가능한 기존 사업 및 역량과 접점이 많은 지향점을 보유하여야 한다. 현재의 강점에서부터 출발하는 방식보다 미래 비전에서부터 접근하는 백워드 방식으로 전략을 수립해야 하며, 오프라

인의 감점이 온라인에서는 약점이 될 수 있으므로 자사가 지닌 현재의 강점을 근거로 한 디지털화는 실패의 가능성이 높여 준다. 자사가 도달해야 할 지향점에 입각해서 기존 역량 중 활용할 것과 버려야 할 것을 선별하는 안목이 필요하다. 디지털 산업의 불확실성이 높으므로 지속성장을 추구할 수 있는 경쟁 포지션을 확립해야 한다. 산업구도와 수익원천이 급격하게 이동하여 고수익사업이 저수익 또는 사양사업으로 돌변하는 사태가 빈번하게 발생되며, 정보사회의 대표적인 장비 PC가 인터넷 및 통신의 발달에 따라 주도적 지위를 상실해감에 따라 인텔은 사업영역을 마이크로프로세서에서 네트워킹 칩으로 발빠르게 전환 중에 있다. 현재 현금창출(cash cow)사업일지라도 디지털 전략 방향과 불일치할 경우 과감하게 새로운 도메인으로 이동하여야 만이 된다.

2) 전통기업 특유의 비즈니스 모델을 수립

현재 국내기업들은 서비스 능력, 경쟁 테크닉 및 마인드 등에서 낙후되어 있는 편이며 디지털화로 수익을 내기에는 실력이 부족하다. 디지털화는 무조건 돈을 벌게 해주는 노다지가 아니며 한 차원 높은 경쟁력과 경영능력이 뒷받침될 때만 돈을 벌 수 있는 프로게임이 될 수 있는 것이다. 현재 다수 기업이 디지털화를 추구하고 있는데 고객케어형 서비스 제공, 고도의 가격경쟁기법, 경영시스템의 스피드화, 기업문화의 개혁 등에 따라 승자가 가려질 전망이다. 디지털화가 실제 이익으로 연결되기 위해서는 전통기업 특유의 비즈니스 모델을 설정하고 서비스 역량으로 뒷받침되어야 한다. 전통기업들은 과거 비즈니스의 상식을 파기하고 새 시대에 맞는 자기 고유의 비즈니스 모델을 개발하고, 기존 사업모델에서 원가절감과 생산성 향상에만 매달릴 경우 새로운 경쟁환경에서 낙오될 위험성이 커다. 커뮤니티를 대상으로 하는 고객케어형 산업으로 비즈니스 도메인을 이동하고 제조 중심에서 서비스 중시로 이행되며, GE의 경우 제조보다는 서비스를 주 수익원으로 설정하고 고객문제의 리얼타임 파악 시스템을 구축하고 있다.

3) 단계적 접근이 필수적

전통기업의 디지털화는 다른 경영기법의 도입과 달리 일과성 변화가 아닌 근본적 변화를 지향하고 있다. 전통기업이 하루아침에 사이버 강자가 될 수는 없으며 급진적으로 추진할 것과 신중하게 추진할 것을 가리는 지혜가 다음과 필요하다. ① 디지털 요소를 이식하고(점화, Launch) ② 주도권을 교체한 후(가속, Boost) ③ 디지털 중심의 신 체제를 구축(순항, Cruise)하는 3단계 접근이 바람직하다(점화 단계 : 디지털 자원을 확보하고 디지털 요소를 기존 시스템에 도입, 가속 단계 : 아날로그 요소에서 디지털 요소로 주도권을 이전하며 하이브리드형 조직형태를 유지, 순항단계 : 디지털 중심의 개방형 경영시스템을 구축하고 가상기업, 자원의 비트화, 프로세스 통합, 디지털 문화의 정착을 달성).

찰스슈왑의 「자살을 통한 생존(survival by suicide)」을 보면, 찰스슈왑은 96년 별동조직으로 인터넷사업부 e-슈왑을 설립하여 온라인 증권시장의 교두보를 확보하였다. 1년 후인 97년도에 기존 사업분야를 모두 e-슈왑으로 통합시켰다. 〈그림 2-8〉은 경영시스템 전환의 단계별로 접근하는 과정을 설명한 것이다.

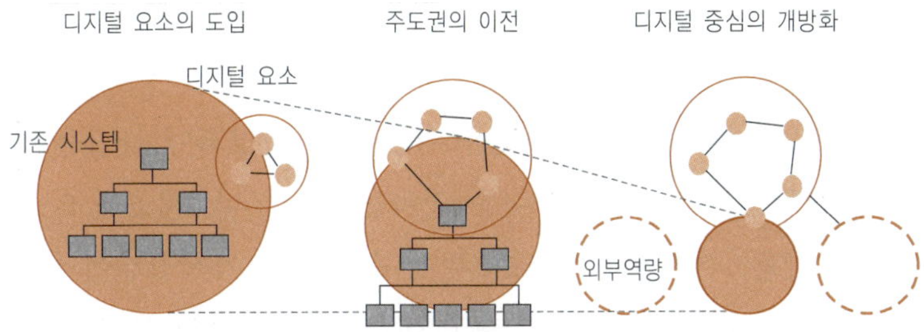

	점화(launch)	가속(boost)	순항(cruise)
경영자원	·디지털 자원 확보 ·자원레버리지 극대화	·차별화·육성 ·선별 및 도태	·자원의 비트화 (지능/연결/유연)
조직구조	·조직구조조정 (책임경영/시장지향)	·조직연결성 강화 (하이브리드 조직)	·가상기업 구축 (포털형 조직)
프로세스	·프로세스 개선 (효율화/비용절감)	·프로세스 혁신 (서비스 질 향상)	·프로세스 통합 (완전 연결)
기업문화	·신구문화 갈등 관리	·디지털 문화 확산 (우선 순위 확립)	·디지털 문화 정착 (개인/개방/모험/휴먼)

그림 2-8 경영시스템 전환의 단계별 접근

4) 개혁 리더십의 확보

모든 개혁이 어렵지만, 특히 디지털 개혁은 경영의 근본 가정이 흔들리는 만큼 확고한 비전을 가진 개혁 리더십 없이는 성공이 불가하다. 「디지털 드림키즈」를 구호로 내건 소니의 이데이 회장, 「그로브 시대의 종언」을 외치는 인텔의 바렛 회장과 같은 지도자가 필요하다. 바렛은 「Thinking Green」을 슬로건으로 이익을 못내는 디지털 사업부에 힘을 실어주고 있고, IBM의 거스너는 「Internet Business Machine」이라는 새 명칭 아래 회사의 방향을 명확하게 제시하였으며, 다수의 사내 비판자들이 이를 두고 과도한 방향 선회로 보고 있으나 이들은 회사의 디지털 비전에 대한 확신을 갖고 있다. 아날로그 시대의 경영관행에 익숙한 경영자보다 사이버 세계의 본질을 아는 전문경영자의 수혈이 필요하고, 디지털 시대의 리더십 확보를 위해 전문경영자를 영입하여야 한다. 새로운 비즈니스 모델 도입을 위해 「경영 R&D」를 강화시켜야 하고, 연구개발성과를 M&A를 통해 외부에서 리얼타임으로 도입하듯이 경영전략 및 리더십 역시 외부 수혈을 통해 조기 확충해야 만 한다.

제 2 절 디지털 도입방안

온라인 소매업체들이 수익성 개선을 위한 품목 다양화에 관심을 집중하고 있다. 품목다양화에 대한 기업의 적절한 대응 전략을 알아본다. 애초에 B-to-C모델은 저렴한 가격, 다양한 제품, 간편함 등을 내세우며 출발했다. 가상공간에서 판매를 함에 따라 상점이 필요 없고, 시설비, 인건비, 재고 비용 등을 절감해 상대적으로 싼값에 판매를 할 수 있다는 것이다. 또한 인터넷상에서는 카탈로그를 통해 상품을 진열해 장소 제한을 받지 않고 판매품목을 늘릴 수 있다. 소비자에게는 하나의 사이트에서 원하는 여러 상품을 한꺼번에 구매 할 수 있는 편리함을 제공하기도 한다. 이러한 장점을 이용해 온라인 소매업체(e-tailer)들은 꾸준히 품목을 확장해 왔다. 대표적인 온라인 소매업체의 하나인 아마존의 경우를 보자. 처음에는 온라인 서점으로 출발하여 꾸준히 판매 품목을 확장해 온 모습을 볼 수 있다. 아마존의 기본 목표는 소비자가 원하는 모든 물품을 웹에서 살 수 있도록 만들자는 것이다. 현재 아마존이 취급하는 아이템은 책에서 가구에 이르기까지 14개 범주, 1800만 항목에 달한다. 그 밖에 CD Now에서는 비디오와 가전, Macys.com에서는 화장품과 보석, Sears에서는 사무용품, 유아용품 등을 파는 것과 같이 온라인 소매업체들은 여러 각도로 품목을 다양화하고 있다.

1. 품목 다양화

1) 품목 다양화의 이유

인터넷상에서는 품목을 간단히 확장할 수 있다. 페이지를 하나 만들고, 데이터만 수정하면 일단 제품 판매가 가능해진다. 오프라인과는 달리 새로운 품목을 추가하는 경우, 물리적인 공간을 확보할 필요도, 새롭게 인테리어를 할 필요도 없다. 그 만큼 품목 다양화가 쉽게 이루어진다. 이와 같은 품목 다양화를 통해 기업이 궁극적으로 달성하고자 하는 목적은 다음과 같다.

첫째, 성장잠재력이 높은 카테고리로의 확장을 통해 보다 큰 기회를 잡기 위함이다. 아직까지 하나의 카테고리가 온라인 소매시장에서 수익을 독차지한 경우는 없다. 온라인 쇼핑이 시작 단계인 점을 감안하면 성장 카테고리에 대한 선점은 미래 비즈니스의 출발점이 될 수 있다.

둘째, 현재 방문하는 고객의 구매액을 늘리기 위해서다. 한 가지 물건을 산 고객에게 다른 물건의 구매에 대한 선택 가능성을 제시해 교차판매(cross-selling)를 유도, 매출액을 증대시키려는 의도이다.

셋째, 카테고리 경쟁의 범위가 무제한적으로 확대된 상황에서 자신의 카테고리를 잠식해오는 다른 기업과의 경쟁에 대응하기 위해서다. 컴퓨터 판매업체에서 가전과 사무용품을 동시에 팔고, 서점에서 음반을 동시에 파는 것처럼, 전통적인 분류의 경쟁구도는 이미 깨어졌다. 카테고리가 합쳐지고 흩어지면서 기업의 새로운 경쟁 질서에 대응하는 것이다.

2) 품목 다양화의 止揚

닷컴기업에 대한 열기가 시들고 수익성이 악화됨에 따라 이러한 품목 다양화 전략은 위기를 맞고 있다. McKinsey사의 조사에 의하면 많은 온라인 소매업체들이 주문에 많이 응할수록 더욱 더 손해를 보는 아이러니컬한 상황에 빠져 있다고 한다. 경쟁력 없는 품목까지 보유한 까닭에 주문상의 변동비가 높아져 규모의 경제를 이루지 못하고, 높은 Fulfillment(온라인상에서 고객이 물건을 주문하고 배달 받고, 이후 반품과 A/S까지 이어지는 일련의 모든 과정)비용은 수익 악화의 주범이 되고 있는 것이다. 앞서 예를 든 아마존의 경우 품목 다양화로 인한 소량주문(split shipment)에 의해 발생하는 손실이 주문 1건당 평균 2.91달러에 이른다고 한다. 성장을 위한 무분별한 품목 다양화는 근본적으로 소비자에 대한 명확한 차별 대응 없이 기업 임의로 구색을 갖춰 놓고 소비자가 찾아와 구입하기를 요구하는 것이나 다름없다. 아마존에서 서적을 구입했다고 해서 반드시 그 소비자가 완구나 자동차를 구입한다는 보장은 없다. 명확한 소비자의 구매 형태에 따른 분석이 없는 확장 전략은 성공하기 어렵다. 무분별한 품목 다양화가 가져오는 문제점을 정리하면 다음과 같다.

첫째, 서비스가 복잡해져 Fulfillment의 문제가 생긴다. 작은 양의 주문이라도 주문에서 배송까지 모든 과정은 충실히 지켜져야 하는데, 이 모든 Fulfillment의 비용이 매출에서 나오는 이익을 초과해 버린다.

둘째, 운영의 효율성이 떨어진다. 품목을 확장하게 되면 이를 담당할 새로운 인력이 필요하게 되고, 그 결과 조직의 운영비용이 증가하게 된다. 또한, 조직 구조도 복잡해진다. 각각의 품목은 이익의 정도나 판매의 형태가 매우 상이하다. 이 경우 한 부서만으로 이를 감당할 수가 없게 된다. 따라서 이를 감당하기 위한 새로운 조직이 필요하게 되어 조직의 운영이 점점 복잡하게 된다.

셋째, 브랜드 이미지의 혼선을 가져올 수 있다. 어디서 구매할 것인가라는 문제를 해결할 때, 소비자에게 기억을 떠올리게 하고 신뢰와 안정을 주는 것은 브랜드의 힘이다. 무분별한 품목 확장은 소비자로 하여금 그 사이트에 대한 정체성을 훼손할 우려가 있다.

2. 기업의 생존전략

만물가게식 기업(broadline e-tailer)과 전문상점형 기업(category killer) 중 어떤 것이 살아남을까? 그 해답은 품목이 아닌 수익을 확대할 수 있는 기업이 살아남을 수 있다는 것이다. 그러나 온라인상의 경쟁이 더욱 치열해 짐을 감안할 때 지속적인 품목 확장으로 구매자의 수를 늘려 수익을 확대해 나가기란 지극히 어려운 일이다. 이보다는 판매하는 품목의 수는 작지만, 적은 마진으로도 생존할 수 있도록 효율성을 극대화한 기업의 생존이 더 쉬운 편이다. 이를 보다 쉽게 이해하기 위해서 소매업체의 역사를 살펴보자. 소매업체에 있어 경쟁우위는 끊임없이 변하였다. 소매업체에 있어 품목 다양화로 변천하였다. 이 가운데 네 가지의 큰 변화가 있었는데, 첫 번째는 1870년대의 도시 백화점식 형태이고, 두 번째는 1890년대에 있은 Sears나 Roebuck과 같은 우편 주문 카탈로그형이다. 세 번째는 1960년대 초의 Kmart나 Walmart와 같은 대형할인점이고, 마지막 네 번째 변화는 최근의 온라인 소매점 형태이다. 이러한 각각의 큰 변화는 이어 뒤따라 온 파괴 조류에 의해 성함과 쇠함이 반복되는 것을 볼 수 있다. 이상의 네 가지 흐름 속에서 시사점을 찾아보면 다음 두 가지를 들 수 있다. 먼저, 파괴 조류는 기존의 소매점들이 가지는 것보다 더 작은 마진으로도 살아남을 수 있고, 재고 회전율을 높여 이익을 극대화한 특징을 가지고 있다. 이들은 처음에는 판매 경험의 부족이나 인력의 미숙함으로 인해, 복잡한 물건보다는 주방용기나 페인트와 같은 표준화된 물건을 가지고 진입을 한다. 이후 옷이나 가구와 같은 비표준화되고 복잡한 품목으로 진화하는 것을 볼 수 있다.

다음의 시사점은 소매업체들은 포탈의 형태와 같이 넓은 범위의 품목에서 시작했다가 점차로 카테고리형으로 진화한다는 점이다. 즉, 1870년대 전에는 소비자들은 자신이 원하는 물건을 얻기 위해 어디로 가야 하는지를 몰랐다고 한다. 포탈 개념의 상점이 나오면서부터 사람들은 아마도 거기에 자신의 물건이 있을 것이란 가정을 갖게 되었다. Sears의 카탈로그도 백화점이 없는 미국 시골에서는 포탈과 같은 역할을 했다. 대형 할인점도 가격이 싼 거의 모든 제품을 판매한다는 면에서 일종의 포탈의 역할을 한다. 이러한 넓은 범위의 품목을 가지는 소매업체를 파괴한 것은 특정 제품이나 라이프사이클에 기초한 전문형 소매업체들이다. 몰(mall)중심의 Banana Republic이나 Williams -sonoma와 같은 소매업체가 기존의 백화점 중심의 소매업체들을 눌렀으며, L.L.Bean과 같이 전문화된 카탈로그 업체는 다양한 품목을 제공하는 카탈로그 업체를 눌렀다. 또한 토이저러스나 Home Depot, Staples와 같은 품목 집중형의 할인점은 기존의 다품목 대형 할인점의 수익을 훨씬 앞지르게 된다. 이처럼 소비자들은 그들이 원하는 것이 정확히 어디에 있는지를 알게 되면, 포탈형태의 다양한 상품을 제공하는 소매업체를 멀리하고 전문화된 소매업체를 택하게 됨을 알 수 있다. 그렇다면 온라인에서의 만물 가게식 기업은 어떻게 되는 것일까? 이는 온라인 소매업체에 있어 지표 역할을 하는 아마존의 예를 생각하면 쉽게 알 수 있다. 수익성 악화에도 불구하고, '소비자가 원하는 모든 물품을'이란 컨셉을 끝까지 고수했던 아마존도, 최근 '잡동사니는 치워버려(get the crap out)'라는 내부 지침으로 이익을 많이 내는 품목에 집중하기고 했다고 한다(월스트리트 저널, 2월 2일자). 넓은 품목을 가짐으로써 얻을 수 있는 경쟁적 우위는 영원한 것이 아님을 알 수 있다.

3. 기업의 대응 방안

온라인 소매업체는 품목 다양화에 대응하여 앞으로 어떠한 전략을 구사해야 하나? 이를 위해 본고에서는 다음과 같은 대응 방안을 제시하고자 한다. 첫째, 명확한 가치 제안으로 핵심 품목을 포지셔닝 한다. 둘째 이 핵심 품목 주변으로 클러스터링을 강화해 나간다. 셋째, 전략적 제휴로 선제 네트워크상에서 공존의 길을 모색한다.

용되고 적용되는 범위는 날로 증대되어갔다. 간단한 IT장비를 들어놓는 사무자동화에서부터 생산 현장의 자동화 및 정보화, 유통과 물류 부문에 있어서의 정보화, 그리고 기업의 경영 메카니즘에 대한 경영정보화에 이르기까지 70년대 이후 기업 경영의 핵심 요소에는 더 이상 IT와 정보화에 대한 테마가 빠질 수 없는 핵심적인 요소로 부각되어갔다. IT화와 정보화에 더욱 불을 지핀 것은 바로 90년대 초 인터넷의 등장과 빠른 발전이라고 할 수 있다. 한때 컴퓨터 통신과 자료 검색의 용도로만 주목을 받던 인터넷이 비즈니스 현장에 접목되면서 기업의 정보화에는 패러다임적 변화가 야기되었다. 컴퓨터와 컴퓨터간의 공유와 연계를 통해 정보망을 형성하는 토대가 되었던 폐쇄적 통신망이 인터넷이라는 전대미문의 개방적 통신 수단으로 대체 내지 결합됨으로써 정보화는 비즈니스의 혁신적 변화를 불러일으킬 수 있는 거대한 잠재력을 의미하게끔 유도해 갔다. 컴퓨터와 통신 그리고 마침내 인터넷의 만남은 기업의 내적 정보화와 함께 정보화의 혜택과 효능의 외연적 한계를 무한히 넓혀 나갔다. 특히 인터넷은 그 자체가 또 하나의 비즈니스적 모델로서 독립적으로 생존하고 발전해 갈 수 있는 가능성과 실례를 보여줌으로써 인터넷 비즈니스라는 새로운 유형의 비즈니스 영역을 창출하기도 했다. 2000년에 접어들면서 기업의 정보화는 e-비즈니스라는 용어로 한때 대변되기도 했다. 많은 이들이 e-비즈니스의 개념을 단순한 인터넷망을 이용한 인터넷 쇼핑몰 정도로 치부해 버리는 우를 범하기도 했지만 오늘날 우리에게 있어서 e-비즈니스라 함은 전술한 기업의 내적 정보화와 외적 연계 그리고 인터넷의 다양한 기술과 모델이 여기에 함께 어울어진 포괄적 개념을 가진 그리고 인터넷 시대에 걸맞는 기업 내지는 비즈니스의 정보화라고 설명이 가능할 것으로 본다. 본 교재에서는 이 같은 관점에서 기업정보화의 개념을 과거의 협의 또는 전통적인 기업정보화의 개념에 최근에 그 개념이 발전된 e-비즈니스의 의미까지 가미된 포괄적 의미로 이해하기로 한다. 이러한 기업 정보화에 대한 개념의 범위를 기초로 우선 기업정보화의 구체적인 의미와 내용을 살펴보고 이어 기업정보화를 효과적으로 추진해 나가기 위한 기업 차원의 효과적인 운용 전략을 구상해 보기로 한다. 그리고 이러한 개념의 기업정보화를 효과적인 운용전략과 함께 잘 다루어 나가고 있는

1) 프로세서를 자동적으로, 자동 이동형으로, 자동 제어하기 위한 방법의 응용, 개발, 설계나 조사 "http://itdic. empas.com/view.tsp/"

2) 원시 자료를 컴퓨터를 이용하여 유용하게 이용 가능한 형태의 정보로 발생, 전달, 수직, 축적, 처리하는 과정 "http://ns. solutionagency.co.kr/"

3) 기업을 조직내의 운용과 경영 및 관리자의 의사결정기능을 지원하는 종합적인 사용자-기계시스템으로 전환하는 과정 "http:// mis.kr21.net/"

기업들에 대한 기업환경의 변화를 〈그림 3-1〉과 같다.

그림 3-1 기업환경의 변화

2. 기업정보화의 개념과 구성 요소

기업정보화의 개념을 위에서 본 바와 같이 전통적 의미의 기업정보화에 e-비즈니스적 의미까지 더해진 포괄적 범위로 보았을 때 그 같은 기업정보화는 구체적으로 다음과 같이 정의할 수 있다. 즉, 기업정보화는 기업이 자신의 특성과 산업의 환경 및 특성을 감안하여 기업의 비전과 전략적 방향 등에 부합되도록 정보기술 및 시스템적 요구사항을 구현해 나가는 과정 또는 그 같은 과정을 거쳐 구현된 기업의 시스템과 메카니즘 및 사업적 방식 등을 의미한다고 볼 수 있을 것이다. 이렇게 기업정보화의 개념을 정의할 경우 기업 정보화를 위한 수요와 요구수준은 기업별로 그리고 기업이 위치하는 산업군 별로 큰 차이를 보인다고 할 것이다. 또한 동일 산업군내에서도 특정 기업이 산업의 구조내의 가치사슬[4]상의 어느 지점 또는 구간을 비즈니스의 대상으로 하는가에 따라 기업정보화의 대상과 범위는 크게 달라 질 수 있다고 볼 수 있다. 이 같은 기업정보화 정의에 따르면 정보화의 대상은 기업의 비즈니스 전반에 걸친 모든 활동과 영역이 모두 포함된다고 할 수 있다. 기업의 비즈니스 구조를 포터 교수의 가

4) 가치사슬(value chain) : 기술개발(R&D)·구매·유통·판매 등 상품이 업체에서 고객에게 전달되기까지의 본원적 활동과 지원적 활동을 일련의 가치창출의 과정으로 보려는 시도. 조남기/이경전, "인터넷 사업 모형과 전략", (주)학술정보, 2001, p.118

한 시스템의 구축 작업에 들어가게 된다. 많은 기업들의 경우 별도의 정보전략수립 과정을 거치지 않은 채 곧 바로 필요한 솔루션 또는 시스템의 구축에 나서기도 하지만 앞서 살펴본 바와 같이 가급적 총체적인 기업정보화의 그림을 그려본다는 의미에서 정보전략의 수립과정은 기업에게는 매우 유용하다고 할 수 있을 것이다. 정보화 전략을 수립한 경우이든 아니든 간에 기업은 일거에 또는 여러 단계로 나누어 기업이 필요로 하는 정보화 구현 작업을 추진해 나가게 된다. 이 같은 작업은 아주 드물게 기업내 정보화 팀을 통해 독자적으로 수행되는 예외적인 경우를 제외하고는 외부의 전문 솔루션 또는 종합 IT기업(이하 SI 업체)들을 통해 주로 이루어지게 된다. 정보화 추진에 있어서 기업들이 가장 고민하는 부분이 바로 이 같은 시스템 구현 작업 시 적정 영역의 도출과 최적 업체의 선정, 그리고 프로젝트 관리에 관한 것들이라고 할 수 있다. 아무리 정보화 부문에 전문 지식을 가지고 있는 정보화 팀 또는 CIO가 있더라도 최근 나날이 발전해 가고 있는 정보기술과 e-비즈니스의 기술적 개념과 요소들을 모두 이해하기는 어렵기 때문이다. 기업들의 고민은 같은 영역의 정보화 과제라고 할지라도 전문 업체가 제안하고 있는 가격이 적정한 수준인지 그리고 그 업체가 해당 기업이 요구하는 수준의 작업을 충분히 소화해 낼 역량이 있는지 또한 전문 업체가 제안하고 있는 기술사양이 기업으로서 현실적 수요 수준에 비추어 볼 때 불필요한 다기능적 요소를 지니고 있지는 않은지 등 많은 부분에 걸쳐 자연스레 생겨나게 된다. 정보화 투자 규모가 상대적으로 클 경우 기업들은 이러한 고민들을 풀어나가고 효과적으로 정보사업을 발주 및 관리해 나가기 위해 외부의 전문가를 활용하는 경우가 많다. 프리랜서로 활동하고 있는 전문가를 일종의 감리 및 프로젝트 관리 요원으로 정해진 기간 동안 기용하기도 하고 아예 건설공사에서처럼 컨설팅 또는 감리 업체를 지정하여 정보화 작업 과정에 함께 투입하기도 한다. 통상 기업들이 일정 규모 이상의 정보화 프로젝트를 발주하는 경우 제안요청서(RFP)를 작성하여 공모 또는 지정 공모 형식으로 전문기업체로부터 제안을 받는 경우가 일반적이다. 해당 기업의 입장에서는 이러한 과정을 거침으로써 복수의 전문 기업으로부터 제안된 내용을 비교 평가할 수 있는 기회를 갖게 되고 구축 비용에 있어서도 합리적 적정 규모를 가늠해 볼 수 있기 때문이다. 기업들이 솔루션의 도입과 시스템 구축에 있어서 고민해야 할 부분은 바로 그와 같은 정보화 기술의 도입에 따른 경영상의 가치와 기업의 현실적 필요성이라고 하는 한가지 척도와 도입 및 구축에 따르는 비용과 기술적 위험에 관한 또 다른 척도라고 볼 수 있다. 특히 새로운 솔루션과 시스템을 도입하는 경우 그 같은 새로운 기술 요소에 내재된 위험과 해당 기업에의 적합성 및 기존 IT자원과의 효과적 통합의 기업들에 대한 기업환경의 변화를 〈그림 3-1〉과 같다.

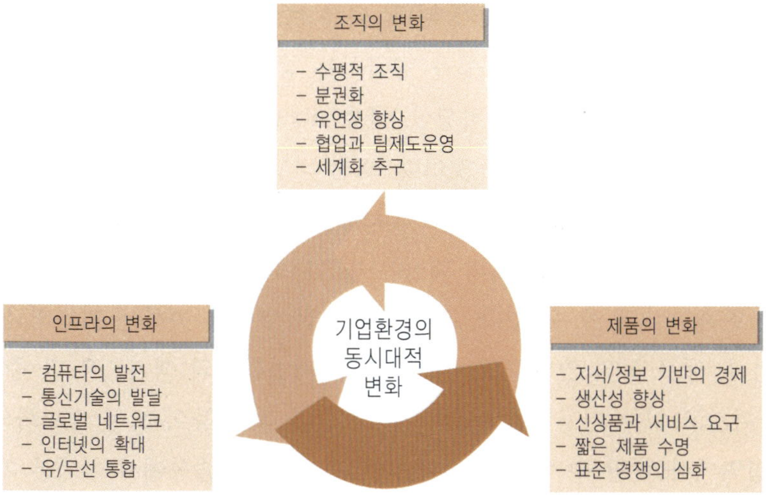

그림 3-1 기업환경의 변화

2. 기업정보화의 개념과 구성 요소

기업정보화의 개념을 위에서 본 바와 같이 전통적 의미의 기업정보화에 e-비즈니스적 의미까지 더해진 포괄적 범위로 보았을 때 그 같은 기업정보화는 구체적으로 다음과 같이 정의할 수 있다. 즉, 기업정보화는 기업이 자신의 특성과 산업의 환경 및 특성을 감안하여 기업의 비전과 전략적 방향 등에 부합되도록 정보기술 및 시스템적 요구사항을 구현해 나가는 과정 또는 그 같은 과정을 거쳐 구현된 기업의 시스템과 메카니즘 및 사업적 방식 등을 의미한다고 볼 수 있을 것이다. 이렇게 기업정보화의 개념을 정의할 경우 기업 정보화를 위한 수요와 요구수준은 기업별로 그리고 기업이 위치하는 산업군 별로 큰 차이를 보인다고 할 것이다. 또한 동일 산업군내에서도 특정 기업이 산업의 구조내의 가치사슬[4]상의 어느 지점 또는 구간을 비즈니스의 대상으로 하는가에 따라 기업정보화의 대상과 범위는 크게 달라 질 수 있다고 볼 수 있다. 이 같은 기업정보화 정의에 따르면 정보화의 대상은 기업의 비즈니스 전반에 걸친 모든 활동과 영역이 모두 포함된다고 할 수 있다. 기업의 비즈니스 구조를 포터 교수의 가

4) 가치사슬(value chain) : 기술개발(R&D)·구매·유통·판매 등 상품이 업체에서 고객에세 전달되기까지의 본원적 활동과 지원적 활동을 일련의 가치창출의 과정으로 보려는 시도. 조남기/이경전, "인터넷 사업 모형과 전략", (주)학술정보, 2001, p.118

치사슬 이론에 따라 공급자와 기업 그리고 고객 또는 수요자에 이르는 일련의 과정으로 이해하는 경우 각각의 기업 활동 요소와 비즈니스의 영역에 기업정보화의 구체적 적용대상이 존재하고 있다는 의미가 된다. 이를 보다 구체적으로 살펴본다면 기업의 입장에서 원자재와 부품, 중간재 등을 공급하는 공급기업과의 관계에서 구매 및 조달, 제품의 설계 및 위탁 또는 협업생산, 물류(inbound logistics) 등의 활동들이 정보화의 대상물이 된다고 할 수 있을 것이다. 또한 기업과 고객간의 관계에 있어서는 물류(outbound logistics), 고객관리, Afeter Sales 등이 역시 기업정보화의 대상활동 영역들이 될 것이다. 한편 기업정보화의 핵심은 비즈니스 가치사슬의 중심에 위치하는 기업 내부에 존재한다고 볼 수 있다. 경영학의 고전 영역에 속하는 기업의 생산, 판매, 마케팅, 인사, 재무 등의 영역을 위시하여 최근 기업활동의 핵심으로 그 중요성이 날로 부각되어가고 있는 연구개발(R&D), 지식자원의 관리 등이 모두 정보화의 기업 내적 대상 영역이라고 할 수 있을 것이다. 이러한 가치 사슬상에서 살펴본 기업정보화의 대상 이외에도 기업 정보화의 직접적 범주에는 속하지 않지만 기업정보화의 광의적 개념에 속하는 것들은 얼마든지 있을 수 있다. 최근 인터넷과 e-비즈니스의 발전 및 확산과 함께 기업들이 인터넷망을 통해 연계 및 활용해나가고 있는 다양한 공공 또는 민간의 e-비즈니스 사업모델 또는 주체와의 협력 및 교류 활동 자체도 모두가 기업의 입장에서는 이 같은 광의의 정보화의 개념에 속하는 외연적 정보화 활동의 일환으로 볼 수 있는 것이다. 아울러 최근 기업들이 정보화 시스템의 구축 및 운영과 유지 관리 등을 외부의 전문 기관 또는 전문기업에 위탁 운영하는 것이 점차 일반적인 추세로 확산되고 있다. 이 같은 다양한 형태의 IT아웃소싱 활동들도 모두가 기업 정보화의 영역에 속하는 것들이라 하지 않을 수 없다. 한편 이 같은 기업정보화의 대상과 영역은 정보화의 절대적 정도와 요구수준에 따라서도 크게 달라질 수 있다. 기업 활동에 가장 기초적인 사무자동화 차원의 정보화 기초 투자 위에 인터넷의 활용기반 및 간단한 오피스용 소프트웨어 등을 활용해 가는 수준에 만족하는 기업이 있는가 하면 기업내 ERP[5)]를 기초로 가치사슬 상의 Downstream과 Upstream 상의 몇 개 핵심적인 영역의 활동을 IT기술과 e-비즈니스적 요소로 결합해 가는 한 차원 높은 대상과 영역을 기업 정보화의 본질로 이해하는 기업도 있을 수 있다. 뿐만 아니라 여기에서 한 차원 더 나아가 경영전반에 걸쳐 정보와 시스템 그리고 경영을 포괄적인 의미로

---

5) ERP(enterprise resource planning) : 기업활동을 위해 쓰여지고 있는 기업내의 모든 인적, 물적 자원을 효율적으로 관리하여 궁극적으로 기업의 경쟁력을 강화시켜 주는 역할을 하게 되는 통합정보시스템 "http://www.erp21.com/"

아우르며 지식경영의 토대까지도 구축코자 하는 가장 Advanced된 정보화의 수준에의 도달을 정보화의 과제로 여기는 기업들의 경우 기업정보화의 대상과 영역은 다른 기업들과 사뭇 다를 수가 있는 것이다.

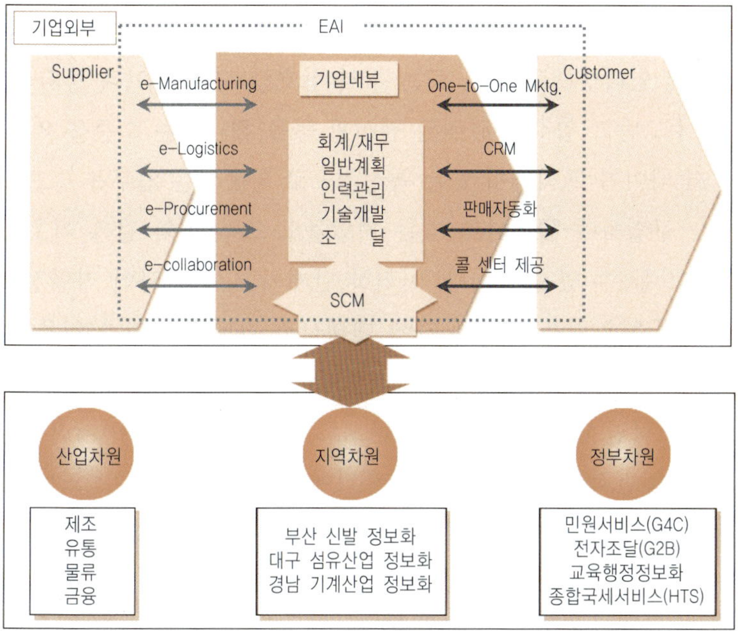

그림 3-2 기업정보화의 범위

3. 기업정보화의 진전 단계

앞서 기술한 바와 같이 기업별로 정보화 수준은 큰 차이를 보이고 있다. 기업의 규모와 성격에 따라, 그리고 정보화의 필요 정도와 효용성에 따라 기업들의 정보화를 위한 노력과 투자의 정도는 당연히 달라질 수밖에 없을 것이다. 물론 IT기술의 발전과 디지털 패러다임의 확산으로 기업 전반의 평균적 정보화 수준은 크게 향상 내지 진전되고 있지만 개별 기업별로 보았을 때의 상대적 정보화 수준의 차이는 현격히 존재하고 있다고 볼 수 있다. 일반적으로 기업이 정보화를 이루어 나가는 정보화의 발전 내지 진전의 단계는 몇 가지로 구분해 볼 수 있다. 보는 관점과 단계의 세분화 정도에 따라 다양한 정의와 구분이 가능할 수 있겠지만 국내외 기업들의 통상적인 정보화 추진 경로와 정보화 전략을 수립하는 컨설팅업체들의 정보화 및 e-비즈니스 발전 단계 모델을 참고로 할 때 다음과 같은 4단계로 구분할 수 있을 것으로 보인다.

1) 1단계 : 기초정보화 단계

기초정보화 단계는 말 그대로 기업들이 가장 초보적인 수준의 정보화를 이루기 위한 단계를 의미한다. 몇 대의 컴퓨터를 회사 내에 들여놓고 간단한 문서의 작성에서부터 엑셀 등 사무용 소프트웨어의 활용에 이르기까지 회사의 업무와 관련된 기초적인 일들을 해 나가는 단계로서 최근 인터넷의 확산과 함께 모뎀 또는 초고속 통신망에의 연결을 통해 인터넷으로 직원 또는 부서 상호간 그리고 고객 등과의 관계에 있어서 이메일을 주고받고 업무와 관련된 웹서핑 등을 해나가는 수준을 의미한다. 이보다는 한 걸음 더 나아가 프리웨어 또는 통상적으로 활용되는 업무용 소프트웨어 또는 어플리케이션을 구입하여 활용하고 있는 기업들도 모두 이와 같은 기초정보화 단계에 머물고 있다고 할 수 있을 것이다. 이러한 단계의 기업을 과연 기업정보화를 실행해 가는 기업의 범주에 넣을 수 있는가에 대해서는 검토의 여지가 있을 수 있겠지만 아직까지 많은 중소 규모의 기업 또는 자영업이 이 수준에 머물고 있는 점을 감안 이를 우선 가장 초보적인 단계의 정보화 수준으로 정의하기로 한다. 이러한 기초정보화 단계의 기업들은 일반적으로 사내에서 컴퓨터에 숙달된 직원 소수 또는 사장 자신의 컴퓨터 지식과 직간접의 경험에 의존하여 우선적으로 꼭 필요한 영역에서 최소 수준

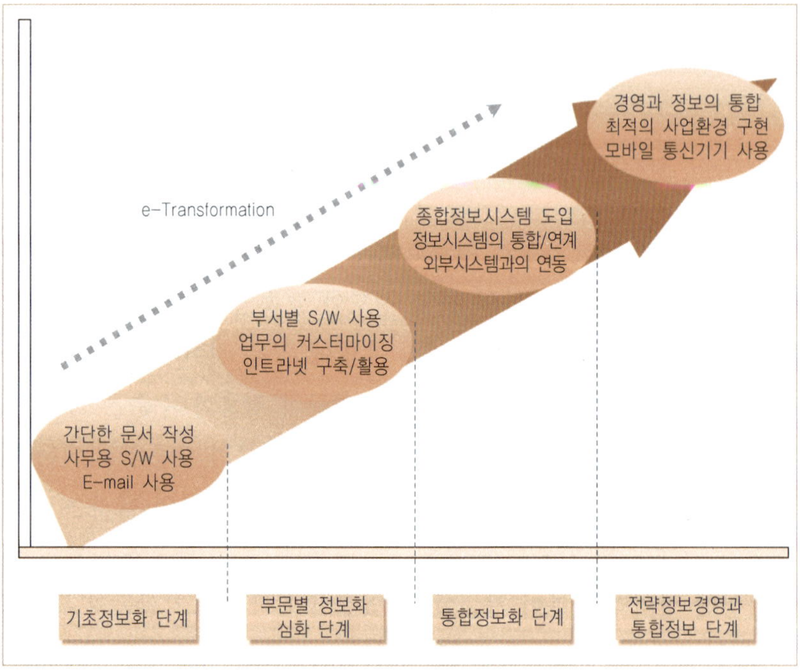

그림 3-3 기업정보화의 진전단계

의 정보통신기기와 소프트웨어 내지는 어플리케이션을 활용하게 된다. 나름대로 임직원 또는 사장이 직접 정보화교육도 받고 하지만 정보화를 위해 큰 투자를 한 현실적 필요성을 느끼지 못하고 정보화를 통해 큰 성과도 기대하기 어려운 소규모 또는 자영업 형태의 기업들이 모두 이 범주에 속한다고 볼 수 있을 것이다. 물론 이들 기업과는 달리 어느 정도의 기업 규모와 체계화된 구조를 가지고 있음에도 불구하고 아직까지는 정보화 투자에 여력이 없거나 정보화 노력 자체를 아직은 우선 순위에서 더 미룰 수 있는 일로 생각하고 있는 제조업종을 비롯한 많은 중소기업들이 이 단계의 정보화 수준에 머물고 있다고 할 것이다.

2) 2단계 : 부문별 정보화 심화 단계

두 번째 단계는 부문별 정보화 심화단계로서 기초정보화 단계보다는 한층 진전된 정보화수준을 보이는 기업들이 이에 속한다. 정보화의 대상이 되는 영역은 [illegible], 회계 등 총무부서, 구매 및 조달 부서, 제조 및 개발 부서, 마케팅 및 영업 부분 등 [illegible]업의 모든 부서가 해당된다. 각 부서별로 업무의 현실적 필요에 의해 각기 범용 또는 다소의 전문기능을 갖춘 소프트웨어를 구입, 활용하고 있는 것이 이 단계의 기업들이 보이고 있는 정보화 수준이라고 볼 수 있다. 각 부서들은 관련 부문별로 소프트웨어에 내재되어있는 프로세스와 패턴에 따라 업무 처리 방식 또는 프로세스[illegible] 개선과 정합성을 이루려는 노력을 부분적으로 기울여갈 수도 있다. 또한 경우에 따라서는 특정 업무 영역에 있어서는 범용성의 소프트웨어에서 한 걸음 더 나아가 기업별 특성에 부합되도록 부분적인 커스터마이즈(customize)를 이루어 나가는 기업들도 있을 수 있을 것이다. 이들 기업들의 경우 통상 자체적으로 기울여가는 정보화 진전 노력과 함께 거래선이 되는 중견 또는 대기업이 개발, 보급하는 소프트웨어 내지는 시스템을 연동 또는 구축 활용하고 있는 것이 일반적인 패턴이라고 볼 수 있다. 이러한 기업들은 인터넷의 활용에 있어서도 기초정보화단계의 기업들보다는 진일보한 모습을 보이게 된다. 업무용 소프트웨어들이 많은 부분 웹 기반으로 전환되면서 인터넷은 e-메일과 자료 검색 등만의 목적이 아닌 업무 처리와 실질적으로 많은 부분 연계되어 있고 기업에 따라서는 기업의 내부 목적을 위한 웹 기반의 인트라넷을 구축하여 활용하는 경우들도 있다고 보여진다.

3) 3단계 : 통합 정보화 단계

3단계는 통합정보화의 단계로서 일률적인 패턴의 정의가 어렵기는 하지만 기업들

4) 4단계 : 전략정보경영과 통합 정보 네트워크의 단계

기업정보화의 마지막 단계인 전략정보경영과 통합정보네트워크의 단계는 기업정보화에 있어서 최상의 가장 Advanced되어 있는 단계를 의미한다. 이 단계의 기업은 경영과 정보시스템간에 독립적 구분이 불가능할 정도로 경영과 정보의 완전통합이 이루어지는 단계라고 볼 수 있다. 즉, 단순히 ERP 수준의 정보화 차원이 아니라 기업의 비전과 전략의 실행 및 각 비즈니스 영역별 활동들이 정보화의 기반 위에서 정보화된 툴 들이 적용되어 기획 및 실행, 평가 및 통제가 체계적이고 효과적으로 이루어지는 단계를 뜻한다. 이 같은 단계의 기업정보화를 이루어 내는 기업들의 경우 앞서 설명한 기업의 지식경영과 전략정보경영에 기반을 두고 기업의 내적, 외적 정보화 자원이 기업경영을 가장 효과적으로 지원하고 리드할 수 있을 정도의 완전한 통합과 네트워크적인 기반을 구축하고 있다고 볼 수 있다. 또한 수직적 가치사슬 단계에서 협업적 관계를 유지하고 있는 기업들간의 협업적 정보화 측면에서도 성숙된 단계의 체계적이고 효율적 정보화를 완성하고 있는 것을 전제로 한다. 아울러 수평적 차원에서도 기업간의 횡적 네트워크와 파트너적 비즈니스 관계를 정보화를 통해 광범위하고도 효과적으로 구현해 낸다고 할 것이다. 이와 함께 고객과의 관계와 마켓에 대한 대응력에 있어서도 기업의 전략과 효과적으로 연계된 고차원적 CRM[10)]적 기반과 SCM 또는 ECR[11)]적 기반이 구축됨으로써 고객의 요구와 시장의 수요와 동향이 기업의 경영전략과 기획, R&D 및 생산, 구매 및 조달 등 기업의 전 가치사슬에 걸쳐 신속하게 반영되고 피드백되는 최적의 비즈니스 환경과 프로세스를 구현해 나가는 단계에 이른다고 할 수 있는 것이다. 이러한 수준의 정보화 레벨에 도달한 기업의 경우, 확고한 정보화 기반을 토대로 기업의 더 상위 수준의 정보화를 추진해 나가는데 있어서도 기업의 내적 정보화 역량을 바탕으로 상당 부분 스스로 기획 및 설계가 가능하다고 볼 수 있다. 즉, 이들 기업들은 새로운 경영기법의 도입과 향상된 IT적 하드웨어와 어플리케이션의 적용 및 활용과 이에 따른 시스템 전반의 업그레이드, 모바일에 기반을 둔 각종 휴대용 정보통신기기의 정보시스템과의 연계 활용, 인터넷 내지는 차세대 인터넷 기술과 비즈니스 모델의 경영 및 정보화 구조와의 접목 등에 있어서 기업 스스

10) Costumer Relationship Management: 고객과 관련된 자료를 분석하여 고객의 특성에 기초한 마케팅 활동을 계획, 지원, 평가하는 관리체계, "인터넷 시대의 고객관계관리(CRM)", CEO Information, 제 262호, 2000년 9월, p.8

11) Efficient Consumer Response: 유통경로의 효율성을 제고시키고, 소비자의 가치를 증진하기 위하여 제조업체와 유통업체간의 전략적 제휴, 활동중심원가회계 도입, EDI 시스템의 활용, 조직을 변화함으로서 전체 공급사슬의 비효율성과 초과비용을 제거하는 것임 "http://www.helloec.net/network/ECR.htm/"

로 고민하고 문제 중 상당 부분을 스스로 풀어나갈 수 있는 수준을 의미한다고 할 것이다. 통상 이 수준에 달한 기업들은 전산실 내지는 정보화팀과는 별도로 자체의 정보전략팀 기능을 수행하는 싱크탱크를 두고 최고로 숙달된 컨설턴트 수준의 인력을 기초로 이 같은 경영과 정보 전반에 걸친 상시 연구와 기획을 해 나가고 있다. 또한 때로는 월드 베스트의 Practice를 벤치마킹하기 위해 세계 유수의 전문 업체 또는 해당 기업과의 협업을 통해 비즈니스 프로세스와 시스템적 개선을 추구해 나간다고 할 수 있다.

4. 기업정보화의 최근 추세

최근 기업정보화에 대한 개별 기업들의 관심과 투자가 커지면서 기업정보화는 몇 가지의 추세적 특성을 보이고 있다. 물론 기업별, 산업별로 그리고 기업의 정보화 수준별로 상당한 차이를 보이고 있기는 하지만 기업의 정보화는 각 유형간에 다음과 같은 많은 공통적인 관점과 시사점을 발견할 수 있다.

1) 기업정보화는 IT기술보다는 경영에 보다 근접한 개념의 문제

70년대경 기업의 비즈니스 활동에 IT기술이 도입, 적용되던 초기에는 기업정보화는 엔지니어링 관점의 IT 그 자체로 이해되는 경우가 일반적이었다고 볼 수 있다. 따라서 기업정보화의 선도기업들의 경우에도 기업정보화는 기업별 전산실 주도로 전산시스템을 중심으로 이해되고 진행되었으며 그 같은 기업정보화의 대상도 기업 활동 중 전산화의 대상이 될 구체적인 업무 영역에 국한된 것이라고 할 수 있다. 하지만 80년대와 90년대를 거쳐 최근에 이르면서 기업정보화는 IT의 기술적 관점에서 크게 확대 발전되어 기업경영 전반을 지배하는 경영전략적 의미와 관점으로 이해되는 것이 일반적인 추세이자 새로운 화두가 되고 있다. 이러한 추세에 따라 기업정보화 구현의

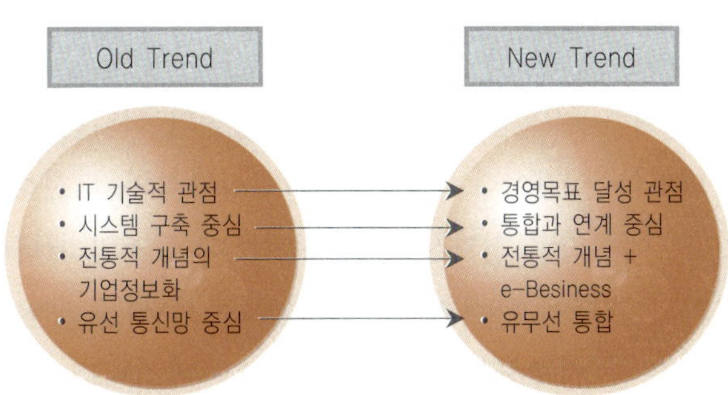

그림 3-5 기업정보화의 변화추세

수단이 되는 솔루션과 시스템의 구축 등도 과거의 특정 활동 중심의 단순 기능에서 기업의 본질적 경영 요소와 전략적 개념이 반영된 포괄적, 복합적 기능 위주로 전환되어 가고 있는 추세를 보이고 있다.

2) 구축 중심의 관점보다는 통합과 연계 중심

전술한바와 같이 기업정보화는 이제 기업별로 기초 정보화가 어느 정도 진전되면서 새로운 시스템의 구축과 솔루션의 도입이라는 관점보다도 IT리소스간의 그리고 IT와 비즈니스제 활동 요소들간의 통합과 연계라는 관점이 더욱 강조되고 있다. 물론 기업별로 기업별 특성과 수요 및 요구 수준에 따라 새로운 시스템과 솔루션을 도입, 구축하고 이를 전략적으로 활용하는 것이 기업의 입장에서는 무엇보다 중요한 과제임은 틀림이 없지만 이러한 새로운 IT의 투자를 해 나가는데 있어서도 그 관점은 제 요소들간의 연계와 통합이라는 시각에 기초를 두고 있다고 할 수 있다. 이러한 연계와 통합은 그 수준에 따라 IT영역에 있어서는 네트워크, 데이터, 솔루션, 시스템 등이 그 대상이 될 수 있다. 또한 연계와 통합은 IT리소스와 IT의 기술적 측면에서만 머무는 것이 아니라 기존의 조직구조와 비즈니스 프로세스 그리고 비즈니스적 제 활동과 IT적 측면의 기술 및 솔루션과 시스템의 통합에 더욱 무게 중심이 두어지고 있다고 볼 수 있다. 이는 궁극적으로 IT와 정보화의 목적과 가치는 기업경영 전반의 보다 효율적이고 생산적인 구조와 프로세스를 갖춤으로써 정보화를 통해 더욱 향상된 기업성과를 창출한다는 기업정보화의 본연적 의도와 목적에 더욱 충실한 방향으로 기업의 정보화가 진전되고 있다는 것을 의미한다고 할 것이다. 이러한 추세는 유무선 통합, 온라인과 오프라인의 통합, 통합 플랫폼, 경영과 정보의 통합 등 기업정보화와 관련된 다양한 신조어들이 유행어를 이루고 있는 것과 밀접한 관련이 있다.

3) 전통적 개념의 정보화와 e-비즈니스의 통합

전술한 바와 같이 최근 기업정보화의 다른 특징중의 하나는 기업정보화의 개념과 범위가 한층 확장되었다는 것이다. 2~3년전 기업정보화와는 전혀 다른 새로운 영역 내지는 패러다임으로 얘기되던 전자상거래 또는 보다 광의의 개념인 e-비즈니스가 최근 들어 기업정보화의 개념에 완전히 통합되고 있는 추세를 보이고 있다. 최근 기업에서 발주하고 있는 각종 정보화 사업에는 당연히 e-비즈니스적 개념과 요소들이 결합되어 있고 그 기술적 기반은 인터넷을 토대로 하고 있음을 알 수 있다. 즉, 각종 솔루션과 플랫폼들이 당연히 웹기반으로 전환되면서 이제 기업정보화는 전통적 의미의 기업정보화와 e-비즈니스가 완전한 통합의 모습을 보이고 있다. 한때 웹기반 또는 e-비즈니스 기반의 버전이라는 의미를 강조하기 위해 e-CRM, e-SCM 등과 같이 솔루션 또는 기술영역을 의미하는 단어 앞에 'e'를 반드시 붙이는 것이 한때의 유행을 이루었지만 이제 이 같은 추세를 더 이상 관찰하기가 어려울 정도로 e-비즈니스의 성숙 단계에 이르렀다고 볼 수 있다.

4) 유무선의 통합 추세

최근 무선 통신망의 확충과 각종 휴대용 통신기기의 발전과 보급, 확산으로 이제 기업정보화는 무선 기반의 각종 정보화 영역으로 빠른 속도록 발전해 가고 있다. 따라서 기업정보화에 있어서 유무선 통합은 최근 가장 큰 화두를 이루고 있다고 할 수 있다. 이 같은 추세는 앞으로 무선 통신 부문의 발전과 함께 더욱 빠른 속도로 진전되어 갈 것으로 기대되고 있다. 이미 금융, 유통, 물류 등 정보화를 선도해 가는 업종 및 선도기업들의 경우 이 같은 유무선 통합기반의 정보화 추진이 활발히 이루어지고 있고 기업의 내부 정보화도 무선 개념의 기초 위에서 구현되고 있는 사례들이 차츰 늘어나고 있다. 물론 아직은 초보 단계에 머물고 있지만 비즈니스와 일상생활 영역에서 무선 기반이 성숙되면 될수록 기업 정보화도 실질적인 무게중심이 무선 위주로 옮겨가게 될 것으로 전망되며 유무선 통합이라는 테마는 기업정보화의 더욱 핵심적인 이슈가 될 것으로 예상된다.

제 2 절 기업정보화의 효과적인 운영전략

1. 개요

앞장에서는 기업정보화의 배경과 의미 그리고 기업정보화의 단계와 최근의 추세를 차례로 살펴보았다. 이번 장에서는 기업정보화의 서로 다른 단계에 존재하는 기업들이 더 나은 수준의 기업 정보화를 이루기 위해 취해야 하는 효과적인 전략에 대해 검토해 보기로 한다. 개별 기업의 정보화 수준이 각기 큰 차이를 보이고 있고 기업들마다 기업별 특성과 정보화의 수요 및 현실적 필요의 정도가 크게 다른 만큼 기업의 정보화 전략에 있어서도 보편적으로 타당한 원칙과 방법을 찾아내는 것은 물론 쉽지가 않다고 할 수 있다. 앞에서도 언급한바와 같이 기업 규모에 따라 그리고 업종별로 정보화 평균적 수준과 정보화의 대상 및 접근 방법에 있어서 크게 차이를 보인다고 할 수 있다. 국내에서도 각 업종별로 기업들의 정보화 수준 및 현황과 정보화 과제를 담은 연구는 적지 않게 이루어지고 있으나 국내 기업정보화에 대한 일반적인 교재가 부재하다 시피하고 있는 것도 모두 이같은 이유에서 연유되고 있다. 본 교재에서는 이러한 일반적 전략과 방법론에 있어서의 한계에도 불구하고 중소 규모의 기업들에게 특히 도움이 될만한 일반적이면서도 보편적으로 타당한 전략적 관점이라고 할 수 있는 몇 가지의 포인트를 중심으로 내용을 기술해 나가고자 한다. 여기에서 중점을 둘 문제는 우선 기업정보화에 대한 기업별 정보화 지도에 비유될 수 있는 정보화 전략의 수립과 시스템의 구축 및 유지관리의 문제, 그리고 이 단계에서 기업들이 간과하기 쉬우면서도 전략적으로 활용할 여지가 있는 기업 외부의 다양한 정보화 자원과 e-비즈니스적 기회의 활용 등이 될 것이다. 이어 기업의 정보화 수준을 지속적으로 향상시키고 실질적인 개선을 이루어 내는데 필수 불가결의 요소라고 할 수 있는 전문화된 정보화 인력의 확보와 정보팀의 운영 그리고 정보화 교육과 전사적 정보마인드의 확산 등에 대해서도 다루어 가기로 한다. 이 같은 문제들에 대해 기업별 실정과 특성에 맞게 종합적으로 그리고 지혜롭게 대응해 갈 때만이 기업정보화는 기업경영에 실질적으로 도움이 될 수 있으면서도 앞서가는 정보화 기업으로서의 면모를 갖추게 될 것으로 믿는다. 내용과 분량의 제약상 앞서 설명한 4단계의 정보화 단계 중 2단계 이상의 기업들이 3단계와 4단계로 발전해 가는데 실질적인 도움이 될 수 있는 내용을 위주로 원고가 작성되었다는 점을 미리 밝혀두고자 한다.

2. 기업별 수요와 특성에 맞는 정보화 전략의 수립

앞서 몇 차례 강조한 바와 같이 기업정보화는 철저히 기업별 수요와 특성에 최대한 부합되도록 계획되고 실행되어야 한다. 정보화에 대한 수요가 정보화 그 자체의 중요성 이전에 기업 경영을 지원하고 기업의 현실적 경영 문제를 효과적으로 해소시킬 수 있는 수단적 의미와 필요에서 시작된다는 점을 생각해 본다면 그 같은 기업정보화의 기본 전제는 너무나 당연한 것이라고 할 수 있다. 물론 기업정보화를 위한 과제들 중 상당 부분은 기업별로 공통적 요소이자 과제들이 될 수 있다는 것도 사실이다. 특히 정보화 수준에 있어서 아직 완전한 성숙 단계에 도달하지 못한 중소기업의 기업정보화라는 관점에서 본다면 이 같은 공통적 요소는 상대적으로 비중이 더욱 커질 수밖에는 없을 것이다. 기업 정보화 추진을 위해 기업들이 가장 먼저 접근해야 할 문제는 기업별 특성에 부합되고 각 기업에서 실제 요구되는 정보화의 수요를 가장 잘 반영한 정보화 전략과 정보화의 로드맵(roadmap)을 그리는 작업이다. 다른 기업들이 아무리 정보화를 서둔다 한들 각 기업의 입장에서 정보화를 해야 할 수요가 현실적으로 존재하지 않는 한 정보화에 대한 고민과 투자는 하등의 필요성과 의미를 갖지 못할 것이다. 또한 정보화 수요가 있고 정보화에 대한 투자를 계획하고 있더라고 각 기업에서 현실적으로 직면하고 있는 문제를 구체적으로 풀어 줄 수 있는 구체적인 방향과 방법이 제시되지 않는 한 정보화의 노력과 투자는 실질적인 성과를 얻지 못하게 됨은 물론 그러한 상태에서 구축된 정보화의 결과물들은 한낱 가식과 외관용에 지나지 않는 것이 되고 말 것이다. 한때 대기업과 중소기업을 중심으로 IT부분에 대한 막대한 투자가 이루어졌음에도 불구하고 실제 활용도에 있어서는 매우 부진한 실적을 보인 것도 상당 부분 이 같은 연유에 기인한 것이라 할 수 있을 것이다. 이러한 관점에서 본다면 기업들이 현재의 정보화 수준에서 한 걸음 더 진전된 정보화의 모습을 갖기 위해 우선적으로 추진해야 할 작업은 정보화 전략의 수립에 있다고 할 수 있다. 여기에서 정보화 전략이라고 함은 기업별 특성과 기업을 둘러싸고 있는 외적 환경을 감안하고 현재 기업이 보유한 정보화 역량과 자원을 최대한 활용, 연계하면서 최선의 정보화 비전과 전략, 그리고 구체적 실행방안과 방법을 제시하는 것이라고 정의할 수 있다. 규모가 큰 기업의 경우 정보전략 수립을 위해 적지 않은 별도 투자를 해 나가기도 하지만 종업원 30명 내지 100명 이하의 소규모 중소기업의 경우 정부에서 지원하고 있는 각종 정보화전략수립을 위한 컨설팅 지원제도를 효과적으로 활용할 수가 있다. 정부에서는 3만개 중소기업의 IT화 사업과 중소기업정보화 관련기관들을 통해 이 같은 지원제도를 운영 중에 있어 기업들은 정부의 보조 하에 최소의 경비로 정보화전문가로부터 조언을 받을 수 있는 기회가 있다. 통상 ISP[12](information strategic planning)라고 불리는 기업들에 대한 정보화 전략은 다음과 같은 내용과 절차로 진행된다.[13]

12) ISP(information strategic planning) : 기업의 경영전략을 토대로 통합정보시스템 기반으로서 정보체계 및 기술체계의 도출과 효율적인 정보자원 관리를 위한 정보 관리조직 구조의 제시 그리고 후속 프로젝트 정의 및 추진계획 수립 등의 정보화 전략계획을 수립하는 전략적 방향을 의미함 "http://www.softand.com/"

13) ISP 작업 프로세스는 각 기업 또는 컨설팅 회사별로 절차나 내용에 있어서 약간씩 차이가 있으나, 본고에서는 〈그림 6〉과 같은 5단계로 ISP 작업 프로세스를 정의함

1) 1단계 : 기업 현황 분석

정보화 전략 수립에 있어서 첫 단계로 수행되는 작업은 기업별 특성과 현황을 분석하고 각종 정보 리소스와 시스템적 구조를 진단하는 것이다. 이 단계에서는 우선적으로 기업의 비전과 경영전략을 먼저 리뷰하고 이러한 과정을 통해 기업에게 주어진 대내외적 비즈니스 환경과 기업이 대응해 나가야 할 거시적 과제를 분석하고 비슷한 환경에 놓여있는 타 기업들의 사례를 벤치마킹하여 검토해 보는 작업을 하게 된다.

2) 2단계 : 정보화 수준 평가

두 번째 단계는 기업의 정보화 수준에 대한 평가 단계이다. 이 단계에서는 기업이 보유한 정보시스템의 현황과 수준 그리고 활용정도 등에 대한 구체적인 진단 및 평가 작업이 포괄적으로 이루어지게 된다. 실례로 중소기업의 정보화 지원을 위해 설립된 기업정보화지원센터에서는 기업별 정보화수준 평가에 있어서 해당 기업의 정보화 목표수준, 정보시스템의 설비수준, 정보시스템의 환경수준, 정보시스템지원수준, 정보화 응용 수준 그리고 정보시스템의 활용 수준 등을 평가 요소로 하여 구체적인 수준을 평가해 내는 기업정보화수준 평가시스템을 실제 기업별 정보수준평가 작업 시에 적용해 가고 있다.

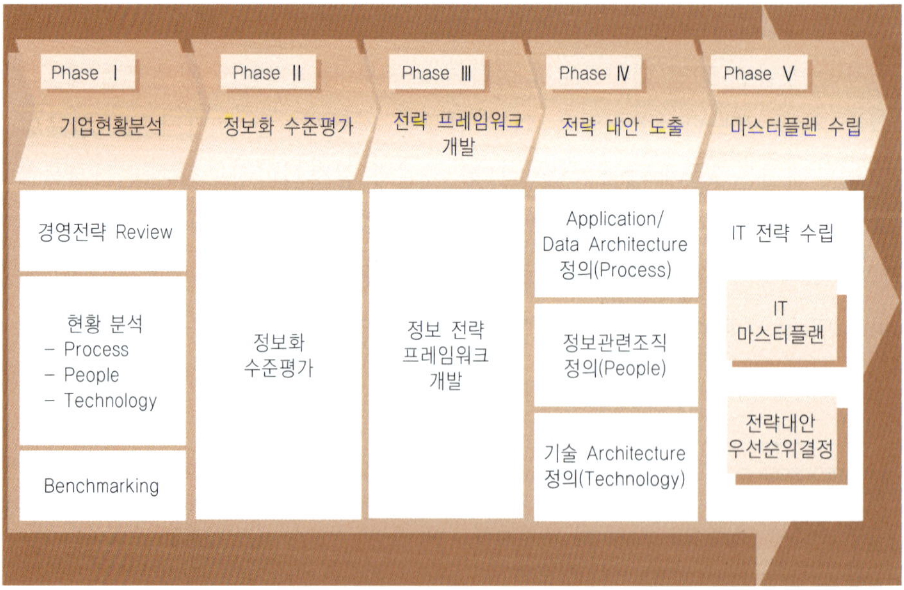

그림 3-6 ISP 작업 프로세스

3) 3단계 : 정보전략프레임워크 개발

이 같은 현황 분석과 정보진단을 토대로 정보전략 수립의 3단계에서는 기업에 가장 적합한 정보전략의 프레임워크를 개발하게 된다. 정보전략의 프레임워크는 기업의 경영전략적 관점에서 기업이 지향하게 될 최적의 정보전략 방향과 개략적 구조에 대한 거시적 차원의 비전 내지는 이미지맵(image map)을 의미하는 것으로써 이 단계에서는 경영과 함께 어우러질 정보체계와 구도에 대한 1차적 구상 및 설계를 하게 된다. 이러한 정보전략 프레임워크 개발 단계를 숲으로 비유하자면 나무에 대한 구체적인 논의를 하기에 앞서 먼저 숲의 차원에서 형상을 그려보고 전체 환경과의 조화를 1차적으로 조감해 보는 차원의 작업으로 생각해 볼 수 있다.

4) 4단계 : 정보전략 대안 도출

4단계에서는 도출된 정보전략 프레임워크에 기반을 두고 기술적 관점에서 어플리케이션과 데이터의 구조 등을 결정하고 기술적 구조(architecture)를 정의하는 정보화 구현을 위한 실질적 분석 및 기획 작업을 진행하게 된다고 보면 된다. 이 단계에서는 각 영역별, 기능별, 시스템별 세부적인 분석 및 설계 작업이 진행되면서 한편으로는 새로운 솔루션과 기술의 도입타당성과 기술적 적합성 그리고 도입의 시기적 부합성들에 대한 검토도 함께 이루어지게 된다. 이와 함께 해당 기업의 정보화 작업을 이끌어 나가는 정보화 조직에 대해서도 현재의 구조와 역량을 기초로 장차 요구되는 발전된 모습의 구체적인 모습을 그리게 된다.

5) 5단계 : 마스터플랜 수립

정보화 전략 수립의 마지막 단계인 마스터플랜 수립단계에서는 1단계부터 4단계까지의 작업 내용을 기초로 기업에게 구체적으로 제시될 수 있는 기업정보화의 종합플랜이 제시되게 된다. 경영전략과 연계된 IT적 마스터플랜의 작성은 물론 4단계에서 검토된 다양한 정보화전략의 대안간 비교 검토를 통해 대안별 장단점에 근거하여 우선순위가 제시됨으로써 기업의 총체적 로드맵의 제시와 함께 구체적인 실행 전략이 마련된다고 할 수 있다.

3. 최적의 기술적용과 시스템의 구현 및 시스템의 관리와 운영

정보화 전략이 마련되면 기업은 최적의 IT기술과 시스템을 도입하고 활용하기 위한 시스템의 구축 작업에 들어가게 된다. 많은 기업들의 경우 별도의 정보전략수립 과정을 거치지 않은 채 곧 바로 필요한 솔루션 또는 시스템의 구축에 나서기도 하지만 앞서 살펴본 바와 같이 가급적 총체적인 기업정보화의 그림을 그려본다는 의미에서 정보전략의 수립과정은 기업에게는 매우 유용하다고 할 수 있을 것이다. 정보화 전략을 수립한 경우이든 아니든 간에 기업은 일거에 또는 여러 단계로 나누어 기업이 필요로 하는 정보화 구현 작업을 추진해 나가게 된다. 이 같은 작업은 아주 드물게 기업내 정보화 팀을 통해 독자적으로 수행되는 예외적인 경우를 제외하고는 외부의 전문 솔루션 또는 종합 IT기업(이하 SI 업체)들을 통해 주로 이루어지게 된다. 정보화 추진에 있어서 기업들이 가장 고민하는 부분이 바로 이 같은 시스템 구현 작업 시 적정 영역의 도출과 최적 업체의 선정, 그리고 프로젝트 관리에 관한 것들이라고 할 수 있다. 아무리 정보화 부문에 전문 지식을 가지고 있는 정보화 팀 또는 CIO가 있더라도 최근 나날이 발전해 가고 있는 정보기술과 e-비즈니스의 기술적 개념과 요소들을 모두 이해하기는 어렵기 때문이다. 기업들의 고민은 같은 영역의 정보화 과제라고 할지라도 전문 업체가 제안하고 있는 가격이 적정한 수준인지 그리고 그 업체가 해당 기업이 요구하는 수준의 작업을 충분히 소화해 낼 역량이 있는지 또한 전문 업체가 제안하고 있는 기술사양이 기업으로서 현실적 수요 수준에 비추어 볼 때 불필요한 다기능적 요소를 지니고 있지는 않은지 등 많은 부분에 걸쳐 자연스레 생겨나게 된다. 정보화 투자 규모가 상대적으로 클 경우 기업들은 이러한 고민들을 풀어나가고 효과적으로 정보사업을 발주 및 관리해 나가기 위해 외부의 전문가를 활용하는 경우가 많다. 프리랜서로 활동하고 있는 전문가를 일종의 감리 및 프로젝트 관리 요원으로 정해진 기간 동안 기용하기도 하고 아예 건설공사에서처럼 컨설팅 또는 감리 업체를 지정하여 정보화 작업 과정에 함께 투입하기도 한다. 통상 기업들이 일정 규모 이상의 정보화 프로젝트를 발주하는 경우 제안요청서(RFP)를 작성하여 공모 또는 지정 공모 형식으로 전문기업체로부터 제안을 받는 경우가 일반적이다. 해당 기업의 입장에서는 이러한 과정을 거침으로써 복수의 전문 기업으로부터 제안된 내용을 비교 평가할 수 있는 기회를 갖게 되고 구축 비용에 있어서도 합리적 적정 규모를 가늠해 볼 수 있기 때문이다. 기업들이 솔루션의 도입과 시스템 구축에 있어서 고민해야 할 부분은 바로 그와 같은 정보화 기술의 도입에 따른 경영상의 가치와 기업의 현실적 필요성이라고 하는 한가지 척도와 도입 및 구축에 따르는 비용과 기술적 위험에 관한 또 다른 척도라고 볼 수 있다. 특히 새로운 솔루션과 시스템을 도입하는 경우 그 같은 새로운 기술 요소에 내재된 위험과 해당 기업에의 적합성 및 기존 IT자원과의 효과적 통합의 가능성이라는 또 다른 측면에 대한 보다 면밀한 검토가 전제되어야 함은 지극히 당연한 것이 될 것이다. 최근 각종 비즈니스 어플리케이션과 솔루션 및 하드웨어 등이 수개월 단위로 업그레이드되는 점을 감안해 본다면 전문 업체들의 적극적인 추천에도 불구하고 수요 기업의 입장에서는 이들 문제들에 대한 현실적 고민이 커질 수밖에는 없는 것이다. 일단 전문업체가 선정되고 본격적인 구축 작업에 착수하게 되면 기업은 가장 효과적으로 프로젝트의 진행과정을 관리하고 평가해 나가야 한다. 전술한 바와 같이 외부 전문가의 참여 하에 기업 내 정보전문가를 최대한 활용하여 기술적, 시스템적 측면에서 지속적으로 진행상황을 점검해 나감과 동시에 경영기획 및 영업 등 오프라인 부서의 임직원들도 함께 참여하여 시스템의 현실 적용상의 문제와 부합성 등을 체크해 나가야 한다. 일단 시스템 구축작업이 종료되게 되면 변경이 어려운 만큼 프로젝트 진행 전 과정에 걸쳐 기업의 전사적 관심과 참여가 필요하다고 볼 수 있다. 또한 구축 작업 시 기업의 선택과 결정이 요구되는 이슈들에 대해서는 신속한 의사결정 과정을 거쳐 현명한 판단을 내려주어야만 일정에 차질이 없이 작업이 진행될 수 있다고 할 것이다. 한편, 이처럼 기업이 시스템 구축 및 관리를 직접 해 나가는 경우가 있는가 하면 별도의 시스템 투자 없이 시스템을 외부의 IT전문기업에 전적으로 의존하는 경우도 있을 수 있다.

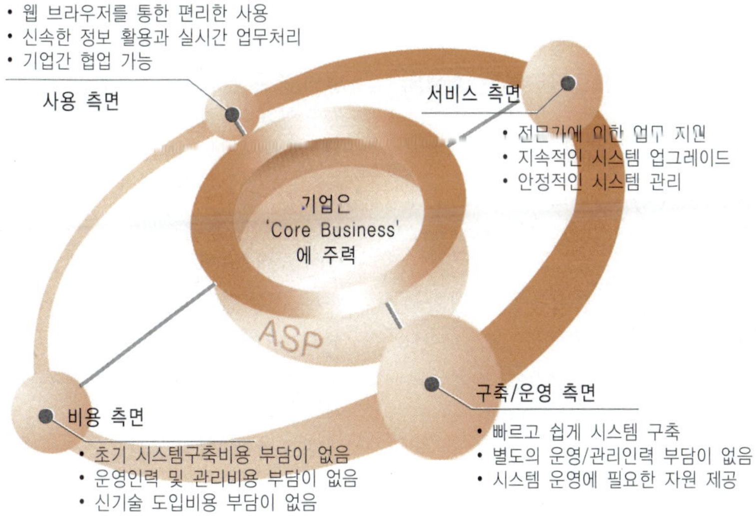

그림 3-7 ASP 도입효과

뒤에서 설명할 ASP[14]나 IT 아웃소싱 등이 모두 이러한 개념에 해당되는 것들로서 일반적으로 두 가지의 경우를 생각해 볼 수 있다. 첫 번째로 ASP와 같은 방식을 이용하여 기업 자체의 정보화 투자를 최소로 가지고 나가는 경우에는 통상 기업 규모가 작고 정보 처리량이 제한된 범위에 머물러 시스템을 직접 구축하는 것보다는 전문 업체에서 시스템을 갖추고 필요한 어플리케이션을 서비스하는 기업을 활용하는 것이 유리한 경우라고 할 것이다. 반면 기업 규모가 크고 전문화된 시스템적 투자가 필요하며 처리해야 하는 정보량이 많은 경우 그리고 자체 시스템 구축을 했을 경우 구축에 뿐만 아니라 유지관리에도 기술 및 인력상의 난점과 함께 상당한 비용이 지속적으로 드는 경우 IT 아웃소싱 방식으로 자체 구축보다는 외부의 시스템을 자사의 목적을 위해 활용하는 방식을 선호하게 된다. 이러한 자체 시스템의 구축이냐 아니면 외부 시스템의 활용이냐에 대한 기업별 판단은 시스템의 구축과 운용 측면을 모두 다 고려해서 이루어져야 할 것이며 최근의 추세는 시스템을 외부화 하고 임대 형식의 방식을 선호하는 방향으로 나아가고 있다고 볼 수 있다. 이러한 추세는 IT전문서비스업의 확대로 ASP 및 IT 아웃소싱을 전문으로 하는 기업들의 숫자가 점차 늘고 있는 것에도 원인이 있다고 할 수 있다.

표 3-1 아웃소싱의 장점과 단점

장 점	단 점
• 핵심적인 활동에 조직자원 집중 • 부가가치가 높은 기능에 전산자원 집중 • 규모의 경제를 통한 비용절감 • 각 기술 분야에서 가장 앞선 외부 조직의 기술이나 경험 활용 • 기초 및 기반 기술에 대한 투자없이 즉시 응용 기술 활용 • 교육훈련의 노력없이 이미 교육되고 훈련된 전문인력 활용 • 정보시스템 개발 및 운영비용을 구체화시켜 예측성과 통제성 증진 • 고정비 절약으로 인한 유통자금 확보 • 기술변화에 즉각적인 대응 가능	• 공급자의 계약 불이행으로 인한 계약 파기 및 공급업체 변경으로 높은 교체 비용 발생 가능성 • 협력관계 관리에 추가적 비용 소요 • 공급업체에 과도한 의존으로 기업의 유연성 결여 • 시스템 개발과정 또는 개발된 시스템의 질에 대한 통제 곤란 • 보안유의 어려움 • 내부 전문인력의 정보 기술력 및 직업 안정성 위협 • 조직의 요구변화에 능동적으로 대처하기 어려움 • 실제효과에 검증논란

※ 자료 : 올에이 컨설팅, "Outsourcing", http://www.all-akorea.co.kr/, 2002

14) ASP(application service providers) : 소프트웨어 기반의 서비스 및 솔루션들을 중앙데이터 센터로부터 광역통신망을 통해 고객들에게 배포하고, 관리하는 회사로, 본질적으로 ASP는 자신들의 정보기술 수요의 일부 또는 거의 전부를 아웃소싱 하려는 회사들을 위한 방안 "http://www.etimesi.com/bd/word/"

4. 외부 IT 및 e-비즈니스 관련 자원의 효율적 활용

기업들이 자체적으로 또는 외부 전문기관의 도움을 받아 정보화 전략을 수립하고 정보시스템에 대한 투자를 실행해 나감에 있어서 기업 외부의 IT 및 e-비즈니스 관련 자원을 활용하지 못하는 많은 경우들을 보게 된다. 사실 최근 e-비즈니스가 전반적으로 확산되면서 범국가적으로 또는 산업 및 지역적 차원에서 대규모의 투자가 수반된 다양한 형태의 정보화 내지는 e-비즈니스 사업들이 추진되고 있다. 이 같은 사업들은 기업의 입장에서는 전략적인 마인드를 가지고 효과적으로 활용해 갈 경우 기업별 정보화 노력과 투자를 크게 줄이면서도 정보화의 효과를 배가시킬 수 있는 이점을 발휘할 수 있다. 이 같은 공공 정보화 또는 e-비즈니스 사업들의 경우 좋은 취지와 큰 구상을 가지고 있음에도 불구하고 기업들의 참여가 미진하여 소기의 성과를 거두지 못하고 있는 경우가 많이 있다. 반대로 기업의 입장에서는 이 같은 대형 공공 정보화 사업에 참여자 또는 이용자의 입장에서 적극적인 자세로 기업별 자체 정보화 노력의 보완 내지는 외연적 범위를 한층 확대해 나갈 수 있음에도 불구하고 이를 간과하거나 경시해 버리는 경우가 일반적이다. 이는 곧 기업과 공공 부분의 정보화에 있어서의 수요와 공급의 불일치를 의미하는 것으로써 기업으로서는 얼마든지 전략적 활용의 기회가 열려있다고 볼 수 있는 것이다.

1) 기업에서 연계 및 활용이 가능한 공공부문의 정보화 사업

현재 정부 주도로 공공부문에서 추진되고 있는 정보화 사업들을 보면 업종을 대상으로 한 30개 업종의 B2B네트워크사업과 9개 업종별 ERP 템플릿 구축 사업과 지역 및 업종이 혼합된 형태로 진행되고 있는 4대 지역 정보화사업(대구 섬유, 부산 신발, 광주 광산업, 경남 기계), 국가 및 지방공단 입주 기업을 주 대상으로 한 디지털산업단지 구축 프로젝트와 지방공단정보화사업 등을 대표적인 사업으로 꼽을 수 있다. 이들 사업은 주로 중소기업들을 대상으로 종합 포털의 구축, 각종 DB 및 카탈로그의 구축 및 표준화, 중소기업들에 대한 ASP 지원 및 IDC센터 운영과 개별 중소기업들에 대한 정보화 지원 등을 중심 내용으로 하고 있다. 평균적으로 이미 약 2년 이상에 걸쳐 추진되고 있는 공공정보화 사업인 만큼 이미 많은 DB와 컨텐츠가 나름대로 축적되고 있고 개별 기업별 정보화 추진에 도움이 될 만한 각종 IT리소스와 표준화된 데이터 내지는 데이터의 틀이 마련되어 있다. 최근에는 이들 사업의 핵심 내용으로 업종별 특성을 감안한 중소기업용 어플리케이션 등을 ASP의 형태로 개발하여 서비스 할 계

표 3-2 공공기관 추진 주요 정보화 사업

<table>
<tr><th>사업명</th><th colspan="2">사업내용 요약</th><th>주관기관</th></tr>
<tr><td>B2B
시범사업</td><td colspan="2">경제적 비중과 파급효과가 큰 주요업종을 전자상거래화 하기 위해 업종별 특성에 맞는 B2B 모델을 개발하고, 이를 정부가 지원하는 사업</td><td>한국 IT
비즈니스
진흥협회</td></tr>
<tr><td rowspan="4">B2B
시범사업</td><td>부산 신발산업
정보화</td><td>신발산업 정보화 표준구축, 정보화 지식기반 구축, 신발산업 마케팅, 전자상거래 기반 구축, 중소기업 정보화 지원 기반을 구축하는 사업</td><td>부산테크노
파크</td></tr>
<tr><td>경남 기계산업
정보화</td><td>경남지역 기계산업 포털 서비스 구축, 전자상거래 기반 구축, 지역특화 기술교류 기반확충, 기계산업 지식 기반을 구축하는 사업</td><td>경남테크노
파크</td></tr>
<tr><td>대구 섬유산업
정보화</td><td>대구지역 섬유업체들의 정보화 지원과 섬유산업의 조기 정보화, 섬유센터의 자립기반과 경쟁력 향상을 목적으로 추진중인 사업</td><td>한국섬유개발
연구원,
한국패션센터</td></tr>
<tr><td>광주 광통신
정보화</td><td>창업을 유도하며, 서남권 산업화를 촉진시켜 전국 지역의 균형있는 발전과 광통신 산업의 발전을 목적으로 추진 중인 사업</td><td>광산업진흥회</td></tr>
<tr><td>디지털
산업단지
구축사업</td><td colspan="2">IT화 기반 제공, 교육 및 컨설팅 지원을 통한 산업단지 입주기업의 정보화 제고, 산업 및 입지 정보제공, 지역사회 교류의 장 마련, 전자상거래 지원, 전자행정 서비스 등의 사업</td><td>한국
산업단지공단</td></tr>
<tr><td>9개 업종별
ERP 템플릿
구축사업</td><td colspan="2">중소기업의 경쟁력과 품질제고를 위하여 중소기업의 경영관리 및 무역업무의 IT를 접목하여 생산성 향상 및 전자무역 활성화를 도모하는 사업</td><td>산업기술
평가원</td></tr>
<tr><td>G2B
활성화
사업</td><td colspan="2">조달관련 행정절차를 혁신하고 On-line화하여 조달단일 창구를 통해 전자조달 서비스를 제공하는 사업</td><td>기획예산처</td></tr>
<tr><td>G4C
시스템
구축사업</td><td colspan="2">주민·부동산·자동차·기업·세금 등 5대 분야 업무 400여 개를 전자화 하여 정보 공동이용 시스템과 전자정보 단일 창구를 구축하는 사업</td><td>행정자치부</td></tr>
</table>

획까지 세워놓고 있는 만큼 정보화를 독자적으로 추진해 나가기 어려운 기업들에게 큰 도움이 될 수 있다. 특히 정보통신부에서 지원하고 있는 ASP사업은 보다 ASP를 중심으로 중소기업의 정보화를 지원하기 위한 ASP전용 지원 프로그램이라고 할 수 있다. 아울러 전자상거래 기능과 업종별 커뮤니티, 그리고 최근 중점을 두고 있는 협업적 정보화 등은 개별 기업의 입장에서 자체 정보화를 토대로 수직적, 수평적 정보 네트워크를 확대해 나가는데 큰 실익이 있을 것으로 보여진다. 이처럼 중소기업들에게 궁극적인 혜택이 돌아가게 하기 위한 각종 정보화 사업은 현재 산업자원부와 중소기업청, 정보통신부 등 중소기업정보화 관련부처에서 경쟁적으로 추진해나가고 있는 상황이다. 향후에도 이들 사업을 통한 간접적 형태의 중소기업에 대한 정보화 지원

활동은 더욱 늘어날 것으로 예상되고 있어 중소기업들은 관심을 가지고 자신들에게 도움이 될 만한 사업 또는 정보화사업 요소들에 대한 적극적인 활용 의지를 가져볼 필요가 있을 것으로 보인다. 한편 산업자원부와 중소기업청이 공동으로 추진해 나가고 있는 3만개 중소기업 IT화 사업은 보다 직접적으로 중소기업의 정보화를 지원하기 위한 취지에서 추진되고 있는 것이다.

중소기업에 대한 정보화 전략의 수립, 기초정보화지원, ERP 구축 지원, 협업적 정보화 지원 등 다양한 형태를 대상으로 2001년부터 수혜 기업의 수를 점차적으로 확대해 나가고 있다. 또한 현재 정부에서 역점을 두어 추진해 나가고 있는 전자정부사업의 경우도 기업들은 눈여겨 볼 대목이 많다. 관공서를 상대로 한 각종 전자민원행정 서비스와 세무, 4대 보험서비스 등이 모두 웹의 형태로 서비스되고 있는 만큼 기업의 입장에서는 자신들의 정보사이트와 이를 연계하기만 해도 별도의 정보시스템에 대한 투자가 없이도 모든 행정업무를 자신의 사이트에서 처리할 수 있는 편리성을 확보할 수 있다. 아울러 조달청이 중심이 되어 추진되고 있는 정부전자조달시스템(G2B)의 경우 정부의 각종 물품 및 서비스의 구매조달, 공사입찰 등에 대한 상세한 정보와 함께 직접 웹을 통해서도 입찰 및 계약 업무를 완료시킬 수 있도록 시스템이 구축되고 있다. 이 역시 기업의 입장에서는 기업별 특성에 맞게 적극적인 활용 계획을 세워볼 필요가 있다고 할 것이다.

2) 기업에서 연계 및 활용이 가능한 민간 부문의 정보화 사업

이 같은 공공부문의 정보화 사업 외에 민간 영역에 있어서도 기업 등 다양한 주체들의 정보화 사업과 e-비즈니스적 네트워크를 활용할 여지는 매우 커져 가고 있다. 기업들의 입장에서는 이 같은 동향을 잘 살피고 이를 전략적으로 잘 활용해 나갈 경우 기업들은 최소한의 노력과 투자만으로 디지털 시대에 전혀 손색이 없는 정보화와 e-비즈니스적 네트워크와 구조를 갖추어 나갈 수 있다. 무엇보다도 기업들이 우선적으로 관심을 가져야 할 부분은 공급사슬상의 상위 또는 하위에 존재하는 거래 기업의 정보화 사업의 내용 파악과 적극적인 동참 노력이다. 중소기업의 입장에서 본다면 주로 구매처 내지는 거래선이 되는 대기업 또는 중견기업의 정보화 사업에 적극적인 참여자의 입장에서 이를 전략적으로 활용해 나가는 것이다. 국내 대기업의 경우 이미 수년전부터 계열화된 중소기업들을 상대로 협업적 생산과 구매, 그리고 회계, 물류 등과 관련된 다양한 정보네트워크 사업을 전개해 온바 있다. 주로 VAN 망을 이용하

(2) 요약 보고서

요약보고서(summary report)는 운영자료의 평균과 총계를 매일 요약해야 하는 상황에 유용하다. 요약된 자료 경향을 비교해 보면 몇 개의 전술과 전략 결정을 할 수 있다.

(3) 예외 보고서

예외 보고서는 요약보고서와 같이 데이터의 분석으로부터 결과를 얻는다. 예외보고서는 긴급한 문제의 조기경고신호를 보여줄 수 있다. 예외 보고서는 부정적인 추세와 긍정적인 추세 모두를 강조할 수 있다. 전략적인 계획을 위해 경영자는 무슨 일이 진행될 것인가를 예측해야 한다. 미래문제와 기대되는 것으로서 의사결정지원시스템(decision support system: DSS)의 도움으로 검토될 수 있다.

2. 의사결정지원 시스템

MIS은 조직 내의 중요한 결정을 내리는 모든 필요한 정보를 제공할 수 없다. 경영자들은 오늘의 상황이 내일의 생산성에 어떻게 영향을 줄 것인가에 대한 합리적인 추측을 내리기를 원한다. 문제를 해결하는 방법으로는 다음과 같은 방법이 있다.

- 다양한 자금 가설을 알아보기 위해 전자 스프레드시트를 이용하거나 데이터베이스 질의어를 이용하여 MIS으로부터 관련된 자료에 접근하는 방법
- 컴퓨터 전문가들이 문제에 대한 수학적 표현인 모델을 생성하는 방법

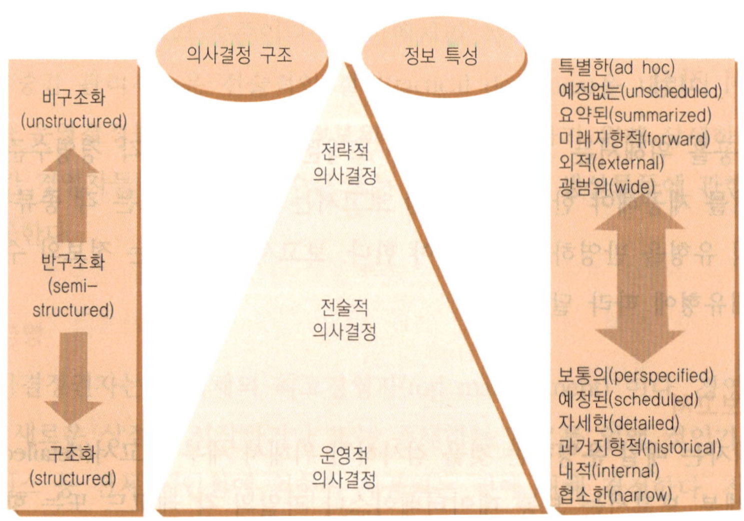

그림 4-2 의사결정 구조와 정보특성에 대한 분류

의사결정지원시스템은 질의어와 모델링을 이용해 문제를 해결하는 경영자를 돕는 실시간 컴퓨터시스템이다. 의사결정지원시스템은 최고 수준의 경영자들이 전략 결정을 위해 특별히 설계할 수가 있는 데 이를 최고경영자정보시스템(executive information system: EIS)이라 한다. 또한 의사결정지원시스템(decision support system:DSS)은 경영자의 의사결정을 지원해 주기 위하여 분석적 능력을 제공하는 정보시스템이다. DSS는 데이터와 모델과 사용자언어를 종합적으로 제공하는 툴(tool)로써 인간과 시스템이 상호작용(interactive process)하는 시스템이다. 즉, DSS의 사용자는 자연어 접속과 GUI(graphic user interface)를 이용한 질의어와 모델을 위한 변수들을 입력하여 이용하는 것이다. 의사결정지원시스템에서는 비구조적이고 반구조적인 의사결정을 지원해 줄 정보시스템을 공부한다. 의사결정지원시스템은 경영자의 의사결정을 지원해 주기 위하여 분석능력을 제공하는 시스템이다. DSS는 데이터와 모델과 사용자 언어를 총합적으로 제공하는 툴(tool)로서 인간과 시스템이 상호 작용하는 시스템이다. 대부분의 정보시스템이 여러 가지 방법으로 의사결정을 지원해 줄 수는 있다. 그러나 DSS는 특히 경영의사결정을 지원하기 위한 정보시스템으로 분류할 수 있고, GDSS는 경영의사결정을 위한 그룹의 의사결정을 지원하기 위한 정보시스템으로 분류할 수 있다.

1) 새로운 시스템에 대한 요구

의사결정을 지원해 줄 시스템의 필요성을 정리해보면 다음과 같다.

(1) 조직 내에서 발생하는 많은 비구조적인 상황을 정형화하여야 하는데 이 과정에서 유용하게 쓰일 수 있는 것이 의사결정지원시스템 이다.
(2) 조직활동에 있어서 예상치 못한 정보요구를 지원할 수 있는 정보시스템이 필요하다.
(3) 조직의 운영에서 여러 가지 사건에 대한 즉각적이고 효과적인 분석-시간의 효율적 이용에 대한 이익창출과 직결된다.
(4) 기업의 관리가 점점 더 복잡해짐에 따라 의사결정과정에서 나타나는 여러 가지 선택에 대한 보다 폭넓은 분석이 필요하다.

기업경영에 있어서 외부한경의 급격한 변화와 소비자들의 나양한 기호는 기업의 생존을 단순한 기업 내부의 운영관리가 아니라 외부환경의 철저한 탐색에서 수집된 정보를 효과적으로 이용하여 적절한 시기에 소비자의 요구에 부응하는 제품의 개발, 새로운 시장의 개척, 효율적인 장기전략계획의 수립 등에 의존하고 있다. DSS는 이러한 의사결정에 필요한 정보와 분석수단을 제공하는 정보시스템으로서 그 중요성을 더해 가고 있다. DSS의 기업 내에서의 역할을 정리해 보면 〈표 4-1〉과 같다.

표 4-1 DSS의 역할

구 분	DSS
이용자의 환경	동적, 복잡
이용자의 기업내 역할	전략적 계획의 수립
당면문제의 구조화 정도	반구조적, 비구조적
의사결정 과정	휴리스틱, 프로그래밍이 어려움
의사 결정에 허용되는 시간	단기
의사결정 유형의 반복성	비반복적. 일회성
데이터의 출처	조직내외부 모두
시스템의 설계 방향	의사결정 중심
조직에의 중요성	전(全)조직적, 전략적

2) 정의 및 종류

"DSS는 조직 내에서 발생하는 정형화되지 않은 문제들에 관해 의사결정자가 효과적인 의사결정을 할 수 있도록 지원하는 정보시스템이다." 이러한 정의에서 DSS가 조직 내에서 어떠한 역할을 하며 왜 DSS가 조직 내에서 중요한 역할을 하는가를 짐작할 수 있다. 데이터 중심적인 작업이 있고 다른 한편에는 모델 중심적인 작업이 있는데 다음과 같은 작업이 예상된다. ① 단일 정보항목의 검색 ② 특별한 데이터의 분석을 위한 메커니즘의 제공 ③ 보고서 형태로 사전에 명시된 데이터의 취합 ④ 제안된 안의 결과에 대한 추정 ⑤ 의사결정 대안의 제시 ⑥ 의사결정 등이다.

Alters는 위의 작업내용에 따라 DSS를 일곱 가지로 분류하였다.

(1) 자료보관시스템(file drawer system: FDS)

데이터베이스에 저장된 자료의 검색을 통해 의사결정과정을 지원하는 시스템이다. 비교적 단순한 시스템으로서 데이터베이스를 이용해서 쉽게 구축할 수 있다.
예) 재고분석시스템

(2) 자료분석시스템(data analysis system: DAS)

데이터베이스로부터 탐색된 자료들을 특정 업무에 적합한 분석기법을 이용하여 분석하는 시스템으로 주로 일선 관리자들이 과거 또는 현재의 자료를 분석하여 업무에 이용하는 시스템이다.

예) 예산자료시스템, 재무시스템

(3) 분석정보시스템(analysis information system: AIS)

소형의 계량적 모형을 이용해 데이터베이스에서 정보를 추출해 내어 의사결정에 이용하는 시스템이다. 자료분석시스템과 유사하나 자료처리에 이용되는 방법이 좀더 체계화되어 있다는 특징이 있다.

예) 판매자료, 소비자정보, 예측자료 등을 이용하는 마케팅정보시스템

(4) 회계모형(accounting model)

스프레드시트나 회계모델을 이용해 계획된 활동의 결과를 계산함으로써 의사결정을 지원하는 시스템이다.

(5) 표현모형(representation model)

시뮬레이션 혹은 위험분석모형 등을 이용해 현재의 행동에 대한 미래의 결과를 예측하는데 도움을 주는 시스템이다.

(6) 최적화모형(optimization model)

경영과학의 수리모형을 이용해 특정 문제의 최적화를 계산, 결과를 제시하는 시스템이다. 선형 계획법, 경제적 주문량 결정모델, 동적 계획법, 목표계획법 등의 경영과학기법이 이러한 DSS에서 중심적인 역할을 한다. 그러나 이러한 모형의 구성 및 결과를 이용하는 데에는 전문적인 지식이 필요하며 결과를 직접적으로 의사결정에 사용하기가 어려우므로 DSS는 모델의 구성, 운영, 결과의 해석에 도움이 되는 각종 기능을 제공해야 한다.

(7) 제안모형(suggestion model)

내부적으로 사전에 결정된 복잡한 규칙에 의거 필요한 계산을 수행한 결과를 제시해 주는 DSS이다.

3) DSS의 특징

DSS는 단순한 업무를 처리하는 기업의 정보시스템과는 달리 시스템의 지원 업무와 기술적인 면에 있어서 몇 가지 특징을 가지고 있다.

(1) 비구조적·반구조적 의사결정의 지원

(2) 광범위한 데이터를 포함하는 데이터베이스의 존재

(3) 모델베이스의 존재

(4) 인터페이스의 강조

(5) 개선의 용이성

4) 구성요소

일반적으로 의사결정시스템은 데이터베이스 하위시스템, 모델베이스 하위시스템, DSS 소프트웨어 시스템의 세 가지로 구성되어 있다.

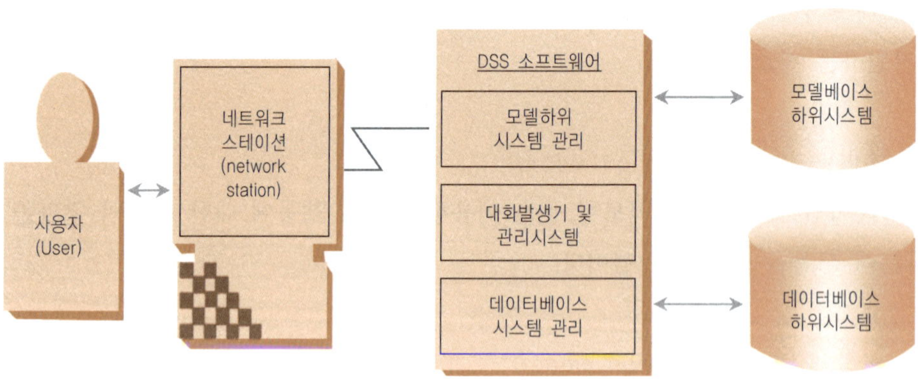

그림 4-3 DSS의 구성요소

(1) 데이터베이스 하위시스템

다음의 세 가지 기능을 포함하고 있어야 한다.

① 데이터베이스·데이터 목록: 기업이 필요로 하는 각종 데이터의 집합 그리고 그러한 데이터의 정의, 설명 및 유형 등에 관한 정보

② 질의 장치: 사용자의 정보 요구 사항을 데이터베이스에 전달하고 결과를 다시 원래의 요구사항으로 되돌려 보내는 기능

③ 추출 기능: 시스템의 외부에 있는 데이터베이스에 접근해 필요한 데이터를 추출하는 기능

데이터베이스 하위시스템은 다음의 두 가지 형태로 분류할 수 있다.

① 기업조직의 기본적인 자체의 데이터베이스

② 특정한 목적(예를 들어 마케팅 계획, 자본 투자 계획 등)을 위해 기본적인 데이터베이스 시스템에서 추출된 데이터로 구축된 데이터베이스 시스템. 그러나 DSS 에서는 위와 같은 조직 내의 데이터베이스뿐만 아니라 조직의 외부에 존재하는 데이터베이스 그리고 사용자가 사적으로 보유하고 있는 데이터베이스도 필요로 한다. 따라서 DSS는 사용자가 접할 수 있는 모든 데이터베이스를 그 구성요소로 포함할 수가 있다.

2) 모델베이스 하위시스템

다양한 문제들의 분석에 이용 될 수 있는 여러 가지 모델들을 보유하고 이러한 모델들을 불러들여 문제를 분석하는 기능을 수행한다. 다음의 네 가지 기능을 보유하고 있어야 한다.

① 모델베이스 관리시스템(model base management system: MBMS): 모델에 투입되는 여러 가지 모수들을 결정하고 검색하고 갱신하는 기능과 재구성하는 기능

② 모델 수행기능: 모델을 실행하며, 몇 개의 모델들을 서로 연관시켜 주는 기능

③ 명령 처리기능: 사용자의 정보 요구를 모델베이스 관리시스템이나 모델 수행기능에 전달하는 기능

④ 데이터베이스 접속기능: 모델의 수행에 필요한 데이터를 데이터베이스로부터 검색하고 출력된 결과를 데이터베이스에 저장하는 기능

모델 하위 시스템은 여러 가지의 모델을 보유하는데 다음의 네 가지로 구분된다.

① 재무모델(financial model): 재무모델은 lotus1-2-3 나 excel과 같은 스프레드시트 프로그램을 보통 사용하는데, 현금흐름, 내부수익률 및 그 밖의 다른 투자분석에 대한 모델을 제공한다.

② 통계분석 모델(statistical analysis model): 통계분석 모델은 요약 통계치(summary statistics), 추세분석, 가설검정 등이 데이터를 제공하는데 SAS나 SPSS와 같은 통계 패키지는 조직의 통계적 분석에 주로 사용된다.

③ 그래픽 모델(graphical model): 그래픽 모델은 의사 결정자 들이 데이터와 정보의

2. 집중계선 프로세스의 요소

○ TOC 쓰루풋 회계는 관리회계에 있는 한계이익의 개념을 그 중심사상으로 발전시켜, 고정비를 매몰원가로 처리한다. 전체 성과의 극대화하기 위하여 제약자원의 한계이익에 따라 경제성을 판단한다.

○ DBR(drum-buffer-rope) 스케쥴링은 유한능력 계획방법으로, MRP · CRP의 무한능력 계획에서 야기된 문제점을 치유하며, ERP시스템을 비롯한 공급망 경영시스템 구축에 적용된다.

○ 사고 프로세스(thinking process)는 정책수립을 위한 '논리나무(logic tree)' 다이어그램들을 제공하여, 현장 작업자의 현장개선활동을 뛰어넘는 관리자에 의한 정책 개선활동을 가능케 한다.

3. TOC 프로세스

TOC(theory of constraints)이론이 생산관리에 어떻게 적용 되는가? TOC 이론을 적용분야별로 사용되는 도구를 살펴보면,

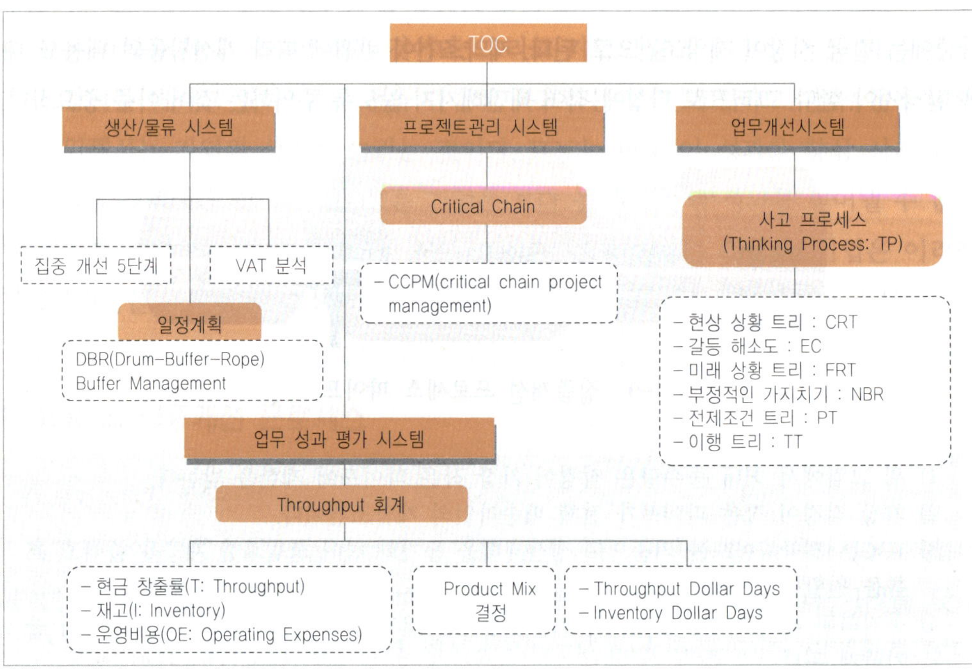

그림 4-10 TOC 프로세스

① 회사전반에 걸쳐 업무성과를 저해하는 핵심문제를 찾아내서 현상타개적인 해결방안을 마련해 실행에 옮기는 思考 프로세스(thinking process)
② 생산의 최적화를 위한 DBR(drum-buffer-rope)
③ 프로젝트 소요일정의 획기적 단축을 위한 크리티컬체인(critical chain)
④ 현금흐름을 중시하는 관리회계인 쓰루풋 회계로 나누어 볼 수 있다.

여기서 생산관리와 가장 관계있는 도구는 DBR(drum-buffer-rope)이다.

1) DBR

DBR(drum-buffer-rope)은 엘리 골드렛(Dr. Eliyahu Goldratt)의 저서인 'The Goal', 'The Race', 'The Haystack syndrome', 'Necessary But Not Sufficient'에 근거하여 DBR 원리를 생산스케줄링시스템으로 구현한 솔루션이다. 이 DBR원리는 드럼, 버퍼, 로프로 구성되며 이 세 가지 요소를 적절히 고려하여 생산스케줄을 작성하면 제약공정의 생산능력은 최대로 활용하면서 초과 재고는 최소화할 수 있다. 각 항목에 대해 자세히 설명해보겠다.

① 드럼(drum)

드럼은 제약자원의 생산스케줄에 맞추어 다른 공정의 스케줄도 이에 일치시키는 작업스케줄을 말한다. 마치 행렬의 행진 속도를 맞추기 위해 북을 두드리는 것처럼 제약자원의 생산스케줄에 맞추어 공장의 전체 생산속도가 결정된다. 공장의 산출량을 최대화하기 위해서는 제약자원의 능력을 최대한 활용해야 하고, 제약자원을 보호하여 생산흐름이 끊어지지 않도록 하면서 동시에 재고가 증가되지 않도록 해야 한다. 이를 위해 자원의 유한능력을 감안하여 자재의 가용성, 준비시간 절약, 전업추가, 부하 줄이기 등을 고려하여 실행 가능한 생산 스케줄인 드럼을 작성한다.

② 버퍼(buffer)

버퍼는 제약공정 앞에 놓여지는 완충재고를 말하는데, 이는 예상하지 못한 요인으로 제약자원의 생산흐름인 드럼이 멈추는 것을 막기 위해 제약공정에 단절 없이 작업량을 제공해 주는 역할을 한다. 즉, 제약공정 앞에 여유분의 재고를 보유하는데 이를 버퍼라고 하는 것이다. 드럼에서의 한 시간 작업 중단은 시스템 전체의 한 시간 작업 중단과 동일하므로 드럼은 버퍼를 통해 절대적으로 보호되어야 한다.

전체를 제약 하지 않을 때까지 강화한다.

- 방법 : 돈 안드는 개선부터
  - 의식개혁, 작업개선, 공정개선, 시스템개선
  - 치공구개선, LCA, 기계화, 자동화
  - 인재의 채용

4단계. 제약조건 이외는 제약조건에 종속시킨다.

- 제약조건의 생산속도에 맞춰서 자재를 생산 라인에 투입한다. 그때 자재가 제약조건에 도달하기까지의 시간을 고려한다.
- 비제약조건의 작업률
  - 제품이 있으면 바로 착수, 없으면 작업하지 않는다.
- 공장에서의 평가지표를 바꾼다.
  - 비제약조건공정의 가동률은 평가에 넣지 않는다.

5단계. 타성에 주의하면서 반복한다.

○ TOC(theory of constraints)를 통한 지속적 생산기법.

생산현장의 혼란(Murphy)발생은 자연스러운 일이며, 필연적이다. 다만 그 발생 시기를 모를 뿐이다. TOC는 어떤 생산현장에서나 존재하는 의존성(dependency), 변동성(variability)에 따른 혼란, 자원의 능력 즉, 생산능력, 보호능력, 잉여능력에 따른 제약, 그리고 기타 자재의 흐름을 방해하는 자원 즉, 시스템의 쓰루풋(throughput) 창출을 저해하는 제약조건 등을 감안하여 정확한 경영개선에 대한 해답을 제시함으로써 단기간 내 평균 리드타임 감소, 재고평균 감소, 운영경비 절감, 납기 준수률 증가, 평균 수익률 증가, 전체적 관리 용이와 같은 개선 효과를 기대할 수 있다.

○ TOC(theory of constraints)의 생산 System 혁신 수법.

과거의 생산 시스템 패러다임을 타파한다. 즉, 비용의 세계로부터 쓰루풋의 세계로 전환하고, 능력 밸런스된 라인부터 언밸런스 라인으로 바꾸며, Push 생산방식을 과감히 버린다.

※ DBR(drum-buffer-rope)과 ERP(enterprise resource planning)의 연계.

DBR은 ERP로부터 기준정보와 실행정보를 임포트(import)하여 CCR(제약자원)즉, 드럼을 기준으로 자원과 자재의 가용성을 동시에 고려하여 실현 가능한 생산스케쥴, 자재보충계획, 최상의 쓰루풋을 내기 위한 시뮬레이션을 제공하고 고객에 대한 납기견적과 고객 오더가 납기를 지킬 수 있도록 지원한다.

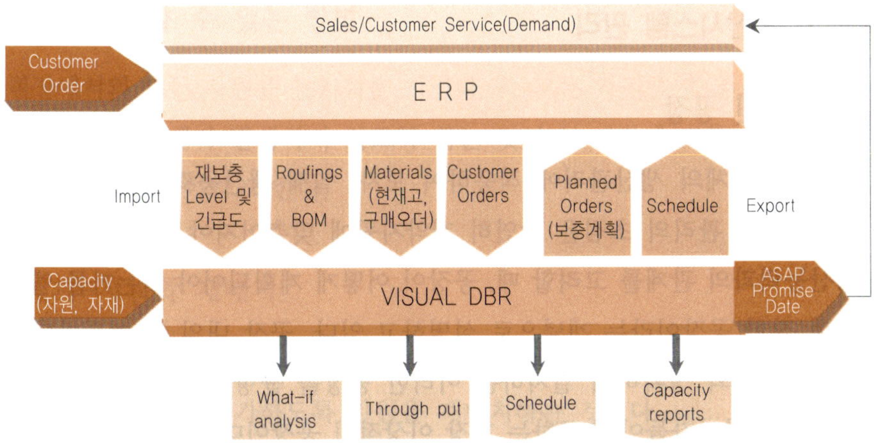

그림 4-12 TOC의 생산시스템 혁신 수법

○ TOC(theory of constraints)의 적용 분야.

이미 미국, 유럽, 일본 등 선진국에서는 다년간의 투자와 체계화된 연구 개발로 사회 전반에 걸친 다양한 분야에서 실질적인 성과를 거두고 있다. 기업은 그 규모와 상관없이 생산을 비롯하여, 기획, 관리회계, 영업, 품질, R&D, 구매, 프로젝트 관리 등 모든 분야에서 활용하고 있으며 제조업, 엔지니어링, 유통업, 서비스업, 제과점등 모든 산업분야와 병원, 학교, 군대 등 비영리단체에서도 의사결정단계의 중요한 도구로 활용 되고 있다. 특히 JIT(just in time) 즉, 생산에 있어 재고의 개념을 없앤다는 이론으로 한때 고도성장의 결과를 이룩한 일본도 NEC, Fujitsu 등 굴지의 기업들이 TOC이론을 잇달아 도입하면서 현재는 일본능률협회가 그 보급을 수도 하고 있다.

○ TOC(theory of constraints)도입 성공사례.

- Boeing(항공기) Printed Circuit Board Center

  TOC 도입 3년 만에 스크랩이 35%에서 3%로 감소, 또한 리드타임이 75% 감소하였으며 쓰루풋 이 2배 이상 증가 하여 고품질 제품의 납기 준수율 이 현저하게 개선됨.

- Ford 자동차(전자부문)

  원자재 투입부터 출하까지의 리드타임이 도입 전 10.6일 이던 것이 TOC 도입 1년 후 2 Shift이하로 떨어졌으며, 기타 고객만족도 75% 향상, Floor Space 20% 감소, 원자재 관리 노력 50% 감소, 제안 처리시간 150일에서 10일로 단축, 일정수립 소요시간 16일에서 1일로 단축 등의 성과를 이룸.

이러한 방법은 한 가지 큰 문제점을 가지고 있다. 모든 자원들이 서로 연결되어 있기 때문에, 어느 한 자원이라도 계획대로 가동하지 못하게 되면 전체 공정에 영향을 미치게 되어 생산의 흐름에 차질을 가져오게 된다. 자원 하나의 문제가 공정 전체의 문제로 파급되는 것이다.

7) TOC가 제시하는 DBR생산방식

DBR에서는 원자재를 첫 공정이 아니라 가공능력이 가장 낮은 제약자원의 가공속도에 맞추어 투입한다. 따라서 원자재 투입의 속도는 제약자원의 부품 가공속도에 맞추어 결정된다. DBR은 제약요인 관리의 다섯 단계를 생산 스케줄링에 응용한 기법으로, 특히 처음의 세 단계를 이용하여 생산의 흐름을 개선해 준다.

1단계 : 제약자원을 찾아낸다.

일반적으로 생산공정에서의 제약자원은 생산능력이 시장수요보다 작은 자원을 가리킨다. 이것이 진짜 제약자원인지 아닌지는 DBR을 설치하고 버퍼의 흐름을 보면서 판단할 수 있다.

2단계 : 제약자원을 최대한 효율적으로 이용할 방법을 결정한다.

제약자원이 없다는 것은 다른 관점에서 보면 공장이 초과생산능력을 가지고 있다는 것을 의미하며 곧 공장이 자원을 낭비하고 있다는 것을 뜻한다. 이를 방지하기 위해 제약자원이 수요와 최대한 일치하도록 생산능력을 발휘할 수 있도록 해야 한다.

3단계 : 비제약자원의 가동에 관한 모든 결정을 제약자원의 효율적 이용에 관한 2단계의 결정에 종속시킨다.

비제약자원의 흐름을 제약자원에 맞춰준다. 자원 사이에 존재하는 종속성으로 인해 전체 생산라인의 속도는 제약자원에 의해 결정된다.

4단계 : 제약자원이 공급능력을 향상시킨다.

세 번째 단계를 거치면 대개 새로운 설비의 투자가 없이도 생산량은 늘어나게 된다. 그래도 제약자원이 수요를 충족시킬 만한 충분한 생산능력을 갖추지 못했다면 이 단계에서는 적극적으로 제약자원에 대한 설비투자를 함으로써 공장의 생산능력을 늘린다.

5단계 : 다시 첫 단계로 돌아가 전 과정을 반복한다. 이 때 관성이 제약요인이 되지 않도록 한다.

네 번째 단계에서 제약자원에 대한 적극적인 설비투자를 통해 생산능력을 늘리게 되면 이 자원은 더 이상 제약자원이 아니다. 공장의 목표가 수요의 충족에 있는 것이 아니라 돈을 계속해서 벌어들이는 것인 한 제약요인은 항상 존재하기 마련이고, 목표를 달성하기 위한 지속적인 개선을 위해서는 첫 단계로 다시 돌아가 모든 과정을 반복함으로써 일회적인 개선이 아니라 지속적인 개선을 추구해야 한다.

8) 제약자원을 보호하기 위한 타임버퍼의 설치

DBR의 세 번째 단계는 비제약자원에 관한 결정을 제약자원의 효율적 이용에 관한 두 번째 단계의 결정에 종속시킨다. 이를 위해서는 제약자원과 비제약자원을 연결시키는 요소인 타임버퍼가 필요하다. 타임버퍼는 머피로부터 제약자원을 보호하여 제약자원을 최대한 가동시키기 위한 목적으로 사용되는 안전재고를 가리킨다. DBR에서는 제약자원버퍼와 제품출하버퍼, 그리고 조립버퍼라는 세 종류의 타임버퍼를 필요로 한다. 제약자원버퍼는 제약자원 앞 공정에서 발생하는 문제로 인해 제약자원으로 흘러 들어가는 부품의 흐름이 끊기지 않도록 제약자원 앞에 쌓아 두는 안전재고를 가리키며, 제약자원의 가동률이 100%를 유지할 수 있도록 해준다. 이러한 제약자원버퍼의 크기는 제약자원 앞 공정들이 얼마나 안정적인가에 따라 달라진다. 제품출하버퍼는 납기를 보호하기 위한 완제품재고를 가리킨다. 안전재고의 양 역시 제약자원 뒷공정이 얼마나 안정적인가에 따라 달라지게 된다. 조립버퍼는 제약공정을 거친 부품이 다음 단계에서 비제약공정을 거친 부품과 함께 조립이 되는 경우 비제약부품의 부족으로 인해 조립이 지연되어져 생산의 흐름이 끊기는 것을 방지하기 위해 조립공정 앞에 쌓아 놓는 비제약부품 안전재고를 가리킨다. 이러한 조립버퍼는 생산의 부드러운 흐름을 유지하기 위해서 필요하다.

9) 버퍼를 통한 생산 흐름의 효율적 관리

관리자는 타임버퍼, 제약자원버퍼와 제품출하버퍼, 그리고 조립버퍼만을 점검함으로써 생산의 흐름을 살피고, 이상이 있을 경우 문제점을 사전에 발견해 예방할 수 있다. 이와 같이 버퍼를 통해 생산의 흐름을 관리하는 것을 버퍼관리라고 한다. 버퍼가 제약자원과 납기를 보호하고 생산의 흐름을 원활하게 하는 기능을 갖고는 있으나, 버라도 늦어지게 되면 프로젝트 전체가 늦어지게 되고, 반대로 어느 한 작업이라도 개선이 이루어지면 프로젝트 전체가 개선되다. 관리의 초점을 프로젝트를 이루는 매우 중요한 일련의 작업들에 두어야 한다.

• **2단계 :** 크리티컬체인을 최대한 효율적으로 관리할 방법을 결정한다.

크리티컬체인을 보호하기 위한 프로젝트버퍼를 설치한다. 프로젝트버퍼는 크리티컬체인을 보호하기 위한 안전여유시간을 말한다. 개별작업의 예상 작업시간에 포함되어 있는 안전여유시간을 뺀다. 안전여유시간은 작업자가 만일의 사태에 대비여 평균 작업시간에다 포함시킨 여유시간을 말한다. 평균 작업시간은 작업자의 경험으로 볼 때 평균적으로 소요되는 시간이다. 모든 작업들의 예상 작업시간에 포함된 안전여유시간을 한데 모아 프로젝트의 마지막 작업과 프로젝트 완성일 사이에 두어서 프로젝트 완성일을 보호하는 역할을 하도록 해야 한다. 이것이 곧 프로젝트버퍼인 것이다.

• **3단계 :** 비크리티컬 작업의 관리에 관한 모든 결정을 크리티컬체인의 효율적 관리에 관한 2단계의 결정에 종속시킨다.

크리티컬체인은 프로젝트 진행의 드럼 역할을 하기 때문에 프로젝트가 제시간에 끝나기 위해서는 크리티컬체인의 어느 한 작업도 늦어져서는 안 된다. 하지만 늦어지게 되면 프로젝트버퍼가 크리티컬체인을 보호하게 된다. 크리티컬체인에 속해있지 않은 작업, 즉 비크리티컬 작업은 어느 정도 여유가 있기 때문에 버퍼로 보호할 필요는 없다. 비크리티컬 작업이 크리티컬체인에 공급되는 지점에 버퍼를 설치하여 크리티컬체인을 비크리티컬 작업으로부터 보호해야할 필요가 있는데 이러한 버퍼를 합류버퍼 혹은 공급버퍼라고 부른다. 자원의 부족으로 인해 병행작업을 해야할 때, 자원의 종속성으로부터 크리티컬체인을 보호하기 위해서 자원버퍼를 설치한다. 자원버퍼를 설치한다는 것은 공급버퍼의 경우처럼 버퍼의 바로 전작업과 후속작업 사이에 시간적인 여유를 둔다는 것이 아니라, 후속작업이 제때에 시작될 수 있도록 후속작업을 담당한 자원의 준비상태를 미리 점검하는 등의 조치를 취한다는 것이다. TOC를 이용한 프로젝트 관리에서 특히 2단계와 3단계를 통해 세 가지의 버퍼로 크리티컬체인을 보호함으로써 프로젝트의 리드타임을 보호한다. 첫째, 프로젝트버퍼는 프로젝트를 이루는 마지막 작업 바로 뒤에 설치되어 프로젝트의 마지막 작업 완성일과 프로젝트 완성일과의 사이에서 시간의 완충역할을 한다. 둘째로, 공급버퍼는 비크리티컬 작업이 크리티컬체인과 합류하는 지점에 위치한다. 셋째로, 자원버퍼는 크리티컬체인의 다음 작업이 다른 자원에 의해 수행되어지는 시점에 위치하며, 자원이 작업을 수행할 준비가 되어있는지를 확인하는 역할을 한다.

• 적정한 버퍼의 크기

버퍼는 크리티컬체인을 보호하는 것이 주목적이기 때문에 크리티컬체인의 작업이나 크리티컬체인에 공급되는 비크리티컬 작업의 산포를 흡수할 수 있을 만큼 충분한 양을 확보해야 한다. 그러나 버퍼는 안전여유시간이기 때문에 너무 크게 잡아 작업을 지나치게 일찍 시작 하게 되면, 투자가 필요한 작업일 경우 투자의 기회비용이 커지는 부작용이 있다. 프로젝트버퍼의 크기는 개별 작업들의 안전여유시간의 합을 반으로 나눈 정도로 하는 것이 적당하다. 크리티컬체인의 작업이나 크리티컬체인과 합류하는 비크리티컬 작업이 단 한 개의 작업으로 이루어진 경우에는 그 작업의 안전여유시간이 버퍼의 크기가 된다. 자원버퍼는 자원에 대한 주의환기를 의미하므로 자원버퍼의 크기는 자원의 상태에 따라 적당히 결정한다.

6. TOC의 회계관리

1) 기업의 근본 목표는 어떤 것인가?

모든 조직은 근본 목표를 가지고 있다. 조직이 근본 모표를 달성하는 데에는 인적, 물적, 유무형의 자원을 포함한 여러 가지 요인들이 영향을 미친다. 조직이 목표를 달성하는 데 혹은 목표와 관련하여 더 나은 성과를 거두는 데 제약이 되는 자원 또는 요인을 제약요인이라고 한다. TOC는 이러한 제약요인을 조직 관리의 열소로 활용하여 조직의 성과를 비약적으로 개선시키기 위한 시스템적 관리 방법론이다. TOC는 조직에 관한 기본적이며 명백한 가정, 즉 모든 조직은 근본적인 설립목표를 가지고 있다는 가정을 기초로 한다. TOC에서 말하는 목표는 한시적이거나 부분적인 것이 아니라 지속적이며 전반적인 목표를 가리킨다. 목표는 기업의 어느 한 부문의 성과를 개선하기 위한 부분적이고 제한적인 것이 아니라 기업전체의 성과를 개선하기 위한 전반적이고 포괄적인 것이어야 한다. 목표는 조직이 나아가야할 방향을 제시해 주면서 또한 조직의 성과를 측정하기 위한 지표를 제공한다. 기업이 계속해서 생존할 수 있는 유일한 길은 계속해서 돈을 버는 것뿐이다. 기업이 계속해서 돈을 벌어들이지 않으면 기업은 생존할 수가 없고 기업이 아무리 이상적인 목표를 추구한다 하더라도 생존을 하지 못하는 한 의미가 없는 것이다. 따라서 기업의 근본적인 목표는 돈을 계속해서 번다는 데에 두어야 한다는 것이다.

2) 성과측정은 어떻게 이루어지는가?

• 기존의 성과측정지표

기업의 목표가 돈을 계속해서 벌어들이는 것에 있다면 기업이 가지고 있는 모든 자원은 이러한 목표를 달성하는 데 공헌하도록 관리되어야 한다. 이를 위해서는 무엇보다도 기업의 구성원들에게 이러한 목표 달성을 위한 동기를 부여해야 하고, 그들의 업무와 관련된 의사결정이 기업의 목표를 달성하는 데 도움이 되도록 해야 한다. 이를 위해서 가장 좋은 방법은 업무성과측정을 동기부여의 수단으로 사용하는 것이다. 성과측정은 "업무평가가 기업의 근본 목표와 관련하여 이루어져야 한다."와 "기업을 이루는 각 부문의 업무평가가 일관성을 가져야 한다."를 포함하고 있어야 한다. TOC가 새로운 경영 패러다임으로 받아들여문의 이유 중 하나는 조직에 대한 인식의 변화를 제공했다는 것이다. 조직에 대한 인식이 고리더미에서 사슬로 바뀐다면 업무성과평가도 고리 하나하나를 개선하기 위한 부분적 최적화이루어니라 전체로서의 사슬을 개선하기 위한 전체적 최적화라는 관점에서 이루어져야 한다. 본사 사업부에서 사용되고 있는 성과측정지표에는 순이익, 투자수익률, 현금수지가 있다.

① 순이익

기업의 당기 순매출액에서 제조원가를 포함하여 당기에 발생한 모든 비용을 뺀 후 돈이 남아다면 이는 절대지표로서의 순이익이다. 순이익이 발생하였다고 해서 꼭 성과가 좋다고만 말할 수 없다. 이익을 남기기 위해서 얼마만큼의 투자가 이루어졌는가 고려해야 하기 때문이다.

② 투자수익률

이처럼 순이익과 더불어 중요한 성과측정지표로 쓰이는 것이, 순이익을 산출하는 데 얼마만큼의 투자가 이루어졌는가 하는 것을 투자 대비 순이익의 비율로 표시한 상대지료서의 투자수익률이다. 투자수익률은 순이익을 두 개의 요소로 분리할 수 있다. 바로 순이익률과 자산회전율이다. 이는 기업의 투자수익률이 이익률과 회전율이라는 두 가지 주요한 경영성과를 동시에 평가할 수 있음을 보여준다.

③ 현금수지

순이익을 남기고 투자수익률이 좋은 기업도 때로는 현금 흐름을 관리하는 데 실패해서 어려움에 처할 수 있다. 현금입금에서 현금지출을 뺀 현금수지가 어느 한도 이하로 내려가게 되면 기업의 생존을 위협하게 되기 때문에 기업으로서는 가능한 현금수지를 높이 유지하는 것이 필요하다. 수익성과 기업의 성장을 고려한다면 기업은 가능한 현금수지의 수준을 낮추는 것이 좋다. 따라서 현금수지는 기업의 특성 등 여러 가지를 감안하여 적당한 수준을 유지하여야 한다.

④ 생산성과 효율성

생산현장인 공장에서의 업무성과는 주로 생산성, 효율성, 재고, 리드타임, 납기준수율 등 현장 위주로 평가된다. 생산활동의 주체인 공장에서는 업무성과가 생산성 및 효율성에 의해 평가되어진다. 생산성이란 종업원 혹은 기계 당 생산한 부가가치로 정의하기보다는 종업원 혹은 기계 당 창출한 돈이 보다 정확한 생산성의 정의가 된다.

3) 새로운 성과측정지표

TOC에서는 제조업과 서비스업을 망라하여 일반적으로 통용될 수 있고 돈을 번다는 것을 보다 더 잘 표현할 수 있는 지표를 개발해야 했다. 기업이 돈을 버는 것에 있다면 성과측정지표들은 기업의 성과를 이러한 목표와 관련하여 측정해야 했다. 돈이란 유동적인 것으로 기업의 현금흐름을 보아야 했다. 기업 입장에서의 돈 흐름과 측정 세 가지 유형이 있다. 기업으로 들어오는 돈(현금창출률), 기업 내부에 잠겨 있는 돈(재고), 그리고 기업 밖으로 빠져나가는 돈(운영비용)이다.

① 현금창출률

현금창출률은 시스템이 판매를 통해서 돈을 창출해 내는 비율을 가리킨다. TOC의 현금창출률은 변동원가회계의 공헌이익과 유사하지만 공헌이익이 재료비뿐만이 아니라 노무비와 판매관리비를 비롯한 모든 변동비를 순매출액에서 빼는 것에 비해, 현금창출률은 오직 재료비만을 순매출액에서 뺀다는 점이 다르다. 시스템의 현금창출률을 출하하기 위해 재료비를 순매출액에서 빼는 이유는 공급업체로부터 재료를 구입하기 위해 지급한 재료비가 공급업체의 현금창출률이지 시스템의 현금창출률이 아니기 때문이다. 어떤 돈이든지 시스템에 의해서 창출되는 돈이 아닌 것은 현금창출률에 포함하지 않는다.

② 재고

재고는 시스템이 팔고자 하는 물품을 구매하는 데 투자한 총액을 가리킨다. TOC에서의 재고는 다음의 두 가지 종류의 자산을 포함한다. 첫째로 건물, 대지, 기계·설비 등의 유형적인 고정자산이다. 둘째로 원자재, 재공품재고 및 완제품재고 등의 재고자산

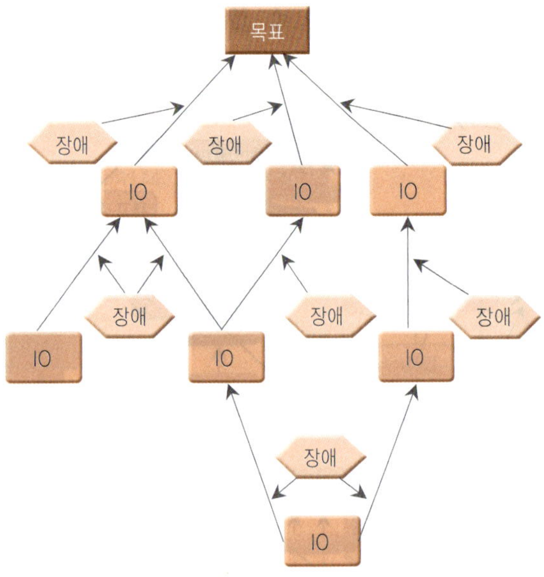

그림 4-23 PRT의 예

○ NBR 과 PRT의 차이

- NBR(negative branch reservation) :

  주입(Injection) 실행 후 나타날 부작용(미래의 UDE)을 어떻게 예방할 것인가?

- PRT(prerequisite tree) :

  주입(Injection) 실행을 방해하는 장애를 어떻게 극복할 것인가?

  장애는 제거할 필요는 없다. 단지 극복하면 된다.

○ PRT 작성법

1단계 : Injection 또는 목표를 명확히 정의한다.

2단계 : 목표 성취를 방해하는 장애물(걸림돌)을 파악한다.

3단계 : 장애물을 극복할 중간목표(디딤돌)를 적는다.

4단계 : 중간목표들을 선행요구 순서에 따라 배열한다.

5단계 : (순서에 따라 구체적인 행동계획(무엇, 누가, 언제)을 세운다.) → TrT에서 다룸

(9) 실행계획을 설계하는 도구 Transition Tree(TrT).

- PRT의 목표 달성을 위해 단계적으로 취할 행동에 대한 상세한 실행계획이다.
- 관련 부문마다 취해야 할 활동을 정하는 훌륭한 의사소통 도구로도 이용된다.

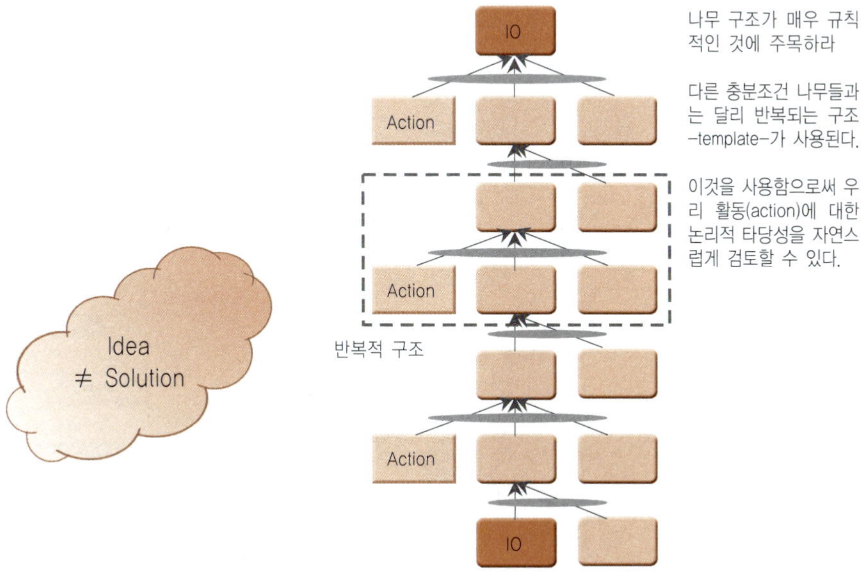

그림 4-24 TrT의 예(1)

○ TrT 작성법 :

① TrT의 목표를 정하고 이를 맨 위에 적는다.

② 첫 번째 활동(action)을 결정하여 맨 아래에 적는다.

③ 첫 번째 활동과 목표 사이에 추가로 필요한 활동들을 파악한다.

④ 모든 활동들 간의 개략적인 순서를 정하여 나열한다.

⑤ 각 활동과 관련된 현상과 이유를 생각하면서 인과관계를 맺어간다(반복되는 틀을 사용).

⑥ 필요에 따라 CLR을 적용하여 인과관계를 보완한다.

- 충분조건 논리의 적합성 검사 : 충분조건 논리가 충분히 적합한지 어떻게 알까? 더 낫게 만들려면 어떻게 할까?
  - 적합성 보류 항목(category of legitimate reservation: CLR)을 사용해 충분조건의 논리를 검증.
  - 또 CLR은 논리를 보완하는 데에 도움이 됨.

⑦ 완성된 TrT를 검토한다.

- 부정적 가지(negative branch)가 있는지 검토하고, 만약 있다면 이에 대한 대책(injection)을 찾는다.
- 제3자에게 TrT를 읽어가면서 논리적 모순이나 비약을 자문한다.

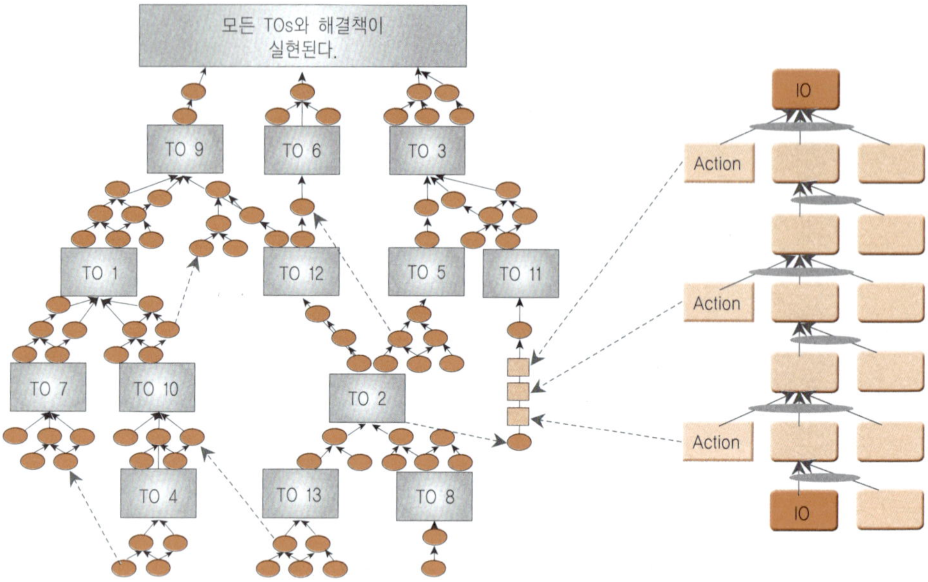

그림 4-25 TrT의 예(2)

(10) External Constraint Analysis(It's Not Luck 사례)

외부제약의 Bottom Line을 개선하는 방법을 찾아 우리측 조직의 Bottom Line을 함께 개선하는 참된 Win-Win을 추구하는 것입니다. 실현 가능한, 거절할 수 없는 제안(an implementable unrefusable offer)을 도출·제시 합니다.

경우1 (외부제약 = 시장) : 시장으로 하여금 더 많이 구매하거나 더 높은 가격을 지불하도록 하는 제안

경우2 (외부제약 = 공급업체): 해당 자원의 가용도(availability)를 증가시키고 동시에 서로의 Bottom Line을 개선하는 제안

○ TOC Marketing

① 시장을 분석 : 외부 제약 분석(external constraint analysis)

- 우리의 제품·서비스와 관련이 있다고 보이는 고객의 UDE들을 조사한다.
- CCC(core conflict cloud)를 그린다.
- Generic Cloud에서 우리측 정책, 관행에 관한 가정을 노출시킨다.
- CRT를 작성한다(UDEs ≠ Problems).

② Un-Refusable Offer(URO)도출한다.

- 우리측에서 바꾸어야 할 부분을 찾아낸다.
- FRT를 그린다.

③ Un-Refusable Offer를 다듬는다.

- NBR(negative branch reservation)
- PRT(prerequisite tree)

○ URO를 구축하는 5단계

① 외부제약의 주요 문제들에 대한 핵심 갈등(core conflict)을 찾아낸다.

② 외부제약의 핵심 갈등을 해결하기 위해 우리 조직이 내부적으로 어떠한 변화를 해야 할 지를 결정한다.

③ 핵심 갈등을 해소하기 위해 우리 조직이 제공할 수 있는 제안을 구축한다.

④ 제안을 집행하는 것을 방해하는 장애들을 감안한 집행계획(implementation plan)을 만든다.

⑤ 제안을 외부 제약과 우리 조직 모두에게 수용하도록 한다.

○ URO for External Constraint

Market : 시장으로 하여금 더 많이 또는 더 높은 가격에 사도록 한다.

Supplier : Win-Win 방식으로 자원의 가용성을 높이도록 한다.

단계 1 :

외부제약의 주요 문제들에 대한 핵심 갈등(core conflict)을 찾아낸다.

Subject Matter를 정의하라.

외부제약의 영역에 있는 어떠한 Link를 취급할 것인가?

이 Link를 어떻게 찾을 것인가?

- 우리 조직에서 시작하여 외부제약 방향으로 Chain상의 Link들을 그린다.
- 우리 조직에서 가장 가까운 Link부터 주요한 UDE들을 5~10개를 정리한다. 이 UDE들은 우리 조직이나 업계의 offering과 관련이 있는 것들이다.
- 각 UDE들이 Link의 Bottom Line에 미치는 영향을 계량화 한다.
- 이러한 UDE들의 영향이 우리 조직에 별다른 기회를 제공하지 않는다면, Chain상의 그 다음 Link에 대하여 위의 과정을 반복하여 개선 기회를 많이 가져올 UDE들을 찾아낸다. 외부 제약의 입장에서 생각하는 것이 핵심이다.

- UDE들을 정리한 다음, CRT를 작성한다.

  Generic Could는 해당 Link의 관점으로 작성한다.

  CRT내의 인과관계는 해당 Link의 관점으로 파악한다.

  UDE를 재선정할 때에 해당 Link의 관점에서 Undesirable한 것이어야 한다.

  선정된 UDE를 유발하는 PMB는 우리조직의 것이어야 한다.

단계 2 :

외부제약의 핵심 갈등을 해결하기 위해 우리 조직이 내부적으로 어떠한 변화를 해야 할지 결정한다.

- CCC로부터 가정을 노출시켜 Injection들을 찾는다.
- 가정을 노출시킬 때에 외부 제약의 입장에서 생각하는 것이다.
- 우리의 조직을 '비난'하는 것이 이 핵심이다.

단계 3 :

핵심 갈등을 해소하기 위해 우리 조직이 제공할 수 있는 제안을 구축한다.

- 완전한 Offer를 구축하기 위하여 FRT를 작성한다(UDE들은 해당 link의 관점에서 바람직한 것이어야 함).
- FRT를 작성하는 과정에서 Offer가 부정적 부작용을 유발하지 않도록 해야 한다(negative branch reservation: NBR)을 이용함).

단계 4 :

제안을 집행하는 것을 방해하는 장애들을 감안한 집행계획(implementation plan)을 만든다.

- PRT를 작성한다.

단계 5 :

제안을 외부 제약과 우리 조직 모두에게 수용하도록 한다.

- TOC Buy-in Process를 이용하여 "변화에 대한 저항"을 극복한다.

○ 시장제약의 해소(예) :

유니코 복합소그룹의 인쇄회사(포장지인쇄 전문)는 목표는 "주변상황인식 ⇒ 갈등관계인식 ⇒ URO도출"이다. 인쇄회사의 내·외부 여건은 다음과 같다.

① 내부 상황 :

- 타 경쟁사에 비해 저속장비 보유.
- 저 Set-up시간의 잇점
- 소량 주문은 경쟁우위, 대량주문은 경쟁열세

② 시장 상황 :

- 고객사들이 자사마케팅을 위해 포장지를 자주 바꿈(2~3개월 주기)
- 6개월 치 물량을 주문 ⇒ 포장지 폐기율 70%

③ 정부 정책 :

- 정부의 포장지 표시 규제내용이 자주 바뀜

④ 인쇄회사 고객의 UDE와 핵심문제점 : 인쇄회사 고객의 UDE 및 공통점(고객의 UDE)

- 정부의 포장지 규격이 자주 바뀐다.
- 마케팅 캠페인을 자주하여 포장지가 자주 바뀐다.
- 예측 정확도가 떨어진다.
- 주문비 절감을 위해 한번에 6개월 치 물량을 주문하고 있다.
- 재고 사용율이 30%이하이다.
- 불용자재가 많이 발생한다.

⑤ Generic Cloud : 고객관점

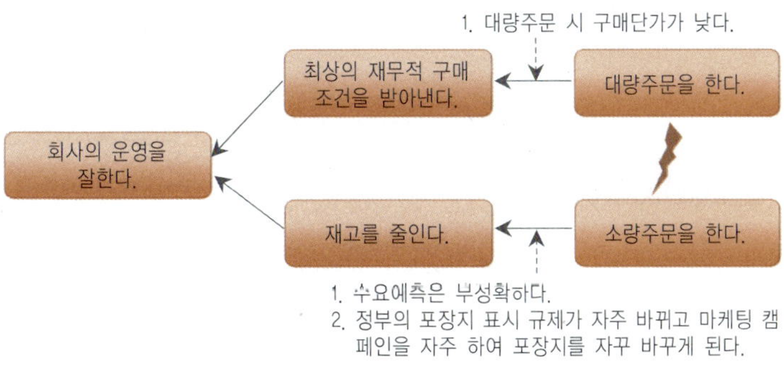

⑥ 주문량 vs. 구매단가 :

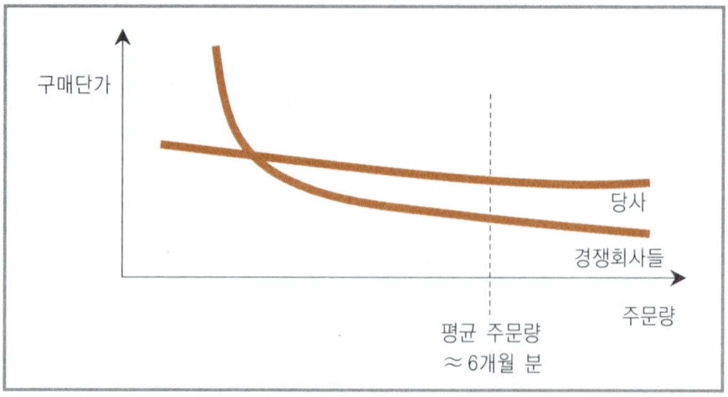

⑦ 주문량 vs. 실구매단가 :

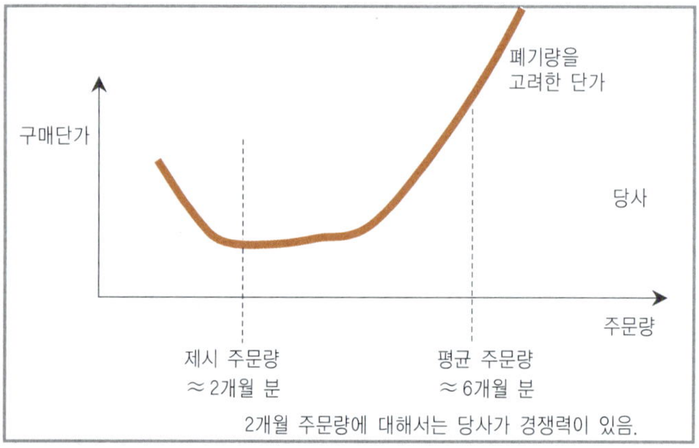

⑧ 주입(Injection) :

단가는 2개월 분 기준이고, 두 달에 걸쳐 2주마다 조금씩 납품하고, 최저단가로 구매와 재고도 최소화로 현재의 5% 미만으로 납기도 문제없으며, 경쟁사는 따라 하기 힘들고, 가격을 맞추려면 대량생산을 해야 한다. 고객의 재고를 떠안을 위험이 크다.

Injection : Unrefusable Offer(mafia offer)

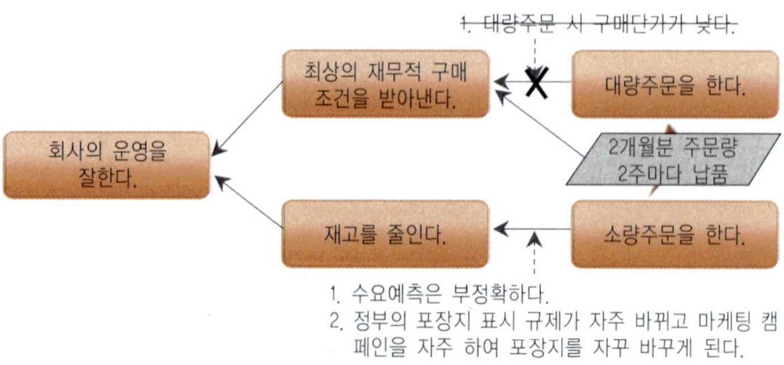

8. TOC이론과 SCM-생산관리

1) TOC(theory of constraints)이론과 SCM(supply chain planning)

TOC(theory of constraints : 제약조건이론)란 이스라엘 물리학자 엘리 골드렛(Eliyahu Goldratt)박사가 20년간에 걸쳐 개척한 광범위한 응용영역을 갖는 시스템 수준의 개선수법이며, 스프라이체인(Supply Chain)을 시스템으로 보고 시스템의 목적달성을 위한 제약조건을 발견해 그것을 활용, 강화하기 위한 경영수법 및 그 지원소프트로서의 SCM제품(미국에서는 SCP(supply chain planning)으로 스프라이체인을 연동시키는 네비게이터(navigator)를 부착한 '무한의 경쟁'으로 견줄 수 있다. 보이스카우트(Boy Scout)요원의 행진을 예로 TOC이론을 설명해 보면 다음과 같다. 이 무한경쟁의 첫 번째 목표는 변경을 수반하는 과정 중 어떤 것을 선택하는가 하는 것을 네비게이터의 지시에 기초하여 타 팀보다 일정시간에 보다 긴 거리(제일 뒤의 사람)를 가동하는 것이다. 두 번째 목표는 과정 변경을 할 때에 정지해 있는 열이 가능한 한 짧게 하여 끈의 길이는 팀에서 선택하도록 하는 것이다. 각각의 팀이 스프라이체인에 상응하여 각 사람이 그 구성원이다. 그리고 첫 번째의 목표가 악셀레터(accelertor)를 밟는 장면에 해당되고, 두 번째 목표가 브레이커(break)를 밟는 장면에 해당된다. 이와 같은 게임에서 이기기 위해서 TOC의 경영수법에 대응시켜서 말하면 첫 번째 목표는 쓰루풋(매출-재료비) 이며, 두 번째 목표는 재공재고에 해당된다. 만약 주력에 문제가 있는 경우 첫 번째 목표를 결정하기 위해서는 팀을 구성하는 각각의 멤버(member)의 주력의 총합 또는 평균치가 아닌 그 중에서 최고로 늦은 사람이 주력이 된다. 그리고 또 하나의 결정요인은 각각의 멤버의 진행을 위한 동기화가 잘될 것인가 여부로 멤버를 묶는 끈의 길이가 짧아지면 동기화의 요인도 효과가 높아짐을 알 수 있다. 따라서 두 번째의 목표를 달성하기 위해서는 끈의 길이를 짧게 하는 것이 필요하다. TOC시스템에 상응하는 팀의 첫 번째 목표를 결정하는 제약조건은 주력에 문제가 있으면 가장 능력이 나쁜 사람이며. 제약조건이 틀린 과정을 지시하는 네비게이터일 가능성이 있다. TOC에서는 그 제약조건을 발견하여 그것을 주력으로 한다면 주력이 가장 열세인 사람의 걸음에 다른 멤버가 종속, 동기화되어 추진하는 것에 의해 제약조건인 사람의 주력을 최대한으로 발휘시켜, 첫 번째 목표 보다 긴 거리를 가동시키려고 하는 것이다. 다음으로 제약조건 그 자체의 주력을 강화하는 것에 의해 팀 전체로서 경쟁력의 Level Up이 되며 따라서 이번에는 별도의 사람이 제약조건이 되고 그것에 착안해서

정책적 제약을 해결하는 방법론이다.

정책적 제약을 해결하는 방법론은 사고 프로세스(thinking process)라는 툴이 있다. 사고 프로세스는 다섯 개의 로직 트리(logic tree)로 구성되어 있어서 그 트리만 그려 나가면 서로 첨예하게 대립되고 있는 거의 모든 제약의 문제들을 해결 할 수 있을 것으로 예측된다.

성과 측정에 사용되는 쓰루풋 회계이다.

쓰루풋 회계의 주 골격은 재고를 자산으로 평가하지 않는 것이다. 현재 기업회계는 재고가 기초제품재고와 기말제품재고를 서로 가감하여 자산으로 부가가치를 더하여 이익을 남기는 것으로 해석을 한다. 그러나 사실은 고객에게 인도 되지 않는 제품은 이익으로 보는 것이 아니라 비용으로 처리를 해야 함이 당연할 것이다. TOC에서는 철저하게 쓰루풋으로 향상을 추구한다. 현재 국내에서 몇 개의 기업이 쓰루풋 회계를 적용하고 있으나 그것도 전사적 적용이 아닌 부분적 적용이다. TOC는 이렇게 기업의 목표를 저해하는 제약들을 없애는 경영 혁신 사고라 할 수 있다.

TOC는 SCM의 핵심 엔진인가?

TOC의 제약이론에 기반을 둔 APS(advanced planning and scheduling : OPT 소프트웨어 등)가 이 질문을 대변할 수 있을 것이다. 왜냐하면 APS는 SCM의 핵심엔진으로서 작용을 한다. TOC가 SCM의 핵심 엔진이라고 하는 것은 무리일까? 그렇다면 TOC 사상이 가장 깊게 내재되어 있는 APS에 대해 조금 더 알아보면, APS를 한마디로 말한다면, 즉시 납기 산정, 정시 납품(commit now, deliver on time.), 바로 이것이 APS시스템의 핵심이다. ERP와 통합된 APS 시스템은 제조업체에게 고객의 요구(주문)에 대해 효과적인 생산계획과 관리능력을 부여한다. APS를 사용함으로써, 제조업체는 고객의 신규 주문이나 주문 변경이 미치는 영향을 즉시 파악할 수 있으며, 현재 상황과 정보를 고려하여 실현 가능한 출하 일자를 계산한다. 제조업체는 실제로 달성할 수 있는 출하 일자를 고객에게 즉시 제시할 수 있는 능력(commit now)을 가진다. 또한 프로세스에서 불확실한 추측이 배제됨으로써 제조업체는 예전에 달성하지 못했던 정시 납품(deliver on time)을 할 수 있다.

5) TOC와 산업공학

산업공학의 특징을 잘 나타내는 수식을 하나 말해 본다면, 재고관리에서 사용되는 경제적 주문량(economic order quantity) 공식을 들 수 있다. 이것은 재고보충을 위한 최적 주문량(혹은 생산뱃치 크기)을 정하는 것으로, 주문비(혹은 준비비)와 재고유지비 등의 총비용을 최소화 시킨다. 주문량을 늘리면 주문비는 줄어들지만(주문횟수가 줄기 때문에) 반대로 재고유지비는 증가 한다(보유재고가 늘기 때문에). EOQ 공식은 단위 기간당 주문비와 재고유지비가 같아지는 주문량을 찾아낸다. 이렇게 서로 상충되는 상황에서 최적의 의사결정을 제시하는 것이 산업공학의 특징이다. 그런데, 이 EOQ가 경우에 따라서는 최적해가 아닐 수 있다. 생산 뱃치를 EOQ보다 더 크게 하는 것이 더 이익일 때가 있다. 이것은 준비시간을 시간을 줄여 생산량을 늘리는 것이 재고를 줄이는 것보다 더 이익이 되는 경우이다. 또 만약 가용자금이 부족한 경우라면 EOQ 보다 적게 주문하여 부도를 막는 것이 더 유리할 수도 있다. EOQ는 비용 최소화라는 관점에서 얻어진 공식이지만, 비용 최소화 보다 생산량 최대화나 운영자금을 생각한다면, 이 공식은 유효용 최소화다. 더 중요한 이유는 EOQ가 수익창출 보다는 비용 최소화에 초점을 맞추고 있기 때문이다. 생산량 최대화나 운영자금이 비용 최소화 보다 더 중요한 잇슈가 되는 상황에서 EOQ는 거의 무용지물이 되어 버리고 있다. 산업공학은 기업을 비롯한 여러 조직에서 최적의 의사결정을 추구한다. 주어진 자원을 최적으로 사용하고, 목표달성을 향한 체계적인 절차를 수립하고, 신기술을 도입하여 그 효과를 활용하며, 구성원의 협력을 강화하는 일들을 맡고 있다. TOC는 기존의 산업공학 기법들을 업그레이드하면서 산업공학이 다룰 수 있는 의사결정 영역을 넓혀주는 역할을 한다.

6) 산업공학 기법들을 업그레이드한다.

DBR은 MRP나 JIT를 업그레이드 시킨다. MRP는 MPS 수준에서 개략적인 계획을 수립하기 때문에 현장관리능력이 결여되어 있다. 뿐만 아니라 모든 공정을 관리하려는 방식을 따르기 때문에 결과적으로는 어느 공정도 관리할 수 없게 된다. DBR은 제약공정과 비제약 공정을 구분하여 관리한다. 제약공정은 정교한 스케줄(Drum)에 따라 작업하고, 비제약공정은 여기에 맞추어 작업함으로써 관리업무가 대폭 줄어든다. 이것은 현장의 생산성 향상으로 연결되고 조직의 변화를 유발시킨다. 또 MRP기반의 ERP시스템을 보완하여 그 활용도를 높인다. 만약 JIT의 현장 개선활동들이 TOC방식을 바탕으로 전개된다면, 상호 시너지 효과를 기대할 수도 있다. 이처럼 TOC는 MRP의 약점을 보완하고 JIT의 성과를 드높이는 역할을 한다. DBR이 비단 생산부문에만 적용되는 것은 아니다. 은행, 병원 등 서비스업에서 고객의 대기시간을 단축시키는데 활용되고 있다. 또 공급사슬경영(SCM)에서 납기준수 능력을 갖추는 데 핵심적 역

활용을 통해 기업의 비전달성을 위한 경영전략의 수립이나 실행을 지원할 수 있도록 통합적인 정보시스템 개발을 위한 마스터플랜을 수립하는 것이라고 할 수 있다.

2. 정보전략계획(ISP)의 역할

기업의 경영혁신활동을 지원하기 위한 정보시스템 혁신의 필요성이 대두되었다.

1) 기존 정보시스템의 문제점

① 전사적인 관점에서 통합된 시스템 구축이 이루어지지 못했다.
② 정보시스템 구축시 경영층의 충분한 참여가 이루어지지 못했다
③ 정보시스템 개발과정에서 현업인력과 전산전문가 사이의 협력관계가 제대로 구축되지 못했다.

이제까지의 정보시스템 개발과정을 살펴보면 시스템 개발과정상의 역할 분담이 제대로 이루어지지 못해 너무 기술적인 성향이 강해져 사용자들의 요구가 제대로 반영되지 못하거나, 혹은 정보기술을 효과적으로 활용하지 못하게 되는 경우가 많았다. 그 결과 정보시스템의 효율성이 떨어지고, 개발자나 사용자 모두 시스템에 대해 크게 신뢰하지 않는 상황이 되어 버린 것이다. 이러한 기존 정보시스템의 한계를 극복하고, "전략적 의사결정 지원"과 "지속적인 경영혁신활동의 지원"이라는 정보시스템 기능을 효과적으로 수행하기 위해서는 새로운 정보시스템 전략이 필요하게 된다. ISP는 전략과 정보시스템을 체계적으로 연계시킴으로써 기업이 경쟁우위를 유지할 수 있도록 하는 "정보시스템 혁신과정의 출발점"이라고 할 수 있다.

3. 정보전략계획(ISP)의 목적

ISP의 목적은 다음과 같은 두 가지 측면에서 살펴볼 수 있다.

1) ISP는 정보기술을 바탕으로 한 경영전략수립이 가능하도록 해 준다.

정보화의 진전으로 정보기술의 효과적인 활용여부가 기업경쟁력의 원천으로 인식되어 가고 있는 상황 하에서 전략과 정보기술의 연계는 비전달성을 위한 필수 불가결한 조건이라고 할 수 있다. 따라서 ISP는 정보기술과 경영전략을 연계함으로써 비전

달성을 위한 전략계획이 제대로 수립될 수 있도록 한다. 뿐만 아니라, 전략계획이 성공적으로 수행될 수 있도록 통제하는 메커니즘을 구축할 수 있도록 해 준다.

2) ISP는 정보시스템 구조에 대한 기본 틀을 제시해 준다.

기존정보시스템의 한계를 극복하고 본격적인 정보시스템의 구축단계에서 이루어질 분석 및 설계에 필요한 기본적인 가이드라인을 제시하여 통합적인 관점에서 정보시스템이 개발될 수 있도록 해준다. 만약 이와 같은 전사적이고 통합된 관점의 기본 틀이 없는 상태에서 정보시스템이 개별적으로 구축된다면 종전의 정보시스템에서 볼 수 있는 것처럼 불일치성(inconsistency), 중복성(redundancy) 등의 문제가 그대로 존속하게 되어 통합적인 시스템 구축이 불가능하게 된다.

4. 정보전략계획(ISP) 수립 추진 절차 및 내역

그림 5-1 ISP의 6단계 추진 절차 내역

- 제1단계 : 경영환경 검토

경영환경 검토는 국내외 환경 및 경쟁사들의 전략 방향을 분석하여 해당 기업의 경영 전략에 조명해 봄으로써 정보시스템의 방향 및 요구사항을 도출하는 데 그 목적이 있다. 여기서는 국제환경·국내환경·선진 경쟁사의 성공 요인 등을 분석한다.

그림 5-2 1단계 : 경영환경 검토

제2단계 : 업무 기능 모델 분석

현 정보시스템의 지원수준을 파악하고 향후 정보시스템 아키텍처를 수립하기 위해 '기능 중심'으로 전사관점의 업무현황을 파악하게 된다. 즉, 기능 중심의 전사 업무 모델 수립을 통해 정보시스템 지원 정도를 분석하게 된다. 이때 업무특성(계획·분석·관리·처리·지원)에 따른 현 정보 시스템의 지원 수준을 파악하며, 여기서 얻어진 자료는 향후 To-Be 데이터 및 어플리케이션의 전사 모형작성 시 참조자료로 활용된다.

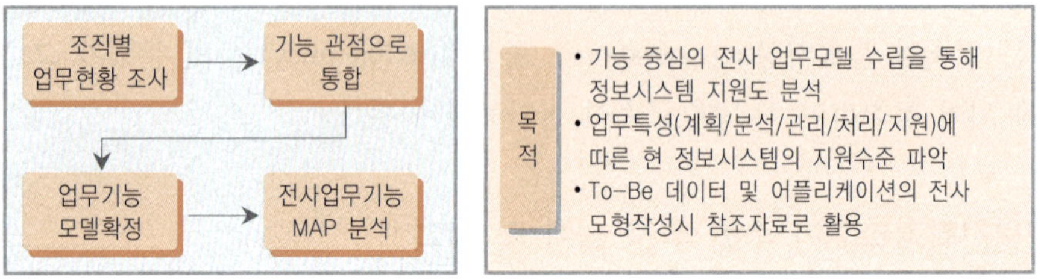

그림 5-3 2단계 : 업무 기능 모델 분석

제3단계 : 현행 정보시스템 분석

기업의 정보시스템 현황을 데이터, 어플리케이션, 테크놀러지 측면에서 파악하고, 각 부문별 주요 현안 및 개선방향을 도출하여 차기 정보시스템의 To-Be 모델을 수립하는 것을 목적으로 한다. 수행되는 태스크로서는 데이터/어플리케이션/테크놀러지의 3부분으로 나누어서 진행되는 것이 정상이다. 즉, 1) 경영 활동의 효과적 지원을 위한 향후 '데이터 구조' 방향 설정 2) 비즈니스 환경 변화에 신속한 대응력을 갖추고 경쟁력이 강화된 '어플리케이션 체계'의 방향 설정 3) 향후 정보시스템의 기술 구성 및 운영 기반 조성을 위한 방향 설정 등이 그 내역이다.

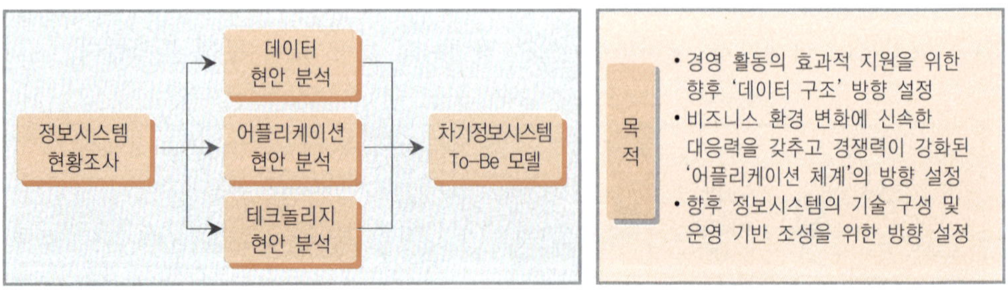

그림 5-4 3단계 : 현행 정보시스템 분석

● 제4단계 : 정보화 전략 수립

이 단계에서는 앞서 분석한 경영환경 검토, 업무기능 모델 분석, 현행 정보시스템 분석 내용을 기반으로 차기 정보화 추진 이미지를 도출하는 것을 목적으로 한다. 즉, 이전 단계에서 도출된 결과들을 기반으로 향후 3년 동안의 정보화 추진 방향, 즉 정보시스템 To-Be 모델 수립을 위한 향후 정보화 이미지를 작성한다.

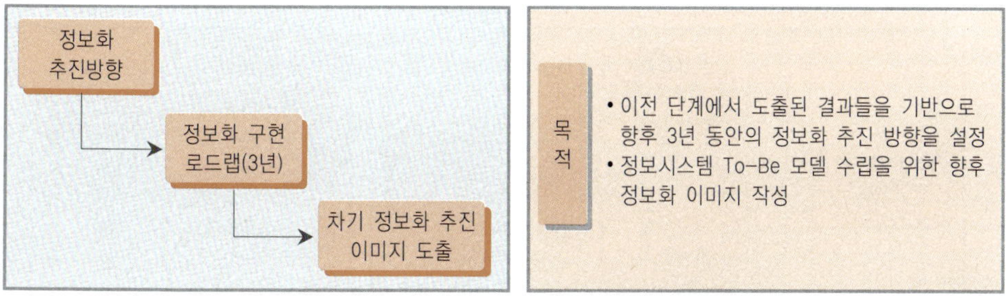

그림 5-5 4단계 : 정보화 전략 수립

● 제5단계 : 정보시스템 To-Be 모델

이 단계에서는 전사적 관점에서 정보시스템을 구성하는 3개 핵심 영역(데이터/어플리케이션/테크놀러지) 별로 각각 구축되어야 할 구체적 미래 모습을 제시하게 된다. 실행되는 태스크로서는 향후 추진하여야 할 정보 시스템 구성 모델이 제시된다. 즉, 전사 데이터 구조 수립, 어플리케이션 구조 정립, 테크놀러지 인프라 구조 정립이 그 내역이다. ① 데이터 부문에서는 사업변화 및 업무시스템 변화에 유연하게 대처 가능한 전사적 관점의 '데이터 플랫폼'이 제시된다. ② 어플리케이셔 부문에서는 업무 효율화 및 사업경쟁력 확보를 위해 기업에서 요구되는 업무시스템 내역 및 향후 바람직한 구축방향을 제시한다. ③ 테크놀러지 부문에서는 어플리케이션 시스템과 필요한 데이터베이스들이 효율적으로 업무를 지원하기 위한 테크놀러지 관련 제반 여건에 대한 모델을 제시하게 된다.

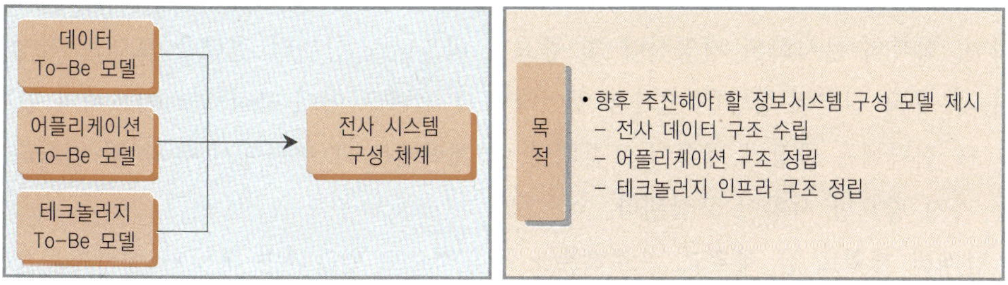

그림 5-6 5단계 : 정보시스템 To-Be 모델

제6단계 : 마스터플랜 수립

이 단계에서 마스터플랜은 정보시스템 To-Be 모델에서 제시된 방향을 중심으로 향후 수행해야 할 프로젝트를 도출하고 우선순위에 따른 이행계획을 수립하는 데 목적이 있다. 많은 경우 장기적으로 향후 3개년 동안 추진해야 할 주요 프로젝트를 선정한다.

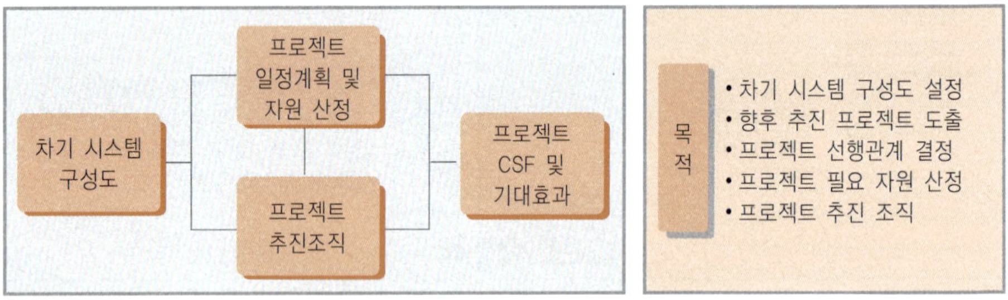

그림 5-7 6단계 : 마스터플랜 수립

프로젝트 추진의 3가지 핵심 성공요소(critical success factor: CSF)은 다음과 같다. ① 부서 및 업무기능 경계를 뛰어 넘어 전사적인 관점을 계속 견지함 ② 각 부서는 해당 업무에 대한 프로세스 정립 및 표준 설정 필요 ③ 변화에 대한 전사적인 공감대 조성 등이다.

5. 프로젝트 성과 측정

ISP 프로젝트가 성공적으로 완료되었는지 측정은 어떻게 할 것인가? 국내 기업에서 중장기 프로젝트 추진 시 흔히 간과하는 항목이 바로 '성과 측정'이다. 성과 측정이 중요한 이유는 성과 측정지표가 부재한 상태에서는 IT 조직이 지속적으로 향상하고 발전하기 위한 성과 및 애로사항을 유기적으로 평가하기가 매우 어렵기 때문이다. 따라서 다음 사항들이 이행되어야 한다. ① IT 전략은 최소한 연간 1회 업데이트해야 하며, 회사의 문서화된 경영전략 및 중요한 비즈니스 단위의 전략을 토대로 작성한다. ② 주요 전략에 상당한 변화가 일어나면 IT 전략도 이에 따라 업데이트해야 한다. ③ IT 전략에는 중장기 계획이 포함되며 이 계획에는 IT 측면에서 유지 및 변화라는 두 가지 중요한 사항이 포함된다.

단계별 계획도 잘 세우고, 프로젝트도 성공적으로 완료되면 무엇이 좋아지는가?

① 신규사업 대응력 증가

② 신규 상품 개발 기간 단축, 신규사업의 시스템 적용기간 단축

③ 24시간 영업체계 : 배치 처리시간 최소화로 신규 비즈니스 기회 확대

④ 대고객 시스템 분리로 대외업무의 24시간 영업 가능

⑤ 고객정보의 실시간 Single-View 제공으로 고객접점 대응력 향상,

⑥ EP 구현으로 임직원의 업무처리 효율 증가

21세기 기업의 IT는 새로운 전략과 비즈니스 모델을 통해서 안으로는 기업의 이익을 추구하면서 밖으로는 어떻게 고객 만족을 시킬 것인가 하는 문제를 풀어야 하는데 이를 위한 첫 번째 단추가 바로 ISP이다.

제 2 절 중소기업 정보화 대응전략

1. 중소기업 정보화의 핵심 이슈

대부분의 중소기업들은 대기업에 비해 정보화 투자 및 실행에 있어 물적, 인적 제약이 있으며, 정보화의 추진 방법에 있어서도 체계화되어 있지 못하기 때문에 보다 현실적이며 차별적인 접근이 요구된다. 정보화 투자·평가 프로세스의 취약하고, 정보화 운영 체계 미흡하며, 정보화 추진 인력의 부족 및 전문성 결여될 뿐만 아니라 보유 정보시스템 환경의 노후화되어 있다. 그리고 정보화 추진 자금력 부족하고, 투자대비 효과에 대한 불확실한 상태이다.

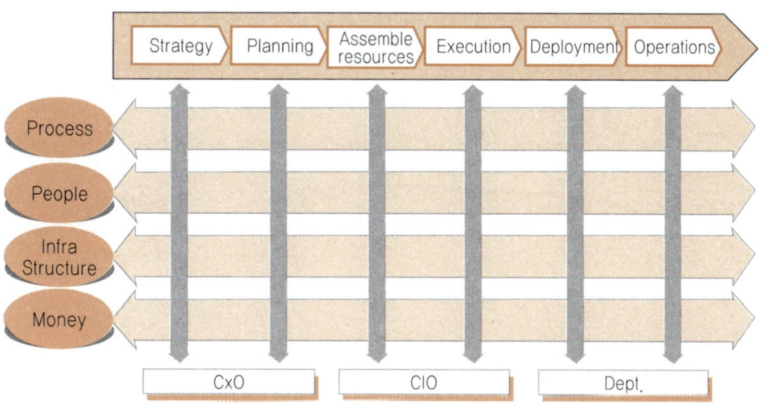

* 자료 : GartnerGroup

그림 5-8 정보화의 핵심 이슈

2. 중소기업 정보화 추진 전략

대기업에 비해 물적, 인적 자원의 제약이 존재하는 중소기업의 경우, 선택과 집중의 기본적인 전략 하에 IT의 전략적 활용과 체계적인 성과관리를 바탕으로 장기적 관점의 전략적 접근이 요구된다.

- 핵심 부가가치 활동의 선별: CSF, KPI와 연계된 정보화 설계선택과 집중, 전산을 통한 단순 기능 자동화에서 벗어나 IT를 통한 프로세스 혁신과 새로운 부가가치 창출 유도
- IT의 전략적 활용: IT의 도입 효과에 대한 측정 및 평가 성과지향적 IT 투자 및 관리 유도
- 체계적 성과관리: IT의 도입 효과에 대한 측정 및 평가 성과지향적 IT 투자 및 관리 유도

☞ 참고: CSF(critical success factor, 핵심 성공 요소), KPI(key performance indicator, 핵심 성과 지표: 기업의 전략을 달성하기 위한 활동의 성과를 측정하는 지표)

그림 5-9 중소기업 정보화 추진 전략

3. 선택과 집중

기업 가치사슬 상에서 CSF와 연계된 "부가가치활동"과 "비부가가치활동"에 대한 분석을 바탕으로 "부가가치활동"으로의 기업 역량과 자원을 집중

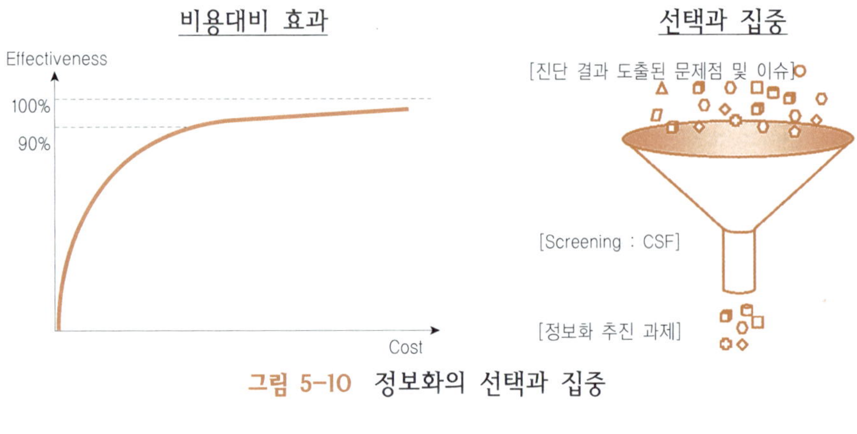

그림 5-10 정보화의 선택과 집중

4. IT의 전략적 활용

IT의 활용 방법에는 Automation, Innovation, Creation의 3가지 수준의 접근이 가능하며, 업무 자동화의 단계를 넘어 IT를 통해 비즈니스 혁신과 새로운 부가가치 창출유도 된다.

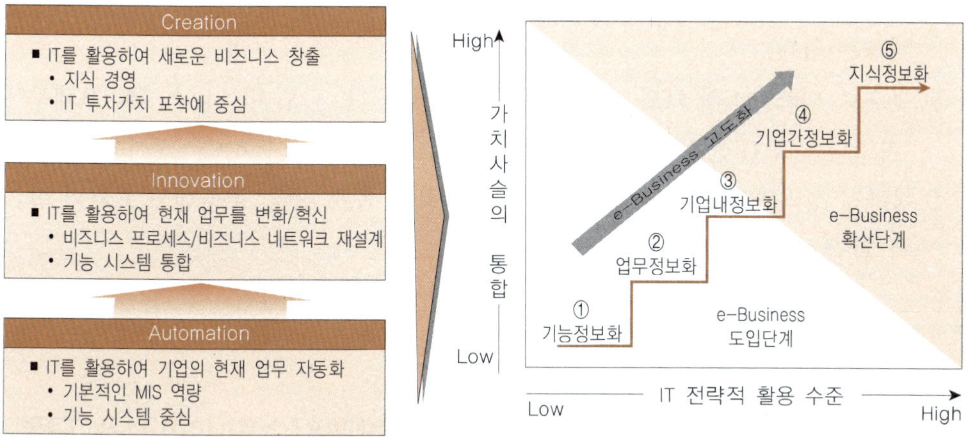

그림 5-11 IT의 전략적 활용 방법

5. 체계적 성과관리

'솔로우의 역설'과 같이 IT투자가 기업 경영성과로 이어진다는 것이 통계적으로 확인하기 어렵다는 점은 분명한 사실이나, 체계적인 성과관리는 효율적 IT관리의 핵심요소 이다.

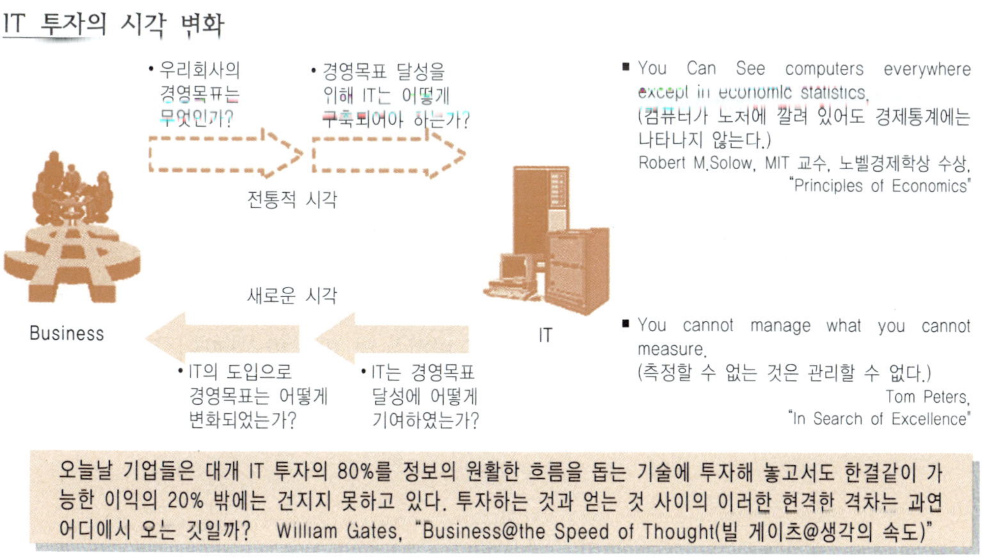

그림 5-12 IT 투자의 시각 변화

6. 정보화 성공요소

중소기업 정보화의 4가지 기본 성공요소는 다음과 같다.

① 변화의 준비가 되어 있어야 한다. - CEO 마인드, 조직원의 변화 수용 자세

② 내가 주인이 되어 스스로 해야 한다. - 나와 나의 조직원들이 고생하면 할수록 성과는 높다.

③ 절대로 비즈니스와 IT를 별도로 생각하면 안된다. - 先 비즈니스, 後 IT(내부에 "비즈니스 & IT전문가"를 키워야 한다.)

④ 정량적 성과관리를 제도화해야 한다. - 정확한 목표 설정, 투자대비 효과의 합리적 판단, 반성과 동기부여

제 3 절 제조·판매유통기업의 정보전략계획수립(ISP)적용 모델

제조·판매유통기업의 정보전략계획수립(ISP)을 위한 연구사례를 제시한 것이며, 대내·외 환경분석을 경쟁사와의 Gap분석을 통하여 업무의 프로세스 및 조직구조를 평가하고, 동시에 주요 전술요인과 주요 정보내역을 파악하여 주요 정보활용 수준의 평가분석을 함으로서 현재의 기업모형을 개선된 기업모형으로 도출케 한다. 이를 근거로 하여 기업의 경영목표와 전략에 맞는 정보전략계획을 수립하여 프로젝트 계획을 구체화한 것이다.

1. 대내·외의 환경분석

대내·외의 환경분석에서 제조·유통업체를 대상으로 하여 경제환경, 기술환경, 정치·사회환경 및 경쟁환경의 변수에서 기업에 영향을 미치는 요인들을 구체적으로 표출과 동시에 분석함으로서 정보전략계획을 수립하는데 필요한 사항이 된다. 각 변수에 대한 요인은 그림과 같다.

1) 기업 대외 환경분석

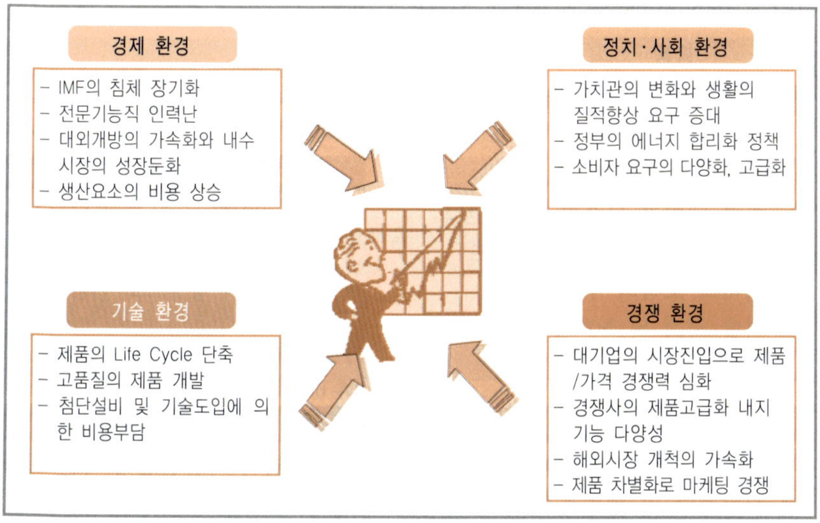

경쟁사 전략의 집단분석도를 이용하여 상위 그림과 같이 경쟁사들이 어느 위치에 있는지를 파악해야 하고, 아울러 분석 대상의 회사는 어느 위치에 처해 있는지를 분석하여 시장 점유율과 제품의 차별화 및 가격절하에 적절히 대비하는 위상을 종합적으로 분석하여 정보전략계획 수립에 반영해야 한다.

2) 경쟁사 전략의 집단분석도

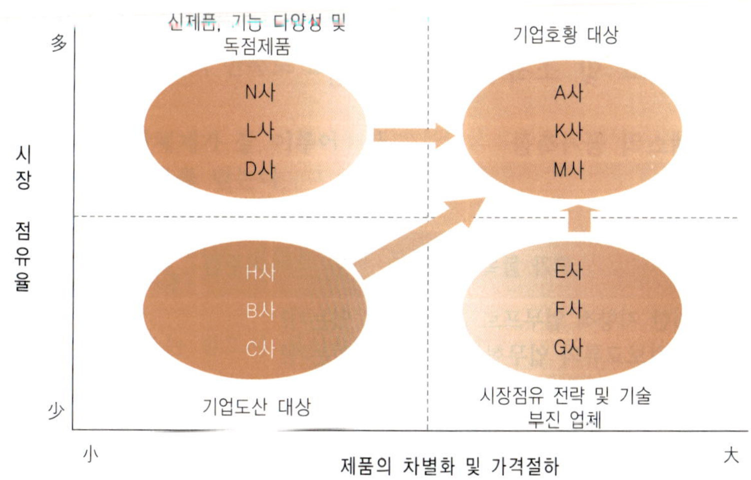

2) 현재의 워크 프로세스의 연관도

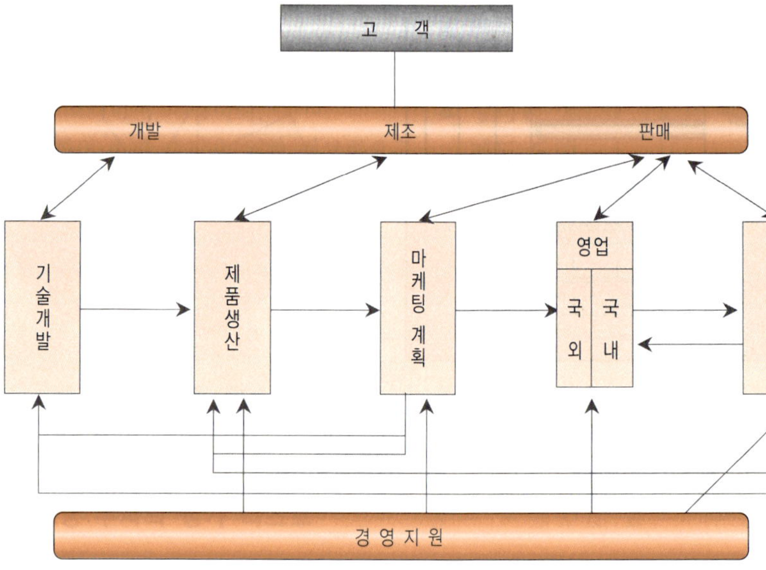

3) 현재의 워크 프로세스 중요도의 기준점 내역

구분		기술개발	제품생산	마케팅 계획	영업	A/S 처리	경영지원
고객 만족 요소	품질	5	4	1	2	3	1
	가격	2	3	3	1	3	1
	서비스	1	1	2	3	5	2
	시간	2	2	1	4	5	1
	소계(A)	10	10	7	10	16	5
전략 목표	정보기술을 이용한 연구개발 능력의 향상	5	3	1	1	3	4
	가격경쟁력의 재고	2	1	3	3	1	1
	고객의 요구사항 파악	2	2	4	5	5	1
	마케팅 능력의 혁신	1	3	5	3	3	2
	수출국에 대한 해외영업국 확보	2	4	5	4	3	4
	신규수요의 창출	3	2	5	4	5	1
	조직문화의 혁신	1	2	1	1	2	5
	소계(B)	16	17	24	21	22	18
평점{(A+4+B/7)/2}		2.39	2.46	2.59	2.75	3.57	1.91

4) 현재의 워크 프로세스 실행의 수준 평가내역

구분	기술개발	제품생산	마케팅계획	영업	A/S 처리	경영지원
1. 경영비전 및 전략달성에 중요한 프로세스	5	2	3	2	4	2
2. 고객만족도가 낮은 프로세스	1	2	4	2	3	1
3. 시간과 돈이 많이 요구되는 프로세스	2	1	2	2	3	1
4. 종업원 고충이 큰 프로세스	2	2	2	2	4	3
5. 다른 프로세스에 영향이 많은 프로세스	1	4	5	3	3	4
6. 부서간 교류가 적은 프로세스	3	2	2	5	5	2
소계(B)	14	13	18	16	22	13
평점	2.33	2.17	3.00	2.67	3.67	2.17

5) 개선대상 워크 프로세스 내역

구분	기술개발	제품생산	마케팅 계획	영업	A/S 처리	경영지원
중요도 평점	2.39	2.46	2.59	2.75	3.57	1.91
실행수준 평점	2.33	2.17	3.00	2.67	3.67	2.17

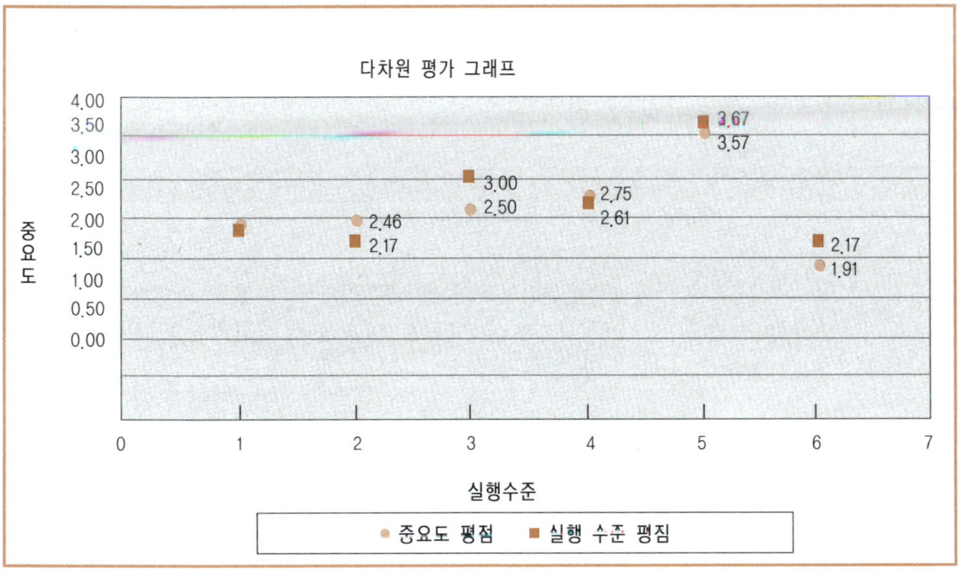

6) 개선 기업통합 업무모형(전사 기능별 업무 흐름도)

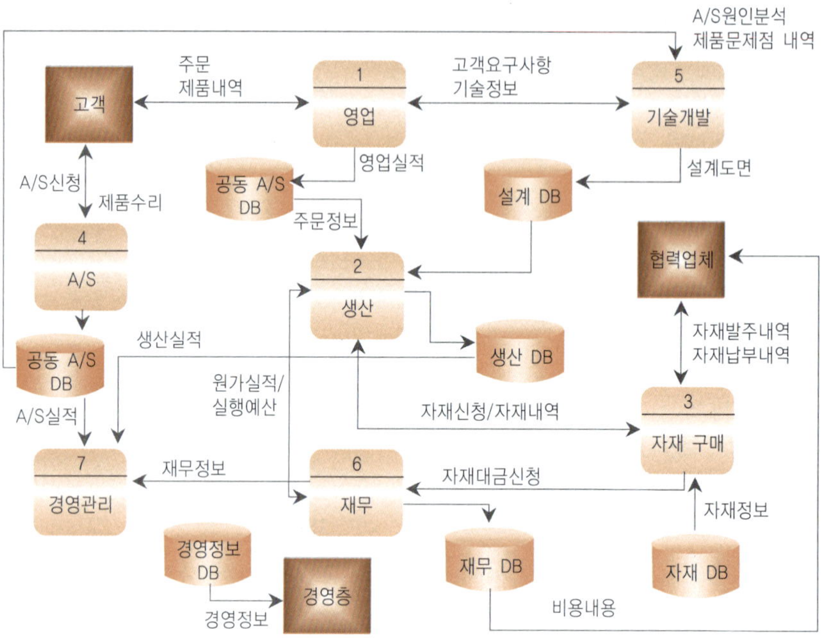

4. 프로젝트 계획

본 연구는 정보전략계획수립(ISP)에 대한 방법론을 중소 제조업체를 대상으로 하여 공통 사항인 기업경영에 대한 것을 정리한 것이다.

1) 경영목표와 경영전략의 내역(1)

경영 목표	경영 전략	현안 및 문제점
1. 신제품의 개발 능력 확보	- 전문 연구인력의 확보 - 연구개발비의 증대 - 핵심분야의 해외기술 의존 탈피 - 정보기술을 이용한 연구개발 능력의 향상	- 지리적, 업종별 요인에 기인한 전문인력 확보의 어려움 - 자체 기술개발 경험이 부족 - 핵심기술의 선진국 의존이 높음
2. 시장점유율 확대	- 가격 경쟁력의 제고 - 소비자의 제품에 대한 인지도 확대 - 마케팅 능력의 혁신 - 신규 수요의 창출	- 경쟁업체의 광고 및 홍보전략 우위 - 제품을 차별화시킬 수 있는 효과적 광고전략의 부재 - 경재사에 대한 가격 경쟁력의 열세

경영 목표	경영 전략	현안 및 문제점
3. 고객만족 강화	- 고객의 요구사항 파악 - A/S에 대한 불만사항의 신속한 개선 - 지원이 고객만족에 대한 공감대 형성	- 공급업체의 영세성으로 전반적인 공급부품의 품질저하 - 제품의 불안정과 서비스에 대한 불만으로 기존고객의 이탈현상 발생 - A/S 강화에 따른 추가비용 부담
4. 해외시장 개척	- 수출국가에 대하여 해외영업점 확보 - 해외의 시장정보의 파악 - 해외 현지의 요구사항을 반영한 제품의 공급	- 해외 현지화 및 부품업체, A/S업체 설립 필요성 - 해외 현지의 요구사항을 반영한 제품의 개발
5. 환경변화에 적극적인 조직문화 구현	- 조직 문화의 혁신 - 인적자원의 육성과 개발 - 조직 상하간의 원활한 의사소통 - 인사평가 제도의 개선 - 형식적 관리업무 및 기능의 축소	- 전 종업원의 보수성 심화 - 인력자원 개발 프로그램 부재 - 인적자원 육성에 등한시한 기업문화 - 연공서열에 따른 무사안일주의 팽배 - 전문기술 인력부족 - 기능인력의 인건비 상승

기준 \ 전략대안	전략 1	전략 2	전략 3	전략 4	전략 5	전략 6	전략 7
기준 (가중치)	정보기술 이용한 연구개발 능력의 향상	가격 경쟁력의 제고	고개의 요구사항 파악	마케팅 능력의 혁신	수출국가에 대하여 해외 영업점 확보	신규 수요의 창출	조직문화의 혁신
경영목표 지원성(4)	16 [4]	16 [4]	20 [5]	24 [6]	24 [6]	16 [4]	24 [6]
기존자원 활용성(2)	6 [3]	6 [3]	10 [5]	8 [4]	4 [2]	6 [3]	6 [3]
투자의 효과성(3)	6 [2]	18 [6]	90 [3]	6 [2]	6 [2]	12 [4]	6 [2]
고객만족 기여도(5)	20 [4]	25 [5]	30 [6]	25 [5]	15 [3]	20 [4]	10 [2]
전략의 실현 가능성(2)	10 [5]	6 [3]	8 [4]	8 [4]	10 [5]	6 [3]	6 [3]
조직에 미치는 영향도(2)	10 [5]	6 [3]	8 [4]	8 [4]	6 [3]	4 [2]	12 [6]
총계	78	89	85	79	65	54	64
전략대안의 우선순위	4	1	2	3	5	7	6

우선 변화 자체가 급격하다는 점이다. 컴퓨터 하드웨어 발전 속도에 관한 숫자를 언급할 필요도 없이 기업 구성원 모두가 피부로 느낄 수 있을 만큼 정보기술은 급격히 발전하고 있으며 적용 범위도 넓어지며 영역도 다양해지고 있다. 또한 변화가 조직 상호간 또는 조직 기능간에 걸쳐서 일어나고 있다. 정보기술은 단순히 리엔지니어링의 도구가 아니라, 혁신의 출발점이자 프로세스를 재설계하는 바탕으로 또는 추진 엔진으로서 작용해야 한다. 건물을 설계하는데 있어서 건물의 재료를 생각하지 않고서 설계를 끝마칠 수 없는 것처럼 프로세스를 리엔지니어링하는 데 있어서 허 용하여야 할 정보기술의 고려가 앞서야만 하는 것이다.

BPR은 기존의 경영혁신 기법과는 달리 사람들을 더 열심히 일하도록 하는 것이 아니라 적절한 정보기술을 바탕으로 지금까지와는 다르게 일하도록 하는 것이다. 따라서 BPR은 이미 정보의 관리를 맡은 자가 권력을 갖게 되는 구조가 되어감에 따라 경영권을 갖고 있는 경영진을 위협하게 되고 따라서 자연스럽게 다른 대안을 찾게 된 것이라고 본다.

9. 전사적 자원관리와 통합정보시스템 구축방안

1) ERP 패키지의 범위 및 특성

경영정보(재무, 회계, 인사, 영업)와 생산정보(생산/공정, 구매, 재고, 제조원가, 물류)가 ERP 패키지의 범위가 되며, 그 특성으로 보면, 유연성(모듈의 부분적 선택), 확장성(향후 다른 모듈 추가, 신기술 추가 Version Up 용이), 통합성(모듈간 정보의 교환/통합, 기존시스템 및 타제품과의 인터페이스 용이), 최적성(패키지의 업무 프로세스와 정보모델이 가장 합리적, 표준적이라는 가정), 혁신성(패키지와 기업의 업무 프로세스 및 정보 모델간의 적합과정 필요) 및 신속성(빠른 구축기간 및 변경) 있는 기능이 있어야 하며, 장기적 전산투자비용 절감(초기 투자비가 많지만, 구축 후 유지보수비용이 적음)이 있어야 한다.

2) 통합정보시스템 구축의 3가지 방안

첫 번째의 자체개발에 대한 방안은 ① 도입 가능한 또는 도입할 만한 수준의 ERP 패키지가 없을 경우 ② 사용자의 요구 사항이 비교적 정형화되어 있어서 장기간의 개발과정 동안 변화가 적은 경우 ③ 자체 기술수준으로 개발가능하며, 기존 시스템과의 통합을 위한 인터페이스 개발이 용이한 경우 ④ ERP 적용 시 20-30 % 이상의 Customizing이 필요한 경우(Customizing에 따른 시간 및 비용의 증가와 BPR 효과의 저하) ⑤ 업무성격 및 절차가 투명하지 않은 경우(ERP자체의 특성상 변칙적인 처리가 곤란하기 때문) ⑥ 경쟁력 우위를 위한 독자적인(차별화 된 것) 기능이 요구될 경우이다. 두 번째의 요소기술 패키지 도입과 자체개발의 병행 방안은 ① ERP 패키지로 제공되지 않는 업무에 대해 독자개발이 요구될 때 ② ERP 패키지로 제공되지 않는 부분적인 요소기술에 대해 구현이 쉽지 않았지만, 많은 소프트웨어 벤더들로부터 다양한 패키지가 제공되는 경우(CAD, 적산 소프트웨어 등) ③ 시스템간의 인터페이스 개발이 용이한 경우이다. 세 번째의 통합 ERP 패키지 도입은 ① 도입 할만한 수준의 ERP 패키지가 존재할 경우 ② 보유하고 있는 기술수준으로 개발 및 시스템 통합이 어려울 때 ③ TO-BE의 기능이 ERP 패키지와 70-80 %이상 일치할 경우 ④ 업무성격 및 절차가 투명한 경우 ⑤ 사용자의 요구사항이 변화가 심한 경우 ⑥ ERP 패키지 내의 선진 프로세스를 적용함으로써 큰 효과가 기대되는 경우이다.

3) 자체개발과 ERP 패키지 도입의 장·단점 비교

표 6-1 자체개발과 ERP패키지 도입의 비교

	장점	단점
자체개발	• 초기투자비가 적음 • 자사의 고유업무에 적합한 시스템 구성이 가능 • 자사의 Know-How축적 가능 • ERP 업체에 종속성 배제	• 개발기간이 장기간 소요 • 신기술 적용에 많은 전문인력의 투입이 요구됨 • 과다한 유지보수 비용
ERP 패키지 도입	• BPR을 통한 업무개선 효과 • 전사적인 시스템 통합 • 표준화에 의한 유지보수비 절감 • 개발기간의 단축 • 경영환경 및 기술의 변화 수용 (ERP 패키지 개발업체가 계속 업그레이드한다는 가정 하에)	• 상대적으로 높은 초기투자비 • 도입초기 단계이므로 아직 국내 성공사례가 없음(건설업은 전무함) • 선진 업무 프로세스의 수용 및 적용의 어려움 • 경영환경 및 기술의 변화 수용 시에 하나의 ERP 업체에 완전 종속됨

4) ERP 패키지 도입 및 구축시의 문제점

(1) 외부환경 요인

패키지의 Customizing을 최소화하려는 공급사와 Customizing을 요구하는 고객사와의 이해적인 괴리(乖離)가 생기고 ERP 구축 시에 투입되는 외국의 컨설턴트와의 의사소통 및 문화적 차이가 발생된다. 국내 전문 컨설턴트의 절대적인 부족과 과다한 컨설팅 비용(현재 BPR 컨설턴트의 능력과 자질을 판단하기 매우 어려운 실정이다. 아직 성공적인 사례를 찾기 어렵고 기업이 새로운 정보기술(개방형 클라이언트/서버, 객체지향 기술 등)을 수용하는데 인색한 편에 속한다. 그리고 한국형 표준업무 프로세스(best practice)의 정의도 미진한 상태이다.

(2) 내부환경 요인

부서간 갈등이 생기고, BPR과 BPR 구축의 동시진행 과정에서 발생하는 조직개편 및 프로세스 재설계 권한 이양문제(프로젝트 관리위원회의 결정으로 해결)가 대두되고 있다. 프로젝트에 투입된 인력의 사후보장문제(프로젝트 종료 후 현장중심으로 재배치)가 생기고, 사내 전산부서의 반대현상이 일어난다(전산부문 종사자들은 ERP적용 후 자신들의 위치가 단순 운영자로 전락하지 않을까 우려하게 되나 ERP구현 작업을 통해 새로운 지식을 배우고 숙련이 가능함). 프로젝트팀 구성 및 책임(기능별로 혼합편성)부담이 명확하지 않고 시스템 구축 전 전사업무 프로세스 및 데이터의 표준화의 필요성 인식이 부족하다. 값비싼 외국 컨설턴트들을 꼭 써야하느냐의 문제점과 교육에 대한 투자, 최고경영자 및 경영진의 이해와 인내가 있어야 하고, 지금의 ERP 기반이 향후 CALS/EC 등에 적합한 환경을 제공하여 줄 수 있는가 확인해야 한다. 그리고 막대한 시스템 구축비(초기 투자비용)의 부담을 가지게 한다.

5) 한국형 ERP 패키지 및 표준업무 프로세스의 필요성

(1) 상이한 상거래 관행 및 기업환경

패키지 내부의 선진 외국업체와 국내기업의 업무 프로세스 및 정보모형에 있어서 차이가 있으며, ERP패키지들이 개발된 유럽과 미국에 비해 업무 프로세스의 세분화되지 않았고 각 업무간 책임과 권한에 대한 규정이 부진하며, 비정형적 통제수단으로 운영되고 있는 실정이다. 특히 하도급 관계의 발달로 한국형 표준업무 프로세스(best practice) 개발이 절실히 필요하다.

(2) 상이한 회계처리 제도, 상법, 노동관계법 등

우리의 회계처리방식이 상대적으로 복잡하고 투명성이 부족하며, 어음거래의 일반화되어 있고 경영정보시스템과 생산 및 시공정보시스템의 연결고리 기능으로 모든 기능(모듈)이 회계정보를 바탕으로 통제를 받으므로 외국산 ERP 패키지 도입의 최대 걸림돌이 되고 있다.

(3) 상이한 정보인프라 상황

아직도 메인프레임 중심의 중앙집중식 전산환경과 독립적인 시스템으로 운영하고 있고, 대기업은 클라이언트·서버환경과 개방형 시스템으로 이전하고 있는 실정이며, 또한 중소기업 및 협력업체는 정보인프라가 매우 취약한 실정이다. 부족한 정보인프라에서도 수행될 수 있는 ERP패키지가 필요한 상태이다.

6) 정보시스템 기획과 BPR 및 ERP 구축방안

정보시스템 기획과 BPR 및 ERP 구축방안에 있어서 가장 먼저 정립되어야 할 기획과 요구분석 및 개념설계를 수용한 정보전략기획(ISP)을 수립하야야 한다. 이는 프로젝트 추진에 있어 가장 선행되어져야 될 부분이다. 이를 토대로 해서 상세설계 및 프로토타이핑을 제시하고, 효과적인 업무적용이 가능한 내용이 정의되어야 한다. 그 이후로는 시스템 적용에 입각해서 개발하여 사용자의 교육과 운영방안을 모색하고, 시

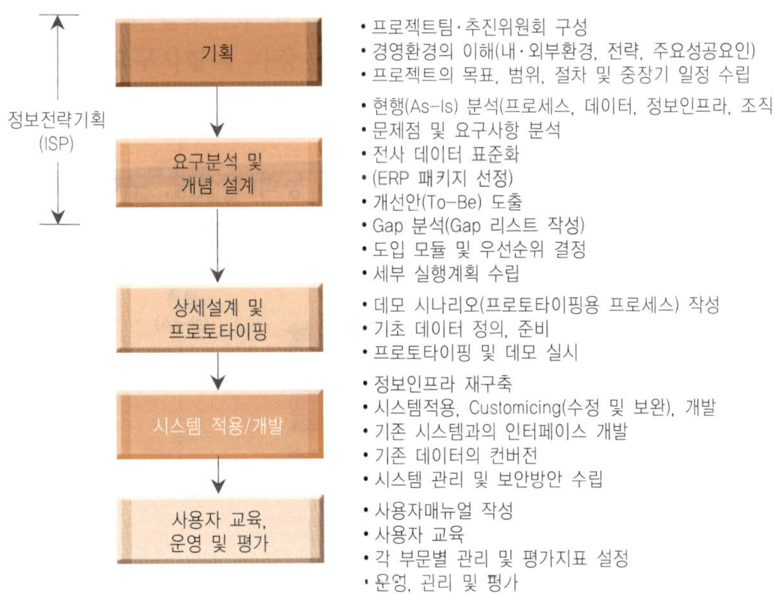

그림 6-5 정보시스템 기획과 BPR 및 ERP 구축방안 구성

3. 업무영역별 제공기능

업무처리에 필요한 각종 처리기준을 외부에서 설정하여 사용하며, 업무변화에 신속하게 대응이 가능하고, 업무기준을 자체 변경함으로서 유지보수 최소화할 수 있다.

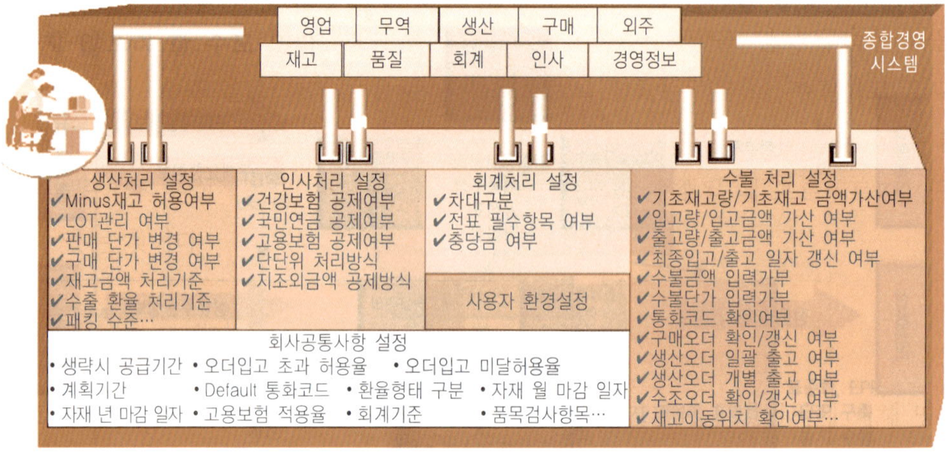

4. 영업관리시스템

영업 관리는 고객으로부터 주문을 받고 요구된 납기에 납품을 하는데 필요한 제반 업무를 지원한다.

- 관리 정보 : 고객, 견적, 수주, 생산요청, 출하지시, 출하실적, 매출실적, 외상매출, 수금실적 , 미수금 정보 등

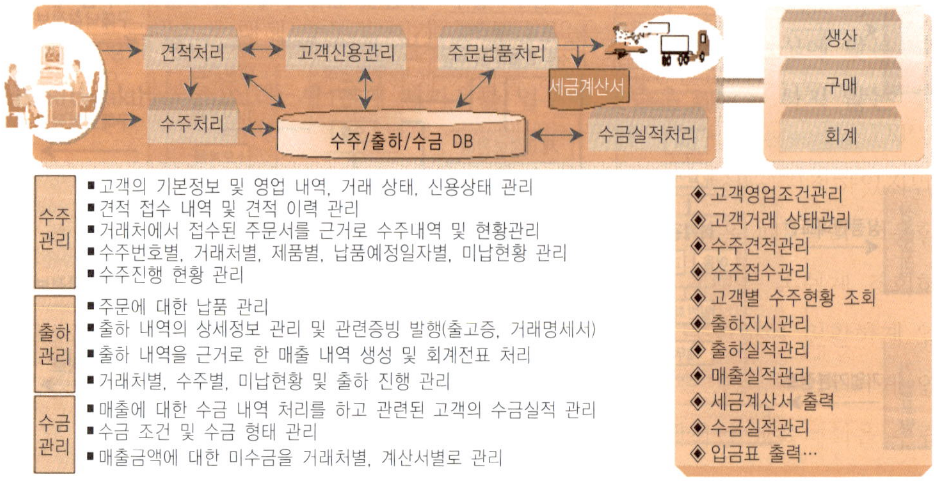

5. 영업관리시스템 구성도

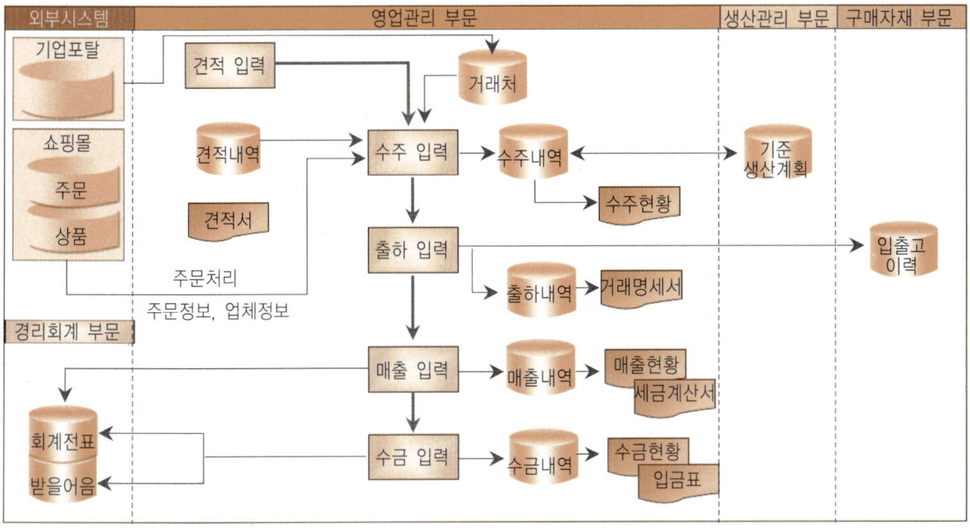

6. 생산관리시스템

제품생산에 필요한 자재를 적기에 조달하기 위한 소요판단 업무 및 한정된 인원, 장비, 자재를 계획·통제하여 효율적으로 제품을 생산하기 위한 계획수립 및 일정관리, 공정관리 업무를 지원한다.

- 관리 정보 : 생산일정계획, 개략능력계획, 총 소요량, 과부족, 생산오더, 생산실적, 공정관리 정보 등

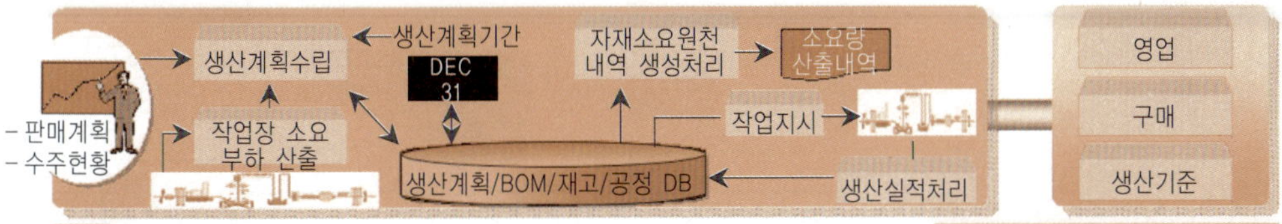

생산계획관리	• 판매계획 및 수주현황을 참조하여 작업장별, 제품별, 기간별 생산계획 수립 • 제품의 기준 생산계획 관리 및 수주 내역을 기준으로 한 생산일정 관리 • 기준 생산계획의 수행 가능 여부를 판단하기 위해서 작업장별 소요 부하 산출 처리 및 과부하 산출 관리 • 생산계획 기간 및 생산 달력의 관리
소요계획관리	• 기준 생산계획을 기준으로 BOM을 이용 제품구성내역 전개를 통해서 자재 소요 원천내역 생성 처리(MRP) • 자재소요 원천내역과 자재공급 가능량 정보를 비교하여 자재소요 계획, 자재 예정오더 내역, 자재오더 조정 권고 내역의 관리 • 자재 소요 담당자의 판단으로 자재 예정오더 내역을 관리
공정관리	• 수주 또는 소요계획을 근거로 관련 생산부서에 대한 생산오더 발행 및 생산 자재내역 관리 • 생산실적 관리 및 제품구성내역을 이용한 생산자재 투입 실적의 일괄적인 처리 • 제품별 작업공수 관리 및 작업진행 관리

◈ 기준생산계획 관리
◈ 생산계획서 출력
◈ 작업장별 소요부하 계산
◈ 제품별 소요부하관리
◈ 생산계획기간 관리
◈ 자재소요량 계산
◈ MRP 생산 오더 발행
◈ MRP 구매오더 발행
◈ 생산오더관리
◈ 생산오더현황 소회
◈ 생산실적 현황 조회…

7. 생산계획·소요계획관리시스템 구성도

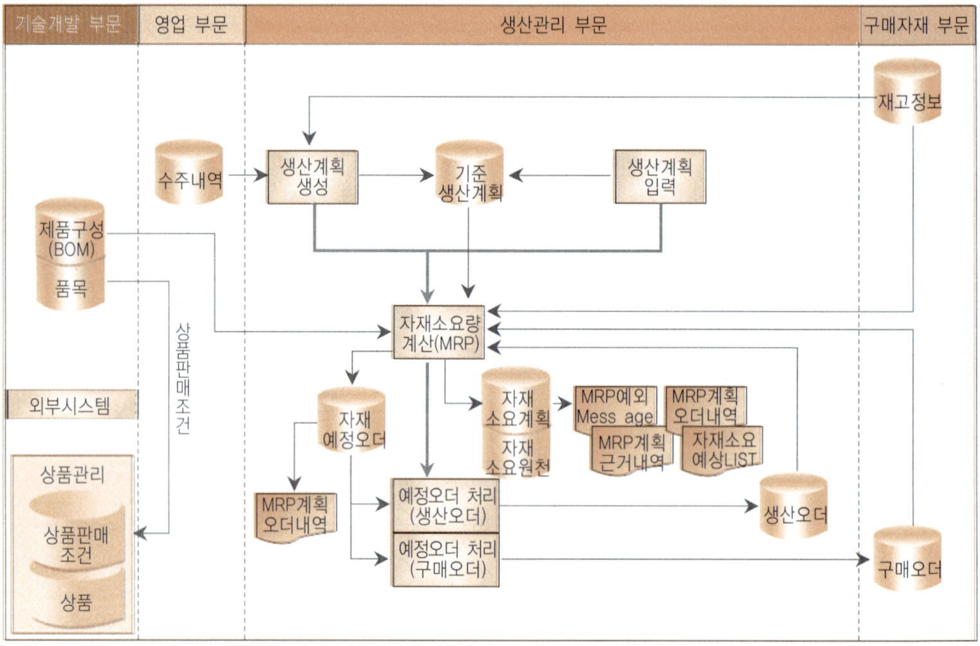

8. 공정관리시스템 구성도

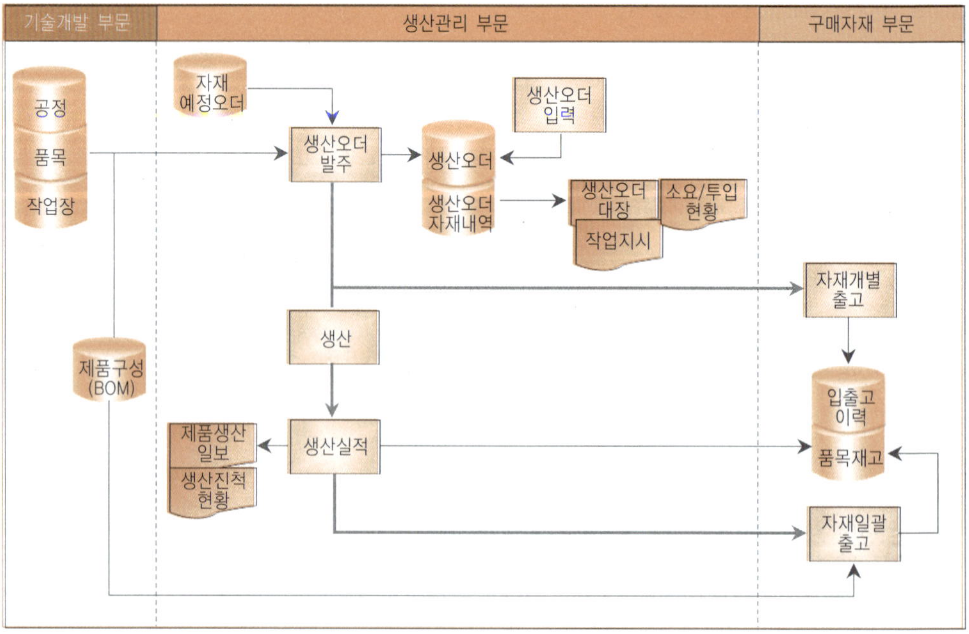

9. 구매·외주·재고관리시스템

구매 관리는 소요자재 구매 시 견적요청으로부터 업체선정, 발주, 납입, 대금지불까지의 제반업무를 지원, 외주관리는 외주 발주기준의 결정으로부터 사급자재의 공급, 회수까지의 제반업무가 신속하게 집행되도록 지원, 재고관리는 제품, 반제품, 부품, 소재, 소모품 등 모든 물건을 입고 처리와 출고 처리를 함으로서 정확한 현 재고량을 관리하는 모듈이다.

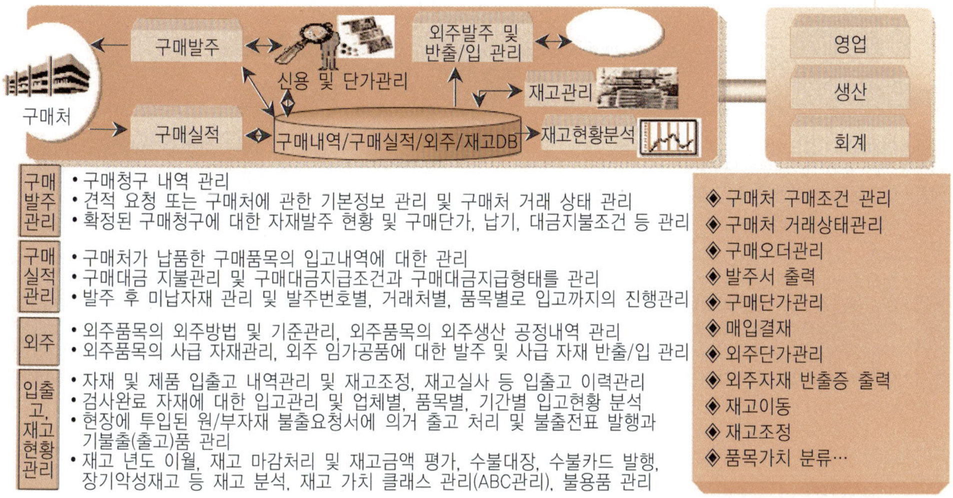

10. 구매·외주·재고관리시스템 구성도

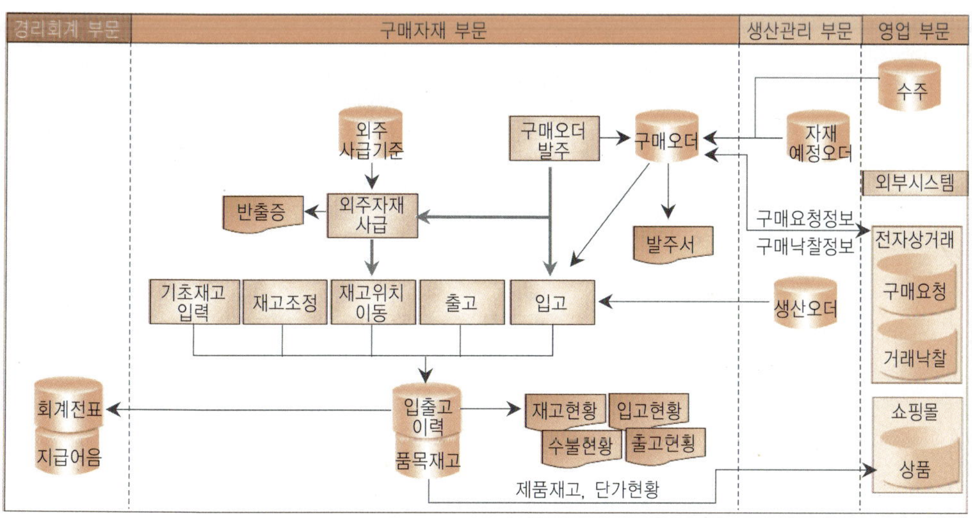

11. 무역관리시스템

해외 업체로부터의 물품 구매 또는 해외 고객에 대한 제품 판매에 관련된 제반업무가 신속하게 집행되도록 지원한다.

- 관리 정보 : 수입L/C정보, 수입통관정보, 부대비용정보, 수출L/C정보, 수출통관정보, NEGO정보

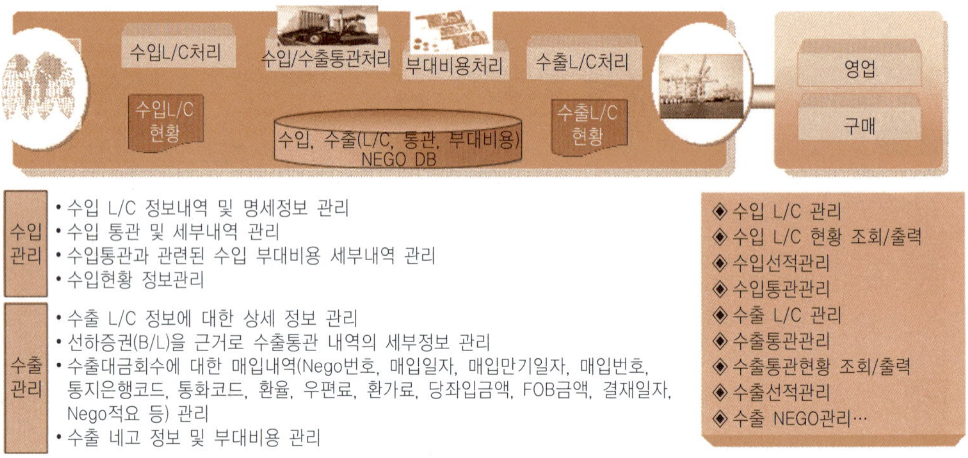

12. 무역관리시스템 구성도

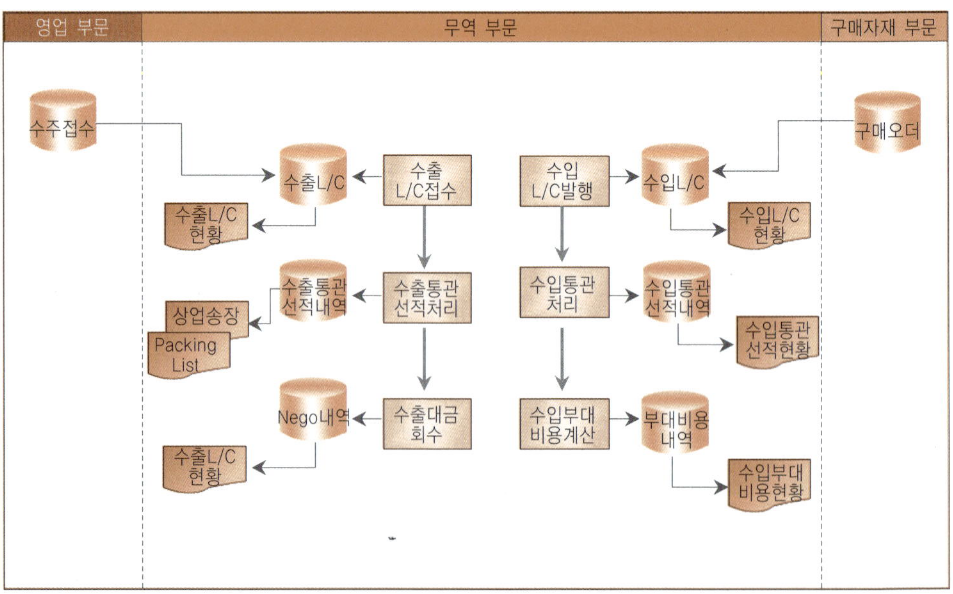

13. 품질관리시스템

품질관리는 수입검사 결과 및 생산중 또는 출하 이후에 발생한 불량의 원인과 특성을 분석하여 품질향상을 지원하는 모듈이다.

- 관리 정보 : 검사기준정보, 검사실적정보, 불량원인 분석정보, 불량 특성분석정보 등

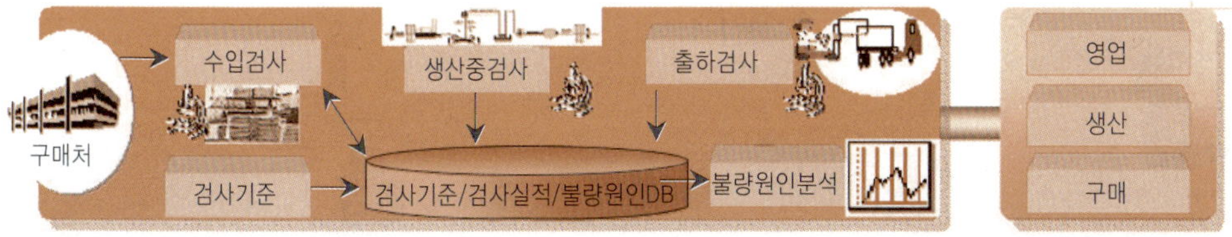

품질기준관리	• 품목번호, 품질등급, 검사방법, 검사빈도, 품질기준서번호 등 품질검사기준 관리 • 품목의 검사항목 내역, 품목의 품질 등급 구분, 품목의 검사 방법 구분 및 품목의 검사 난이도 정보 관리
검사실적관리	• 구매품 및 외주품 입고와 관련된 원재료 및 부품의 수입검사 실적관리 • 사내 생산되는 가공품 및 조립품에 대한 공정검사 실적관리 • 완성품 검사관리 • 공정검사 불량내역 관리
품질분석관리	• 불량원인 분류 기준 관리 • 불량의 원인별, 기간별, 제품별 분석 정보 제공 • 품목의 불량발생 내역 및 이력관리

◈ 검사기준관리
◈ 검사항목관리
◈ 품질등급코드관리
◈ 원재료 검사실적관리
◈ 제품 검사실적관리
◈ 불량원인코드 관리
◈ 불량 통보서 출력
◈ 구매처별 불량현황 출력
◈ 원인별 구매불량현황
◈ 작업장별 불량현황…

14. 품질관리시스템 구성도

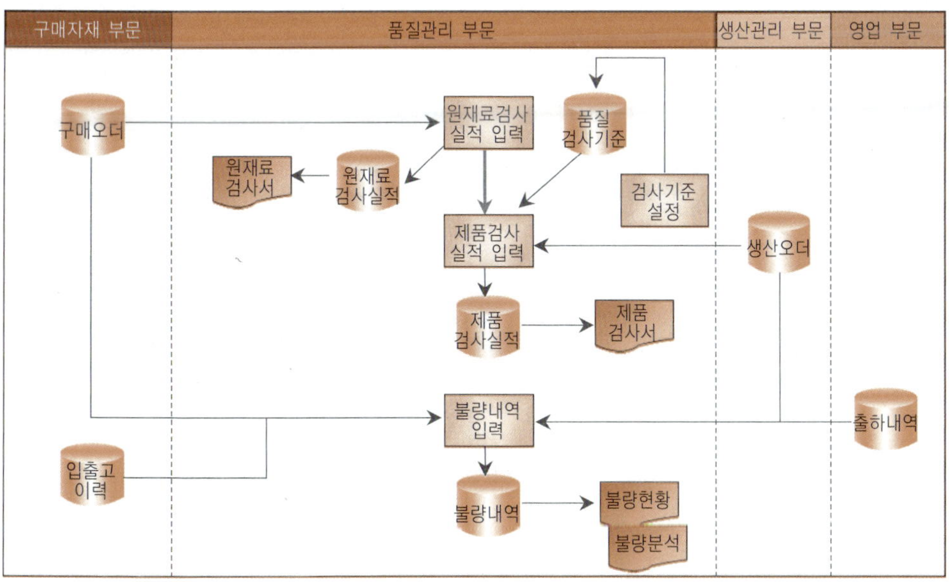

15. 인사·노무관리시스템

인적자원의 현황 관리와 근태실적에 따른 보수 지급에 관련된 제반 업무를 지원하는 모듈이다.

• 관리 정보 : 인사기록정보, 조직정보, 근태정보정보, 급여정보, 상여정보, 정산정보 등

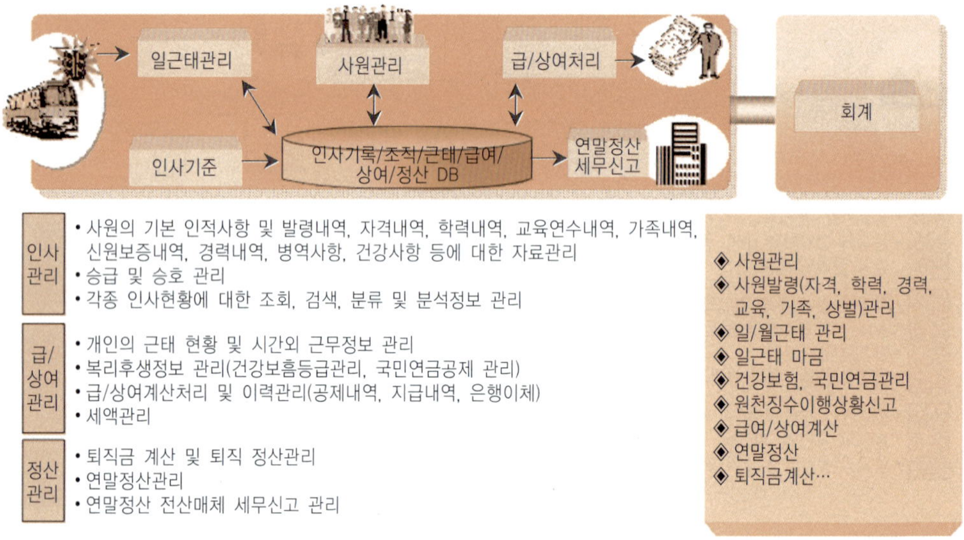

16. 인사·노무관리시스템 구성도

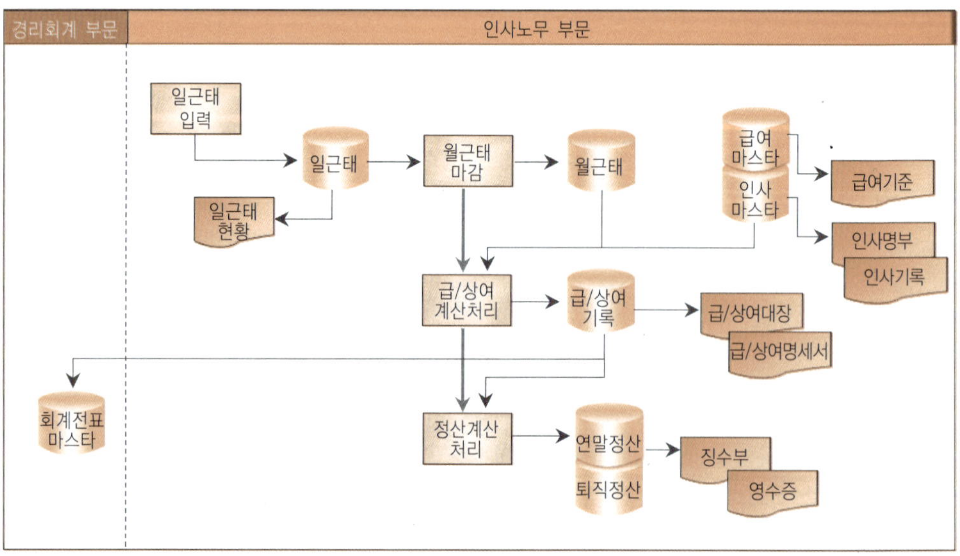

17. 회계관리시스템

기업의 활동과 함께 수반되는 모든 자금의 흐름과 재무상태의 파악을 지원하는 모듈이다.

• 관리 정보 : 전표정보, 어음정보, 고정자산정보, 세무정보 등

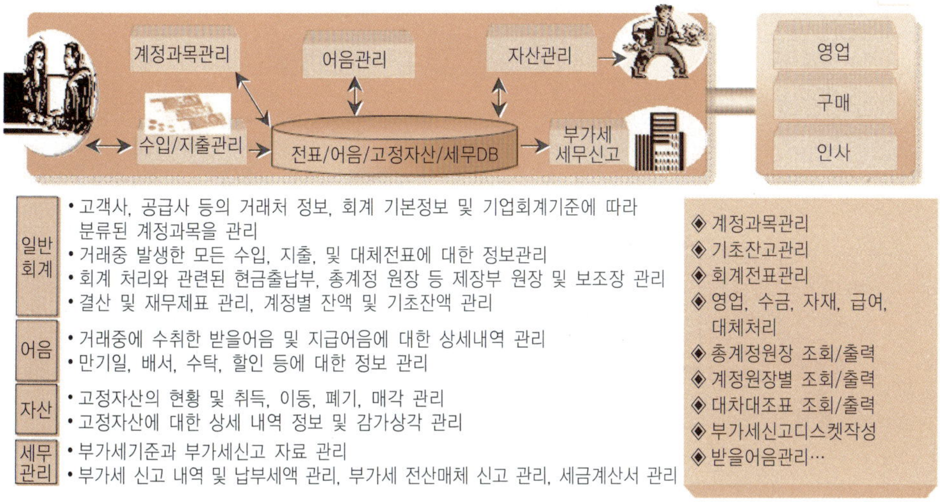

18. 회계관리시스템 구성도

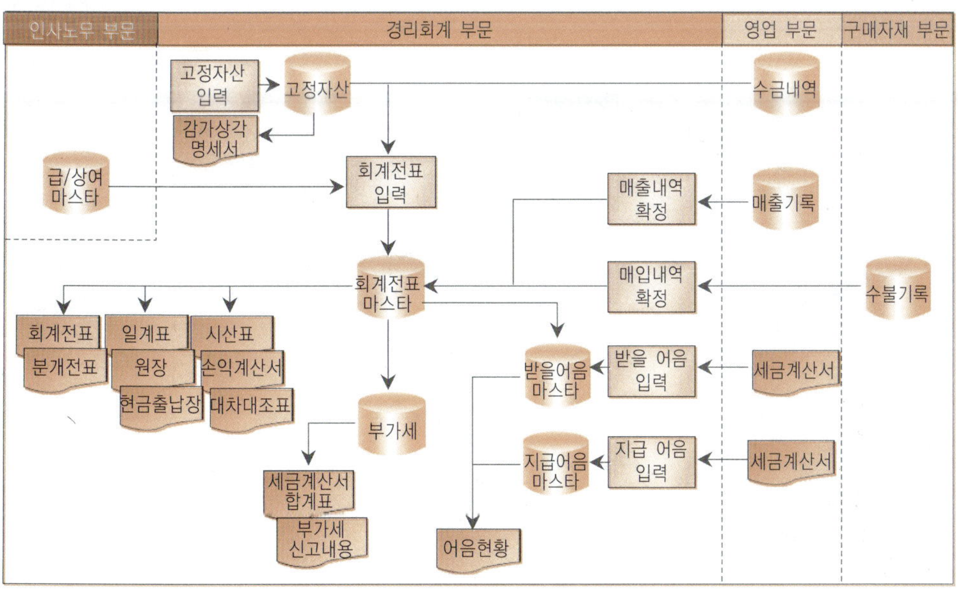

19. 경영정보관리시스템

경영정보 관리는 기업 내 조직에 대한 경영성과 파악과 경영자 의사결정을 지원하기 위한 시스템으로 영업실적, 구매실적 등 경영 성과에 대한 평가 지표를 제공하는 모듈이다.

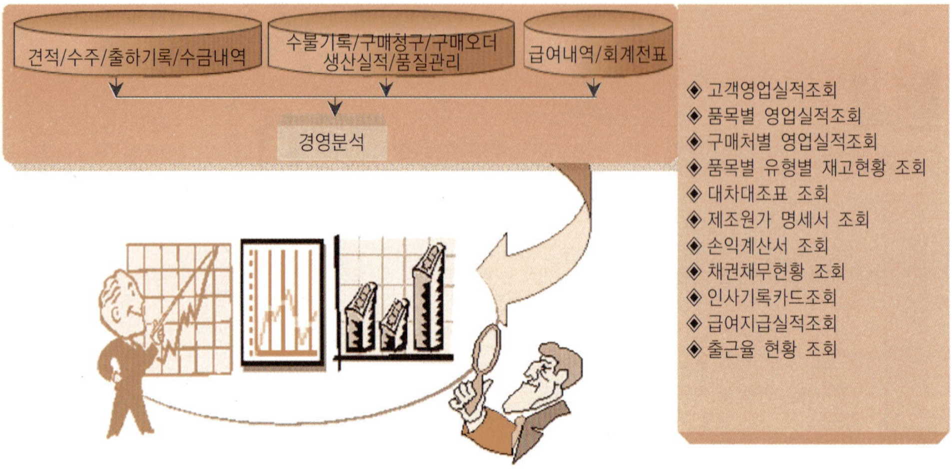

20. 경영정보관리시스템 구성도

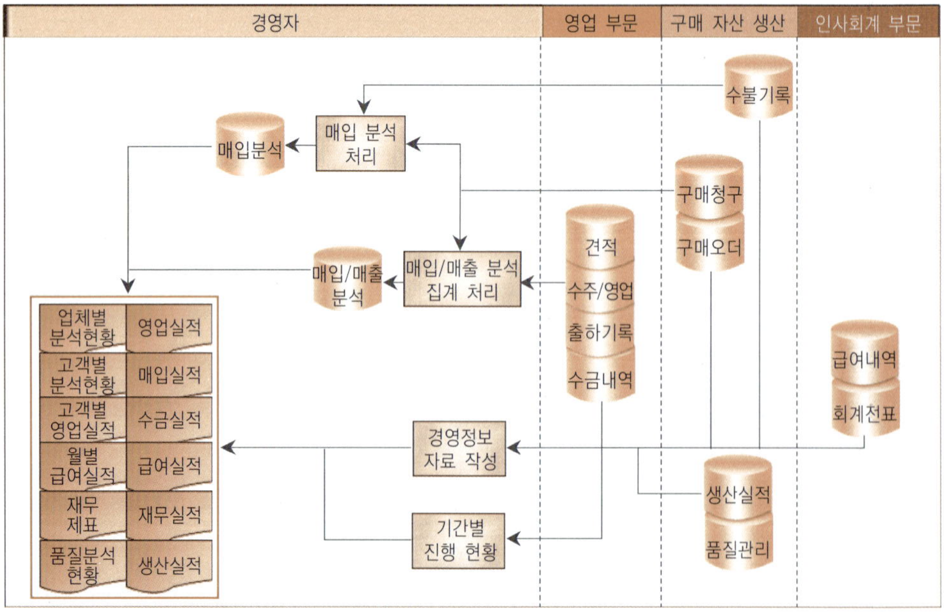

21. ERP시스템 외부연계 일람표

No	Interface명	관련시스템	방향	발생주기	주요전송항목
1	상품판매 조건정보	상품관리	송신	수시(상품판매조건정보 변경시)	회원ID, 상품ID, 판매단가, 판매조건, 상품설명
2	구매요청 정보	전자상거래	송신	수시(ERP에서 구매담당자가 처리 실행)	회원ID, ERP구매오더, ERP구매오더명세번호, 품목번호, 품명, 규격, 수량, 단가, 납기
3	구매낙찰 정보	전자상거래	수진	수시(상거래에서 구매요청이 낙찰된 시점)	- 구매낙찰정보 : 회원ID, ERP구매오더, 명세번호, 상거래, 구매오더, 상품코드, 단가, 납기, 납품업체ID - 낙찰자 정보 : 회원ID, 납품업체ID, 회사명, 주소, 대표자명, 사업자등록번호, 업태, 제품명
4	입점몰 상품정보	쇼핑몰	송신	수시(ERP에서 영업담당자가 처리 실행)	회원ID, 상품코드, 재고량, 단가
5	상품주문 정보	쇼핑몰	수진	수시(쇼핑몰에서 주문을 접수한 시점)	- 상품주문정보 수신 : 주문업체ID, 수주업체ID, 주문업체명, 상품주문번호, 상품코드, 주문량, 단가, 납기 - 상품주문자정보 수신 : 회원ID, 주문업체ID, 회사명, 주소, 대표자명, 사업자등록번호, 업태, 제품명
6	그룹웨어 첨부자료	그룹웨어	송신	수시(ERP에서 사용자가 자료변환 실행	ERP에서 제공하는 모든 전표 및 보고서
7	기업기본 정보	기업포탈	송신	수시(영업담당자가 수시)	- URL링크에 의한 화면 연계
8	입금내역 정보	빌링	수신	수시(입금 완료시)	주문업체ID, 입금액, 입금날짜

22. EC용 ERP 제공기능

가. 기능별 내용

EC상품 관리	기능	- EC 상품정보는 각 기업에서 등록관리 - EC 상품 기본정보는 신규발생시 등록 - EC 상품정보중 판매가능 재고량 및 월 생산 가능량은 매월 갱신 입력처리 - 판매 단가는 수시 변경 처리 및 이력관리
	관리정보	- 상품ID, 품목명, 품목규격, 품목도면번호, 단위코드, 판매 가능재고량, 판매단가, 통화코드 - 월 생산 가능량, 수출구분, 수입구분

구분	항목	내용
EC상품 생산관리	기능	- 상품생산정보는 전자상거래의 상품관리에 등록된 품목에 한하여 관리 - 월 단위 생산계획 및 생산 실적 관리
	관리정보	- 품목별 월별 생산계획량, 생산 실적량
EC상품 판매관리	기능	- 상품 판매 정보는 전자상거래의 상품관리에 등록된 품목에 한하여 관리 - 수주량 및 판매 실적은 매월 갱신하여 등록하며 월별로 히스토리 관리 - 판매실적은 온라인 및 오프라인 판매량을 합산하여 관리
	관리정보	- 품목별 월별 판매실적 및 수주량
EC경영 관리	기능	- EC 기업경영환경은 년도 결산이 끝난 시점에서 입력관리 - 당해 연도 매출금액은 월 또는 분기나 반기별로 입력 가능하도록 구성 - 당해 연도 자산 및 부채 현황은 변동이 발생한 시점에 등록관리
	관리정보	- 매출금액, 손익금액, 유동자산금액, 고정자산금액, 부채금액

나. 업체정보 접근경로

1) 업체 사용자

- EC 정보관리 시스템 사용자 로그인을 거쳐서 메뉴에 접근
- 메뉴 구성은 EC 상품관리, EC 상품생산관리, EC 상품판매관리, EC 경영관리로 구성
- 각 정보의 갱신은 로그인 시 등록된 해당 회사의 관리자 ID 에 의해서만 입력 및 갱신 가능.

2) EC고객

- 조회는 사이트 접근 권한이 있는 모든 사용자
- 기업 기본정보서비스, 상품관리서비스, 쇼핑몰에서 업체정보 상세 조회시 제공

다. ERD

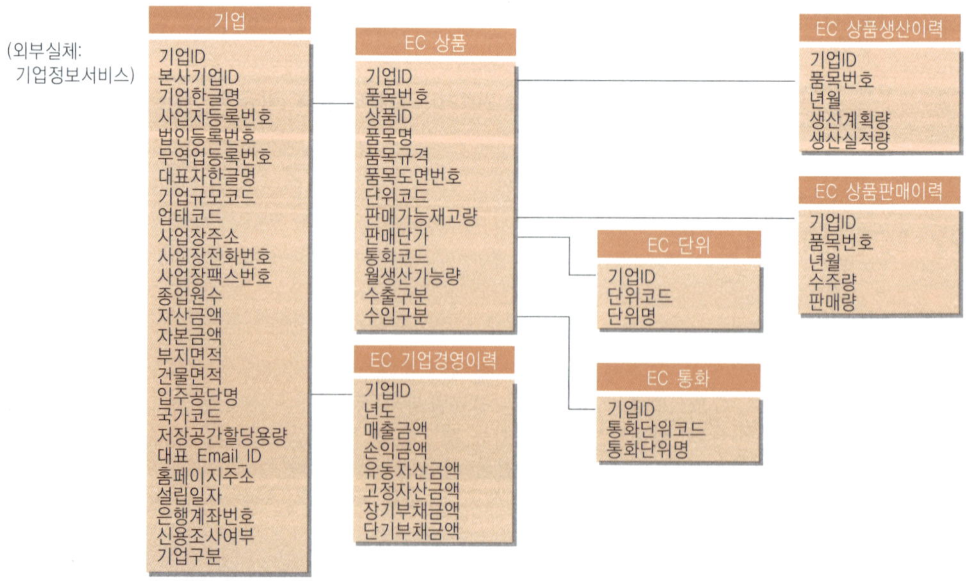

7 Chapter 기업내부 정보화를 위한 ERP 적용

제 1 절 ERP의 도입배경

1. ERP의 등장배경

21세기를 맞이하는 기업은 세계화와 국제화, 정보의 다양화 및 분산화, 제품수명주기의 단축과 수익률의 감소, 고품질의 제품, 지식산업의 등장, 고객 욕구의 증대 등 다양한 내·외적 환경변화에 대응해야 하고 경쟁우위를 확보하기 위해 끊임없이 기업의 변화능력을 확보해야 한다. 이를 위하여 기업들이 실천해야 할 방법은 다음과 같다.: ① 무역자유화로 세계화 공장을 추진하는 등 전세계 도처에 자 기업의 상품을 판매하고 제조함에 따라 이들을 효과적으로 관리하기 위한 수단으로 국제화·세계화가 가능한 정보시스템이 필요하게 되었다. ② 기업의 도처에 분산되어 있는 정보를 효율적으로 수집하고 이를 가공하여 기업의 유효정보로 활용할 수 있도록 시스템간의 정보교환을 원활하게 도와주어 지역적으로 분산된 기업이나 조직에서 수집된 정보를 통합하여 관리할 수 있는 수단이 필요하게 되었다. 또한 업무 프로세스와 정보기술을 분리된 상태에서는 업무가 진행이 안 될 정도로 정보기술에 대한 의존이 강해졌다. ③ 고객의 다양한 욕구를 충족시키기 위해 제품수명주기는 나날이 짧아지고 있고 이로 인하여 신제품개발에 투자한 단위 기간의 비용은 훨씬 늘어나고 있다. 하지만 판매기간이나 판매가능수량의 감소로 이윤이 적어지는 결과를 초래하였기 때문에 기업은 단기간의 신제품개발과 판매에 신속하게 대응하고 경쟁력을 높일 수 있는 유연한 정보시스템을 구축해야 하는 과제를 안게 되었다. ④ 고객은 제품의 품질을 최고수준으로 원하고 있으므로 이를 위해서는 생산시스템에서 제품의 품질을 확고히 지원해 줄 수 있는 품질보증시스템을 요구하게 되고, 일괄생산형태의 주문까지도 지원하는 수주형태의 정보시스템을 구축해야 한다.

〈표 7-1〉과 같이 기업은 제품을 생산하여 판매하는 기업의 시스템 전체가 경쟁력을 갖추어 총체적 우위를 확보하고 고객의 기호와 감성에 호소하는 제품을 만들 수 있도록 다양한 정보를 제공하는 시스템을 필요로 하게 되었다. 즉, 시간과 서비스에 뒤진 고객지원체계는 기업의 성장에 절대적인 마이너스 요인이므로 고객 정보의 효율적 관리, 고객 요구에 대한 신속한 대응, 정기적 고객만족도 조사 등 고객이 원하는 것을 재빠르게 얻어낼 수 있는 고객 친밀형 정보시스템의 확립이 요구되는 것이다. 이를 해결해 줄 수 있는 새로운 경영정보시스템이 바로 ERP인 것이다. ERP는 기업의 원활한 자재, 구매활동을 위해 제안된 MRP에서 시작되었으며, 생산관리의 개념을 포함하고 있는 MRP Ⅱ로 확대되었다가 현재는 인사나 회계, 재무 등 조직이나 기업의 전 업무영역을 수용하는 종합경영정보시스템으로 발전된 것이다.

표 7-1 ERP의 등장

등장배경	세부적 요인
글로벌체제의 대두	· 글로벌 표준의 실행 · 다국적, 다언어, 다통화에 대한 대응
시스템과 연계된 프로세스 혁신의 필요성	· BPR(비즈니스 리엔지니어링)의 통제수단 · 정보기술이 주도하는 환경이 도래 · 업무프로세스와 정보시스템의 분리불가
기술적 환경변화	· Mainframe에서 Client/Server체제로 · End-User Computing 환경 · Internet 기반환경 · GUI(Graphic User Interface) 등장 · EDI(Electronic Data Interchange) 등장
정보화를 통한 경쟁력 제고 요구	· 데이터 웨어하우징(Data Warehousing)의 기반시스템이 필요 · 빠르고, 필요할 때, 정확한 정보를 제공해 줄 수 있는 통합 Database가 필요
전략변화에 대처	· 다품종소량생산 · 고객의 욕구 증대 · 제품수명주기의 단축
개발기간의 단축	· 기술환경의 급속한 변화 · 신기술 인력의 부족

MRP는 완제품의 생산수량 및 일정을 기산점으로 하여 그 제품생산에 필요한 원자재나 부품 등의 소요량 및 시기를 거꾸로 계산하여 자재 조달계획을 결정하고, 조립공정별로 필요한 자재를 사용직전에 준비시켜 생산납기를 통제함으로써 효율적인 재고관리를 모색하는 시스템 또는 기법이다. 이러한 MRP시스템은 자재관리 측면에만 중점을 두고 있기 때문에 70년대의 기업환경에는 적합했을지 모르나, 80년대에 들어서면서 서서히 퇴색하기 시작하였다. 이후 등장한 MRP Ⅱ에서는 생산능력계획과 기준생산계획의 피드백(feedback), 조달예산계획, 설비구입계획 등 전반적인 생산관리 전반에 걸친 내용을 포함하게 되었으며, 또한 제조재무계획 전반과 판매계획과도 연동될 수 있는 시스템으로 확장되었다. 이후에 등장한 ERP는 기업 운영과 이익확보를 위해 경영자원의 투입을 최적화하는 것을 목표로 하여 기업 전체의 경영자원을 계획적으로, 동시에, 최적으로 활용하는 기업자원계획이며, 기업 전반의 업무활동을 통합적으로 다루는 새로운 경영정보시스템이라고 볼 수 있다.

2. ERP의 의미

Enterprise Resource Planning의 약어로서 전 사적 자원관리라고 불리 운다. 말 그대로 기업활동을 위해 쓰여지고 있는 기업내의 모든 인적, 물적 자원을 효율적으로 관리하여 궁극적으로 기업의 경쟁력을 강화시켜 주는 역할을 하게 되는 통합정보시스템이라고 할 수 있다. 즉, 정보시스템을 통해 회사의 경영에 필요한 조기경보체제를 구축할 수 있다. 기업 전반적으로 통합된 데이타베이스를 이용할 수 있어 필요 시점에 회사경영에 필요한 데이타를 실시간에 찾아 그래픽화 하거나 상세데이타를 조회하는 일들이 매우 용이하여, 각 부서의 자료를 별도로 취합하여 현황을 파악하는 지금까지의 업무처리와는 달리 사용자가 필요한 시점에 의사결정을 할 수 있도록 한다. 업무의 표준화, 자료의 표준화에 의한 시스템 통합으로, 전사차원에서 통합된 데이터베이스를 구축하여 정보의 일관성 유지 및 관리의 중복을 배제할 수 있다. 기업혁신으로 리엔지니어링의 지원이 가능하다. ERP설치 과정에서 기업 프로세스를 재설계 할 수 있을 뿐 아니라, 리엔지니어링을 추진하는 동안 기업환경의 변화로 인하여 도출된 프로세스에 적절히 운용될 수 있도록 유연성을 갖추고 있어 리엔지니어링과 병행하여 도입이 가능하다. 오프시스템(open system) 지향으로, 특정 하드웨어 및 소프트웨어 업체에 의존하지 않고, 다양한 하드웨어 업체의 컴퓨터와 소프트웨어를 조합하여 사용할 수 있어 정보시스템을 쉽게 확장 사용할 수 있다. 다양한 운용시스템이나 DB에의 유연한 적응, 데이터간 실시간 결합 등의 특징을 갖는 이 시스템을 구축하면 기업내 각 부서가 상호 유기적 연관성을 갖고 경영환경 변화에 신속히 대응할 수 있다. 최근 각광받고 있는 인터넷 비즈니스의 핵심 기반으로 ERP가 주목받고 있는 것도 이 때문이다. 기업 내 모든 정보의 파악과 통합관리를 통해 재고를 줄이고 개발기간과 납기를 단축하며 기업업무를 단절 없이 처리할 수 있도록 함으로써 인터넷 비즈니스의 효율성을 증대시키는 효과를 가져다준다는 것이다. ERP는 신 기업경영 혁신 운동으로 등장하고 있으며, 고객의 수요를 가장 효과적으로 충족시킬 수 있는 상품이나 서비스를 만들기 위해 자원과 인력을 가장 효율적으로 사용할 수 있도록 만드는 ERP를 도입하는 것이 경영혁신의 원동력이 되고 있다. 또한 기업은 경영활동의 수행을 위해 여러 개의 시스템 즉 생산, 판매, 인사, 회계, 자금, 원가, 고정자산 등의 운영시스템을 갖고 있는데 ERP는 이처럼 전 부문에 걸쳐있는 경영자원을 하나의 체계로 통합적 시스템을 재 구축함으로써 생산성을 극대화하려는 대표적인 기업 리엔지니어링 기법이다. 과거의 경영지원을 위한 각 Sub System들은 해당 분야의 업무를 처리하고 정보를 가공하여 의사결정을 지원하기도 하지만 별개의 System으로 운영되어 정보가 타 부문에 동시에 연결되지 않아 불편과 낭비를 초래하게 되었다. 이러한 문제점을 해결하기 위해 ERP는 어느 한 부문에서 Data를 입력하면 회사의 전 부문이 동시에 필요에 따라서 정보로 활용할 수 있게 하자는 것이다. ERP를 실현하기 위해서 공급되고 있는 소프트웨어를 ERP Package라고 하는데 이 Package는 데이터를 어느 한 시스템에서 입력을 하면 전체적으로 자동 연결되어 별도로 Interface를 처리하여야 할 필요가 없는 통합 운영이 가능한 시스템이다. 또한 ERP Package는 주기적으로 New Version이 공급되고 있어 신기술의 도입이 쉬우며 선진 업무 Process의 도입에 의한 생산성 향상, 많은 기업의 적용으로 신뢰성 및 안전성 확보, 전 모듈 적용 시 Data의 일관성 및 통합성으로 업무의 단순화 표준화 실현, 실시간 처리로 의사결정 정보의 신속한 제공 등의 장점을 갖고 있다.

따라서 ERP시스템을 도입함으로써 업무처리 능률을 극대화하기 위한 선진프로세스(best practice)와 최첨단의 정보기술(IT)를 동시에 얻는 효과를 거둘 수 있고, 이는 급변하는 경영환경의 변화와 정보기술의 발전에 필사적으로 대응하려는 기업의 고민을 동시에 해결시켜 주는 솔루션이라고 할 수 있다.

3. ERP 역사

ERP는 제조자원의 효율적 관리를 위한 시스템인 MRP에서 발전 ERP는 어느 날 갑

자기 생긴 개념이 아니라 경영 및 정보기술(IT) 환경의 변화에 따라 자연스럽게 생긴 것이다. ERP는 제조업체의 핵인 생산부문의 효율적인 관리를 위한 시스템인 MRP(material requirement planning: 자재소요량계획)에서 비롯된다. 1970년도에 등장한 MRP는 기업에서 가장 고민거리 중에 하나인 재고를 줄일 목적으로 단순한 자재수급관리를 위한 시스템이었다. 1980년도에 출현한 MRP Ⅱ(manufacturing resource planning Ⅱ: 생산자원계획)는 자재뿐만 아니라 생산에 필요한 모든 자원을 효율적으로 관리하기 위한 MRP가 확대된 개념이다. 그러나 MRP, MRP Ⅱ 시스템은 IT자원이 충분히 뒷받침되어 주지 않아 만족할 만한 성과를 거두지 못한 것으로 평가되고 있다. MRP Ⅱ에서 확장된 개념의 ERP시스템은 생산뿐만 아니라 인사, 회계, 영업, 경영자 정보 등 경영관점에서 전 사적으로 자원의 효율적인 관리가 주목적이다. 90년대 들어 글로벌 경쟁체제로 들어서면서 급변하는 경영환경과 특히 컴퓨팅 파워가 막강해(H/W비용의 급락, 첨단 IT 출현)지고, 시장구조가 생산자 중심에서 소비자 중심으로 전환되어 가고 있는 가운데 기업체들은 살아남기 위해서 IT자원을 활용한 첨단의 경영기법을 도입해야 하는 상황에 처하게 되었고 자연스럽게 ERP시스템이 주목을 받게 되었다. 그리고 ERP의 시대적인 시기에 따른 특징을 살펴보면 다음과 같다.

1) MRP(1970년대)

생산과 재고관리 기법인 MRP(material requriement planning: 자재소요량계획)는 기준 생산계획(마스터 스케줄)과 부품표, 재고 정보의 3가지를 기반으로 구체적인 제조일정과 자재생산, 조달계획을 계산하는 기법이다. 주요기능으로는 자재수급관리, 재고의 최소화하는데 있다.

2) MRP Ⅱ(1980년대)

MRP Ⅱ(manufacturing resource planning Ⅱ: 생산자원계획)는 생산계획의 주변 업무를 다루는 방향 즉, 생산능력계획과 기준 생산계획의 피드백, 조달예산계획, 설비구입계획, 재고예산계획, 제조재무계획, 판매계획과의 연동 등을 구현한 시스템으로 현재에 이르기까지 많은 기업에서 이용되고 있다. 주요기능으로는 제조자원관리, 원가절감 하는데 있다.

3) ERP(1990년대)

ERP는 MRPⅡ 시스템을 기업 활동 전반의 모든 업무의 경영자원으로 대상을 확대함으로써 붙여진 이름으로, 기업의 통합정보시스템 구축을 위해 첨단의 IT를 기반으로 하여 선진 비지니스 프로세스가 구현된 패키지 소프트웨어이다. 주요기능으로는 전사자원관리, 경영혁신을 하는데 있다.

4) 확장 ERP([2000년대: SCM, CRM)

다수의 ERP는 다국적, 다통화, 다언어에 대응하고 있다. 각 나라의 법률과 대표적인 상거래 습관, 생산방식이 먼저 시스템에 입력되어 있어서 사용자는 이 가운데서 선택하고 설정할 수 있다. 주요기능으로는 기업간 최적화, Win-Win-Win하는데 있다.

5) 통합업무시스템

ERP는 기업활동 전반에 걸친 업무 기능이 "베스트 비지니스 실행용"으로 제공된다. 베스트 비지니스 실행용은 세계에서 유수 기업이 채용하고 있는 프로세스에서 공통화 시킨 프로세스이고 세계에서 통용되는 글로벌 한 비지니스 프로세스의 표준이다. 그리고 비지니스 프로세스 모델에 위한 리엔지니어링(BPR)의 지원을 한다. ERP를 도입하는 기업은 "최적 비지니스 실행용"에 의해 제공된 "비지니스 프로세스 모델"을 이용해서 자사의 업무를 볼 수 있다. 이와 같이 자사의 업무 프로세스의 최적 비지니스 실행용의 전환은 비지니스 프로세스 리엔지니어링(business process re-engineering: BPR)을 실현한다.

6) 원장형 통합 데이터베이스

ERP의 업무 프로세스는 원장형 통합 데이터베이스라고 하는 중앙의 데이터베이스를 중간매개로 기업활동 전반에 걸쳐 통합되어 있다. 원장형 통합 데이터베이스는 하나의 정보는 한번만 입력하고 입력된 정보는 가공하지 않은 데이터로 어느 업무에서도 참조할 수 있도록 데이터베이스에 보관된다. 파라미터 설정에 의한 단기간의 도입과 개발을 하고, ERP에서는 미리 장착된 업무기능을 파라미터 설정으로 자사에 맞게 선택하고 설정한다. 파라미터 설정을 이용하는 방법은 단기간에 시스템을 도입할 수 있는 이유중 하나이다.

7) 오픈, 멀티벤더

대다수 ERP시스템은 특정의 하드웨어 업체에 의존하지 않는 오픈형태를 채용하고 있다. 따라서 복수의 하드웨어 업체의 컴퓨터를 조합해서 멀티벤더 구성을 이룰 수 있다. 또한 클라이언트 서버(client server: C/S)형의 시스템을 구축할 수 있고 확정성도 뛰어나다.

4. ERP로의 전환

이러한 ERP패키지가 등장하기 전까지는 기존의 조직에서 정보화를 위하여 개별적인 개발 툴을 사용하는 것이 일반적이었다. 하지만 급격하게 변화하는 오늘날의 정보기술 동향 하에서 경쟁우위의 무기로 강화되고 있는 정보기술을 개별기업이 따라잡기는 쉽지 않을 뿐만 아니라, 전 사적 관점에서 통합화된 시스템을 운영·유지하는 것도 쉬운 일은 아니다. 이에 따라 통합된 패키지의 요구가 탄생되었는데 전 사적 관점의 패키지를 이용한다면 정보기술의 발전을 쉽게 수용할 수 있을 뿐만 아니라 패키지가 가지고 있는 자체적인 best practice를 통하여 신경영기법을 손쉽게 적용할 수 있는 장점을 가질 수 있게 된다. 이러한 점도 ERP가 기업에서 많이 사용하게 된 중요한 원인이 된다. 아래 비교표는 ERP패키지를 도입한 경우와 자체개발 한 경우를 비교한 것인데, 도입과정에서는 소프트웨어의 비용측면이나 조직 구성원(user)의 교육에 소요되는 비용은 ERP패키지를 도입하는 경우가 자체개발 보다 많음을 알 수 있다. 하지만 성능측면이나 환경변화에 따른 대응측면에 있어서는 자체개발보다 ERP패키지를 도입하는 경우가 더 유리하다는 것을 알 수 있다. 이는 초기에 ERP패키지를 도입할 때는 비용이 다소 들지는 모르나, 향후 기업의 환경이 변화하고, 프로세스 혁신 등 기업 내·외부에서의 변화요구가 거세어질 때에 대응비용이 줄어들게 됨으로써 자체개발 하는 경우보다는 훨씬 이익이 된다는 것을 알 수 있다.

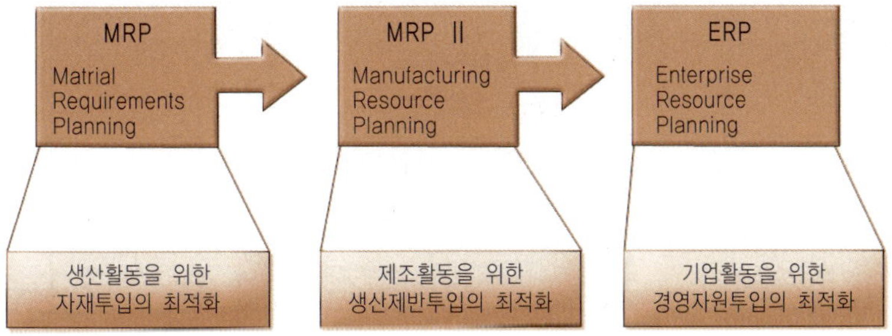

그림 7-1 ERP의 개념 전환

표 7-2 ERP패키지의 도입과 자체개발의 비교

항 목	ERP패키지를 도입한 경우	자체 개발한 경우
조직	ERP에서 제시하는 조직구조와 실제의 조직구조는 상호연관성이 높음	현재 구성된 조직별로 설계되기 때문에 실제 조직구조에 맞추어 개발
아웃소싱	구축시 전문 컨설턴트의 지원이 필수적임	컨설턴트와 같은 전문인력에 대한 투자는 적으나 전체적인 인력이 많이 소요됨
사용자 교육	패키지의 용어나 개념을 이해하기 위해 사용자들에 대한 교육은 필수적임	사용자용어를 이용한 교육으로 별도의 교육이 필요 없음
프로세스 개선효과	패키지 자체가 가지고 있는 신경영기법의 도입이 용이한 편이어서 프로세스 개선효과가 크게 나타남	단위 업무분석 차원에서의 접근방법이기 때문에 프로세스 개선효과가 적음
예외기능 구현	회사만의 고유한 기능에 대하여는 애드온(add-on)으로 구현가능	개발초기부터 회사 고유의 기능 위주로 설계 및 구현할 수 있음
기간	표준 프로세스만을 적용할 시 단기간이 소요됨	자체분석과정이 필요하므로 통합시스템을 가지기 위해서는 많은 시간이 소요됨
변화에 대한 대응	표준화가 되어 있으므로 변경이 비교적 용이한 편임	단위적인(module) 대응은 용이하나 통합적 관점에서는 관리가 어려움
성능	자료의 관계가 복잡한 경우에도 패키지 자체에서 처리할 수 있음	개별적인 자료관리는 용이하나 통합적 관점에서는 관리가 어려움
정확성과 신뢰성	전사적 관점에서 설계 및 구축하기 때문에 정확성과 신뢰성이 높은 편임	업무단위를 중심으로 하기 때문에 정보의 단절 및 각각의 자료관리로 인하여 신뢰성이 저하될 수 있음

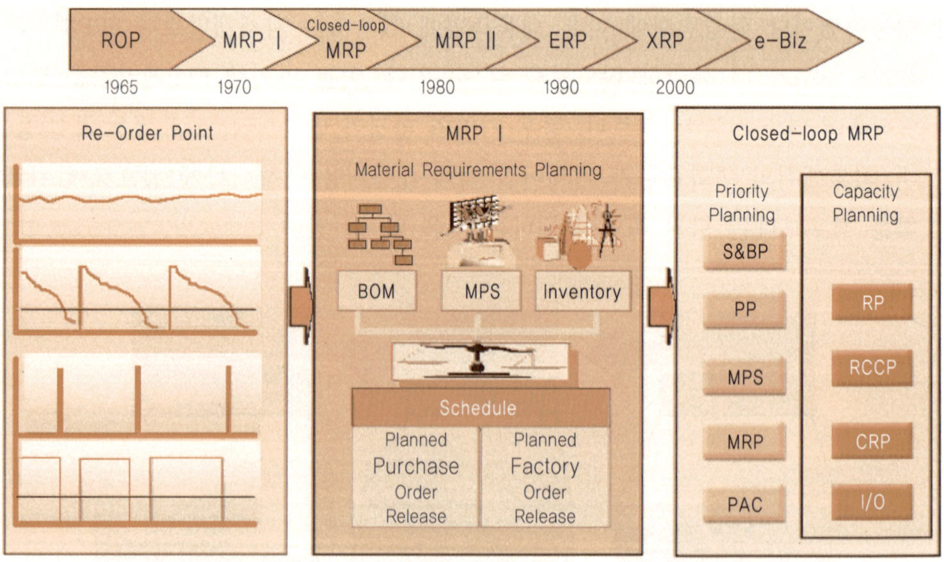

그림 7-2 기업 정보시스템 변천과정

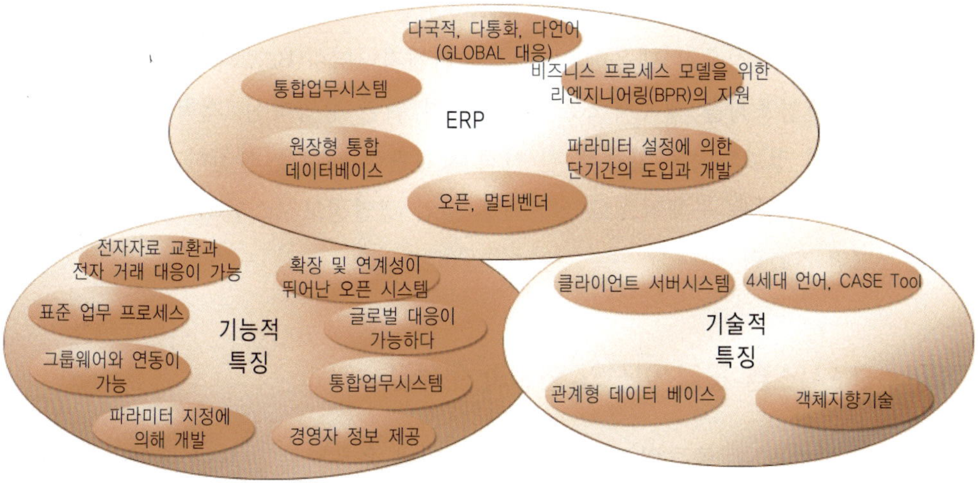

그림 7-3 ERP 특징과 환경관계

5. ERP의 정의

ERP(enterprise resource planning: ERP)는 1960년대 경영정보시스템(management information system: MIS)이나 1980년대의 전략정보시스템(strategic information system

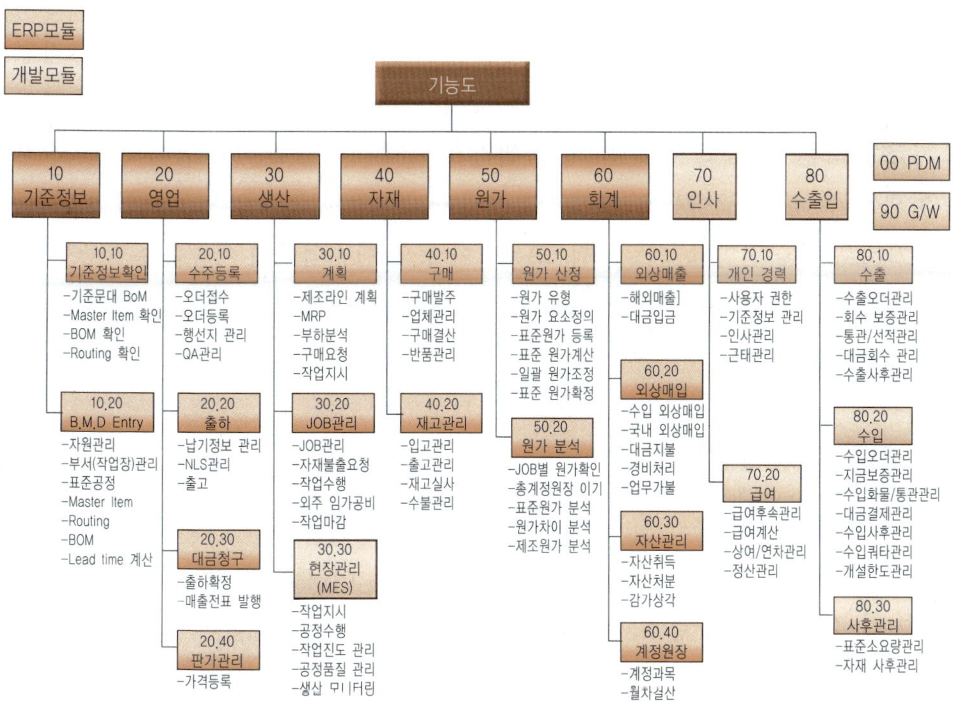

그림 7-4 ERP 기능

: SIS)과 마찬가지로 기업 경영을 위한 새로운 개념 또는 시스템이다. 즉, ERP는 경영환경의 변화에 즉각적으로 대응해 비즈니스 리엔지니어링(BPR)과 일체가 되어 경영이념에 따라 기업조직을 계속적으로 변혁시키기 위한 경영혁신, 개혁을 위한 수단으로 또는 최신의 정보기술을 활용해 전 사적 자원관리 개념을 실천하기 위한 또는 전사적 자원관리 개념을 구체적으로 실현시킨 기업 경영정보시스템의 개념이다. ERP의 기능은 〈그림 7-4〉와 같다.

6. 국내 ERP시스템 도입 이전의 현상과 문제점

국내에도 이미 많은 종류의 ERP패키지가 도입돼 운용되고 있으나 대다수의 ERP패키지들이 고가인데다 사용하기 어렵고 운용, 유지에 많은 인력과 투자를 필요로 하고 있습니다. 중소기업의 경우 ERP시스템이 구축될 수 있는 IT자원 및 인프라가 미비하며 투자를 하기에는 규모가 영세한 업체가 대부분입니다. 패키지 중심의 보급체계는 ERP와 현업의 괴리를 가져와 ERP보급의 효과에 회의론을 대두시키고 있습니다.

1) 인사관리문제점

인사 마스터 자료에 의한 시스템화 된 업무가 아닌 인사관리 카드에 의한 수작업으로 서류관리의 불편함과, 적절한 시간의 데이터 추출이 어렵다. 그리고 인사 마스터의 자료에 따른 근태, 급여, 승진, 승급 관리가 되지 못함으로 매월 급여 반영 시 착오가 발생할 수 있으며, 발생된 데이터의 보관이 많음으로 업무의 불필요한 시간의 증가를 가져오고, 국민연금, 의료보험, 고용보험 등의 단순업무에 치중하는 시간이 많이 발생한다. 또한 연말정산, 퇴직급여에 따른 각종 신고서 작성 시 2중의 업무를 필요로 하고 있은 실정이다.

2) 구매관리문제점

업무의 특성상 생산관리 및 영업관리와 긴밀한 관계를 가지고 데이터의 공유가 이루어져야 하나, 시스템이 구축되지 못한 실정에서는 이러한 관계를 유지하기가 힘든 것이 사실이다. 또한 현 중소기업에서는 어떠한 제품의 생산계획이 작성되면, 담당자의 감각이나, 팀장의 감각에 의하여 구매발주가 생성되고, 자재를 구매하게 된다. 또한 구매발주 계획시점에서의 창고의 재고파악이 문제가 되는데, 정확한 재고의 파악에 의한 구매발주가 생성되지 못한다. 따라서 정확한 필요 분(실소 분)을 구매하는 것이 어렵다는 것은 구매를 담당해 본 사람이면 알 수 있을 것이다.

3) 자재관리문제점

제조업체의 원활한 운영을 위한 자재 수급과 단순한 입·출고만이 아니라 여러 가지 재고관리 기법을 활용하여 영업, 구매, 생산관리에 직접적인 영향을 미치는 재고의 정확성을 향상시켜야 하나, 시스템이 구축되지 못한 상황에서는 작업장 및 외주공정상의 공정재고를 파악하기 어렵고, 창고의 상황 데이터가 공정에 직접적으로 공유되지 못함으로 자재의 원활한 공급과 요청이 어려운 상황이다. 또한 자재의 원활한 공급이 이루어지지 못함으로 그에 따른 각종 전표(자재청구서)의 관리에 어려움이 있다.

4) 생산관리문제점

일반 중소기업에서의 생산관리는 전체적인 운영체계가 미흡하고, 기준 정보의 부족 및 부정확으로 인하여, 개인에 의한 관리형태를 취하고 있다. 즉, 생산을 관리하는 팀장의 경험으로 생산계획을 작성하고, 효율성 없는 작업장 운영으로 생산성을 저하시키고 있다. 또한 영업관리 및 자재, 구매관리와의 밀접한 관계가 형성되어 있어야 하나, 일반적으로 미흡하다 할 수 있다. 또한 생산실적의 효율적인 관리를 통하여, 인원의 통제를 강화시켜야 하나, 관리를 위한 관리가 될 수 있음으로 잘 이루어지고 있지 못한 것으로 알고 있다. 따라서 정확한 일일 생산능력과 영업의 수주보다는 예측생산 계획에 의한 생산으로 장기재고를 생산하는 오류를 범할 수 있다.

5) 재무·회계문제점

일반적인 제조업에서는 자금 관리 및 회계처리를 함에 있어, 어음관리, 예금관리, 은행관리, 거래처별 원장관리, 회계처리, 결산 등 많은 업무를 보조장부와 수작업으로 진행하고 있으며, 이러한 업무를 획일적으로 처리하기가 어렵고, 또한 어음관리에서는 작은 실수하나가 기업의 생존에까지 위협하는 경우가 발생한다. 또한 경영진에게 신속하게 제출 해야 할 각종 경영정보에 대한 자료가 사실상 신속하게 제출하기가 어렵고, 관리 해야 할 각종 대장들의 산출에 많은 시간과 노력이 필요하다.

6) 영업관리

기존의 영업관리는 수주내역을 유선 또는 무선으로 받아서 현 재고를 파악하여, 부족한 분이 있으면 생산과 구매관련 부서에 통보하는 형식 이였다. 그리고 구매업체의 매출업체에 대한 관리는 일반대장으로 수기 관리하고 있었으며, 매출 계획 대비 실적 또는 매출계획 대비 생산실적의 산출 시 지속적인 워드작업이나, 수기 작업으로 지속적인 관리가 이루어 졌다. 또한 수주 사항의 변경 시 즉각적인 관계부서와의 연결이 이루어지지 않아, 생산 또는 구매부서와의 마찰이 있는 실정이다.

7) 그 밖의 문제점

(1) 주요과제

① 경영자, 사용자, ERP벤더간의 Gap이 커서 프로젝트 방향설정이 어렵다(경영목표, 업무 요구기능, ERP지원기능).

② 프로세스 설계와 업무 설계능력이 부족하고, ERP의 프로세스 이해가 부족하다.

③ 기능간, 부문간, 회사간의 연계와 통합이 문제이다.

④ BPR과 ERP가 별도로 진행한다.

⑤ 기업의 특성, 한국적 이해가 부족한 상황에서 ERP가 전개된다.

(2) 통합시스템의 어려움

① 부서간 정보연계의 미흡하여 정보 획득이 어렵다.

② 재고·구매정보 미흡하여 정확한 판단이 불가능하다.

③ 생산관리정보 부족하여 생산체계를 정확히 파악하기가 불가능하다.

④ 수주·판매 예측자료 부족하여 수주 판매에 대한 정보가 어렵다.

⑤ 컴퓨터 환경변화의 대응력 부족하여 호환이 어렵다.

⑥ 임원정보자료 부족하여 파악하기가 불가능하다.

⑦ Global 대응(다국적, 다통화, 다언어) 지원 불가능하다. 각국의 법률과 대표인 상거래습관, 생산방식이 먼저 시스템에 입력되어 있어 사용자가 선택하여 다국적, 다언어에 대응하기가 어렵다.

⑧ 비즈니스 프로세스 모델에 의한 리엔지니어링(BPR)의 지원 불가능하다. ERP을 도입하는 기업은 최적 비즈니스 프로세서 모델을 이용하여 자사의 업무를 볼 수 있어야 한다.

⑨ 원장형 통합 데이터베이스 구축이 어렵다. ERP업무 프로세스는 중앙의 데이터베이스를 중간 매개로 기업 활동의 전반에 걸쳐 통합이 가능해야 하는데 현재로서는 불가능하다.

⑩ Open MultiBand이 불가능하다. H/W업체에 의존하지 않는 오픈형태를 채용하고 있어 복수의 하드웨어 업체의 컴퓨터를 조합하여 멀티벤더 구성 불가능하다.

⑪ ERP Project 사후 관리: ERP는 도입하기 위해 존재하는 것이 아닌 도입을 통해 '보다 나은 무언가'를 얻기 위해 존재한다. 그리고 '보다 나은 무언가'에 더욱 빨리 도달하기 위해서는 개발에 참여한 현업팀원들의 역할이 중요하다.

⑫ ERP시스템의 사상 유지: 초기 목표와 변화의 방향에 대한 명확한 이해와 소신으로 각종 장애 및 여건 변화에 대응하여 내용의 변질을 방지한다.

7. ERP의 특징

ERP의 특징은 총 다섯 가지로 구분해 볼 수 있는데, 이를 정리하면 다음과 같다.

1) 관련 업무에 대한 통합화의 촉진

ERP의 최대 특징은 관련 업무 기능간에 데이터가 자동으로 갱신(update)되는 기능이다. 지금까지 기업의 정보시스템에서는 독립된 업무단위별로 자료를 처리하고 있었기 때문에 최적화가 어려웠으며, 새로운 제품의 구분과 업무를 구분하는 것을 저해하는 요인이 되어 왔다. 그러나 ERP패키지에서는 거래 발생 시점에서 관련 업무의 데이터가 자동적으로 갱신될 뿐만 아니라, 사업내용을 즉시 파악하고 그 정보를 모든 부서에 공유함으로써 이를 기초로 각종 경영판단을 적절히 할 수 있도록 지원하고 있다.

2) 다국어, 다통화, 다언어(글로벌 대응)

다국적 언어, 다국적 통화, 서로 다른 회계기준 등의 여러 다국적 환경을 하나의 시스템에서 수행하는 기능을 가지고 있기 때문에 기업의 글로벌화와 시스템의 통합(system integration)을 가능하게 해주는 장점이 있다.

3) 전 세계의 표준화된 업무절차를 기준으로 만들어진 소프트웨어

기업 내에서 ERP패키지의 비중은 매우 크다고 할 수 있으며, 시스템 구축의 성공률을 높이기 위해 프로젝트 팀원과 사용자에 대한 교육·훈련이 특히 강조될 뿐만아니라, 올바른 시스템 구축을 지원하는 컨설턴트(consultant)의 역할이 무엇보다 중요하다.

4) 비즈니스 프로세스 모델에 의한 리엔지니어링 지원

ERP시스템 구축의 기본취지는 자 기업 형태에 적합한 표준 비즈니스 프로세스를 기본으로 하여 ERP에서 제공하는 기능을 가능한 한 수정 없이 사용토록 제안하는 방식이다. 따라서 ERP구축 과정 중에 진행되는 기업의 업무 프로세스에 대한 분석, 업무 요구기능과 패키지 기능에 대한 차이분석, 그리고 설계와 개발 과정에서 자연적인 업무 재설계가 이루어질 수 있다.

5) 최신의 정보기술을 활용한 시스템구축

ERP는 웹이 가능한 기술, 전자문서교환(EDI), 데이터웨어하우스(datawarehouse), 멀티미디어를 지원하는 그래픽에 의한 사용자 인터페이스(GUI) 등의 정보기술이 적용되고 업무 환경 변화에 유연하게 대응할 수 있다는 것이 특징이다.

6) 파라미터 설정에 의한 단기간의 도입과 개발

ERP에서는 미리 장착된 업무기능을 파라미터 설정으로 도입회사에 맞게 선택하고 설정한다. 파라미터 설정을 이용하는 방법은 단기간에 시스템을 도입할 수 있는 이유 중 하나이다. 그렇지만 미리 장착되어 있는 업무 프로세스의 기능은 표준적이고 각 기업과 부문의 특수성은 고려되지 않아서 실제로 현재의 업무에 그대로 사용되는 부분은 50%에서 80% 정도일 경우가 많다. ERP 도입단계부터 시스템을 완전히 구축하는 단계까지 선택한 소프트웨어의 기능을 충분히 분석하고, 부족한 기능이 무엇인지를 파악해야 한다. 이러한 차이분석을 통하여 소프트웨어가 제공하는 기능을 숙지하고 추가적인 개발도구를 활용하여 부족한 기능들은 애드온(add-on)으로 보완해야 한다는 특징이 있다. ERP는 될 수 있는 한 이 같은 개발을 줄이고 업무를 시스템의 기능에 적합하도록 하는 것이 바람직하다.

7) 오픈, 멀티벤더

대다수 ERP시스템은 특정의 하드웨어 업체에 의존하지 않는 오픈 형태를 채용하고 있다. 따라서 복수의 하드웨어 업체의 컴퓨터를 조합해서 멀티벤더 구성을 이룰 수 있다. 또한 클라이언트 서비스형의 시스템을 구축할 수 있고, 확장성도 뛰어 나다. ERP는 업무 단위별로 모듈구조를 하고 있는 경우가 많고 도입도 모듈 단위로 할 수 있다. 예를 들어 ERP의 회계관계 모듈만을 도입해서 회계기능을 ERP에서 하고 남은 업무는 도입회사 시스템과 연결해서 한다. 그리고 국내 회계업무 문화를 고려한 추가 보완 작업이 필요하다.

8. ERP관련 기술

1) 사용자 인터페이스(GUI)

기업 시스템을 보다 발전시키고 사용에 따른 효과를 높이기 위해서는 실제 업무를 처리하는 실무자 외에도 기업의 관리자나 경영자들이 시스템에 대한 관심을 가지고 직접 사용하면서 개선 지침을 부여하는 것이 필요하다. 그러나 지금까지 기업 정보시스템의 주요 문제는 문자를 중심으로 한 시스템 구성과 영어를 위주로 한 전산용어가 사용되었기 때문에 사용자가 쉽게 접근할 수 없었다. 이러한 상황에서 그래픽을 사용자 인터페이스로 이동하는 GUI(graphic user interface) 기술의 등장은 관리자나 경영자 외에도 기업내의 모든 사용자가 쉽게 정보시스템에 접근하는 계기를 마련해 주었다.

2) 클라이언트 서버(Client Server: C/S)시스템

업무가 복잡해지고 빨라지는 등 경영환경의 급변으로 새로운 시스템이 요구되는 상황에서 과거 중앙집중식 환경 하에서는 일반직원들이 사용하고 있는 터미널은 중앙의 주전산기로부터 얻어온 정보를 뿌려주는 단순한 단말기 역할만해서 더미(dummy)라고 불려졌다. 그러나 분산처리구조라고 불리 우는 클라이언트 서버 시스템이 도입되고, 지금 일반직원들이 사용하는 클라이언트 PC는 기능이 강력해지면서 더 이상 더미가 아닌 똑똑한(intelligent) 시스템으로 바뀌게 되었다. 또한 이러한 클라이언트에게 새로운 역할을 주고, 서버는 과거 중앙집중식 방식과 같이 모든 것을 가질 필요가 없어지는 따라서 부하가 크게 줄어들게 되어 자원을 효율적으로 운영하고 관리할 수 있도록 해주었다. ERP시스템 역시 웬만한 일은 대부분 클라이언트 수준에서 처리를 하게 되는 C/S에 기반을 둔 대표적인 분산처리 형태에서 등장한 패키지라고 할 수 있다. 지금 거의 모든 ERP패키지가 C/S구조를 채택하고 있다.

3) 4세대 언어(4generation: 4GL), CASE(computer aided software engineering) Tool

고도화되어 가고 있는 산업용 소프트웨어를 개발하는데 있어 기존의 프로그램 개발방식으로 한계에 부딪치게 되면서 4세대 언어(4GL)라고 불리 우는 프로그램 언어들이 등장하게 되었다. 대표적인 4세대언어는 Visual Basic, C++, Power builder, Delphi, Java 등이 있다. 이와 아울러 고기능성 산업용소프트웨어를 개발하기 위한 별도의 방법론으로 등장한 것이 CASE(computer aided software engineering) Tool이라는 것인데, 이는 소프트웨어를 만드는 소프트웨어라고 할 수 있다. ERP시스템은 소프트웨어 개발측면에서 뿐만이 아니라 유지보수의 측면에서 유연성 있게 활용할 수 있는 이러한 4GL이나 CASE Tool을 기본으로 채택하고 있다.

4) 관계형 데이터 베이스(relational data base management system: RDBMS)

모든 ERP시스템은 원장형 데이터베이스 구조를 채택하고 있다. 기존의 파일시스템 구조로는 데이터의 독립성, 종속성이 문제가 있기 때문에 ERP와 같은 고기능성 산업용 소프트웨어에는 상용 RDBMS를 채택해야만 한다. 현재 ERP시스템에서 돌아가고 있는 DB는 Oracle, Informix, Sybase, SQL 등인데 DB의 채택은 주로 운영환경(OS)과 하드웨어(H/W) 등 전체의 플랫폼에 의해 결정되고 있다.

5) 객체지향기술(object oriented technology: OOT)

ERP패키지 내의 각 모듈(프로세스)은 제각각 독립된 개체(object)로서의 역할을 하게 된다. ERP시스템은 이렇게 수많은 모듈들의 집합체이다. 각 모듈들과의 인터페이스를 통해 전체적으로 시스템의 효율성을 향상시킨다. 시스템이 업그레이드되거나 기능이 추가 또는 삭제되는 경우에 객체 지향적으로 설계된 ERP시스템은 전체를 건드릴 필요 없이 해당 모듈에 대한 교체만으로 시스템의 변경이 가능하다. 마치 레고 블럭처럼 영업, 생산, 구매, 자재, 재고, 회계, 인사 등 각 모듈들을 서로 짜 맞추는 식으로 전체를 최적화 시켜 나가면 되고, ERP시스템이 구축된 이후에도 언제나 단위 모듈의 변경이 가능하다. 즉, 객체지향기술은 소프트웨어의 재사용성을 충분히 보장해 주는 기반기술이라고 할 수 있다.

6) 전자문서교환(electronic data interchange: EDI)

기업간 또는 관공서와의 업무 처리 시 단순 데이터만으로는 내용의 전달이 불충분한 경우가 종종 발생하게 된다. 즉, 데이터를 표현하는 구조화된 표준양식(structur-ed standard format)과 데이터의 교환이 필요한 것이다. 전자문서교환(EDI)은 사람의 간섭이나 데이터의 재입력 없이 데이터가 수신자의 컴퓨터에 자동으로 입력되어 처리되는 것을 목적으로 하고 있으며, ERP시스템이 지향하는 기업간의 정보 교환의 첨병 역할을 수행한다.

7) 데이터웨어하우스:

정보화시대에 접어들면서 기업의 데이터는 기하급수적으로 늘어나고 있는 실정이다. 그러나 데이터가 기업의 가치 있는 정보로 활용되기 위해서는 각 기능에서 수집하고 보유한 원시 데이터(raw data)에 대해 여러 각도에서 분류하고 결합하는 분석과정을 거쳐야만 한다. 데이터웨어하우스 개념은 기업의 각 기능이나 부문에서 가지고 있는 데이터를 사용자의 요구와 필요에 부합되도록 정보를 효율적으로 가공하여 테이블이나 각종 그래픽으로 분석하는 기술로 ERP시스템에 적용되게 하였다.

8) 웹(Web) 기술:

서로 연결되어 있는 네트워크들의 집합체로서 정보 고속도로를 형성하고 있는 인터넷은 빠르고 편리하고 쉬운 정보교환을 위해 웹을 탄생시켰다. 누구라도 웹에 엑세스하여 세계의 정보를 자신의 책상이나 안방에서 쉽게 이용할 수 있는 기회를 가지게 된 것이다. 이러한 웹 기술은 기업 외부근무나 출장이 잦은 사람도 쉽게 자기 기업의 정보 시스템에 접근하여 회사 업무를 처리할 수 있도록 해주고, 웹이 가능한 eERP(wed-enabled eERP)시스템을 탄생시켰다.

9. ERP도입의 효과

ERP를 도입하면서 목적이 명확하지 않다면 그 효과는 미미할 것이다. 기업들이 흔히 범하는 오류중의 하나가 유행에 편승하여 ERP의 도입 자체가 목적이 되는 경우가 있기 때문이다. 이 경우, 대부분이 실패로 돌이가게 되어 실패비용은 실로 엄청난 수준이 되고 만다. 반면 기업의 현황분석을 토대로 하여 문제점을 보완하기 위한 목적으로 ERP를 도입하게 된다면 그만큼 환경변화에 빠르게 대응할 수 있고, 세계적인 표준과도 일치할 수 있기 때문에 경쟁력은 높아질 수밖에 없을 것이다.

표 7-3 ERP도입 후 기대되는 효과

요 인	기 대 효 과
업무효율화	통합 업무처리를 기반으로 한 번의 입력을 통하여 모든 부서가 공유하는 데 따라 데이터의 일원화가 가능
BPR 실천	경영혁신과 동일한 시각에서 프로젝트 추진
신속하고 정확한 정보획득	기업업무 전체에 걸친 정보획득의 실시간화 및 일원화가 가능해짐
기업경쟁력의 확대	업무의 효율화 추진으로 이익확대부문에 역량을 집중할 수 있음
글로벌 대응	기업의 판매, 생산과 연계된 해당 국가의 언어, 통화 등을 하나의 시스템으로 지원할 수 있음
관리수준의 향상	전 사적인 관점의 접근, 정보를 이용한 의사결정 가능
고객 대응능력 용이	수주 및 출하의 일원화로 납기정보의 실시간 제공가능, 고객이력의 통합관리로 고객에 대한 대응력 증가

ERP의 도입목적은 기업마다 다를 수 있으나 크게 4가지 목적을 위하여 도입한다.: ① BPR에 대한 기대효과로 업무프로세스를 개선하기 위한 실질적인 정보기술로써 도입하는 경우 ② 정보화를 통한 경쟁력 향상을 위해서 물류와 회계 중심의 전 사적 통합관리를 목적으로 하는 경우 ③ 기술환경의 변화로 인한 적응을 패키지의 구축과 지속적인 업그레이드로 신속하게 대응하고, 관련된 통합기술을 사용하여 기존의 시스템에 대한 문제점을 개선하고 사용자의 편의성을 향상 ④ 글로벌 환경에 대응하기 위해서 도입하는 경우 등이다. 결국 경쟁력 제고를 위하여 도입하게 되는 ERP패키지의 파급효과는 전 사적인 관점에서 영향을 미치게 되는 것이다.

제 2 절 ERP적용 사례분석

1. 사례분석을 위한 주요점검

국내의 많은 기업들이 글로벌화의 진전 등으로 인한 복잡한 기업 환경변화 속에서 경쟁적 우위를 확보하기 위해 서둘러 ERP도입을 추진하거나 고려하고 있는 실정이다. 하지만 이미 ERP를 구축하여 사용하고 있는 국내의 한국기업들의 반응은 국내에 있는 외국기업들의 반응과 비교해 볼 때 상당한 차이를 보이고 있다. 국내의 기업 환경변화는 같이 직면하고 있지만 ERP의 사용을 통해 나타난 반응의 차이에 대한 원인은 ERP를 도입하여 사용하는 데 있어 적합도(fitness)가 떨어지기 때문으로 분석해 볼 수 있다. 국내의 한국법인들이 ERP를 구축할 때 흔히 범할 수 있는 오류들에 대해 알아보도록 하겠다.

1) 프로세스 관리

국내 기업들의 경영스타일이나 문화는 일본의 그것과 아주 흡사한데, 이의 특징은 관료주의적이고 보수적이며 경영관리가 불투명하다는 것이다. 반면, ERP는 철저하게 미국적이어서 관리차원이 명확하고, 기능별로 세분화된 것이 특징이다. 결국, 의식과 방식에 대한 따로 하거나 정보기술도 따로 하는 경우 이들을 적절하게 접목시키지 않으면 정보기술의 도입으로 인한 효과는 거의 없을 것이다. 다시 말해, ERP패키지만 사용한 다고 해서 무조건 업무가 효율적으로 개선되는 것은 아니다. 국내에 진출한 외국계 기업은 ERP구축 프로젝트의 성공률이 20-30%가량 되는 반면, 국내 기업의 성공률은 10% 정도에 그치고 있다(경영과 컴퓨터, 99.4). 성공률이 차이가 나는 이유는 여러 요인들이 있겠지만 무엇보다도 ERP구축 시 경영진의 지원정도와 전 사적으로 도입하려는 의지에서 차이가 난다고 볼 수 있다. 초기단계의 경영진들은 대단히 적극적으로 호응과 격려를 하지만 직접 진행상황을 점검하고 문제점을 해결하려는 노력을 기울이지는 않는다. 더욱이 현업의 중간관리자의 역할도 회사의 전반적인 이익에 중점을 두지 않고 현업의 이익 위주로 요구사항을 제시하거나 실무상의 편의 위주로 요구사항을 제시하는 것이 일반화되어 있다. 결국 정보기술을 도입하여 실무에 바로 반영할 수 있는 문화적 토대가 마련되어 있지 않기 때문이다. 이를 위해서는 실제로 ERP를 구현하는 팀원들에게 과감한 권한이양을 통해서 동기부여 시키고, 참여도를 높이는 방법이 매우 중요할 것이다. D제약의 경우, ERP 구축팀에게 향후 ERP체제하의 조직변화관리 초안을 수립하도록 하고 성과지표의 설정이나 프로세스 혁신안 수립 등의 권한을 부여해 진행시킴으로써 매우 능동적으로 프로젝트가 진행되었고 다른 팀원들도 적극적으로 참여하게 되어 성공적으로 ERP를 구축할 수 있었다. 조직은 변화를 원하지 않지만 정보기술을 통해 인위적으로 변화하려 한다면 실패하게 되는 것은 자명한 이치이다. 따라서 비즈니스 리엔지니어링(BPR)과 ERP의 도입시기가 적절하여야 함을 알 수 있으며, 구성원들의 혁신적인 문화에 동조하는 정도 등이 중요한 요인이 된다는 것을 알 수 있다. BPR과 ERP의 도입시기에 따라서 다음의 두 가지 경우를 생각해 볼 수 있다. 첫째는 BPR을 추진하고 이를 기반으로 ERP를 구축하는 방법과, 둘째는 BPR과 ERP패키지 도입을 동시에 추진하는 방법이 있다. 전자의 경우, 국내의 S전자의 사례에서와 같이 BPR에 의해 결정된 새로운 프로세스가 ERP패키지와 적합하지 않기 때문에 BPR을 통해 새롭게 도출한 프로세스를 총체적으로 다시 변경해야 하는 문제점이 나타나기도 하였다. 후자의 경우는 BPR과 ERP를 동시에 도입하는 것인데 이는 S전관 사례에서 그 특징이 잘 나타나고 있다. S전관은 ERP구축을 비즈니스 리엔지니어링의 수단으로 인식하고 ERP패키지에서 제공하고 있는 표준 프로세스를 기준으로 새로운 업무절차를 구축하였다. 각각의 표준 프로세스 설정과정에서 ERP패키지가 지원하지 못하는 기능들은 적시에 보고되고 이를 어떤 식으로 변경할 것인가에 대한 토의도 충분히 이루어진 결과로 성공적인 ERP구축이 수행되었다. 그 외에도 S전관의 경우, 구성원들 모두가 혁신만이 살길임을 인식하고 적극 참여한 부분도 성공을 뒷받침하는 원동력이 되었다. S자동차의 경우에도 병행 실시하는 방법을 채택하였는데, 패키지 자체의 프로세스에 충실하도록 업무 프로세스를 혁신하다 보니, 문화적 차이와 제도적 차이 때문에 많은 어려움을 겪기도 하였다. 또한 프로세스 변경으로 인한 기존 시스템과의 통합문제도 발생되었다. 하지만 이러한 문제들을 구성원 참여로 해결함으로써, S자동차의 경우에는 외산 패키지와 국내 업무프로세스를 잘 접목시킨 성공사례로 꼽히고 있다. 이상의 세 사례에서도 알 수 있듯이 두 가지 접근방법 중 ERP구축을 BPR의 수단으로 활용하는 방법, 즉 ERP구축과 BPR을 동시에 진행하는 방법이 한 번의 혁신으로 조직의 재설계가 가능하기 때문에 더 효과적일 수가 있다. 하지만 사례에서 다루는 기업에 한정되어 있어서 모든 기업에 일반화시키기에는 무리가 있다. 따라서 BPR 실행 후 ERP를 구축하는 경우와 BPR과 ERP를 병행하여 실시하는 경우의 장·단점을 비교해 보고자 한다.

표 7-4 BPR과 ERP의 연계성

BPR 연계전략	장 점	단 점
BPR수행 후 ERP구축	·도입목표가 명확해짐 ·IT외적 요인의 개선효과가 상대적으로 큼 ·업무특성을 반영한 패키지 선정이 용이함	·프로젝트 기간이 많이 소요 ·패키지의 수정이 많은 편이어서 비용이 많이 소요 ·BPR결과와 ERP와의 연계부족으로 인하여 효과가 반감될 수 있음

2) 접근방법

하나의 기업을 정보화하기 위해서는 지금까지 필요한 소프트웨어를 대부분 자신의 환경과 요구에 맞게 주문하여 개발할 수밖에 없었다고 할 수 있다. 이런 방식은 수요자에게 많은 자금과 노력의 부담을 요구하게 되고 소프트웨어의 성능과 품질도 거의 대부분 조잡하고 완성도가 낮았다. 대부분의 전산화와 정보화가 기업의 경영혁신이나 시스템의 효율을 극대화하기 위해 도입되는 것이라는 것을 감안하면 이러한 방식의 정보화는 시스템의 부분적 최적화는 이룰 수 있을지 몰라도 시스템 전체의 최적화와 경영혁신을 이끌어내기엔 역부족이다. ERP를 구축하는 데 있어도 마찬가지인데, 각 기업별로 접근방법이 매우 다양함을 알 수 있다. 이것은 물론 각 기업이 필요로 하는 ERP의 모듈이 다르기 때문으로 해석할 수 있지만, 공통적으로 필요한 부분들에 대하여 지적해 보고자 한다.

(1) 국내의 많은 기업들이 ERP패키지를 원형 그대로 사용해야 장점을 최대한 누릴 수 있다는 사실을 간과하고 있다. 원래 ERP패키지의 개발 목적이 변화하는 기업 환경에 빠르게 적용할 수 있도록 선진 기업들의 표준화된 프로세스를 벤치마킹 하여 원형 그대로 구축하고 활용하며, 적시에 업그레이드 할 수 있도록 설계되어 있다. 그럼에도 불구하고 국내의 업무환경에 맞지 않다든지 또는 국내의 세법을 지원하지 못한다는 이유 등으로 프로그램 수정을 대대적으로 한 결과 ERP고유의 장점인 확장성과 유연성을 기대할 수 없게 된다는 것이다. 특히 각 기업에서 단위별 업무를 수행하기 위해 개발된 개별 시스템을 사용하던 사람들은 ERP패키지가 기존의 시스템과 맞지 않는 부분들이 많아서 많은 불편함을 느끼게 된다. 이러한 불편함을 극복하고 ERP패키지를 원형 그대로 사용함으로써 전 사적 차원의 이익을 누릴 수 있도록 설득하거나, ERP자체의 수정이 아닌 추가적인 개발을 첨가하는 방법으로 ERP패키지와 사용자의 불편함을 적절히 조절하는 작업이 필요한 것이다.

(2) ERP의 구축 목표를 충족시키기 위해서는 ERP의 구축을 단순한 패키지 도입이 아니라 기업의 경영 전략을 정의해서 경영관리 체계 및 업무 프로세스를 변환하여야 한다. 이를 위해서는 기업의 현행 시스템을 분석하고 ERP시스템과 비교하여 이상적인 업무절차를 구축한 뒤, ERP패키지가 지원하지 못하는 부분을 추가개발을 하거나 다른 기능으로 지원하는 방법을 통해 해결책을 도출해야 한다.

(3) 현실을 직시하여야 한다. 실제로 기업들 대부분이 ERP로 통해 구현할 수 있는 장점보다 더 많은 기대를 갖는 경우가 많다. ERP소프트웨어가 많은 기능을 갖고 있긴 하지만 구축하는 기업의 특성상 사용하기 힘들거나 사용해도 별로 효과가 없는 모듈도 있으며 현업 및 지원조직이 제대로 소화하지 못하는 것들도 있다. 따라서 외국에서는 다양한 기능과 첨단 기법의 기능을 도입하려 애쓰지 않고 기업의 특성에 부합되는 부분만 구현하는 합리적인 판단을 기초로 핵심적인 기능만을 먼저 구축한 다음, 이를 자사의 표준모델로 설정하여 다른 부문으로 확산하는 방식을 추진하고 있다. ERP패키지 자체만으로 모든 기업의 요구 조건을 해결할 수 있다고 기대하는 것은 커다란 잘못이다. 현실적인 기대를 근거로 ERP가 기획되고 수행될 때 프로젝트가 성공할 수 있는 것이다

3) 교육 및 훈련

새로운 것을 받아들이고 나서, 혹은 받아들이기 전에 그것이 무엇인지에 대해 명확히 아는 것은 매우 중요하다. 끊임없는 교육 및 훈련을 통해서 만이 이러한 지식을 습득할 수 있게 되고, 조직에는 추진력이 배가될 수 있는 것이다. 한국인의 고유한 특성이라고도 할 수 있는 성급한 업무처리와 대충 넘어가려고 하는 현상은 ERP도입 시에도 어김없이 나타난다. ERP를 도입하기에 앞서 표준 데이터와 표준 프로세스의 정립이 선행되고, 이를 바탕으로 지속적인 교육 및 훈련을 통해 ERP라는 시스템에 길들여지고 나서야 진정한 효과를 얻을 수 있게 된다. D제약의 경우, ERP프로젝트를 시작하기 전에 주요 팀원들을 SAP사의 파트너 아카데미 프로그램(partner academy program)에 의무적으로 교육을 받게 하여, 컨설턴트에 버금가는 수준까지 교육시킴으로써 ERP의 기능 및 프로세스에 대해 충분히 이해하도록 교육을 시켰다. 또한 이 프로그램을 통해 교육받은 팀원들이 다른 팀원들에게 강의를 하도록 함으로써 지식을 구성원 모두가 공유하도록 한 것이 ERP프로젝트의 성공에 밑바탕이 되었다. 그 외에도 ERP의 도입목적에 대해서도 종업원들에게 교육시키는 것이 중요하다. 앞서도 지적하였지만, 새로운 정보기술을 받아들일 수 있는 문화가 조직 내에 형성되었을 때, 빨리 적응할 수 있는 것은 당연한 이치이다. ERP를 도입하는 것이 단순히 정보를 손쉽게 조회하거나 프로세스를 간편하게 하는 것보다는 전 사적으로 정보를 통합하여 원활하게 업무관련 정보를 투명하게 보고 표준화하는데 목적이 있다는 것을 모든 종업원에게 인식시키고 일반적인 교육에서부터 실제 사용자들 교육까지 체계적인 교육계획을 수립

하여 실행해야 한다.

이상에서와 같이 실제로 ERP를 구축한 기업들의 사례를 통하여 성공요인들을 도출해 본 결과 세 가지 요인, 즉 프로세스 관리, 접근방법, 교육 및 훈련이 도출되었다. 다음의 〈표 7-5〉에 이들을 요약, 정리하였다.

표 7-5 ERP구축사례에서의 성공요인

성공요인	세부적인 내용
프로세스 관리	· 과감한 권한이양을 통해 구성원들의 참여를 유도하여야 함 · 문화적 차이와 제도적 차이를 잘 소화해야 함 · BPR과 ERP의 병행실시로 효과를 극대화할 수 있음
접근방법	· ERP패키지가 가지고 있는 원형을 그대로 사용해야 함 · 경영전략에 ERP를 연계시키고, 필요한 부분만 설치 · 지나친 기대는 금물
교육 · 훈련	· ERP구축 전 ERP의 기능 및 프로세스에 대한 교육이 필요 · ERP구축 후 효과를 극대화 하기 위해 패키지 사용자들에게 끊임없는 훈련 필요

2. I사의 ERP구축 사례

I사의 경우, 컴퓨터의 급속한 보급에 따른 양적 팽창과 아울러 PC(personal computer)시장의 빠른 변화에 대응할 수 있는 마케팅 전략이나 그를 뒷받침하는 모든 업무 프로세스의 신속한 처리에 대응하고 각 사의 주문에 공정하게 선입선출로 재고를 배성 할 수 있는 새로운 정보시스템을 필요로 했다. 이러한 요구는 기존의 시스템 체제하에서 개발된 배치처리 시스템에 문제가 있었기 때문이었다. 자세히 살펴보면, 첫째 수주부터 배송 지시까지 리드타임이 길고, 둘째 고객과 약속한 배송날짜를 지키지 못하였으며, 셋째 수요가 뒷받침되지 못하는 판매회사에 대한 제품 할당이 발생할 수 있을 뿐만 아니라 마지막으로 수주결정 프로세스가 불명확하다는 문제들이 발생되어 ERP구축의 필요성이 대두되었다. 이러한 문제점에 대한 많은 토론과 커뮤니케이션을 한 결과 기존의 주문형 소프트웨어를 사용한 자체개발 방법이 아닌 전 세계 우량회사의 베스트 프랙티스(best practice)에 의해 많이 알려지게 된 ERP패키지를 도입하기로 결정하였다. 당시 의사결정은 대부분이 1개월 전의 데이터를 통해 사업이 이루어지고 있었으며, 이렇게 해서는 경쟁우위를 달성할 수 없게 되므로 최신정보에 입각해 의사결정을 내려야 한다는 최고경영층의 주장이 상당히 설득력 있게 받아들

여진 것 때문이기도 했다. 이를 위해서 먼저 전 사원의 정보공유화의 일환으로 사내 인트라넷을 구축하게 되었으며 따라서 네트워크 컴퓨팅(NC)이나 최종사용자 컴퓨팅(EUC)이 가능해지게 되었다. 인트라넷을 구축하면서 가장 신경을 썼던 부분은 바로 OS의 통합이었다. 기존에는 PC나 워크스테이션(이하 WS라 함)의 사용자가 자기재량으로 OS를 쓰고 있었지만 이렇게 되면 통합이 어려워지게 되므로 OS 및 어플리케이션(application), 소프트웨어(S/W) 등을 윈도우 체제로 모두 통합하고 정보기술요원의 관리하에 두기로 결정하였다. 이러한 정보기술의 기반 하에서 ERP를 전세계의 판매거점에 동시에 도입하였다. 도입전략에서의 특징은 대응고객 수나 상품의 종류가 적고 롯트(lot)가 집중되는 상품부터 순차적으로 ERP화하였다. 주력상품인 PC용 마이크로 프로세서(CPU)는 문제가 발생되었을 경우에는 인텔사만 손해를 보는 것이 아니라 수백 개에 이르는 PC제조업체와 판매점까지 타격을 입게 되므로 원형(prototype)을 만들어 실험해 보고 별다른 문제점이 없을 때 확장하고 적용시키는 방법을 사용하였다. 따라서 프로젝트의 기간소요는 약 1년이었지만 성공적으로 구축할 수 있게 되었다. ERP 구축 후의 효과를 구체적으로 살펴보면, 첫째 세계각지의 인텔 공장으로부터 수입된 상품이 고객에게 직송이 가능해 졌으며, 둘째 인원 축소와 함께 출하부터 고객에게 도착하기까지의 전체적인 배송시간이 단축되었다. 셋째, 재고 절감효과는 실시 전의 평균 600만개(2개월 분 상당)에서 10만개(0.1주일)로 줄었다. 즉, 현재 전세계의 실시간(real time) 재고를 확인하면서 고객의 오더에 근거해 한 사람의 담당자가 ERP 계획을 보면서 자동적으로 선입선출 방식에 의거하여 상품의 최종생산 계획을 할당하게 되었다. 넷째, BPR의 효과인데 ERP를 도입한 후, 조직과 업무 프로세스가 새롭게 편성되어 고객지원 대표의 책임 범위를 거래처의 주문을 받아 시스템에 입력하고 배송 스케줄까지를 한 사람의 고객지원 요원으로 행하도록 하고 공장의 생산계획 부문과의 직접적인 연계를 통해 거래처에 대한 반응이 더욱 신속하게 이루어지도록 실현되었고, 상품의 각 지역별 판매회사에 대한 할당을 폐지하고 전세계에 하나의 선입선출 개념을 적용해 효율적이면서 적절한 공급이 가능하게 되었다. 다섯째, 거래처의 주문에 공장의 최종 제조공정을 할당함으로써 확실한 약속을 지킬 수 있게 되었다. 이러한 대대적인 효과를 가져 올 수 있었던 원인을 본 연구에서 제시하고 있는 성공요인별로 자세히 분석해 보겠다.

1) 최고경영자의 리더쉽

I사에서 ERP구축 프로젝트를 추진하게 된 계기는 생산계획 및 배송에서의 문제점

을 해결하기 위한 것에서 비롯되었다. 이는 생산 및 배송 프로세스를 담당하고 있는 중견간부들의 주장에 의해 이루어지게 되었고, 판매법인의 책임자 또한 안건을 지지하여 JOB 96으로 명명된 프로젝트 수행을 위한 강력한 지원팀을 구성하였다. 프로젝트의 진척사항은 4분기에 한 번씩 모이는 판매법인 책임자회의에서 매 번 상세히 보고되고, 판매법인 측에서 대응해야 하는 업무 프로세스의 변경에 관해서도 상세한 부분까지 논의하여 결정하는 절차를 밟았다. 최고경영층에서는 이와 별도로 전 사적인 정보네트워크, 즉 인트라넷 구축에 관심을 가지고 있었다. 실시간 정보를 모든 직원들이 공유하였을 때, 그에 대한 의사결정이 신속하게 이루어지고 전략수립이 용이하다는 판단 때문이었다. 이러한 인트라넷을 정보인프라로 구축한 다음, 프로세스와 연계하여 ERP시스템을 구축함으로써 직원들로 하여금 정보시스템에 친숙하도록 만들고, 끊임없이 변화해야 한다는 것을 역설하였다. 이것이 구축 초기 단계에서 I사가 성공적으로 프로젝트를 수행할 수 있게 된 원동력이 되었다.

2) 구축전략 및 방법론

I사에서 ERP를 도입한 전략은, 첫 번째는 전세계의 판매거점에서 동시에 ERP구축을 추진, 둘째는 위험요소를 분산시키기 위해 대응 고객 수나 상품의 종류가 적고 롯트(lot)가 집중되는 상품부터 순차적으로 진행. 셋째는 원형(prototype)을 먼저 만든 다음 시범적으로 운영하면서 발견되는 문제점을 철저하게 고쳐가면서 주력 상품으로 도입을 진행하였다. 이와 같은 전략은 다른 회사에 비해 특이한 부분이다. 이러한 과정을 거치다 보니 자연스럽게 프로젝트의 기간은 주력 상품인 마이크로프로세서를 대상으로 실시한 기간만도 약 1년이 소요되었다. 결국, 적지 않은 시간이 투자되긴 했으나 성공적으로 ERP를 구축·운영할 수 있었던 원동력이 되었다. 이러한 도입전략 외에도 성공적으로 도입을 완료한 회사를 방문해 잘 된 부분은 벤치마킹을 통하여 자사의 ERP도입에 접목시킨 점도 성공적인 접근방법으로 꼽힌다. 벤치마킹 과정은 성공적으로 구축한 회사의 경험을 청취하고, 자료수집을 한 뒤, 이를 토대로 도입의 기본정책, 도입 프로세스를 결정하고 사용자 부문과 전산부문이 함께 계획에 참가해 전담팀을 결성하였으며, 이는 프로젝트의 진척도에 따라 적절히 인원을 증감하였다.

3) 기술수준

정보기술 요원은 I사에서 사용하던 기존의 소프트웨어(Star라는 명칭의 배치처리

시스템) 개발에 중점을 두고 있던 업무방향을 크게 변경하였다. 즉, 주문형 소프트웨어 개발을 중지하고 네트워크 컴퓨팅(network computing)을 포함한 정보시스템의 인프라 구축에 집중적인 노력을 하였고, 그 후 ERP구축을 실시하여 최종 사용자 입장에서 정보를 어떻게 통합하고, 흩어져 있는 정보들을 보수 · 유지해서 최신정보를 유지할 것인가라는 입장에서 모든 프로젝트를 진행하였다. 이 과정에서 정보기술요원들이 주축이 되어 지원팀을 구성하게 되고, 이들은 일반직원들의 컴퓨터 사용능력을 제고시키는 교육 및 훈련을 담당하기 위해 먼저 ERP구축회사에서 관련기술들을 습득하게 된다. 이에 따라 전자메일(e-mail)이나 인트라넷, 데이터베이스에 전 사원이 손쉽게 접근할 수 있는 토대를 구축하게 되었고, 정보시스템의 표준화를 이루기 위해서 모든 프로그램의 지원결정 및 구축을 정보기술 요원의 책임 하에 진행하였다. ERP프로젝트 진행 전과 진행 후의 괄목할 만한 차이점은 정보기술 요원의 역할에서도 찾아볼 수 있다. 기존에는 그 동안 개발된 프로그램의 문제점을 도출하고 이를 개선하는 작업에 모든 시간과 노력을 투여했지만, 현재는 사용자 부문의 중요한 프로세스를 개선해 가는 파트너로써의 입장(partnership)을 구축했다. 따라서 정보기술 요원의 기술적인 지원이 없다면 프로젝트 수행을 성공적으로 달성할 수 없다는 전례를 남기게 되어, 향후 업그레이드를 실시할 때도 기준점으로 삼을 수 있어서 이는 처음에 예상하지 못했던 새로운 효과였다고 볼 수 있다.

4) 프로세스 관리

I사의 경우에는 BPR을 실행하고 나서 ERP를 도입한 것이 아니라 BPR과 ERP를 동시에 병행 추진한 사례에 속한다. 세부적인 내용을 살펴보면, 원형(prototype)을 먼저 만든 다음 이에 맞추어 업무를 추진하는 실무자들로 하여금 그 원형을 사용하도록 함으로써 업무와 적합하지 않은 부분을 지적하도록 하였다. 따라서 그 동안 관습적으로 행하여지던 업무들을 과감하게 혁신할 수 있게 되었고, 이를 위하여 수시로 커뮤니케이션을 통해 수정하는 방식으로 진행하였다. 이러한 과정에서 실제 사용자들로 하여금 직접 사용하도록 하고 문제점을 지적하도록 하는 방식을 취했기 때문에, 변화에 대한 저항은 상대적으로 적은 편이었다. 또한 변해야 한다는 분위기가 조직 내에 확산됨으로 인하여 사용자들의 적극적인 참여를 유도할 수 있게 되었다. 또한 원형에서 발견된 문제점을 시정한 것을 다음 단계에 적용시키고, 이러한 과정을 해당 사업부 간부들이 참관하도록 하여 BPR 실행에 대한 이해와 지원을 얻어냄으로써 BPR과 ERP

의 연계를 통한 구축이 가능하게 되었다.

5) 교육과 훈련

I사의 사례에서 가장 중요한 성공요인으로 여겨지는 것이 바로 ERP구축의 전 과정에서 사용자를 대상으로 실제 데이터를 이용하여 철저한 교육 및 훈련이 진행되었다는 점이다. 교육 및 훈련은 총 네 단계로 나누어 체계적으로 진행되었는데, 1단계는 시스템 전체 기능과 BPR을 통한 새로운 업무 프로세스에 대한 이해를 돕기 위해 사내 교육을 실시하였다. 2단계에서는 1단계 교육을 실시하고 나서 1개월 후, 고객 · 상품 · 가격 등의 분류체계에 따른 기본자료 수집 및 정리에 초점을 맞추어 진행되어다. 3단계에서는 2단계에서 수집된 데이터를 토대로 하여 견적제시, 수주, 스케줄변경 등에 대한 교육 및 훈련을 실시하였다. 마지막으로 4단계에서는 ERP를 실제로 가동하기에 앞서 최종적인 검토와 평가 단계에서 필요한 교육을 실시하였는데, 새로운 정보시스템과 각 시스템의 연결부분, 특히 기존 시스템과의 인터페이스(interface) 부분에 많은 시간과 노력을 투입하였다. 이러한 네 단계에서 중점을 두었던 부분이 원형(prototype)을 설정하고 모의연습을 실행하였다. 하지만 이러한 원형을 설정하는데 있어서 데이터는 실제 데이터를 사용함으로써 실전과 동일하게 매 단계별로 연습을 실시하였고, 동시에 네트워크나 스트레스 테스트를 포함해 ERP구축 후 업무 프로세스들이 어떻게 진행되는가에 대하여 직접 체험하도록 하였다. 이렇게 실제와 거의 비슷한 환경에서 훈련을 하도록 하였기 때문에 직원들의 실제 ERP패키지를 사용할 때 적응기간이 매우 단축될 수 있었으나, 각 보듈에 대한 이해가 심도 있게 이루어짐으로 해서 부서간 업무협조가 잘 이루어질 수 있게 되었다. 〈표 7-6〉는 I사의 사례를 본 연구에서 제시한 사례분석 틀에 의거하여 성공요인 별로 정리한 것이다. 이를 간략하게 설명하면, 도입단계에서 가장 중요한 요인은 최고경영자의 ERP도입의지와 관심으로 요약될 수 있으며, 구축 초기단계에서는 프로젝트의 구축단계를 순차적으로 진행하였다는 점과 BPR과 연계하여 업무 프로세스를 ERP에 맞추어 혁신적으로 변화를 꾀했다는 점이 성공할 수 있게 된 원인이 되었다. 또한 구축과정에서 인트라넷을 동시에 도입하여 정보기술 인프라를 구성함으로 인하여 ERP의 효과가 극대화될 수 있었다는 점도 성공요인으로 꼽을 수 있다. 프로젝트의 구축이 진행되는 동안 수시로 전 직원을 대상으로 체계적인 교육 프로그램이 가동되었으며, 구축 후에는 실제와 같은 원형(prototype)에서 모의 작업을 수행함으로써 변화된 업무에 적응력을 높였을 뿐만

아니라 작업 수행 시 나타나는 문제점을 발견하고 이에 즉각적으로 대응한 점도 성공적인 ERP를 구현하는 밑바탕이 되었다고 볼 수 있겠다.

표 7-6 I사의 사례에서 나타난 성공요인 정리

성공요인	구체적인 내용
최고경영자의 리더십	· ERP프로젝트의 시작을 최고경영층에서 제안함으로써 탑다운(top-down)식 프로세스로 진행 · 회의를 수시로 주재함으로써 최고경영자의 의지를 반영하였음 · 최고경영자의 정보기술 인프라에 대한 관심 증대로 인하여 모든 구성원들이 일사불란하게 움직임
구축전략 및 방법론	· 프로젝트의 구축을 동시다발적이 아닌 순차적으로 진행함 · 원형(prototype)을 먼저 만들어 시행착오를 거듭함으로써 자사의 상황에 적합한 ERP구축이 가능 · 성공적으로 구축한 회사를 적극적으로 벤치마킹함
기술수준	· 정보기술 요원들이 필요한 기술을 먼저 습득하여 전 사원들에게 보급함 · 실무자와 정보기술 요원간 파트너십 구축
프로세스 관리	· 혁신적인 분위기를 구성원 참여를 통해 고조시킴 · BPR과 ERP를 병행함으로써 업무 프로세스를 정보기술에 잘 접목시킴
교육 및 훈련	· 실제 사용자에 대한 교육이 4단계의 과정으로 구성되어 체계적 교육이 이루어짐 · 실제와 유사한 모의연습을 통해 현장감 고취시킴

3. S사의 ERP구축 사례

S사는 TV의 핵심부품인 튜너(tuner), 고압변성기(FBT) 등을 생산하는 한국 최대의 전자부품업체이다. 국내에선 수원, 조치원, 부산공장을 비롯하여 해외공장으로는 포르투갈, 중국, 태국, 멕시코 등에 해외공장을 두고 있다. 특히 전세계 17개국 25개 사무소를 통해 판매망을 넓혀 가고 있다. 97년 말 기준으로 1조 7천억원의 매출을 기록하고 있는 삼성전기는 업계 최고의 기업으로 손꼽힌다. S사가 ERP를 구축하게 된 배경은 다음과 같다. 급변하는 국내외의 경영환경에 능동적으로 대처하기 위해 기존의 주먹구구식 경영방식의 한계점을 인식하고 BPR, 다운사이징 등 유행처럼 시행되던 신 경영혁신 기법을 향후 경쟁력이 없어질 때를 대비하고, 지속적인 경쟁우위를 확보하기 위해 대대적으로 실시하게 되었다. 이른바 시나리오 경영이라고 명명된 이 혁신 활동의 일환으로 ERP를 구축하게 된다. 그 외에도 이러한 경영혁신을 뒷받침하기 위

해 최신 정보기술을 도입하는 한편 전략적 의사결정 정보를 제공하고, 물류 · 회계부문을 통합한 일일결산체제를 실현하는 선진 정보시스템 인프라 구축을 도모하였다. 이와 동시에 인력측면 및 프로세스 측면에서의 혁신도 동시에 진행되었는데, 간접 인력의 효율화와 업무 리드타임을 대폭 단축시킬 수 있는 전 사적 차원의 BPR을 추진하게 되었다. 이러한 목표를 기반으로 추진한 ERP프로젝트는 특히 업무 프로세스의 재정립 및 정보인프라를 새롭게 구축함으로써 효과적인 업무 프로세스 및 의사결정의 스피드화를 실현하게 되었다. 96년 5월 본격적인 프로젝트가 시작되면서 ERP구축 작업에 들어갔다. 우선 ERP패키지에 대한 기능교육 및 임원 · 부장급 교육을 실시하였다. 아무리 우수한 소프트웨어를 도입한다 하더라도 관리자층의 활용능력이 떨어진다면 무용지물이라는 최고경영자의 판단 때문이었다. 현재 상황(as-is)을 분석한 후 전 사적 차원의 미래목표(to-be)모델을 수립한 삼성전기는 먼저 영상사업부부터 ERP 구축에 들어갔다. 이것이 바로 파일럿 프로젝트(pilot project)가 된 것이다. 첫 단계는 영상시스템 사업부의 상세 업무설계부터 시작했다. 지난 8년 동안 삼성전기의 기반 정보인프라였던 IMS와 새로 도입하려는 ERP시스템의 차이점 분석부터 현업 검증작업까지 완료하였다. 두 번째 단계는 현업 사용자들이 데이터 입력 자체를 쉽고 편하게 느끼도록 기 위해 바코드와 센서 등 기반이 되는 요인도 고려했다. 물류개선을 위해 바코드 센서를 중요하게 여긴 것은 이러한 여건이 조성되어야 ERP시스템과 잘 조화되면서 매끄럽게 움직일 수 있다고 판단했기 때문이었다. 세 번째 단계는 ERP패키지의 통합테스트를 실시하는 한편 기준 정보에 대한 정비도 병행하였다. ERP구축에 따른 우선적인 고려사항은 기준 정보를 정비하는 것이었는데, 이는 제조업에서 요구하는 각종 기준정보가 정확하지 않으면 패키지 도입은 의미가 없기 때문이다. 이에 따라 판매 · 구매 · 지제 등 기준정보를 정확하세 입력하고 변화에 따라 신속하게 유지, 관리하기 위한 노력들이 계속되었다. 네 번째 단계는 BPR과 ERP시스템의 연동성을 확인하기 위해 자체 병행테스트를 실시하여 각종 문제점을 발견, 수정하는 작업을 거쳤다.

이러한 테스트 방법에서는 가상 시나리오를 설정하고, 이에 대한 작업을 실시하는 현업병행 테스트를 실시하였다. 이러한 총 4단계의 과정을 거치면서 97년 7월에 삼성전기는 ERP구축 프로젝트를 완료할 수 있었다. 이러한 프로젝트의 효과를 부문별로 살펴보면 다음과 같다. 첫째는 고객의 주문처리 시간이 종전 7일에서 즉시 처리로 바뀌었으며, 상품 기획에서 출하까지의 소요기간이 50% 단축되었다. 둘째, 비용 절감 측면에서도 원자재 및 재공재고가 40% 감축되었고, 정상자재 공급률이 30%에서 80%

수준으로 상승하였으며, 제공된 정보의 정확도는 97%이상으로 높아졌다. 셋째, 결산 기간도 매월 12일에서 5일로 일주일 이상 단축되었다. 넷째, 스피디한 의사결정이 가능해짐에 따라 수불 마감 및 대금지불 시간이 획기적으로 단축되었다. 대금지불의 경우 평균 5일에서 2일로 단축되었고, 회계마감처리의 경우도 월 배치(batch) 작업에서 온라인(on-line)으로 즉시처리가 가능하게 되었다.

1) 최고경영자의 리더십

S사의 ERP구축은 최고경영층의 강력한 의지가 주축이 된 톱다운(top-down)방식으로 프로젝트를 추진한 대표적인 사례로 꼽히고 있다. 또한 재공, 재고, 생산계획, 자동발주 등의 정보 정확도를 향상시키는 데 중점을 두었을 뿐만 아니라, 다른 기업들과는 차별화된 방식으로 독특하게 ERP운영 헌법을 제정하여 모든 직원들이 이를 참고로 하여 프로세스를 진행시키고자 했던 점도 신선한 부분이라고 볼 수 있다. 이러한 전 사적 노력에 힘입어 모든 사원들은 운영 헌법에 정해져 있는 대로 지키고, 행하고, 따른다는 원칙을 수립하였다. 기존 정보시스템(IMS)과 ERP시스템 사이의 차이를 극복하기 위해서 먼저 갭(gap) 분석을 실시하였다. 세부적인 내용을 살펴보면, ERP에서 제공하는 기본 모듈을 사용해 표준 프로세스를 확립하고, 기존의 프로세스와 차이가 나는 부분에 대해서는 추가적으로 설정하였다. 그 외에 ERP가 지원하지 못하는 부분에 대해서는 독자개발을 함으로써 새로운 정보시스템의 도입에 따른 부적합한 부분에 대해서는 보완을 시도하였다. 갭 분석을 전 사적으로 시행하기 위해서 먼저 최고경영층부터 솔선수범하여 정보화 활용의지를 표명하고, 업무처리에 있어서 정보를 적극 활용하는 환경을 만들었다. S사의 기업문화는 상당히 보수적인 편이었기 때문에 다른 계열사들에 비해서도 ERP구축 프로젝트를 늦게 시작하였다. 하지만 최고경영자의 혁신에 대한 의지는 지원수준이 아니라 먼저 시행하는 실천정신을 부하직원들에게 보여줌으로써, 회의를 자주 주재하면서 독려하는 것이 아니라 부하들이 변화내용을 실천할 수밖에 없도록 환경을 조성한 점이 성공요인으로 분석될 수 있다.

2) 구축전략 및 방법론

S사는 ERP구축전략의 고도화를 지향하기 위해서 정보의 일류화, 제품의 일류화, 사람의 일류화 등 3대 목표를 설정하였고, 도입범위는 SAP/R3 패키지의 재무회계, 관리회계, 생산관리 등 총 8개 모듈이었다. 이는 업무 프로세스의 총 60% 정도를 ERP로 구

축한 것이었다. 구축대상은 국내의 전체 사업장 및 홍콩, 미주, 독일의 판매법인 뿐만 아니라 중국, 멕시코, 포르투갈의 해외공장까지 추진할 정도로 매우 광범위하였다. 이렇게 되면 ERP는 하나의 표준안으로 자리잡을 수 있게 되므로 업무 프로세스의 향상 효과는 훨씬 더 커지게 된다. ERP구축의 방법론은 영상사업부의 구축을 선두로 프로젝트를 시작했다. ERP구축대상은 광범위하였지만, 동시다발적으로 진행한 것이 아니라 순차적으로 진행하였다. 이는 만약 실패한 경우에 문제점을 보완하고 다른 사업장을 확대 구축하려는 것으로 기회비용을 충분히 고려한 결과라고 생각된다. 결과적으로, 영상사업부의 ERP구축은 성공하게 되어 이를 S사의 ERP구축 표준모델로 만들어 국내의 소재 적층박막 사업부, 이동통신·시스템 사업부, 조치원 사업장 및 정밀 기전분야 등으로 구축을 확장하였다. 이후, 성공한 내부사례를 기반으로 하여 다른 사업부에도 구축을 확장하였는데, 비교적 적은 시간 내에 구축 할 수 있게 되었으며 외국법인 및 공장에까지도 이를 적용하게 되었다. 그 외에도 영상사업부의 ERP구축에서 축적된 경험을 바탕으로 진행하였기 때문에 일관성 있고 체계적인 프로젝트 진행이 가능하였다.

3) 기술수준

S사의 ERP프로젝트 성공요인 중 하나는 임직원의 우수한 정보활용 능력과 삼성그룹에서 실시하는 정보화 지수에서 매년 상위자리를 차지하였는데, 이것이 가능했던 것은 정보화 부문에서 국내 최고를 자랑하는 구성원들이 집약되어 있다는 사실이었다. 이는 정보화에 필요한 하부구조의 구축을 일종의 사업간접자본으로 생각하고 매년 매출액이 2% 이상을 정보화 부문에 투자한 결과에 기인한 것이었다. S사의 ERP구축 프로젝트 추진과정에서 나타난 특징 중 하나가 ERP프로젝트 전담팀을 구성하였다는 점인데, 전담팀을 구성할 인력 양성을 위하여 컨설팅을 맡은 HP사에 직원들을 파견하여 기술을 습득하도록 하였다. 이 때, 각 사용자 그룹별로 프로그램의 내용과 질을 각각 다르게 구성하고, 실습을 위해 실제 자료를 바탕으로 만들어진 문서를 준비하는 등 구성원들의 기술수준을 높이기 위하여 많은 노력을 하였다. 이런 결과로 모든 구성원들이 컨설턴트와 상호 신뢰감을 형성하였으며, 전체 업무 프로세스를 ERP에서 제안하는 표준 프로세스에 잘 접목시킬 수가 있었다.

4) 프로세스 관리

ERP프로젝트의 추진과정 중 가장 큰 문제는 역시 변화에 대한 필요성을 인지시키도록 하는 것이었다. 또한 현업의 사용자들을 어떻게 동참시킬 수 있을 것인가와 시스템에 대한 적응력을 향상시키고 활용도를 높일 수 있는 방안을 강구하는 것이 큰 관건이었다. 이러한 문제를 해결하기 위해 S사에서는 프로젝트 진행요원은 물론이고 정보기술요원 및 각 부서의 중간관리자급 실무진 등 약 2백여 명으로 하여금 현행 프로세스 분석 및 업무 재설계 과정에 투입하였다. BPR을 현업의 직원과 ERP구축 담당 직원 중심으로 진행하였던 것이다. 이 결과로 초기단계에서 관망하던 현업부서 요원들도 프로젝트에 본격적으로 투입되면서 시스템에 대한 소유의식을 고취시키는 효과가 나타났다. 또한 새로운 프로세스를 재설계 하면서 변화의 필요성 및 효과를 충분히 이해하고 이러한 이해를 바탕으로 적극적인 문제해결의 주도자로 활동하게 되었다. ERP패키지는 표준 프로세스를 중심으로 만들어진 소프트웨어이기 때문에 각 회사의 독특한 프로세스까지 완벽하게 지원할 수가 없다. S사의 경우에도 예외는 아니어서 지원이 되지 않는 프로세스가 나타났는데, 이러한 문제점에 대해서 현업 부서장이 각각의 기능간 테스트 및 타 업무 시스템과의 연결성 검증을 통하여 상세한 시나리오 작성 및 실제 테스트 과정에 집중적으로 참여해 해결책을 찾고 추가적인 개발이 필요한 부분들에 대해서는 토의하고 계획하고 실행하였다. 그 외에도 ERP구축의 선행작업으로 생산라인에서 개별적인 표준을 삼던 제품코드를 단기간에 전사적 차원에서 표준화하고 업무 재설계 과정을 거쳐 호환성 검증을 위한 현장 테스트를 거치면서 문제점을 보완함으로써 ERP구축의 시너지 효과를 극대화하였다.

5) 교육 및 훈련

ERP구축 모델로써 추진한 영상사업부의 프로젝트 소요기간은 약 1년가량 소요되었는데 이때 가장 중점적으로 추진했던 사항은 제조업에서 요구하는 각종 기준정보를 정립하는 작업과 표준 프로세스를 정의한 것이었다. S사는 ERP도입에 앞서 각종 기준정보를 정확하게 정립해 두는 것이 일관성을 확보할 수 있어서 정보기술에 접목시키는 시간이 훨씬 줄어든다는 것을 인식하고 판매 · 구매 · 자재 등 기준정보를 정확하게 입력하고 변화에 따라 신속하게 유지, 관리하기 위한 노력을 하였다. 이 때 구체적인 추진내역을 단계별로 살펴보면 1단계에서는 관리계층의 활용능력을 배양하고 적극적인 참여를 이끌어 내기 위해 기능교육 및 임원 · 부장급 교육을 실시했으며, 2단계에서는 현재 상황을 분석한 후 전사차원의 미래목표 모델을 수립하고 차후에 계속 적용할 수 있는 ERP모델을 만들기 위해 영상시스템의 각각의 프로세스를 분석하는 훈련을 실시하였다. 3단계에서는 모든 경우의 수에 따른 시나리오를 자세하고도 구체적으로 문서화하고 이를 실제 데이터를 기반으로 전체 직원들의 ERP적응훈련을 실시하였다. 이러한 교육 및 훈련의 또 다른 성과로는 사내에 ERP컨설턴트의 수준과 유사한 ERP전문가가 양성되었다는 측면이다. 이는 영상사업부의 ERP구축에서 경험했던 내용을 바탕으로 하여 다른 사업부나 공장 등에서 ERP를 구축할 때, 전담팀에 대한 교육을 실시하고, 프로젝트를 이끌어 가는 주체가 됨으로써 인력비용을 절감할 수 있는 부수적인 효과도 거두게 되었다. 〈표 11-7〉는 S사의 사례분석을 본 연구에서 제시한 사례분석 틀에 맞추어 성공요인 별로 정리한 것이다. 최고경영층의 리더십 부분에서는 다른 회사와는 특이하게 ERP운영헌법을 만들어서 시행했다는 점이다. 또한 최고경영자가 바뀐 내용에 대하여 직접 시범적으로 운영함으로써 전 사적 차원의 참여와 조직구성원의 이해를 이끌어내었다는 점도 ERP구축이 성공적으로 마무리 될 수 있었던 원동력이었다. 구축전략 및 방법론에서는 광범위한 구축범위 때문에, 하나의

표 7-7 S사의 사례에서 나타난 성공요인 정리

성공요인	구체적인 내용
최고경영자의 리더십	· 톱다운(top-down)식 방법으로 프로젝트를 추진 · ERP운영헌법을 제정하여, 모든 직원들이 이를 준수하도록 함 · Gap 분석에 따른 결과를 최고경영층이 수용하고 솔선수범하여 시행함
구축전략 및 방법론	· 도입범위는 SAP/R3 패키지의 재무회계, 관리회계, 생산관리 등 총 8개 모듈임 · 구축대상은 국내의 전체 사업장 및 외국의 현지법인과 해외공장까지 매우 포괄적으로 추진 · 영상사업부를 먼저 구축하는 파일럿 프로젝트를 추진함으로써 ERP구축 모형을 정립함
기술수준	· 매출액 2% 이상을 정보화사업에 투자함으로써 정보기술 요원의 질이 매우 높았음 · 프로젝트 전담팀과 ERP구축을 맡은 HP사 간의 긴밀한 협조체제
프로세스 관리	· 현행 프로세스 분석과 업무재설계에 실무진을 대거 투입함으로써 참여도를 높였음 · 부서장이 직접 상세한 시나리오를 작성, 실제 테스트 과정에 집중적으로 참여하여 해결책을 찾고, 추가적 개발이 필요한 부분을 주도적으로 시행
교육 및 훈련	· 관리계층의 활용능력 배양을 위해 기능교육 및 임원·부장급 교육을 실시 · 전사차원의 미래목표(to-be) 모델을 수립하고 차후에 계속 적용할 수 있는 ERP모델을 만들기 위해 프로세스를 분석하는 훈련을 실시 · 모든 경우의 수에 따른 시나리오를 자세하고도 구체적으로 문서하하고 이를 실제 데이터를 기반으로 전체 직원들의 ERP적응훈련을 실시

사업부를 지정하여 먼저 ERP를 구축한 파일럿 프로젝트를 실시하였으며, 이를 구축하는 과정에서 나타난 문제점과 프로젝트 진행요원들의 경험을 살려서 다른 사업부나 공장까지도 잘 구축할 수 있게 되었다. 기술수준에서는 ERP프로젝트 시행 이전에 매출액의 2% 이상을 정보기술 인프라에 투자함으로써 구성원들의 정보기술 운영능력을 확보해 두었던 것이 큰 도움이 되었으며, 프로세스 관리측면에서는 현행 프로세스와 업무 재설계를 최고경영층 주도가 아닌 실무경영진 주도로 이끌어갔기 때문에 문제점의 발견이나 해결방법들이 현실적으로 잘 이루어졌다는 부분도 성공할 수 있었던 원인이 되었다. 마지막으로 교육 및 훈련측면에서는 중견간부층의 활용능력 배양을 위해 별도의 교육을 실시하였을 뿐만 아니라, 실무진들에게는 모든 경우의 수에 따른 시나리오를 자세하고도 구체적으로 문서화하고 이를 실제 데이터를 기반으로 적응훈련을 실시한 점도 성공요인 중의 하나가 되었다.

4. D사의 ERP구축 사례

D사는 수많은 회사들이 한 데 묶여 있는 기업집단이다. D사는 ERP를 통해 여러 기업들을 하나의 신경망으로 연결해 살아 쉼 쉬는 유기체 같은 조직을 만드는 토대를 닦았다. D사 백과사전을 읽던 아이가 무엇인가 먹고 싶어 할 때 아버지는 옷장에 걸려있는 폴로셔츠를 입고 버거킹이나 KFC에 들려 햄버거 세트를 포장해서 집으로 돌아온다. 이 때 폴로와 버거킹, KFC가 두산과 관계되어 있다는 사실에 대해 우리는 잘 인식하고 있지 못하다. 가끔씩 아내의 부탁으로 슈퍼마켓에 들러 종가집 김치를 살 때도 마찬가지다. 다만 퇴근 후 동료들과 맥주나 소주를 들이 킬 때는 어렵지 않게 D사를 떠올린다. 95년까지만 해도 D사에서 소비재 사업이 차지하는 비중은 51%정도였다. 이들은 주로 먹고, 마시고, 입고, 보는 것들과 관계되어 있다. 물론 아직까지도 소비재 사업은 D사에서 중요한 사업부문이다. 그러나 그 비중은 지속적으로 감소하고 있다. 그리고 대신 산업재 사업이 중요하게 부각하고 있다. 99년 소비재사업 비중은 39%로 줄어들었으며 현재 D그룹 내에서 소비재 사업이 차지하는 비중은 전체의 25% 정도이다. 나머지 75%는 산업재 사업이 차지하고 있다. 소비재 사업 비중은 최근 한국중공업 인수 이후 더욱 줄어들고 있다. D사는 다른 기업과 마찬가지로 무엇을 미래 성장 사업으로 가져갈 것인가를 놓고 고민하고 있다. D사의 미래 성장 엔진은 중공업·기계, 바이오화학, 하이테크 부분으로 요약될 수 있다. 한국중공업과 D기계사는 중후장대형 산업재 중심으로 D사가 거듭나는 중심이 될 것이다. 아울러 D사는 바이오

·화학 분야와 하이테크(반도체 공정 테스트 장비 등) 사업에도 매우 적극적으로 달려들고 있다.(이것은 동양이 금융을 중심으로, 롯데가 유통 중심으로 사업을 재편하고 있는 것과 같은 맥락에서 이해될 수 있다.)미래 성장 사업을 찾고 집중하는 작업은 D사가 95년 이후 지속적으로 추진하고 있는 구조조정의 연장선에서 이해될 수 있다. D사는 96년과 97년 1단계 구조조정을 통해 현금흐름을 흑자로 전환시켰고 이어 98년에는 2단계 구조조정으로 재무구조 개선 작업을 진행했다. 이러한 구조조정은 글로벌 경영 체계를 기반으로 이뤄질 수 있는 것이기 때문에 D사는 99년부터 3단계 구조조정으로 경영시스템을 혁신하는 프로젝트를 진행했다. 즉, 프로세스를 혁신하고 ERP를 구축하는 작업을 99년부터 2000년까지 진행했다. 그리고 한국중공업 인수는 D사의 사업구조를 산업재 중심으로 전환하는 구조조정 4단계 전략의 일환으로 풀이할 수 있다. D사는 지속적인 혁신을 시도하고 있다. 그리고 이러한 D사의 혁신은 ERP중심으로 한 새로운 경영 관리체계를 통해 뒷받침되고 있다. 하나로 묶기 D사는 98년 9월 D상사, D개발사, D기계사 등 기존 계열사를 한 지붕 아래로 묶었다. 구조조정을 추진하면서 조직을 재편한 것이다. 이들 계열사는 D사이라는 커다란 울타리 안에 비즈니스 그룹(BG)이라는 조직단위로 재편되었다. 상사BG, 개발BG, 기계BG 등의 바로 그것이다. 그리고 각 BG는 독립경영체제로 운영되고 있다.(현재 D사는 생활산업, 주류, 상사, 전자, 기계, 출판, 식품, 화학 등 8개 BG로 구성되어 있다.)D사의 ERP프로젝트는 이러한 조직개편이 추진된 다음 해인 99년 3월부터 시작되었다. J. D. 에드워드사의 원월드라는 패키지를 ERP시스템으로 선택한 D사는 원월드의 재무·회계, 물류·유통, 생산 모듈을 전사에 걸쳐 구현했다. D사는 ERP프로젝트를 크게 두 조각으로 나눠서 실시했다. D사 자체가 여러 회사들의 집합체이기 때문에 한번에 전 사적으로 ERP를 구현하는 것은 사실상 어려웠다. 그래서 먼저 1차로 주류BG와 전자BG에 대해 프로젝트를 진행했다. 99년 3월부터 진행된 1차 ERP프로젝트는 99년 12월까지 주류BG와 전자BG에 대해 J.D.에드워드 원월드의 모든 모듈을 구축하는 것을 목표로 진행됐다. 그리고 1차 프로젝트가 끝나고 2000년 1월부터 6월까지 나머지 BG에 대해 ERP구현 작업이 진행됐다. 단 D사는 재무·회계 모듈에 대해서는 1차, 2차 프로젝트 일정에 관계없이 99년 12월까지 전 BG에 구현을 완료했다. 1차 프로젝트는 사실상 파일럿 프로젝트로서 D사는 여기에서 얻은 ERP구현의 노하우와 시행착오, 경험을 2차 프로젝트를 진행하면서 활용할 수 있었다. D사의 ERP는 일반 기업과는 다른 몇 가지 특징을 가지고 있다. 비즈니스 형태가 각기 다른 여러 회사들의 집단인 D사는 단일 기업에 ERP를 구현하는 것과는 많은 차이가 있었다. 또한 우리에게 익숙한 SAP나 오라클

의 패키지가 아닌 J. D. 에드워드사의 원월드라는 패키지를 선택한 것도 눈길은 끈다. 그리고 이러한 부분 외에도 D사의 ERP는 우리에게 몇 가지 중요한 시사점을 던져주고 있다.

1) 제1절 현업 프로젝트팀의 보이지 않는 역량

ERP구현의 성공 요인은 여러 가지가 존재한다. 그러나 무엇보다 현업의 역할은 ERP성공에 있어 빼 놓을 수 없는 중요한 부분이다. D사의 경우도 ERP가 성공적으로 구현되어 잘 움직이고 있는 데에는(D사의 경우 ERP가 구현되고 초기에 하드웨어적인 문제로 잠시 동안의 혼란이 있었다) 무엇보다 현업에서 선발되어 프로젝트를 이끌어 온 현업 프로젝트팀의 힘이 크다. 물론 여기에는 각 BG 경영진들의 지원도 한 몫 했다. 각 현업부서에서 우수한 인력들이 ERP프로젝트에 참여할 수 있도록 많은 배려를 했기 때문이다. D사의 CIO인 상무는 프로젝트 규모가 컸고 각 BG의 업종들도 다양했기 때문에 프로젝트 진행에 어려움이 적지 않았다고 설명한다. "제한된 인력으로 많은 일을 정해진 시간 안에 끝내는 것은 매우 어려운 일이다. 더구나 이러한 여건 속에서도 경영진은 높은 프로젝트 완성도를 요구한다. 따라서 역량 있는 현업 프로젝트 인력은 ERP성공의 매우 중요한 요인으로 작용한다." 특히 D사는 ERP시스템으로 우리에게 익숙한 SAP나 오라클 대신 J. D. 에드워드의 원월드를 사용했다. 컨설팅 업체들도 원월드에 대한 전문인력은 많이 확보하고 있지 못했다. D사는 자체 정보통신 BU(Business Unit, BG의 하위조직) 인력의 역량을 높여 이 문제를 해결해 나갔다. D사는 정보통신 BU에 이미 패키지 전문인력을 상당 부분 확충해 놓음으로써 이 문제의 실마리를 풀어갔다. D사의 CIO는 "패키지 전문인력이 풍부하지 않은 만큼 프로젝트도 순차적으로 천천히 진행해 나갔다"며 "이렇게 하는 것이 프로젝트의 리스크를 오히려 줄여 나가는 방법이었다."고 설명한다.

2) 수퍼 유저가 ERP정착

D사는 ERP프로젝트는 크게 네 집단에 의해 진행됐다. 재무, 생산, 물류, 마케팅 등 현업인력과 전략기획본부의 ERP팀 그리고 정보통신BU의 ERP팀이 핵심 인력들이다. 여기에 컨설팅 업체로 엑센츄어(옛 앤더슨컨설팅)가 D사의 ERP프로젝트를 도왔다. D사는 ERP프로젝트가 끝난 지난 해 현업에서 온 프로젝트 인력을 다시 돌려보냈다. 그러나 D사는 이른바 슈퍼 유저(박스기사 참조)라 불리 우는 이들이 ERP가 정착되는데

있어 얼마나 중요한 요인인지 잘 알고 있었다. 따라서 이들이 ERP가 정착하는데 일정한 역할을 할 수 있도록 현업으로 돌아간 수퍼유저들을 중심으로 별도의 태스크포스팀을 만들었다. D사는 ERP프로젝트가 끝난 후에도 수퍼유저들로 구성된 ERP조직을 각 BG에 만들었다. 주류BG에 6명, 전자BG에 7명, 식품BG에 9명 등 현업으로 돌아가 만들어진 별도의 ERP 태스크포스팀들은 ERP 프로젝트가 끝난 후에도 ERP사상을 유지하고 시스템을 안정화시키고 현업의 마인드를 변화시키는 작업을 진행했다. 이들은 대한 현업의 요구사항을 계속 감지한다. 그리고 이러한 요구사항을 ERP에 반영하는데 연결고리 역할을 한다. D사의 CIO는 기존 프로세스를 ERP의 프로세스로 바뀌는 것은 현업에게는 커다란 변화라고 설명한다. 따라서 이러한 변화가 현업에 제대로 수용되고 있는지, 별 다른 문제는 없는지 누군가는 계속 모니터링 해야 한다. 다른 기업들과 마찬가지로 D사도 이러한 일을 이른바 수퍼유저들이 하고 있다." 뿐만 아니라 이들은 자신 조직의 비즈니스 프로세스 변화나 조직 변화를 파악한다. 이 중 ERP에 반영할 되어야 할 부분은 정리를 해서 전략기획본부의 ERP팀으로 넘겨 현업의 변화가 ERP에 수용될 수 있도록 첨병 역할을 한다. 수퍼유저는 ERP의 시스템 자체 문제나 현업의 비즈니스 프로세스 변화 등을 계속 점검하고 개선시켜 나가는 역할을 한다. 그리고 ERP와 관련된 다양한 이슈를 잡아내고 이에 대한 해법을 도출할 수 있도록 지원해 나가고 있다.

3) 적절한 프로세스 개선

ERP를 구축한다는 것은 기본적으로 기업 내 통합된 IT환경을 갖춘다는 의미한다. 그러나 통합된 IT를 갖는 것 이상으로 중요한 것이 기존 프로세스를 개선해서 보다 강하고 효율적인 프로세스를 갖추는 것이다. 따라서 많은 기업들은 ERP를 구축하기 이전이나 또는 구축하면서 BPR작업을 추진한다. 기업들의 고민은 여기서 발생한다. ERP시스템을 구축하기 전이나 구축 중에 BPR작업을 어느 정도 수준까지 할 것이냐 하는 것은 정말로 풀기 어려운 숙제이기 때문이다. 물론 ERP 프로젝트 인력이 충분하고 프로젝트 기간도 여유가 있다면 BPR작업을 완료한 후 IT 구현 작업을 진행할 수 있다. 그러나 이렇게 여유를 가지고 ERP프로젝트를 할 수 있는 기업을 그리 많지 않다. 대부분의 기업들은 사람과 시간, 돈에 쫓기며 ERP프로젝트를 진행한다. D사에게도 BPR작업을 어느 정도 수준까지 마치고 IT구현작업을 해야 하는가 하는 것은 답을 구하기 어려운 질문이었다. D사는 BPR작업을 100% 진행하고 IT구현작업을 한다는 것은 현실적으로 불가능하다는 것을 인정했다. 이에 따라 D사가 선택한 방법은 핵심 프로세스를 중심으로 사전에 BPR작업을 진행하고 IT를 구현하는 것이었다. D사의 ERP프로젝트를 실무적으로 이끈 전략기획본부 ERP팀의 부장은 가령 BPR과제가 100개라고 가정하면 이를 모두 해결하고 IT구현에 들어가는 것은 현실적으로 어렵다고 털어놓는다. 따라서 100개의 BPR과제 중 중요한 핵심프로세스를 선택해서 이들에 대한 BRP작업을 진행했다. 그리고 나머지 과제들에 대해서는 IT를 구축하고 난 다음 지속적으로 해결해 나가는 방법을 택했다.

4) BPR의 지속적인 활동

따라서 D사는 ERP시스템 구축이 끝난 후에도 지속적으로 BPR 작업을 진행했다. D사의 CIO는 "D사는 ERP프로젝트 후에도 바람직하고 합리적인 프로세스(To-Be 프로세스)에 맞게 계속해서 프로세스를 개선시켜 나갔다."고 설명한다.D사는 개선되어야 할 프로세스를 우선 나열하고 이들에 대해 팀장급 이상의 중간관리자가 한데 모여(D사는 이를 위해 워크샵을 이용했다) 어떻게 개선해 나갈지 논의해 나갔다. 여기서 어느 정도 BPR의 방향이 잡힌 사항은 중간관리자 워크샵에 이어 열리는 임원 워크샵을 통해 구체적으로 의사결정이 이뤄진다(D사의 경우 BG별로 중간관리자 워크샵1박2일, 임원 워크샵 1박2일 정도 정기적으로 진행됐다). 예를 들어 판매계획을 이전에는 제품군별로 수립했는데 앞으로는 제품 품목별로 세워야겠다는 의견이 중간관리자 워크샵을 통해 나오면 이에 대해 임원들이 논의를 하고 최종적인 의사결정을 내리는 것이다. 물론 이 과정에는 CEO들도 함께 참여한다. 지난 2월 열린 식품BG의 워크샵에는 식품BG의 CEO가 중간관리자 및 임원 워크샵 3박4일가 내내 함께 있으면서 자신의 조직에 어떠한 부분이 개선되어야 하는지 경청하고 개선되어야 하는 프로세스에 대해서는 그 때 그 때 신속하게 의사결정을 내렸다. 이렇게 해서 바뀐 프로세스 중에서 ERP시스템을 변화시켜 뒷받침되어야 하는 부분이 발생하면 다시 ERP시스템을 보완한다고 CIO는 설명한다.

5) 패키지 특성 잘 활용

사실 J.D.에드워드의 원월드는 많은 프로세스 변화를 요구하지 않는 패키지이다. 물론 패키지에서 제시하는 글로벌 스탠다드 To-Be 프로세스는 존재한다. 하지만 원월드는 풍부한 유연성과 탄력성을 가지고 있는 패키지이기 때문에 기업에게 수용할 수 없을 정도의 커다란 프로세스 변화를 요구하지 않는다. 원월드의 이러한 유연한 기능 중 하나가 다이나믹 환경설정(configuration) 기능이다. 기본 뼈대는 패키지의 프로세스를 따라야 하지만 세부적으로는 기업이 요구하는 프로세스를(패키지 프로세스의 기본 골격을 해치지 않는 범위에서) 패키지에 반영할 수 있는 것이다. D사는 이러한 패키지의 특성을 잘 살려 프로젝트를 추진해 나갔다. D사 현업의 내부적인 요구사항을 수용할 수 있는 범위에서 패키지에 반영했기 때문에 ERP에 의해 야기된 변화도 빨리 수용할 수 있었다.

6) IT를 사용

D사는 이미 오래 전부터 전 계열사들이 재무/회계, 구매 등에서 공통적인 시스템(DEC사의 VAX시스템)을 사용해 왔다. 물론 생산이나 유통관련 시스템은 각 계열사에 맞게 단위 개발을 해서 사용했다. 계열사들이 이렇게 공통 시스템을 써 왔다는 것은 새로운 시스템인 ERP를 사용자들이 받아들이는데 있어 적지 않은 도움됐다. 80년 대 후반부터 전 그룹이 공통 애플리케이션을 사용해 왔기 때문에 현업 사용자들이 이미 IT에 대해 익숙해져 있었고 관심도 상대적으로 다른 기업에 비해 큰 편이었다. 또한 IT에 대한 각 BG(당시 계열사)별 관심사가 무엇인지 파악하고 있었으며, 서로의 관심사를 공유하고 있었다. 즉, D사는 이미 VAX시스템을 사용하면서 계열사(현재의 BG)들끼리 시스템에 대한 의견을 교환하고 조율하는 것에 이미 익숙해져 있었던 것이다. 사용자들도 이전에 쓰던 것보다 한 차원 향상된 시스템(ERP)를 사용한다는 생각으로 보다 쉽게 ERP시스템에 적응할 수 있었다. D사 전략기획본부 ERP팀의 부장은 "이러한 것들이 현업 사용자들이 ERP를 손쉽게 받아들이는데 보이지 않게 긍정적인 영향을 미쳤다"고 설명한다.

7) 사용자 교육에 초점

D사의 ERP는 구축 한지 9개월 째 접어들고 있다(D사는 지난 해 6월 전 사적으로 ERP구축을 마무리했다.). 그러나 ERP를 구현한지 9개월째에 접어들고 있음에도 아직도 ERP를 잘못 사용하고 있는 사용자가 적지 않다. 때문에 사용자 교육에 D사는 보다 많은 노력을 기울이고 있다(사용자가 ERP를 제대로 활용하도록 하는 것은 ERP를 구축한 대부분의 기업들이 갖고 있는 고민이다.). D사의 CIO는 "각 BG의 CEO에게 사용자 교육에 보다 많은 관심을 갖고 노력을 기울이도록 주문하고 있다"고 설명한다. 이는 이미

ERP를 구축한지 어느 정도 시간이 흐른 S전자가 다시 임직원을 대상으로 ERP사용자 교육을 강화하고 나선 것도 같은 맥락에서 이해할 수 있다. D사는 기존에 현업의 필요에 따라 산발적으로 실시해 온 사용자 교육을 변화시켜 나갈 계획이다. 앞으로는 사용자 교육 일정을 잡아서 체계적으로 사용자 교육 프로그램을 실시해 나갈 예정이다.

8) 교훈

D사의 ERP구현 작업이 순탄한 것만은 아니었다. D사는 예상하지 못했던 사소한 부분에서 어려움에 직면했다. 사소한 문제는 1차로 진행된 주류BG와 전자BG의 프로젝트가 끝난 후에 일어났다. 주류BG와 전자BG의 프로젝트는 99년 3월부터 2000년 1월까지 진행됐다. 그러나 1차 프로젝트를 마치고 시스템을 가동할 때 자그마한 문제가 발생했다. 하드웨어적인 성능 문제였다. 이는 ERP를 구현하는 업체들이 일반적으로 겪는 문제다. EPR시스템을 돌리는 하드웨어가 많은 사용자들의 요구를 제대로 처리해주지 못한 것이다. 일반 승용차 엔진을 달고 벤츠를 움직이려 했던 것이다. 물론 D사는 문제가 발생한 직후 바로 하드웨어 성능을 업그레이드 시켰다. 그러나 프로세스측면이나 ERP애플리케이션이 아닌 하드웨어 부분에서 문제가 발생한 것에 대해 D사는 어이 없어했다. 문제는 항상 우리가 예상치 못했던 작은 부분에서 발생할 수 있다는 점을 염두에 둘 필요가 있다. 여기서 중요한 것은 이러한 하드웨어적인 문제가 단순한 하드웨어적인 문제 자체에 머물지 않는다는 것이다. ERP시스템을 오픈 한 후 시스템을 잘 돌아가지 않으면 사용자들은 한결같이 목소리를 모아서 '거봐 내가 이럴 줄 알았지'라며 문제의 본질을 ERP로 돌린다. 단순한 하드웨어적인 문제가 ERP전체의 문제로 왜곡되고 확대되는 것이다. ERP 프로젝트팀들이 이러한 작은 부분까지 놓쳐서는 안 되는 이유가 여기 있는 것이다.

5. M사의 ERP사례

1) M사의 ERP구축 프로젝트 컨셉

21세기 앞둔 M사는 어느 기업에서와 마찬가지로 세계화, 정보화, 개방화라는 3대 당면 과제를 안고 있었다. 즉, 무한 경쟁시대의 급격한 경영환경 변화에 능동적이고 적극적으로 대처 할 수 있는 경쟁력을 확보가 시급하다는 자극이 내부적으로 일고 있었다. 이를 위해서는 적시에, 어디에서나 경영활동에 필요한 정확한 정보를 효과적인 수단을 활용하여 쉽게 획득함으로써 신속·정확하게 의사결정 할 수 있는 『정보화』 추진이 무엇보다 시급하다는 결론을 내리게 되었으며 이를 통한 기업체질을 개선하는 것에 정보화의 초점이 모아졌다. 이에 M사는 향후 지속적인 정보화 구현을 위한 사내 컨설턴트를 육성하고, ERP를 도입함으로써 수주에서 납품까지 프로세스의 최적화, 통합화를 통하여 저비용, 고효율 구조로, 탈바꿈해 국제 경쟁력(품질, 비용, 납기)을 확보하고자 정보화를 시작하기에 이른다. ERP구축은 경주 사업부를 파일롯 도입방식으로 도입한 이후 문막 사업부로 도입 확대를 실시하였다.

2) ERP시스템의 구축 결과

ERP시스템 도입 후 데이터, 프로세스, 시스템 통합과 기준정보 정확도가 99%이상 향상되었다. 또, 업무 구조에 따른 변화가 생겼으며, 신속하고 정확한 의사결정이 가능하고 Sub Assy 작업지시 및 재고관리가 가능하게 되었다.

(1) 분야별 주요 변화:

● 기준정보

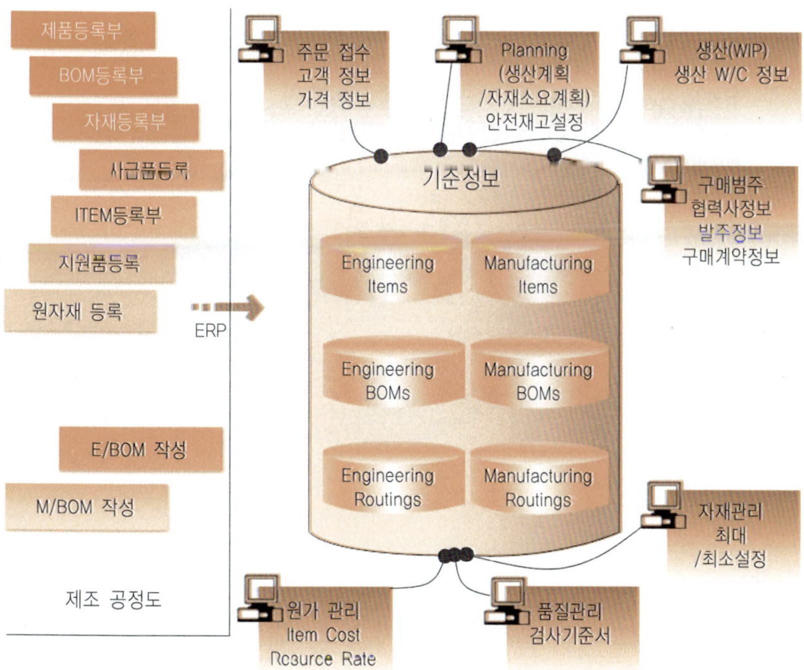

Order Entry

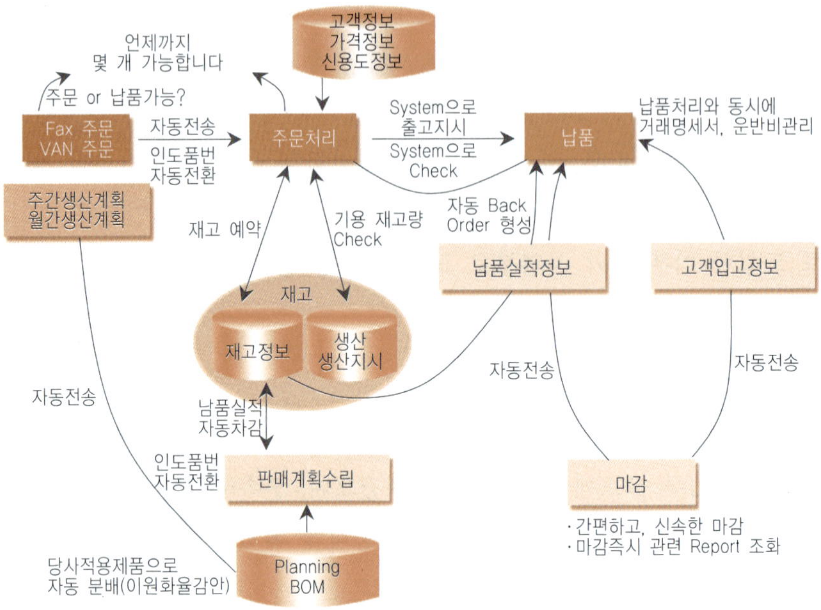

Planning

Purchasing

신속, 정확한 발주정보 제공으로 라인정지 감소 및 발주 리드타임을 감소시키고자 한다.

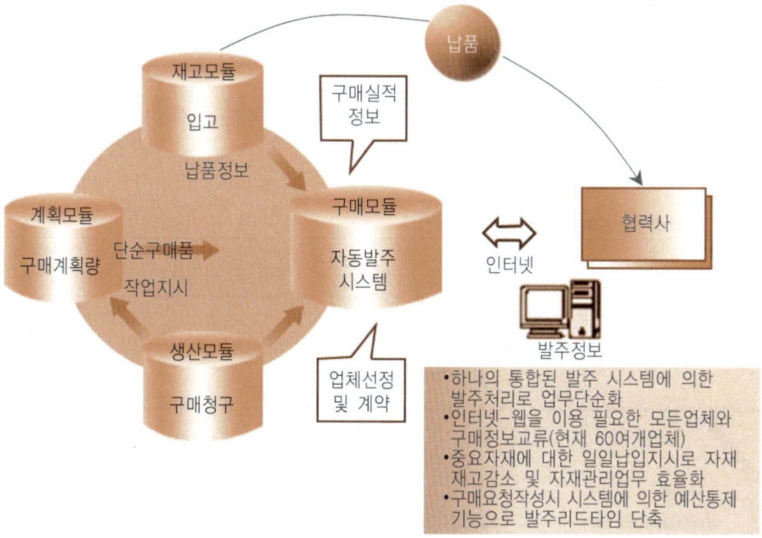

Inventory

입하·입고·출고 시스템의 통합관리로 업무효율을 극대화하여 추진하고, 재고정보의 정확성과 즉시성 관리로 재고를 감소시키고자 한다.: ①하나의 통합된 입출고 시스템에 의한 입출고 처리로 업무가 단순·신속화 되고 ②각각의 저장위치별 재고정보로 즉시 제공됨(자재별, 창고별, 증감현황) ③구매발주 시 재공 및 무상사급 업체재고 발주감안으로 재고가 감소됨 ④시스템을 통한 입출고 정보전달로 정보 신속성 및 Paperless 실현화하였다.

Work In Process

고객이 요구하는 품질, 납기, 가격을 만족시키기 위하여 Pull & Push방식이 결합된 생산현장을 운영하며 생산계획에 의거 완조립뿐만 아니라 서브 및 가공 라인까지도 작업지시를 내리는 효율적인 생산 체계를 구축하고자 했다. 변화 전과 후를 비교해보면 다음과 같다.

표 7-8 기존시스템과 ERP시스템의 비교분석(1)

기존체계	ERP체계
• 완조립만 생산 계획이 지시됨 • 재공수량을 담당 반장만이 관리하고 있고 정보가 공유되지 못함 • 생산부에서 불량카드를 작성하고, 불량카드로 품질관리에서 집계·분석함 • 생산성 자료가 실시간으로 제공되지 못하고 네이터 가공시간이 과다 소요됨	• 완조립뿐만 아니라 서브 및 가공라인도 리드타임을 감안하여 작업지시가 내려감 • W/C별 재공수량 및 재공금액을 원하는 사람이 실시간으로 볼 수 있음 • 불량카드 작성 대신 현장에서 직접 시스템에 불량 내용을 입력시킴 • 생산성 자료가 실시간으로 필요 부서에 제공되어져 개선 용도로 사용

● Quality

품질정보의 신속, 정확한 제공을 통합 품질개선 Lead Time의 단축과 품질정보의 통합적 운영을 통한 정보의 공유 및 품질의식을 고취하고자 했다.

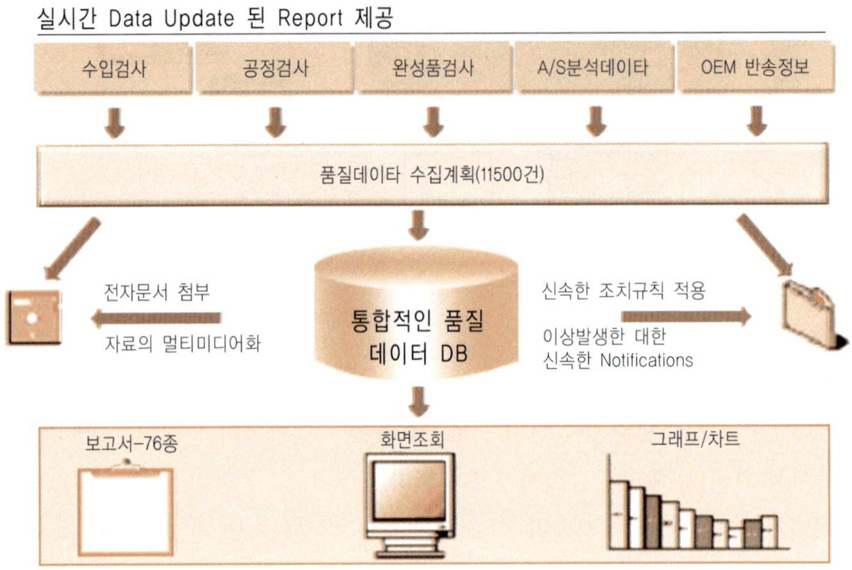

ERP시스템을 도입으로 인한 변화 전과 후를 보면 〈표 7-9〉와 같다.

표 7-9 기존시스템과 ERP시스템의 비교분석(2)

기존체계	ERP체계
• 수입검사, 공정검사, AS분석정보 등의 품질정보가 분산되어 데이터 분석시간 과다 소요 됨 • 품질정보가 필요한 부서에 신속히 Feed Back되지 않아 개선활동 시간 과다소요 • 발생부서가 품질데이타를 직접분석하지 못함으로 품질의식 미비함 • 제한된 분석방법에 의한 데이터의 활용도 미흡함	• 보고서, On-line조회, 차트 등을 통한 실시간 품질정보 제공 • 권한을 가진 모든 부서에서 동시적으로 품질정보의 공유 • 발생부서에서 직접 DB의 데이터를 활용하여 분석 • 동일한 데이터를 여러 가지 분석도구를 활용하여 다각도로 분석 가능

Cost Management

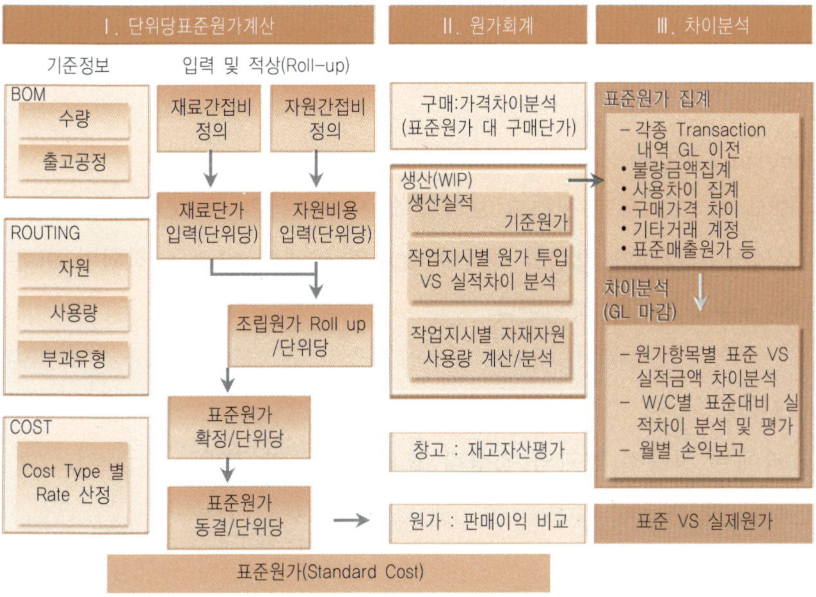

Account Payables

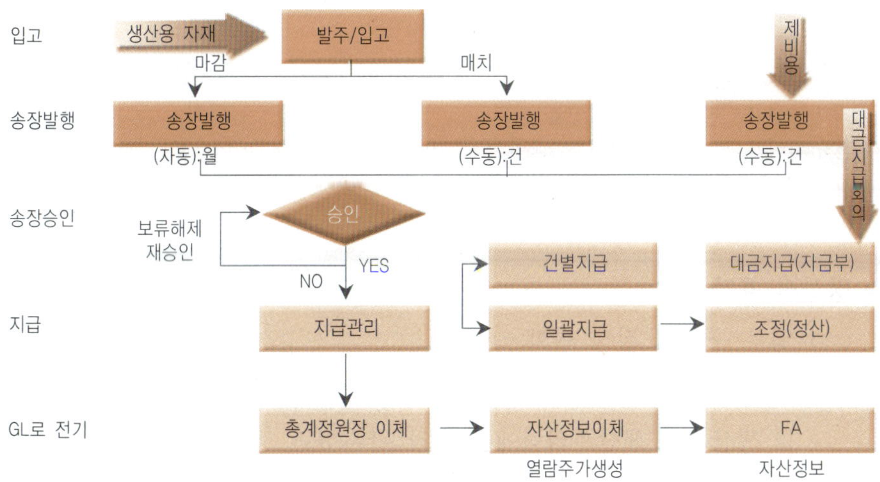

Process 개요
업체 납품자재에 대한 물품대금에 기타 경비에 대한 송장 / 승인 / 지급 업무 수행을 통한 효율적이고 신속한 자금흐름 정보를 제공

업체 납품자재에 대한 물품대금 및 기타경비에 대한 송장 발행·승인·지급 업무 수행을 통한 효율적이고 신속한 자금흐름 정보를 제공한다.

● Fixed Assets

고정자산 취득·이동·매각·감각비 등의 자산정보를 신속·정확하게 회계정보에 반영하는 업무와 결산업무(세무조정사항 등)이다.

● General Ledger

GL은 장부 및 COA를 구성하고 오라클 각 SUB모듈은 이 COA(계정값)를 사용하여 거래를 정의하고 거래가 발생할 때마다 COA와 금액이 GL로 이전되면 GL은 이를 통해 필요한 재무보고서를 작성한다.

(2) 기대효과

기대효과에는 정량적 효과와 정성적 효과로 다음과 같다.

● 정량적 효과

표 7-10 효과발생 과정

효과항목		As-Is	To-Be	향상률
간접생산성향상	인원	167명	133명	20%
직접생산성향상	통제가능재해공수/월	1,963MH	1,570MH	20%
재고비용절감	재고회전율	1.32회	1.77회	34%
품질비용절감	공정불량금액율	0.137%	0.116%	15%
계		-	-	-

● 정성적 효과

(ㄱ) 업무 구조의 질적 변화:

① Data입력·분석·보고·전달업무 위주에서 개선활동 위주

② 생산부와 생산관리팀에서 각각 관리했던 생산실적 작성보고 업무 중단

③ 품질 및 생산성 분석·보고 업무 중단

④ 부서간의 자료제공 요구 및 대응업무 중단(Self화)

(ㄴ) 정보의 상호공유로 정보전달 리드타임 단축

(ㄷ) 정확한 기준정보 및 실적정보를 활용한 신속한 의사결정 지원 가능

① 관리결산 일정단축(익월 17일→익월 9일)

② 지속적인 KPI Monitoring을 통해 문제 적시 조치 가능

3) ERP시스템 유지와 평가

(1) 본부 정보화팀 역할:

경주 ERP시스템 안정화 주관과 경주 ERP시스템 운영 및 유지/보수 주관을 담당하였다.: ① 기준 정보 변경 관리 주관 ② Set up정보 변경 관리 주관 ③ 신규현업 Requirement 수집·처리주관(functional, technical) ④ 외부지원 필요시 단일 창구 역할 수행 ⑤ 사용자 교육·훈련 ⑥ Security관리 ⑦ Contingency Plan(비상계획)수립 및 유지, 보수 ⑧ 업무 절차서, 업무 지침서 수정 및 개정을 담당하였다.

그리고 향후 경주 정보화 관련 프로젝트 주관(예:PDM, POP, ERP Upgrade 등)을 본사 정보기획팀과 연계하여 본부 정보기획 기능을 수행하였다.: ① 사업본부 IT기획 ② IT전략 수립 ③ IT관련 신기술동향 분석 및 적용 검토 ④ 본부 정보화 위원회 간사 업무수행을 담당하였다.

(2) 평가 및 피드백:

(ㄱ) ERP시스템 안정도 평가

- 평가목적 : 경주ERP시스템의 안정도 객관적 평가 및 미비점 도출과 ERP시스템 전사 확산을 위한 사전 홍보를 위한 것이다.
- 평가방법: 매월 타 사업본부 관련 팀9부서)장들이 직접 경주 ERP시스템 운영상태를 견학한 후 평가한다.: ① 경주 침(부서)장들이 사용자 입장에서 평가 ② Data정확도 등 3가지 평가 결과를 종합
- 평가항목: ① 사용자의 시스템 사용능력 및 Ownership정도 ② 바람직한 Process 적용 정도 ③ 시스템 안정도 및 Response Time 만족도 ④ 기대효과 달성 가능성 ⑤ Data 정확도

(ㄴ) 프로젝트 실행 반성: ① KPI시스템화 및 Owner ship부족 ② 프로젝트 운영조직의 지나친 세분화 ③ 기준정보 정확도 확보 지연 ④ 컨설턴트 자질 및 경험부족 ⑤ 의사결정 사항 지연 및 프로젝트 단독 결정 ⑥ 현업의 기대치 관리 미흡 ⑦ ERP시스템 기능상의 한계 ⑧ ME부문 프로젝트 개시 지연 ⑨ 서버 Sizing부정확 ⑩ Bug해결 지연 ⑪ 현업 교육 지연 ⑫ 체계적인 프로젝트 Management미흡 ⑬ ME, 연구소 참여도 미흡 ⑭ 무분별한 Customizing

4) 문막 ERP구현 프로젝트 개요

(1) ERP시스템 개요

(ㄱ) 목적: 수주에서 납품까지 프로세스의 최적화, 통합화를 통하여 저비용, 고효율 구조의 기업체질을 구축함으로써, 국제 경쟁력(품질, 비용, 납기)을 확보하고, 세계적 기업으로서의 성장을 도모하고자 한다.

(ㄴ) 추진범위: 추진범위는 〈그림 7-5〉와 같다.

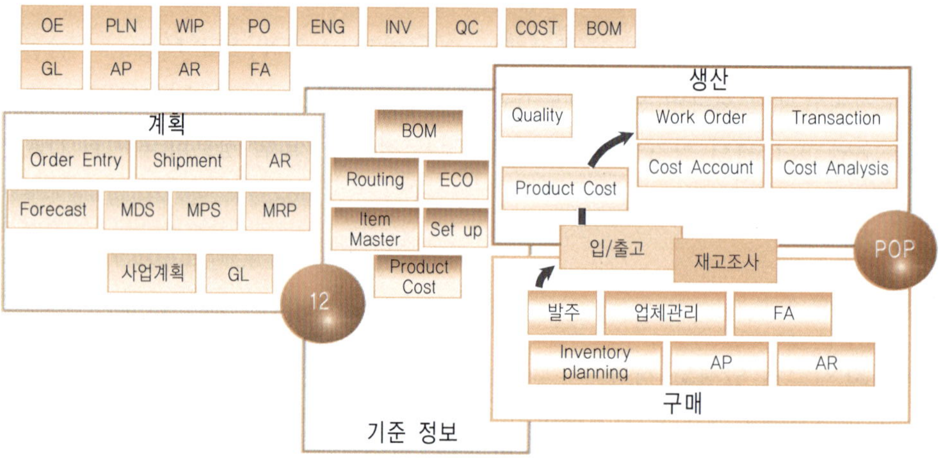

그림 7-5 ERP시스템의 추진범위

(ㄷ) 주요 성공요인: 성공요인으로 추려진 것은 〈표 7-11〉과 같았다.

표 7-11 측면별 요인분석

측면	요인
People 측면	1. 본부장의 강력한 정보화에 대한 의지 2. 간사의 리더쉽 3. 추진 팀원의 능력 및 팀웍 4. 프로젝트 팀과 현업과의 원활한 커뮤니케이션 5. 컨설턴트(사내, 외부)의 효율적인 활용 6. ERP도입에 따른 체계적인 변화관리 7. 노사관계의 안정화(관리직 하인 투입 자제) 8. 현업의 정보화 공감대 형성 및 적극적인 참여 9. MBO에 ERP추진 목표 추가(비중 20%)
Process 측면	1. 기준정보의 정확성 2. 프로세스에 대한 정확한 이해 및 개선 의지 3. Best Practice 선택 4. 경주의 프로젝트 경험/벤치마킹 용이 5. 생산계획의 평준화
Information 측면	1. ERP시스템 Open전 충분한 사전 Test 실시 2. 충분한 성능의 H/W Infra 확보

6. P사의 ERP의 성공사례

1) P사 샘물의 ERP 추진과정

P사는 정보 시스템의 원활한 작동과 더불어 정보시스템의 향후 발전을 위해 새로운 방법을 모색하던 중 ERP를 도입하게 되었다. ERP도입 초기에는 리스크의 부담과 투자를 최소화해야 한다는 위험요인이 있었으므로 부담을 최대한 줄이기 위해서 파일럿 도입 방식을 시도했다. 파일럿 방식은 파일럿 도입의 경험을 통해 노하우를 쌓고 단계적으로 프로젝트를 진행해 가는 것이므로 시행착오를 줄이고 효율적으로 구축해 나갈 수 있다는 이점이 있었으며 파일럿 프로젝트의 대상으로 선정된 것은 샘물 사업부문이었다. 샘물 사업부의 성공적인 구현이 완성된 이후 식품부문으로 나뉘어 추진하였으며 앞으로는 건강 생·식품 사업부로의 확산도입을 계획하고 있다.

(1) P사 샘물의 프로세스 혁신 추진 활동의 컨셉

P사에서는 ERP시스템을 도입하기 전에 이미 경리, 회계 부분에서의 AIS시스템, 생산라인에서의 MRP, 물류를 위한 SIS 등의 시스템이 운영되고 있었다. 각 시스템 모두 업무를 수행하는데 우수했으며 원활하게 작동되고 있었으나 시기나 코드 등에서 통합적이지 못하다는 문제점이 있었다. 또한 샘물사업부문에서는 현 전산 시스템에 의해 진행되는 모든 업무현황 자체에서 월 마감을 통한 사후 결과 집계가 되므로 거기서 오는 불편함이나 인터페이스 시스템에 의한 정보통합의 미흡, 데이터의 이중입력 현상, 관리보고서 별도작업 등 자체적인 문제점도 안고 있었다. 그러던 중 새로운 경영 방침으로서 자율 경영 체제를 확립하게 되면서 사업역량 및 경쟁력 강화를 통한 새로운 업무프로세스와 고객 기쁨 경영 업무 및 정보시스템을 확장하기 위한 개혁이 추진되기에 이른다.

(2) 추진 조직 결성

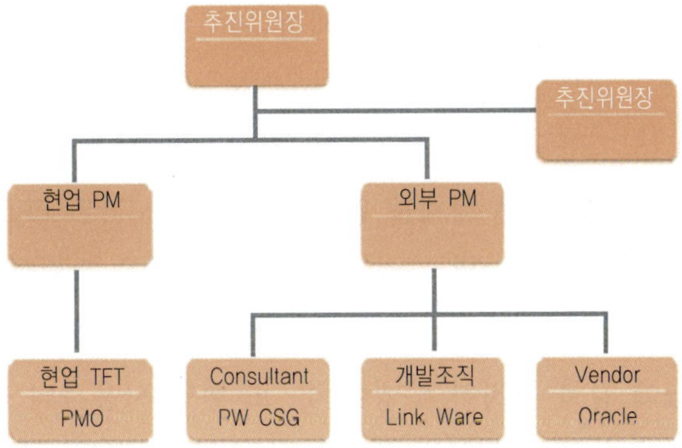

그림 7-6 추진조직 결성

(3) P사 샘물의 현황 분석

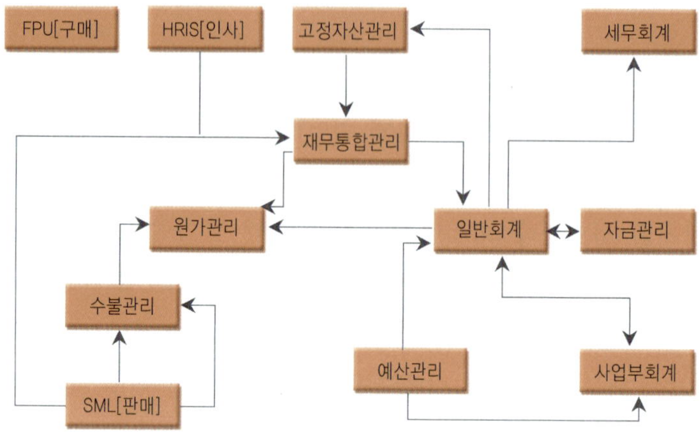

그림 7-7 Pulmuone 샘물 System현황

당시 P사 샘물의 정보 시스템의 운영체계는 그림과 같았으며 시스템 운영이 가져온 문제들로는 정보의 통합이 제대로 이뤄지지 않는다는 점과 더불어 데이터의 이중입력 현상이 일어난다는 점, 각 업무에서 기본 업무 위주의 전산화가 이뤄지는데 그치고 있다는 점, 정보시스템의 개발은 업무개선이 아닌 프로그램 추가 개발 위주로 운영되어왔다는 점, 정보의 활용도가 낮으며 관리 보고서를 별도 작업해야 한다는 문제점들이 분석되었다.

- P사 샘물의 ERP도입 목표: ERP의 도입을 통해서 궁극적으로 추구하고자 하는 것은 합리적인 업무 프로세스를 구축함으로써 정보의 통합을 완성하고 월 마감체제에서 실시간 마감 체제로, 무전표 시스템을 완성하고 실제원가보다는 표준원가 체계를 확립함으로써 신속한 업무 처리 기반을 다지는 것, 또 경영의 투명성과 비용의 절감 등의 효과를 거두어 새로운 경영체제를 만들어가겠다는 것이었다.

(4) ERP구축 전략의 수립

새로운 업무 체계를 완성하기 위해 시작된 ERP구축 프로젝트를 추진하기에 앞서 P사 샘물에서는 몇 가지 구축 성공 전략을 수립했다. 먼저 최대한 단기간 안에 프로젝트를 끝마칠 것, 모듈과 기능의 적용은 단계적으로 도입할 것, 사전교육을 이론과 실습에 걸쳐 철저히 수행할 것, 또 현업 사용자의 철저한 교육 등이었다. 그리고 ERP시스템의 구현범위는 〈그림 7-8〉과 같다.

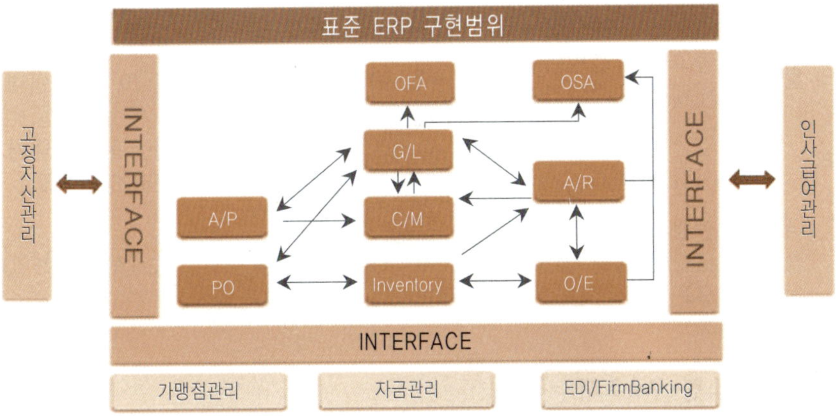

그림 7-8 ERP시스템 구현 범위

그러한 전략아래 ERP시스템의 도입 범위로 최초 설정된 부분은 위의 그림과 같았으며 이를 위한 사전 BPR 작업을 6개월간 추진하였으며 본격적인 구축 과정이 시작된 것은 97년 12월경이었다. ERP의 추진일정은 〈표 7-12〉와 같다.

표 7-12 ERP의 추진일정

BPR진행 및 ERP도입 검토	'97. 5. 8. ~ 10.30(약6개월)
ORACLE/SAP개최 ERP세미나 참석	
Site 방문 :ORACLE, SAP	
ERP도입 결정 및 팀 구성	'97.12
	ORACLE PKG - GL, AP, AR, INV, PO, OE
1차 교육	'97.12. 8 ~ 12.26(3주)
2차 교육	'98. 1. 5 ~ 1.20(2주)
목표업무Package적용	'98. 1. 5 ~ 1.31(1개월)

(5) P사 샘물의 ERP구축 효과

ERP를 도입함으로써 각 업무 형태에 따라 기대효과는 업무 및 프로세스 개선에 따른 효과, 조직 변경에 따른 효과, 정량적 효과로 나눌 수가 있는데 그 내용은 다음과 같다.

표 7-13 부분별 ERP도입 전·후의 효과분석

부분별	내 용	도입전	도입후
재고 자산 감소	DC완제품재고	3일치 재고 보유	6시간 재고 보유
	재고자산 보유 금액 (완제품,상품,포장재포함)	매출의 13-14%	매출의 8%

부분별	내 용	도입전	도입후
수불관리 명확성	출고처가 불명확한 대체출고 수량격감	월 100 BOX	월 10 BOX 이내
채권관리	입금처리단계 축소 및 시간 단축	거래처 구분 없이 입금거래처 확인정리 (최장 6일)	입금즉시 거래처 확인처리(당일완료)
공기구 비품관리	공병 회전율 변화 회전율 1은 월 기준 공병이 들어 오는 기간 의미	0.9 (30/0.9=34일)	1.2 (30/1.2=25일)

표 7-14 ERP시스템 구축효과

구분	효과내용
업무 및 process 개선	판매·매출채권 관련 업무 • 사전주문 계획에 따른 계획생산·재고유지 계획 시행 가능 • 거래처 신용의 사전 체크에 따른 부실채권 발생의 사전 방지 • 거래처별 차별적 영업정책 수립, 적용하기에 용이(단가, 연체이자 등) • 판매 결과 및 회수채권의 미수금 반영 간편
	구매·지급 채무관련 업무 • 다양한 공급자 정보, 구매이력 등의 활용을 통해 공급자에 대한 전략적 대응 가능 • 구매 Process에 대한 진행관리 가능으로, 다양한 구매활동 지원 • 구매 결과의 지급채무 반영 간편 • 무서류 처리(청구→발주→입고), 필수 업무만의 처리로 생산성 향상
	재고관리 관련 업무 • 재고관리·정보의 통합으로 적시공급·최소재고 유지 가능 • 다양한 재고실사 기능 활용으로 재고의 정확성 유지 • 정확한 재고 예측 및 조달계획
	경리·회계관련 업무 • Process적 사고 고취 • 무전표처리 시스템으로 신속한 업무처리 • 일 마감을 통한 일일 결산 가능 • FSG 기능을 활용 다양한 보고서 산출 가능
조직변경	• 통합정보의 활용에 근거한 부서간 역할 재정립/유사업무 통폐합 • 거래의 투명성 보장 및 책임·권한 명확 • Process 중심적 사고의 전파를 통한 직원 전반의 능력향상 • 비정형 업무의 정형화, 업무 Process의 관리로 직원 1인의 다 기능화
정략적 효과	인원감축 • 부서간 역할 재정립·유사업무 통폐합에 따른 자연발생적 유휴인원의 감축 • 주요 업무간 자동 Interface(판매·매출채권, 구매·지급채무)로 업무량 감소 부실채권 발생 억제 • Real time 정보제공으로 선입금 후 출고제도 시행 가능 • 거래처별 사전 신용 체크 가능 계획생산에 의한 재고감소 회수 물류의 회전율 제고-책임한계 명확성 유지

(6) P사 샘물의 구축 이후 관리

ERP구축 작업을 완성한 풀무원샘물은 단지 구축에서 그치는 것이 아니라 ERP시스템의 효과적인 활용과 확산을 위한 계획을 세워 진행해 나갔다. 사후관리의 주된 내용은 크게 4가지로 시스템의 조기 안정화를 이루는 것, BPR의 지속적인 진행, 자금모듈의 커스터마이징, OLAP Tool로의 전환, 가맹점의 EDI확산으로 ERP간 주문 처리 자동 연계가 가능해지도록 하는 것 등이었다.

(ㄱ) 시스템 조기 안정화: ① 지속적인 사용자 교육 ② 개인별 명확한 업무 분장

(ㄴ) BPR의 지속적인 진행: ① 비생산적인 프로세스 과감히 제거 ② ERP제공 기능 및 프로세스 최대한 수용 ③ COD Receipt처리

(ㄷ) 자금모듈 커스터마이징: ① 오라클사의 지원 협조 ② 조속한 시일 내에 개발추진

(ㄹ) OLAP Tool로의 전환: ① 리포트 개발 부분을 최소화 ② 사용자 요구사항 최대한 반영

제 3 절 ERP적용의 전략사례

1. 회사개요

⊙ 외국 스포츠사에 신발 OEM 제조 납품업체(태광실업㈜)

⊙ 사업부문 : 영업, 개발, 생산, 조달

⊙ 사업장 현황

- 국내 사업장 1970년 설립
- 해외 1,2 공장 1995년 설립
- 국내 사업장은 개발부문
- 해외 1,2공장 22개 제조라인 생산시설 외 부속시설

⊙ 종업원 수

- 국내 사업장 200여명
- 해외 1공장 현지인 9,000 여명, 한국관리자 60여명
- 해외 2공장 현지인 8,500 여명, 한국관리자 60여명

⊙ 대외 수출수량 :

- 해외 1공장 1995년 56만족, 2001년 : 600만족
- 해외 2공장 1공장과 유사

⊙ 정보시스템 GroupWare, POP시스템

2. ERP 도입의 필요성

1) 경영자의 강력한 의지

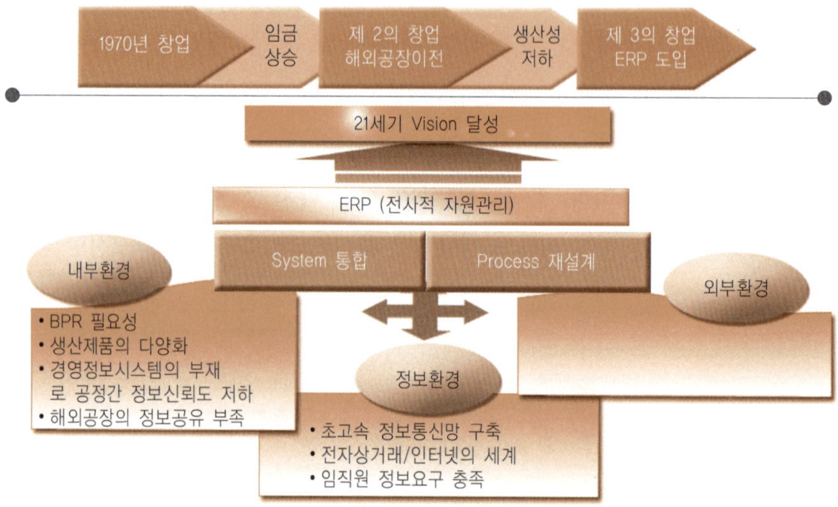

2) 전사 생산계획 이미지

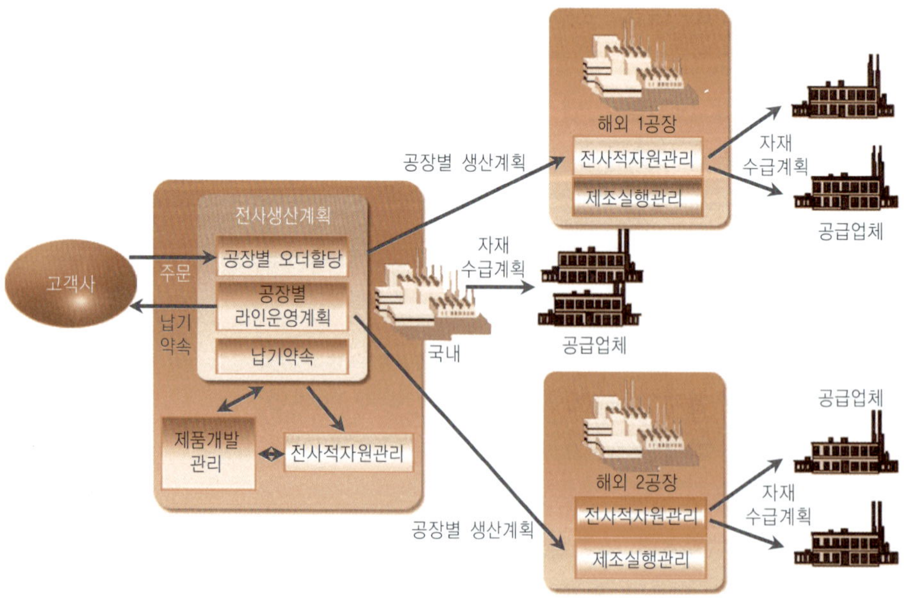

3) 국내사업장 적용 2000.3~2001.3(12개월)

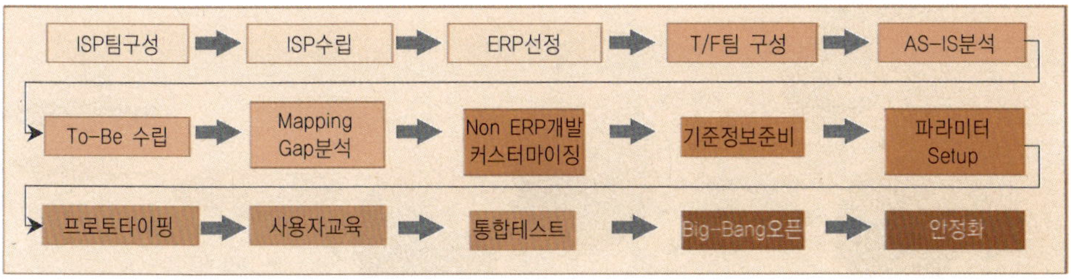

4) 해외 1공장 적용 2001.3 ~2001.10(6개월)

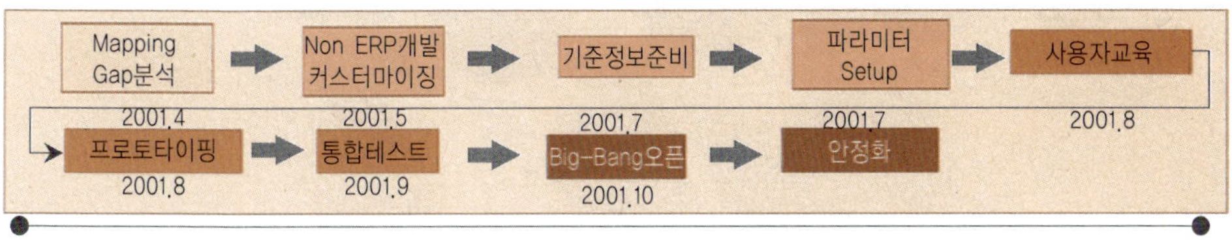

3. ERP 주요 프로세스 이미지

1) 전사 프로세스 이미지

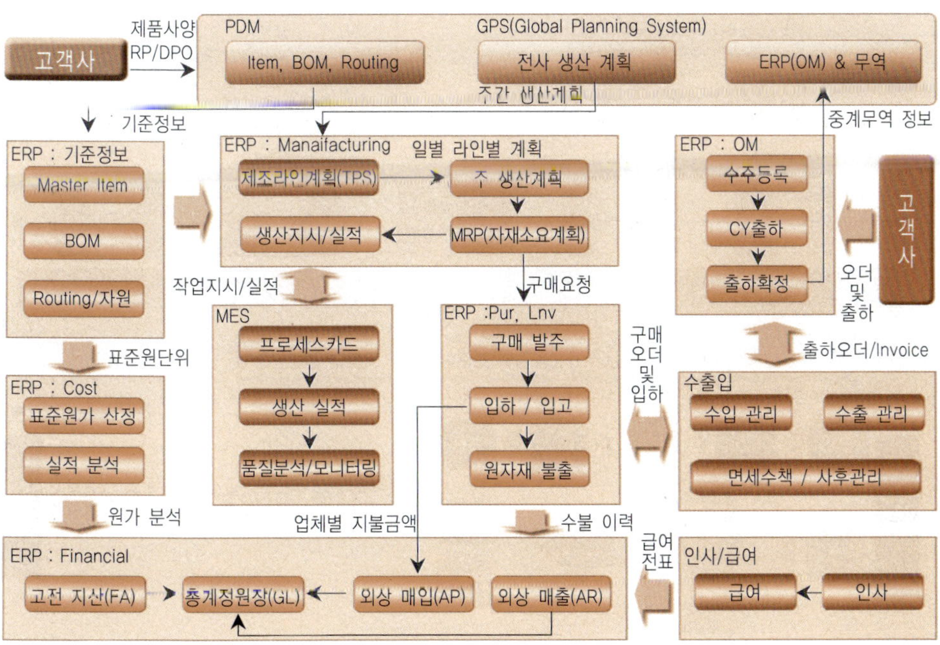

2) Best Practice ERP 이미지

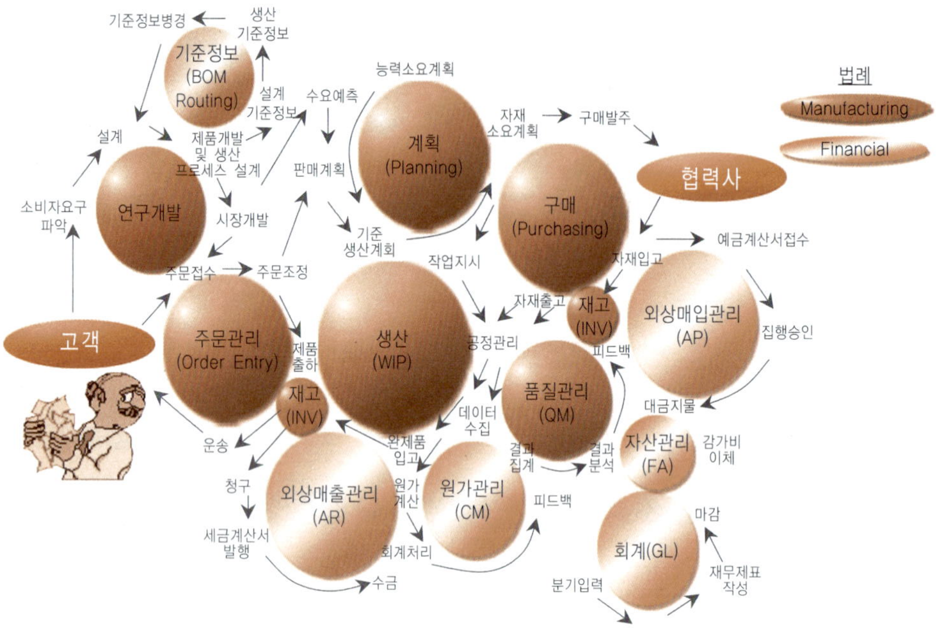

3) 생산현장관리시스템 이미지

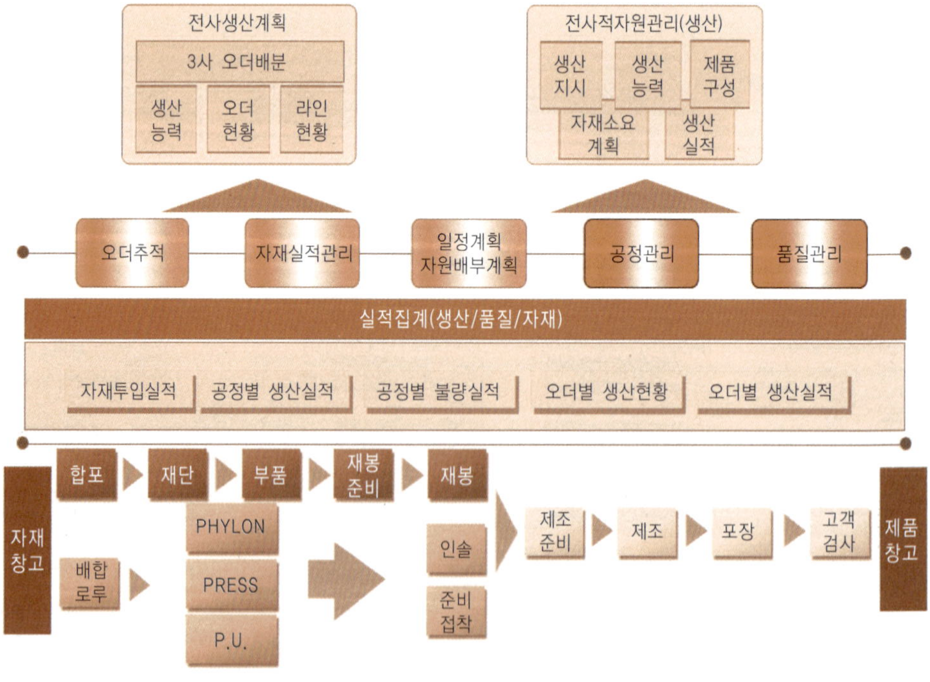

4. 주요프로세스

1) 영업관리

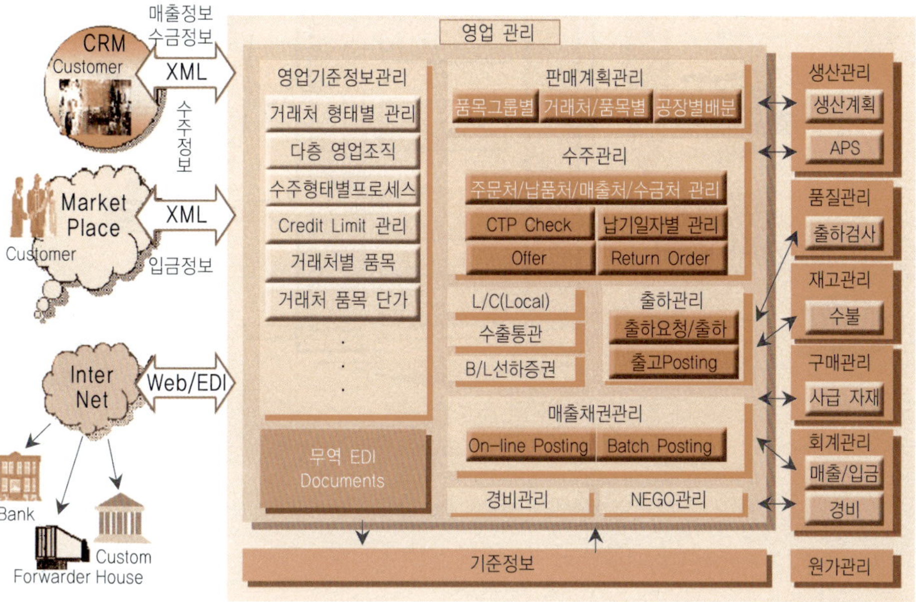

2) 구매관리

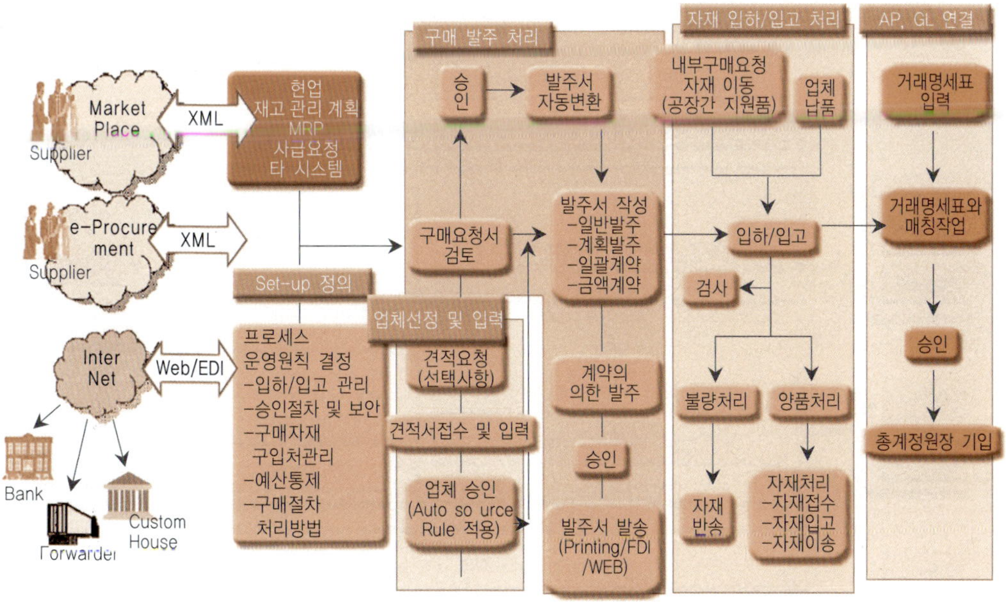

2) 재고관리 : 물류시스템을 통합하는 역할을 수행

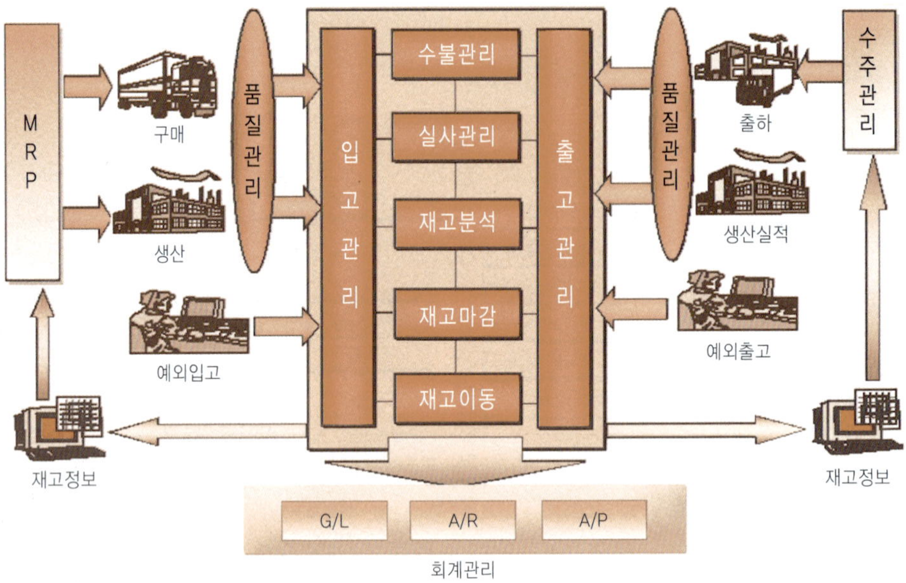

제품재고, 재공재고, 예약재고는 관리에 포함, 업체 고객위탁재고는 분리하여 관리됨

3) 생산관리

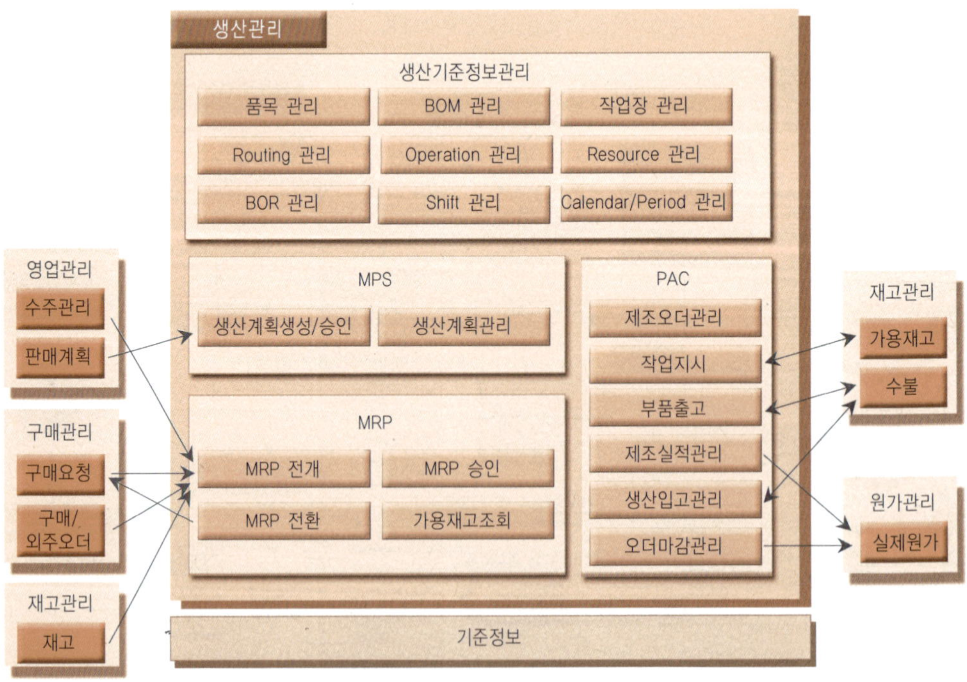

4) 원가관리

재고자산평가, 매출원가확정, 원가계산을 통해 원가절감 정책수립

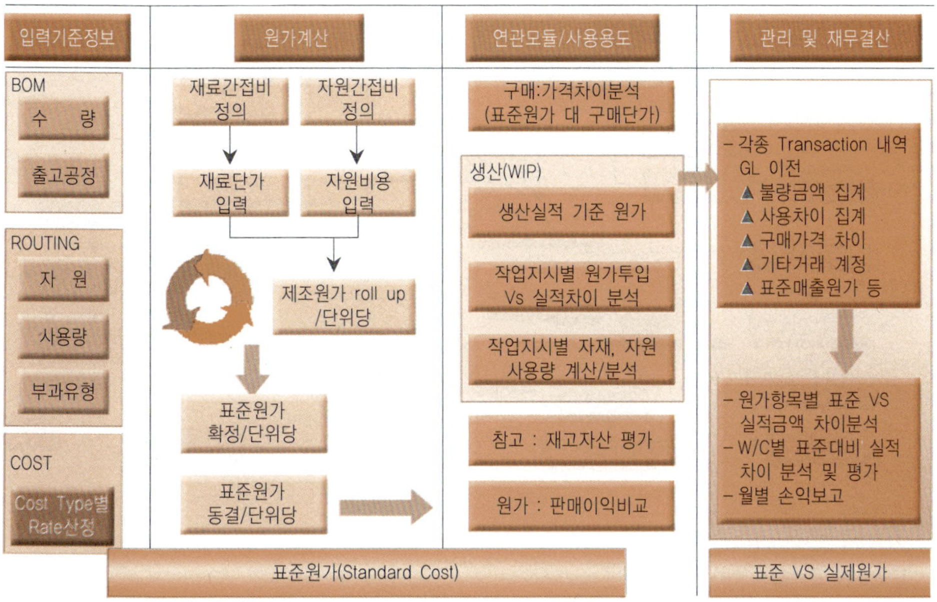

5) 회계관리

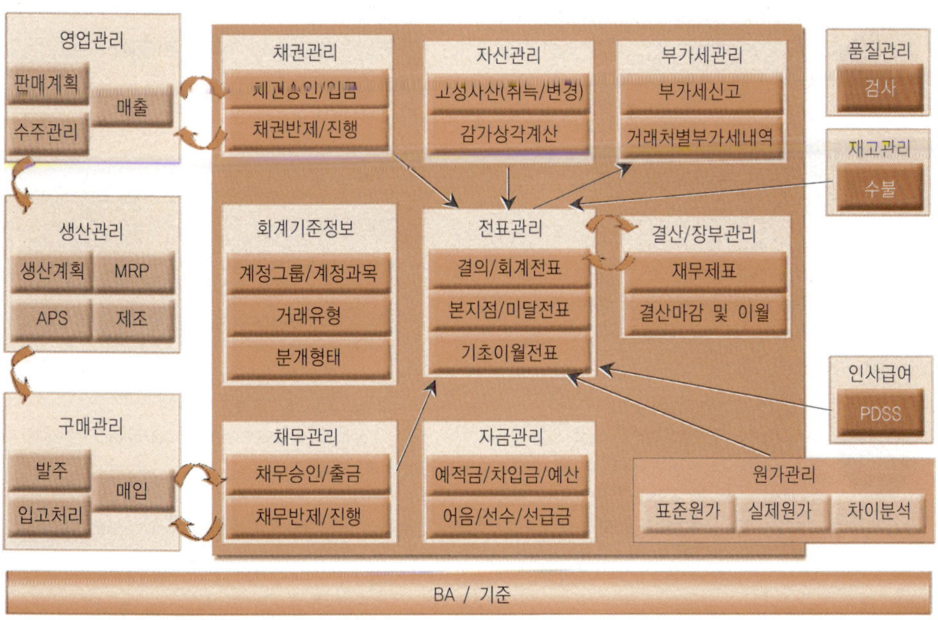

6) 인사, 급여관리

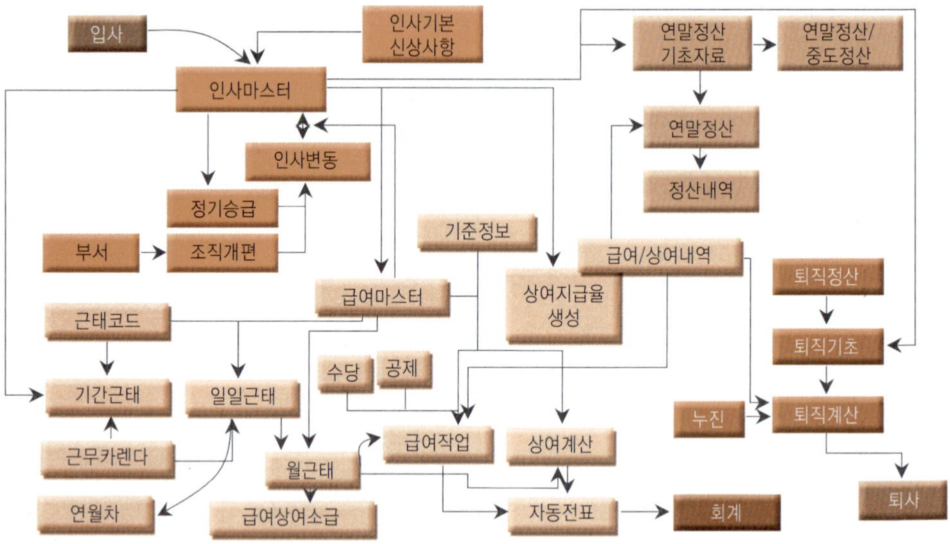

5. 도입효과 및 제언

1) ERP 패키지와 개발시스템의 장단점에 따른 제언

	ERP Package	Development
장점	• IT 자원의 전략적 활용 • Integration -Business process and IT system -Cross functional business process • Proven solution with low risk -Global solution -Proven technology -Open architecture • 선진 업무프로세스의 도입(Best Practice) • Collective knowledge	• 새로운 기술 습득에 대한 시간 절감 • 부분적으로는 개발자의 의지대로 설계 및 구현 가능 • 자사만의 독특한 업무에 대해서는 접목성이 높음
단점	• 컨설팅 비용이 많이 소요 • 특정업무 및 Business Flow를 위한 Customization 불가피 • 새로운 시스템 도입에 따른 전산 요원들의 기술 습득을 위한 시간 및 노력 필요	• 고비용 저효율 -높은 개발 및 유지보수 비용 -또 다른 "고비용 저효율 시스템"에 잉태 • 혁신적 업무프로세스 구축의 어려움 -부분적 점진적 개선 • 전사적 기능간, System간 통합의 어려움 • Global Solution 구축의 어려움 -Local Business Practice, currency, language 등 -Global Consistency • 급변하는 환경에 유연한 대처가 어려움

2) 전통적 시스템과 ERP Mapping

종래시스템(MIS, MRP)		신개념시스템(ERP)
Task 중심, 처리결과 정보화	핵심목표	Process자동화, 정보자원화
종이문서로 사람이 수행	일하는 주체	IT자원으로 수행
특정부서중심, 통합성 취약	부문간 연동	조직전체를 횡적으로 통합
조직 내부 상사에 보고	최종지향점	모든 것을 고객관점으로
고유하게 자가 개발 중심	조달방법	패키지, 선진프로세스모델 발탁
기능추가나 수정의 어려움	변화대응	변화에 능동적 대응 가능

3) 기대효과

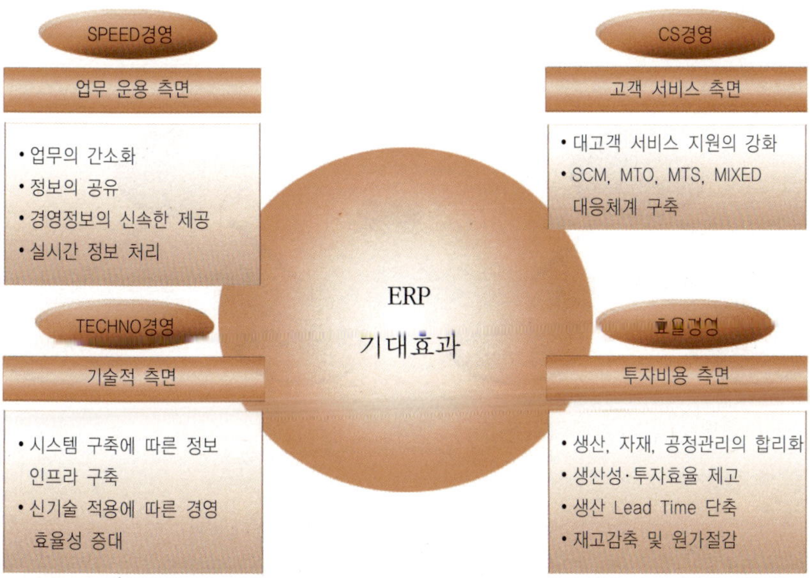

4) ERP 도입 후 변화된 점

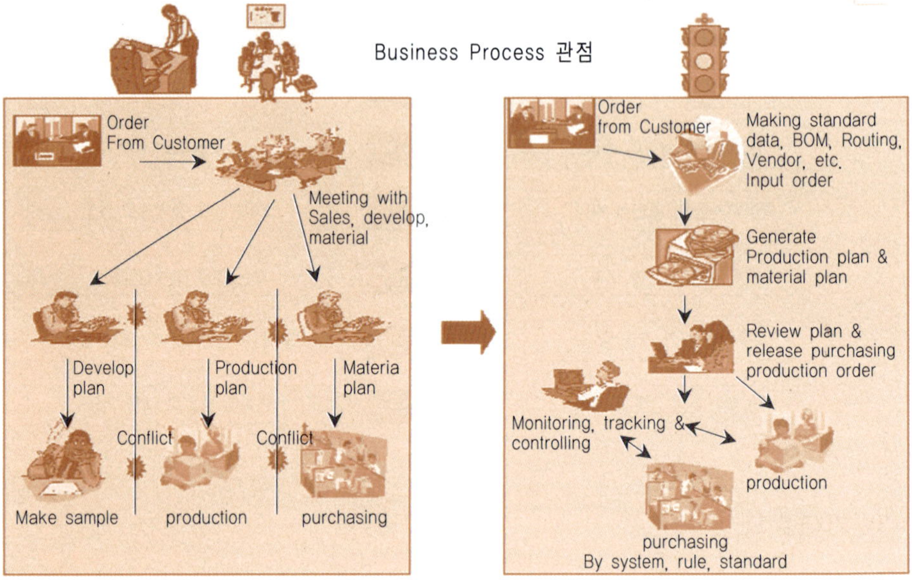

(1) 정보시스템의 구조적 변화

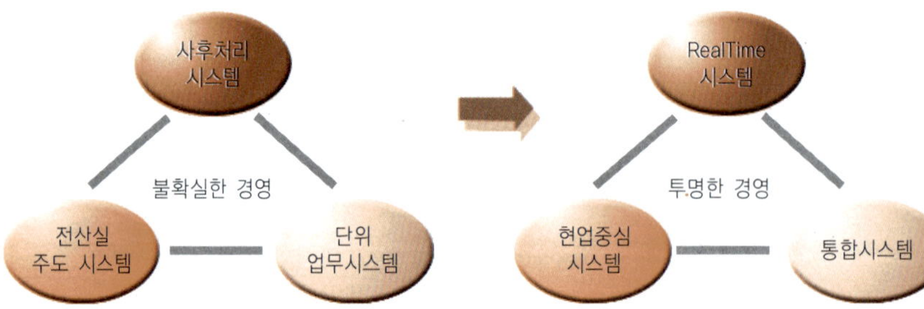

(2) 정량적 변화

구분	도입전	오픈후 5개월 (2002.1)~2002.5	비고
납기향상	47.3%	73.0%	One-Traget 기준
LOT 미완료 재고	105,510족	83,293족	21.0% 감소
라인 검사대기 수량	23,984족	21,293족	11.2% 감소/1일
재고(원재료, 재공품, 완제품)	$13,692	$11,492	$2,200 감소/1개월
항송비(완제품, 자재, 몰드)	$30,236	$29,100	$1,136 절감/1개월
리드타임	24일	17.7일	26.3% 단축
월결산일수	15일	7일	

(3) 정성적 변화

① 업무처리 투명성 재고

•시스템 데이터를 근간으로 하는 실시간 공정간에 투명한 재공재고 정보제공

• 영업- 생산-자재-회계 간의 데이터 일치 보장

• 별도의 마감작업이 불필요한 항상 최신정보 제공

② 업무 효율의 증대

• 견적에서 주문, 출고요청, 출하, 세금계산서 발행, 입금처리, 회계처리의 전 과정에서 한번의 入力으로 연계처리 이중작업방지

• 전사적인 프로세스 정립 및 업무 표준화율 증가

③ 신발업계 기준정보 표준체계 확립, BOM구성 기술 향상

④ 개발, 생산 Lead Time 단축으로 인한 생산관리 유연성 확보

⑤ 납기 약속 준수로 인한 고객 만족 및 신뢰도 향상

⑥ 동업계 경쟁적 우위 확보

⑦ 리스크 감소

6. ERP 안정적 정착의 핵심요인

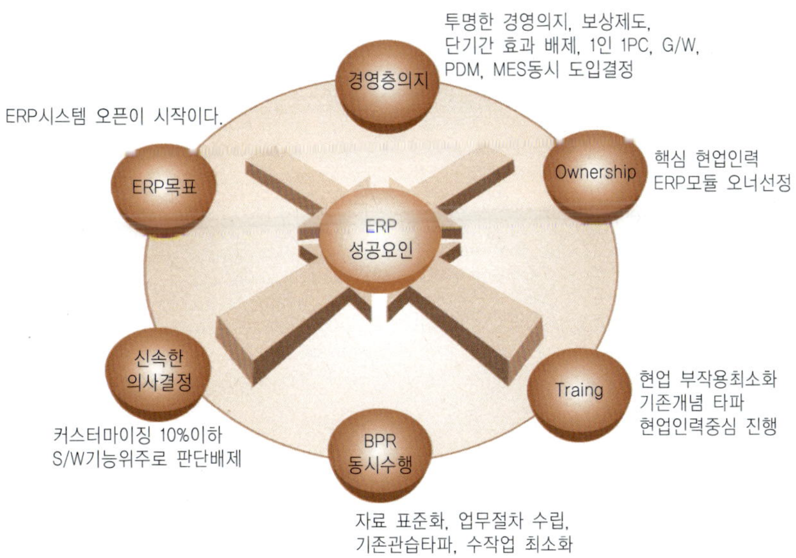

8 Chapter ASP체계와 eERP활용 전략

제 1 절 ASP의 개념과 특징

1. ASP의 개념

ASP(application service provider)란 "자체 전산시스템 구축 내지 소프트웨어 구입이 부담스러운 중소기업 등을 대상으로 일정한 비용을 받고 업무용 소프트웨어(어플리케이션)을 인터넷 온라인상에서 실시간으로 이용할 수 있도록 서비스를 제공하는 업체"를 말한다. 이러한 ASP는 업무용 소프트웨어를 사서 써야한다는 기존의 고정관념을 깨고 인터넷을 통해 프로그램을 공급해주고 월 사용료를 받는 아웃소싱 기반의 e-비즈니스 모델(outsourcing-based e-business model)이다. ASP는 지금까지 존재하지 않았던 새로운 방식의 비즈니스 모델이기 때문에 그 개념과 정의에 대한 많은 혼란이 있어 왔다. 용어도 애플리케이션 임대 서비스(업체), 업무용 소프트웨어 임대 서비스(업체), 소프트웨어 온라인 제공 서비스(업체) 등 다양하다. 그러나 다양한 ASP의 정의를 살펴보면 핵심적인 내용에 있어서는 대체로 비슷한 편이며, 그 접근방법에 있어 다소 차이가 있을 뿐이다. 먼저 IDC에 의하면 ASP란 "중앙에서 관리하는 기관으로부터 어플리케이션의 설치, 관리, 임대 접속 등의 서비스를 제공하는 업체"를 말한다. 즉, 서비스 업체라는 관점에서 ASP는 "어플리케이션 사용에 관한 모든 서비스에 대해 고객에게 계약상의 모든 책임을 지는 업체"라고 말하고 있다. IT 관련 투자은행 회사인 Cherry Tree & Co는 ASP를 "원격지에 떨어진 서버에 설치되어 있는 미리 패키지화된 소프트웨어 어플리케이션을 임대 계약을 통해 사용할 수 있도록 설치, 관리 등의 서비스를 제공해 주는 제3의 서비스업체"라고 정의하고 있다. 즉, ASP를 아웃소싱의 한 형태로서 접근하고 있다.

2. 업무용 소프트웨어 임대 서비스(ASP)

Gartner Group은 ASP를 "임대 가격제에 의해 다수의 고객에게 네트워크를 통한 어플리케이션의 이용과 관련된 모든 서비스를 제공하는 것"이라고 정의한다. 반면 주로 미국에 위치한 ASP 업체들을 주축으로 구성된 ASP 산업 컨소시엄(application service provider industry consortium : ASPIC)의 경우 ASP를 "데이터센터에서 광대역 네트워크를 통해 다수의 고객에게 어플리케이션의 사용을 제공, 관리하는 것"이라고 광범위하게 정의하고 있다.

3. ASP의 특징

IDC는 ASP의 주요 특징에 대해서 다음과 같이 정리하고 있다.

① 어플리케이션 중심적이다(application centric)

ASP는 상업적으로 이용할 수 있는 업무용 소프트웨어, 즉 어플리케이션의 접근과 관리를 제공한다. 이는 비즈니스 절차의 아웃소싱(business process outsourcing : BPO)과는 다르며, 기본적인 호스팅 서비스와도 다른 개념이다. 아웃소싱의 경우 인적자원 관리나 재무관리 등과 같은 일부 비즈니스 프로세스 전반을 관리하는 계약이 이루어지지만, ASP는 이와 같은 계약 내용을 포함하지 않는다. 또한 기본적인 호스트 경우 서비스업자는 서버에 대한 최소한 운영체제 관리와 네트워크 환경을 제공하지만, ASP는 추가적인 노력 없이 즉시 사용 가능한 어플리케이션 환경을 제공하고 관리해준다.

② 어플리케이션의 접속을 판매한다(selling application access)

ASP 서비스는 어플리케이션 라이선스, 서버, 인력, 기타 지원에 관한 별도의 투자 없이 고객사가 새로운 어플리케이션을 사용할 수 있는 환경을 제공해준다. 전통적인 어플리케이션 관리(application management : AM) 계약의 경우 서비스 제공업자는 어플리케이션 라이선스를 1 대 1로 고객사에게 판매 또는 재판매한다. 반면 ASP는 필요에 따라 어플리케이션을 직접 소유하거나 소프트웨어 공급자와 라이선스 계약을 맺고, 고객사에게는 어플리케이션에 접속하여 사용할 수 있도록 임대해 주는 서비스를 제공해 준다.

③ 중앙에서 관리된다(centrally managed)

ASP는 1개의 어플리케이션을 다수의 사용자가 사용할 수 있도록 설계된다. ASP는 벤더들과 제휴 협력을 통하여 미리 최적화되어 있는 어플리케이션을 최소한, 또는 전혀 고객의 요구에 따른 수정을 하지 않고 고객에게 제공한다. 반면 기존의 아웃소싱은 각 고객별로 고유한 요구사항을 만족시켜 줄 수 있도록 1 대 1로 개별화된 솔루션과 서비스를 제공해 준다.

④ 계약 기반으로 서비스가 제공된다(delivering on the contract)

ASP는 고객들과 계약을 통해 일정 기간 동안에 약속된 어플리케이션을 제공할 책임을 가지게 된다. 비록 실제 ASP 서비스의 경우 서비스 제공업체, 어플리케이션 공급자, 네트워크 및 하드웨어 관리자 등 다수의 파트너가 참가하게 되지만, 서비스 제공과 관련하여 고객에 대한 최종적인 책임은 ASP가 지게 된다.

표 8-1 ASP와 관리적 아웃소싱의 비교

	항목	아웃소싱	ASP
차이점	계약 형태	1:1 서비스(dedicated)	1:n 서비스(shared)
	Customization	customized solution	ready-made solution
	어플리케이션의 소유	license rental	ownership rental
	자산 변화	자산의 이전	자산의 이전이 없음
	인력 변화	인력의 이전	인력의 이전이 없음
	어플리케이션의 위치	고객사 혹은 공급업체	공급업자(IDC)
공통점	서비스의 형태	Contract based	
	서비스 수준 협약	SAL(Service Level Agreement)	

※ 자료 : 남기찬·이재남, 정보시스템 아웃소싱 : 방법론과 사례, 1999.

4. 아웃소싱과 ASP 비교

일반적으로 정보시스템 아웃소싱이란 기업이 정보시스템에 대한 관리 기능(기획, 개발, 운영)의 전부 또는 일부를 외부기관에 위탁하는 것을 말한다. 아웃소싱은 다시 시설, 인원, 장비 등과 같은 자산의 이동이 발생하는 자산 아웃소싱(assert outsourcing)과 자산의 이동 없이 프로젝트 형태로 이루어지는 서비스 아웃소싱(service outsourcing)으로 크게 분류할 수 있다. 국내의 경우 아웃소싱(outsourcing)과 시스템 통합(system integration : SI)을 혼동하거나 같은 의미로 많이 사용하고 있다. 그러나 시스템 통합은 보통 "프로젝트 위주의 업무를 전문업체에게 위탁하는 것"으로 일의 시작과 끝이 있다. 반면 아웃소싱은 전문업체에 의해 제공되는 기능에 대한 책임이 연속성을 가진다고 말할 수 있다. ASP 역시 아웃소싱의 일종으로 볼 수 있는데, ASP의 경우 자산과 인력의 이동이 일어나지 않기 때문에 서비스 아웃소싱의 범주에 든다고 할 수 있다. 그러나 ASP 고유의 특징을 종합해 볼 때 기존의 자산 아웃소싱 혹은 관리적 아웃소싱과 ASP는 중요한 차이점을 갖고 있다(표 8-1 참조).

제 2 절 ASP의 등장배경 및 장단점

1. 경영환경의 변화

① 아웃소싱의 수용과 인식의 변화

정보산업 분야에서 아웃소싱이 주목받게 된 것은 1989년 IBM과 Kodak이 10년 만기, 500만불 규모의 계약을 체결한 데서 시작되었다. 코닥은 데이터 센터를 IBM에, 네트워크를 DEC에, 마이크로컴퓨터를 Business Land 사에 분할 아웃소싱하여 50%의 경비를 절감 효과를 기대하였다. 이러한 코닥의 아웃소싱 전략은 이른바 "코닥효과(kodak effect)"라는 파급효과를 가져왔으며, 아웃소싱이 주요 정보시스템 관리 및 경영전략이라는 인식이 확산되면서 많은 기업에서 아웃소싱이 활발하게 이루어지고 있다. 기업이 자산의 관리적 자원을 핵심역량에 집중하고 비용을 절감하기 위해 정보시스템을 외부의 전문업체에 맡긴다는 점에서 ASP는 광의의 아웃소싱의 한 형태라고 볼 수 있다. 이러한 정보기술의 아웃소싱 증가에 영향을 끼친 요인으로 전략적 제휴라는 가치의 인식과 기술 환경의 변화가 있다. 아웃소싱의 개념이 처음 등장했을 때에는 파트너쉽에 대한 불확실성과 인식의 부족으로 인해 아웃소싱 도입에 많은 저항이 있었다. 그러나 성공적인 사례들이 제시되고 아웃소싱 방법론이 정립됨에 따라 많은 기업들이 아웃소싱을 활용하게 되었고, 그에 따라 ASP 시장도 성장할 수 있었다.

② 인터넷과 전자상거래의 확산

인터넷과 전자상거래의 확산은 기업들에게 전 세계를 하나로 묶는 네트워크의 활용이라는 새로운 기회를 제공하여 주었다. 뿐만 아니라 인터넷을 기업 활동의 무대로 하는 인터넷 기업의 출현을 가능하게 해 주었다. 인터넷 기업의 활동이 활발해 질수록 고객관리 등 기업 관리에 필요한 어플리케이션의 수요는 많아지게 되었고, 값 비싼 어플리케이션과 시스템을 전부 구입하기 힘든 기업들은 어플리케이션을 임대하여 사용할 방법을 찾게 되었다. 또한 기업간 전자상거래(B2B) 시장의 확산은 기업의 경쟁 환경을 네트워크 중심으로 만들었고, 정보의 공유를 위해 표준화된 프로세스와 공유가 가능한 어플리케이션에 대한 수요를 창출되었다. ASP는 네트워크를 기반으로 한 표준화된 서비스라는 점에서 이러한 필요를 충족시켰으며, e-비즈니스를 구현하기 위한 어플리케이션을 필요로 하는 기업들에게 각광받게 되었다.

2. 인터넷 관련 기술의 발전

① IP 네트워킹 기술의 발전

인터넷의 가장 큰 장점은 매우 간단하면서도 개방되어 있고, 플랫폼에 독립적인 인터넷 프로토콜을 이용하여 컨텐츠와 어플리케이션을 고객에게 낮은 비용으로 제공할 수 있게 해준다는 것이다. 인터넷의 기반을 이루고 있는 TCP/IP(transfer control protocol/internet protocol)는 이제 모든 네트워크 통신의 표준이 되어가고 있다. 또한 광통신망과 네트워크 기술의 발달은 광대역의 전송망을 제공해 주었다. 이러한 IP 네트워킹 기술의 발전은 표준화된 네트워크를 기반으로 한 어플리케이션의 개발을 쉽게 해 주었다.

② 서버 기반의 컴퓨팅

서버 기반 컴퓨팅 아키텍처에서는 데이터의 저장과 가공이 모두 서버에서 이루어지고, 클라이언트 시스템은 단지 사용자의 명령을 받아들이고 결과를 출력해주는 인터페이스의 역할만을 하게 된다. 가장 널리 활용되고 있는 서버 기반 컴퓨팅은 바로 월드와이드웹(world wide web : WWW)이다. 사용자는 PC에 설치된 인터넷 웹브라우저만 작동시킬 뿐이고, 모든 컨텐츠와 어플리케이션은 서버에서 제공된다. 이러한 서버 기반의 컴퓨팅을 가능하게 하기 위해 CGI(common gateway interface), Perl, Java와 같은 다양한 기술들이 개발되었다.

③ 분산 시스템 관리 기술의 발달

네트워크와 분산 시스템의 관리와 관련된 기술의 발전으로 인해 이제는 인터넷이나 전화선을 통해 원격지에 위치한 시스템을 유지보수 할 수 있게 되었다. 예컨대 바

이러스 등으로 인해 PC가 고장이 난 경우 종전처럼 서비스요원이 PC가 설치된 장소로 가서 수리하는 것이 아니라, 네트워크를 통해 PC에 접속하여 시스템을 다시 설치하고 유지보수 할 수 있게 된 것이다. 이와 같은 원격 제어기술의 발전은 기업의 PC 및 어플리케이션 관리를 아웃소싱 할 수 있게 만드는데 중요한 역할을 하였다.

3. ASP의 장점

① 비용 절감

ASP 서비스는 다수의 고객에게 유사한 어플리케이션 서비스를 제공함으로써 규모의 경제를 누릴 수 있기 때문에 고객사가 직접 사내에 정보시스템을 구축하는 것보다 저렴한 비용으로 동등한 수준의 서비스를 제공할 수가 있다. 또한 ASP 서비스를 이용하는 기업은 같은 수준의 시스템 구축에 들어가는 비용을 최고 50%까지 절감할 수 있는 것으로 조사되었다.

② 기업의 핵심역량 강화

ASP는 모든 프로그램과 데이터가 서버에서 중앙 집중적으로 운영되기 때문에 관리하기가 편하다. 또한 기업의 정보시스템 관리에 소요되는 시간과 관리적인 부담을 줄일 수 있기 때문에 기업의 역량을 핵심 비즈니스에 집중할 수 있다.

③ 유연성 확보

ASP는 하드웨어, 소프트웨어 등 별도의 고정자산에 대한 투자 없이 사용할 수 있기 때문에 재무적인 유연성을 높여준다. 뿐만 아니라 기술 변화에 신속히 대응할 수 있어서 기술진부화의 위험 부담을 줄여주며, 수요에 따른 사용자의 추가 삭제가 용이하기 때문에 유연성의 확보가 용이하다.

④ 비용에 대한 예측과 통제 가능

ASP 서비스를 이용하게 되면 주로 매월 정액의 요금을 지불하기 때문에 정보기술과 관련한 비용을 예측 가능하게 해준다. 또한 어플리케이션 라이선스, 관리지원 비용과 같은 간접비용이 들지 않기 때문에 정보기술 관련 비용을 정확하게 통제하는 것이 가능하다.

⑤ 관리적 편리성

ASP는 기존의 클라이언트-서버(client-server) 시스템과는 비교할 수 없는 관리적인 편리성을 제공해 준다. 각각의 PC 클라이언트에 별도의 프로그램을 설치할 필요가 없으며, 웹브라우저 사용으로 시간과 장소의 제약 없이 인터넷으로 365일, 24시간 어플리케이션에 접근이 가능하다. 또한 웹브라우저만 작동된다면 PC의 사양이나 운영체제에 상관없이 어떠한 컴퓨터라도 사용할 수 있어서 관리적 부담을 줄여준다.

⑥ 빠른 구축 속도

ASP는 미리 산업별로 최적화되어 있는 표준화된 어플리케이션을 서버에 설치해 놓고 기업들이 사용할 수 있도록 제공하기 때문에 매우 빠른 시간 안에 구축하는 것이 가능하다. 특히 이와 같은 빠른 시장진입 가능성은 변화의 속도가 빠른 현대 기업에게 있어 매우 중요한 요소이다.

⑦ 선도 기술에의 접근

ASP를 이용하게 되면 중소기업이라 할 경우에도 개별 기업들이 구축하여 사용하기 힘든 ERP, CRM 등과 같은 고가의 어플리케이션도 사용이 가능해진다. 또한 전문 기술력을 가진 선도 기술에 쉽게 접근이 가능하다.

제 3 절 ASP의 구조 및 구성요소

1. ASP의 운영체계

서비스업체가 관리하기 때문에 수준 높은 기술적 혜택을 받을 수 있다. 뿐만 아니라 개별ASP 서비스에 필요한 어플리케이션, 하드웨어, 네크워크 장비 등은 실제로는 고객사나 ASP 서비스업체가 아닌 제3의 장소, 즉 인터넷데이터센터(internet data center : IDC)에 설치된다. ASP 서비스업체는 서버와 운영체제, 어플리케이션에 대한 관리를 IDC에 위임한다. 반면 서버와 어플리케이션의 상태를 모니터링할 수 있는 곳에서 운영 상태를 점검하고, 시스템 구축과 유지 보수, 그리고 헬프 데스크(help desk)를 운영한다. 그러나 이때 기존의 시스템통합(system integration : SI), 시스템관리(system management : SM) 계약과는 달리 시스템 구축의 초기 단계 일부를 제외하고는 모든 시스템의 구축과 튜닝, 유지관리는 ASP 서비스업체에서 진행한다. 이렇게 함으로써 다수의 고객을 적은 비용으로 관리할 수 있다. 기업이 구축하기 힘든 e-비즈니스,

4. ASP환경에 적합한 eERP시스템 구축전략

1) 기계산업 중소기업의 실태

중소기업에 적합한 정보시스템이 폐쇄적·단편적 기능으로 개발, 표준화된 프로세스 부족, 정보자원의 공유 및 미흡시스템 연계, 수작업 과다, 개발비용 및 유지비용 과다 소요, 시스템 운영 및 신기술 대응에 미흡, 운영인력의 잦은 이동으로 업무변화 대응 미흡, 벤더·파트너로부터의 지원미흡, 설계구조 취약으로 업무변경 대응 미흡 등이다.

2) 업무개선환경의 반영

업무간 통합 설계로 정보자원 연계 및 공유, 업종별 표준 프로세스 확보로 업무최적화, 업무변화에 신속대응을 위한 유연성 확보, 입력오류 방지를 위한 데이터 참조 기능 강화, 경영분석수작업의 최소화를 위한 기능제공, ASP기반 제공으로 유지비용 최소화, ASP기반에서의 안정된 전문운영 조직 유지, eERP(종합경영시스템)는 업체 적용 및 운영시 업무프로세스의 다양한 형태와 기능을 파라미터 설정으로 선택할 수 있도록 하여 업무변화에 신속한 대처가능, 사용자 업무분석을 위한 EUC(end user computing)환경 제공으로 업체별 분석관점의 다양성 대응과 업체 사용자 운영능력을 고려된 다양한 검색항목을 제공하게 된다. 이는 〈그림 8-7〉과 같이 ASP환경의 형태를 나타낸 것이다.

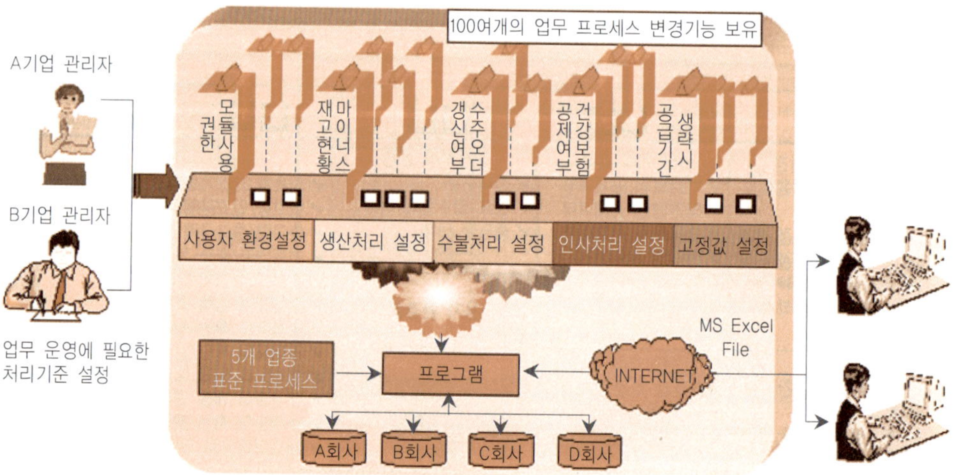

그림 8-7 ASP환경의 형태

3) 중소기업 전산구축 및 운영비용을 고려한 ASP형태 서비스 제공전략

서버와 소프트웨어의 구입, 관리에 소용되는 인력과 비용을 획기적으로 절감되고, 전문 운영인력에 의한 시스템관리로 안정적 운영과 인터넷 환경기반 구축으로 어느 장소에서나 사용가능 하다. 그리고 빠른 시스템 업그레이드를 통한 장기적인 경쟁력 확보는 물론 지속적인 신기술 업그레이드와 시스템 교체가 용이하다. eERP(표준경영시스템) 사용회사 자체에서 사용자 권한관리가 가능한 것으로서 회사별 사용자별로 사용권한 부여를 해주고, 각 회사 Admin User가 회사내 User에 대한 사용자 추가, 권한 부여, 수정, 사용자 삭제 처리기능이 가능하며, 프로그램 단위 별로 사용권한에 대한 기능이 부여된다.

4) 최신 기술 및 환경에 의한 완벽한 보안 및 365일 운영체제 수립전략

(1) 사용자 인증 및 기능 서비스

사용자 인증 및 접근제어기능(PKI, SSO)을 적용시키고, 전용 프락시로 보안품질을 향상 시켰으며, 불법침입시 자동차단 및 경고기능을 적용하였다. 그리고 사용자 접속로그 분석 및 통계기능을 제공하고, 통합 콘솔에 의한 전문요원이 직접 운영하게 할 뿐만 아니라 해킹시 원격지 추적과 실시간 처리를 대응할 수 있다.

(2) 백업서비스

고속 백업전용 네트워크를 통한 안정적인 백업을 수행하고 전문요원에 의한 365일 24시간 백업 모니터링 관제센터를 운영한다. 그리고 일별, 주별 정기적인 백업을 수행하고, 고객의 백업 데이터의 증가와 백업데이터 보관주기의 변동시 서비스 레벨의 조정만으로 완벽하게 대응하는 편리한 기능과 확장성을 제공한다.

(3) 운영환경

24시간 365일 상황관리 및 비상체제 운영을 원칙으로 하고, 완벽한 백업체제 구축과 대용량 UPS를 통한 전원공급의 불안성과 정전발생을 대비 할 수 있으며, 시스템 발열량에 따른 자동 항온항습기 가동과 화재대비 중앙 집중식 소화설비 통제관리가 구축되어 설비 및 전산기기의 가동을 안정을 기할 수 있다. 그리고 데이터 센터내 네트워크의 통합배선시스템 설계 와 최첨단 무인감시시스템 및 출입통제시스템 구축되어 외부침입자의 보안을 최대한 보장이 될 수 있다.

5) 운영의 편리성, 중소기업의 전산구축비용을 고려한 MS환경 채택전략

중소기업이 운영시 자원관리 및 유지보수 측면의 편리성 고려하여 윈도우 환경에 입각한 시스템 및 툴(tool)로 구성하여 중소기업의 연약한 환경을 고려한 시스템으로 구성되었고, 운영시 전산환경 구축비용과 운영비용을 저렴한 조건에서 편리하게 이용할 수 있도록 시스템 환경을 마련하는데 있다. 구체적으로 살펴보면, 중소기업에서 전산전문가를 고용하는 것과 비싼 서버기기를 구입하는 것은 쉬운 일이 아니다. 이러한 입장을 고려한 것이 ASP 환경을 마련하여 eERP 시스템을 각 기업별로 이용할 수 있는 소프트웨어와 데이터베이스를 이용하게 하는 것이다. 이러한 환경이 〈그림 8-8〉과 같이 인터넷 기반으로 한 ASP 인프라로 구성된 것이다.

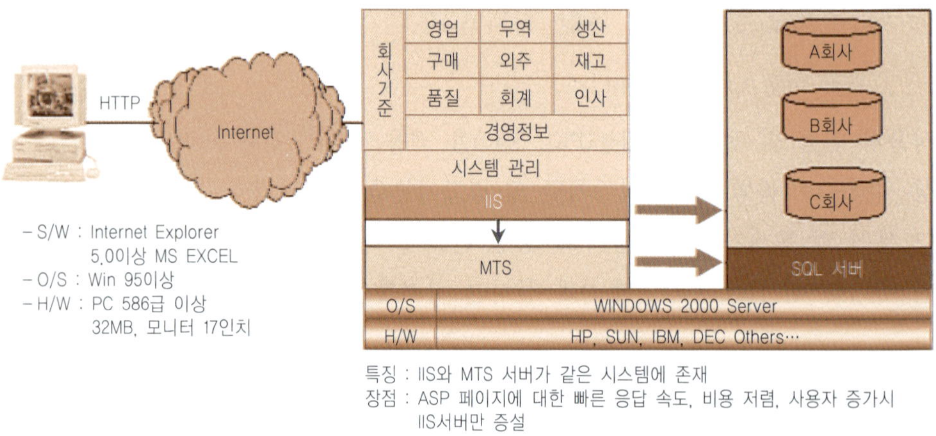

그림 8-8 ASP운영에 필요한 인프라

5. eERP 일정계획수립과 컨설팅 전략

1) eERP 일정계획수립 전략

중소기업들이 eERP환경에 적용하도록 하기 위해서는 철저한 분석과 개발 내지는 검증과 더불어 시험(단위시험 업무기능시험, 결합시험, 통합시험 등)을 거쳐서 eERP 시스템을 구축해야 한다. 1단계로 기계산업의 5개 업종인 일반기계, 전기기계, 정밀기계, 금속기계, 수송기계 등을 모두 수용할 수 있게 업무분석과 시스템을 설계를 하고 시스템을 구현해야 한다. 계속해서 2단계에서는 5개 업종과 기계산업의 규모별로 적용이 가능하게 시스템 표준화와 설계에 재 반영하여 시스템을 구현시킴으로써 eERP시스템을 안정화시킨다. 끝으로 3단계에서는 20개 기계산업체를 수용한 시스템을 완성함으로써 eERP시스템을 성숙기로 맞이하게 된다. 이러한 추진내용은 〈그림 8-9〉와 같다.

	2001.7~2001.8	2001.9~2001.10	2001.11~2002.1	2002.3~2002.5	2002.6~2002.9
	2001.12~2002.2	2002.3~2002.6	2002.7~2002.9	2002.10~2002.12	2003.1~2003.3
	2002.11~2002.12	2003.1~2003.3	2003.4~2003.5	2003.6~2003.7	2003.8~2003.9
	적용업체 선정	업무진단 분석	업무혁신	설치 및 이행	시험 운영
세부업무내역	- 종합경영시스템 소개 - 희망업체 접수 - 5개 업종(수송, 전기, 정밀, 일반, 금속)별로 업체 평가 - 최종 구축 지원 대상 업체 선정 1단계 : 10업체 2단계 : 20업체 3단계 : 30업체	- 현행 업무분석 - 정보기술 분석 - 경영환경 분석 - 사용자 요구사항 분석 - 종합경영시스템 기능과의 차이분석 및 영향도 분석	- To-Be 시스템 도출 및 방향제시 - 적용시스템 설계 - 프로그램 제작 및 커스터 마이징 - 테스트 및 성능점검	- 적용업체 표준경영 Mind 교육 - 표준화, 코드체계 수립 및 Setup - 마스터 데이터생성 품목, 작업장, 장비, BOM, 거래처, 회계, 인사, 급여 - 기초데이터생성, 회계, 재고,구매, 영업, 생산	- 사용자 교육 - 병행 운영 - 시스템 최종 점검 - 본가동 - 사후관리 및 지원

그림 8-9 eERP시스템의 전략적 추진계획

2) 컨설팅 프로세스 전략

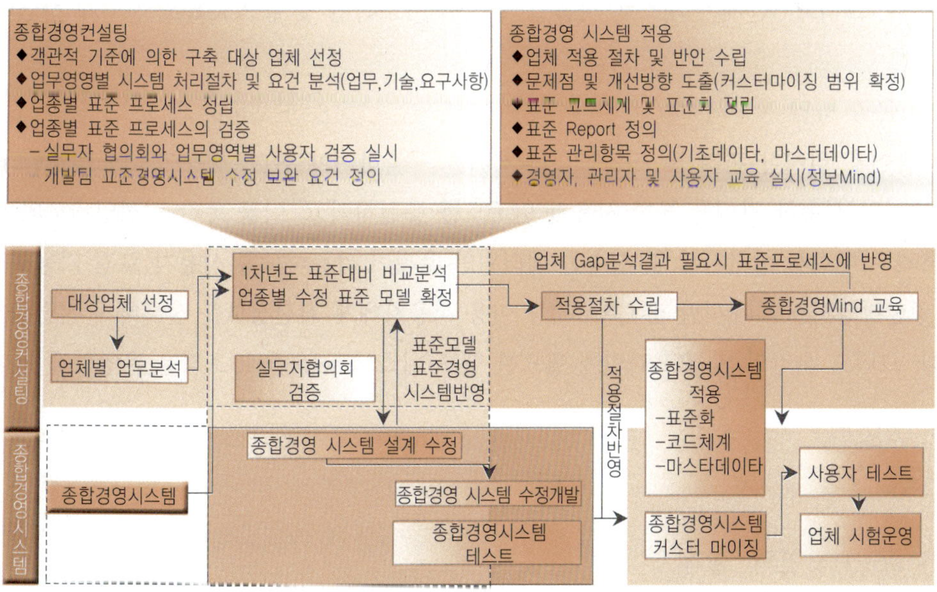

그림 8-10 컨설팅 프로세스 전략의 관계도

종합경영시스템의 정착과 안전을 기하기 위해서 전략적인 프로세스가 필요하다. eERP시스템이 마련되면, 대상기업에 eERP시스템을 적용에 앞서 사전 기업환경과 실태를 파악하고 적용될 수 있는 모듈선정과 더불어 기업전반에 걸쳐 컨설팅을 실시하여야 한다. 몇 차례 기업방문을 통하여 교육(경영자 교육, 실무자 교육, 운영자 교육)과 표준화 작업(각종 코드체계, 마스터 데이터, 기초 데이터, 변동 데이터(각종 전표))을 통하여 기초 정보환경을 마련하여 비로소 일상적인 기업업무를 수행할 수 있는 여건이 준비되었다고 본다. 기업의 특성과 문화 및 경영수준에 따라 eERP시스템의 적용형태가 다소 달라진다. 업무수행을 시스템에 적용을 위해 준비가 마련되면, 업무모듈별로 검증과 시스템 시험을 거쳐 시스템을 기업에 맞게 보완작업을 한다. 이와 같이 구체적인 내용과 프로세서 절차를 수행하는 것은 〈그림 8-10〉과 같다.

3) 적용업체 교육 및 운영전략

(1) 교육 방안

단계별 교육에 의한 사용자 활용도를 극대화 유도하여 종합경영시스템 구축의 성공요인 중 하나는 기업 담당자들이 시스템에 대한 이해와 적극적인 활용이므로 단계적 교육계획을 수립하여 진행하여야 한다. 1단계는 ERP 개념과 ERP 마인드 교육을 실시하고, 2단계는 표준화, 코드체계 구성, 마스터 데이터 등에 대한 사항교육을 습득케 한다. 그리고 3단계는 시스템 사용법, 단위화면 조작법 및 운영교육을 전수케 하였다.

(2) 운영 방안

적용이후 철저한 관리 및 신속한 지원체계를 구축하여야 한다. 적용이후의 철저한 사후 관리와 신속한 지원을 통한 사용자 만족도를 증진시키고, 이를 통한 인접업체로의 파급효과 기대로서 상시감시 및 신속한 에러원인 추적이 가능하도록 사용자 로깅 기능구축과 종합경영시스템 게시판 및 Q&A 기능 이용 사용자에게 최신정보를 신속하게 전달하게 한다. 그리고 온라인 및 오프라인에 필요한 헬프 데스크(help desk)조직을 운영하게 된다.

6. 도입효과

1) eERP도입의 효과

eERP를 도입하면서 목적이 명확하지 않다면 그 효과는 미미할 것이다. 기업들이 흔히 범하는 오류중의 하나가 유행에 편승하여 eERP의 도입 자체가 목적이 되는 경우가 있기 때문이다. 이 경우, 대부분이 실패로 돌아가게 되어 실패비용은 실로 엄청난 수준이 되고 만다. 반면 기업의 현황분석을 토대로 하여 문제점을 보완하기 위한 목적으로 eERP를 도입하게 된다면 그만큼 환경변화에 빠르게 대응할 수 있고, 세계적인 표준과도 일치할 수 있기 때문에 경쟁력은 높아질 수밖에 없을 것이다. eERP의 도입목적은 기업마다 다를 수 있으나 크게 4가지 목적을 위하여 도입한다.: ① WebBPR에 대한 기대효과로 업무프로세스를 개선하기 위한 실질적인 정보기술로써 도입하는 경우 ② 정보화를 통한 경쟁력 향상을 위해서 물류와 회계 중심의 전사적 통합관리를 목적으로 하는 경우 ③ 기술환경의 변화로 인한 적응을 패키지의 구축과 지속적인 업그레이드로 신속하게 대응하고, 관련된 통합기술을 사용하여 기존의 시스템에 대한 문제점을 개선하고 사용자의 편의성을 향상 ④ 글로벌 환경에 대응하기 위해서 도입하는 경우 등이다. 결국 경쟁력 제고를 위하여 도입하게 되는 eERP 패키지의 파급효과는 전사적인 관점에서 영향을 미치게 되는 것이다.

표 8-5 eERP도입 후 기대되는 효과

요 인	기 대 효 과
업무효율화	통합 업무처리를 기반으로 한 번의 입력을 통하여 모든 부서가 공유하는 데 따라 데이터의 일원화가 가능
WebBPR 실천	경영혁신과 동일한 시각에서 프로젝트 추진
신속하고 정확한 정보획득	기업 업무 전체에 걸친 정보획득의 실시간화 및 일원화가 가능해짐
기업경쟁력의 확대	업무의 효율화 추진으로 이익확대부문에 역량을 집중할 수 있음
글로벌 대응	기업의 판매, 생산과 연계된 해당 국가의 언어, 통화 등을 하나의 시스템으로 지원할 수 있음
관리수준의 향상	전사적인 관점의 접근, 정보를 이용한 의사결정 가능
고객 대응능력 용이	수주 및 출하의 일원화로 납기정보의 실시간 제공가능, 고객이력의 통합관리로 고객에 대한 대응력 증가

ASP기반 제공으로 유지비용 최소화, ASP기반에서의 안정된 전문운영 조직유지, eERP는 업체 적용 및 운영시 업무프로세스의 다양한 형태와 기능을 파라미터 설정으로 선택할 수 있도록 하여 업무변화에 신속한 대처가 가능하고, 사용자 업무분석을 위한 EUC(end user computing)환경제공으로 업체별 분석관점의 다양성 대응과 업체 사용자 운영능력을 고려된 다양한 검색항목을 이용(특화검색기능)할 수 있다. 서버와 소프트웨어의 구입, 관리에 소용되는 인력과 비용을 회기적으로 절감되고, 전문 운영인력에 의한 시스템관리로 안정적 운영과 인터넷 환경기반 구축으로 어느 장소에서나

사용가능 하다. 그리고 빠른 시스템 업그레이드를 통한 장기적인 경쟁력 확보는 물론 지속적인 신기술 업그레이드와 시스템 교체가 용이하다. eERP 사용회사 자체에서 사용자 권한관리가 가능한 것으로서 회사별 사용자별로 사용권한 부여를 해주고, 각 회사 Admin User가 회사내 User에 대한 사용자 추가, 권한 부여, 수정, 사용자 삭제 처리 기능이 가능하며, 프로그램 단위 별로 사용권한에 대한 기능이 부여된다. 사용자 인증 및 접근제어기능(PKI, SSO)을 적용시키고, 전용 프락시로 보안품질을 향상 시켰으며, 불법침입시 자동차단 및 경고기능을 적용하였다. 그리고 사용자 접속로그 분석 및 통계기능을 제공하고, 통합 콘솔에 의한 전문요원이 직접 운영하게 할 뿐만 아니라 해킹시 원격지 추적과 실시간 처리를 대응할 수 있다. 고속 백업전용 네트워크를 통한 안정적인 백업을 수행하고 전문요원에 의한 365일24시간 백업 모니터링 관제센터를 운영한다. 그리고 일별, 주별 정기적인 백업을 수행하고, 고객의 백업 데이터의 증가와 백업데이터 보관주기의 변동시 서비스 레벨의 조정만으로 완벽하게 대응하는 편리한 기능과 확장성을 제공한다. 24시간 365일 상황관리 및 비상체제 운영을 원칙으로 하고, 완벽한 백업체제 구축과 대용량 UPS를 통한 전원공급의 불안성과 정전발생을 대비 할 수 있으며, 시스템 발열량에 따른 자동 항온항습기 가동과 화재대비 중앙 집중식 소화설비 통제관리가 구축되어 설비 및 전산기기의 가동을 안정을 기할 수 있다. 그리고 데이터 센터내 네트워크의 통합배선시스템 설계 와 최첨단 무인감시시스템 및 출입통제시스템 구축되어 외부침입자의 보안을 최대한 보장이 될 수 있다.

이와 같이 중소기업의 공동이용 되는 ASP환경을 이용한 eERP 활용이 저렴한 비용과 시스템 운영의 안정을 기할 수 있는 것이다.

2) 연구방향

앞으로의 연구해야 할 것은 중소기업들을 대상으로 한 eERP이므로 중소기업 자체가 조직적으로나 정보화 마인드 수준이 아직도 취약한 편이다. 특히 표준경영시스템과 관련하여 컨설팅 수행시 참여여건이나 시스템 적용을 위한 사전 표준화 작업 및 업무 프로세스 조정에 있어서도 전담할 수 있는 여력이 없다는 것이 업무추진 하는데 문제점으로 대두되고 있다. 그리고 중소기업이 규모확장으로 중견기업이 될 경우 이를 수용할 수 있는 방안이 마련되어야 할 것이다. 그리고 2002년9월에 eERP가 개발완료 되고 적용이 본격적으로 활용되기 전까지는 시스템 보급대상 지역(경남지역 4,877개의 기계산업기업)에 구체적인 전략을 수행하기 위한 방안에 관한 연구가 필요하다.

9 Chapter 공급사슬관리(SCM)

제 1 절 SCM의 개념 및 유형

1. SCM의 개념

최근 정보기술의 급속한 발전에 따라 물류활동의 경쟁우위가 점차 중요한 이슈로 등장하고 있다. 전자상거래 시대에 요구되어지는 물류전략의 하나로 최근 각광을 받고 있는 SCM(Supply chain management)은 공급체인관리, 공급망관리 또는 공급사슬관리 등 다양한 이름으로 불린다. 이렇게 다양한 이름으로 불리는 SCM은 "수주에서 납품까지의 공급사슬 전반에 걸쳐다. 양한 사업활동의 통합을 통해 상품의 공급 및 물류의 흐름을 보다 효율적으로 관리하는 것"을 말한다. 다시 말해 SCM은 "불확실성이 높은 시장변화에 대응하여 부품 및 원자재 조달업체 → 제조업체 → 유통업체 → 고객 등으로 이어지는 공급사슬에 참여하는 모든 기업들이 상호 협력하여 자원과 정보의 흐름을 마치 하나의 기업처럼 관리하여 경쟁력을 높이는 것"을 말한다. 이러한 SCM의 개념은 새로운 것이라기보다는 기존의 물류관리의 개념과 가치사슬(value chain)의 이론을 접목한 것으로 파악할 수 있다. 즉, 기업의 가치사슬을 기업 내부뿐만 아니라 원재료나 부품의 공급자로부터 최종 소비자까지 넓힘으로써 가치활동의 효율성을 극대화하는 것이다. 보다 구체적으로는 기업 내부는 물론 외부 관련 기업과의 업무절차 개선, 정보 공유 등을 통해 공급사슬 전체에서의 비용과 시간을 줄이고 고객의 요구에 보다 잘 대응할 수 있는 공급망을 구축, 유영하는 것에 중점을 두고 있다. 즉, 최소의 비용과 시간을 들여 수주에서 고객납품까지의 모든 활동을 효율적으로 실행하고자 하는 경영관리 기법이다. 이렇듯 SCM은 개별 기업 내지 개별 업무 차원에 머물렀던 구매, 생산, 물류, 영업부문 등에서의 정보화를 전체 공급사슬 관점에서 개선하고 통합된 정보시스템을 구축함으로써 기업 차원이 아닌 하나의 공급사슬별로 경쟁관계가 이루어진다.

SCM은 소비자의 소비자에서부터 공급자의 공급자까지 필요한 기능을 최적의 기업구조로 실현한다. 그리고 마치 하나의 기업처럼 움직이는 가상조직체를 구축한다. 즉, 기업의 내부 시스템을 공급자와 고객의 시스템과 통합시킴으로써 새로운 경쟁우위를 구축하는 경영기법이라고 할 수 있다.

1) SCM구성요소

① 계획 및 통제	② 프로세스 구조	③ 조직구조
④ 제품흐름 시설구조	⑤ 정보흐름 시설구조	⑥ 제품구조
⑦ 관리방법	⑧ 힘 및 리더십 구조	⑨ 위험 및 보상 구조
⑩ 문화 및 태도		

공급사슬의 범위(supply chain scope)

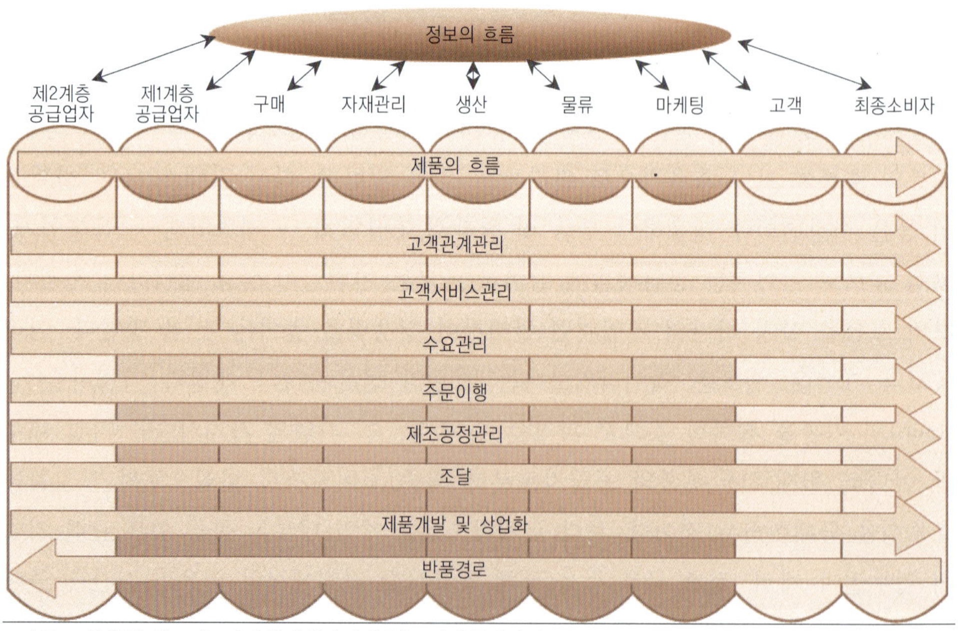

※자료 : 심상렬 외 3명, 전자상거래관리사(상), 이에두넷닷컴, 2001, p.120.

그림 9-1 SCM의 개념 및 범위

2 공급사슬의 개념과 특징

1) 공급사슬의 개념

종래에는 생산과정을 중심으로 계획, 관리하고 부품 및 원자재의 조달과정과 판매, 유통과정이 별개로 운용됨에 따라 제조업체가 내부적인 생산계획, 관리 및 제조라인의 운영을 합리화하여 생산성을 높이고 재고를 감소시키며 납기를 준수하는 것은 한계가 있었다. SCM의 기본 전제는 모든 비즈니스 프로세스와 공급사슬의 구성원에 걸쳐 공통적인 관리적 구성요소가 있다는 것이다. 중요한 것은 이러한 공통적인 구성요소들을 어떻게 관리할 것인가의 문제이다. 이러한 구성요소들은 전략적인 것에서 운영적인 것, 물리적 흐름에서 정보 흐름, 유형구조에서 조직구조와 문화에 이르기까지 다양하다. 공급사슬(Supply chain)은 부품, 원료 또는 기자재 공급업체, 제조 및 조립업체, 운송 및 보관업체, 유통 및 판매업체, 고객 간의 물류, 정보, 자금의 흐름과 상호작용 프로세스를 통칭한다. 공급사슬상에는 여러 개의 다른 조직체와 활동에 필요한 많은 기능(설계, 생산, 조달, 운송 등)이 존재하며, 전체 공급사슬의 효율성을 증가시키기 위하여 실물, 정보, 자금을 최적으로 관리하는 것이 SCM의 역할이다.

2) 공급사슬의 특징

공급사슬에는 원자재 공급선에서 최종소비자에 이르기까지 모든 기업들이 참여하게 된다. 이러한 공급사슬의 얼마나 많은 부분을 관리할 필요가 있는가는 제품의 복잡성, 가용한 공급선의 수, 원자재의 가용성 등 여러 가지 요인에 의해 좌우된다. 이밖에 고려해야 할 차원에는 공급사슬의 길이, 각 수준에 있어서 공급선과 고객의 수 등이 포함된다. 공급사슬의 상이한 부문에 있어 기업들이 얼마나 밀접한 관계에 있는가는 천차만별이다. 핵심 공급선 또는 고객과는 파트너십 형태의 보다 긴밀한 관계가 형성되는 것이 보편적이다. 생산라인의 중단을 피하기 위해서 중요한 구성요소들은 당해 구성원과 밀접한 관계를 유지하는 가운데 관리되어야 한다. 때로는 생산을 위한 공급의 원천을 유지하기 위해 제2의 공급선이 요구될 경우도 있다. 이러한 경우 경쟁업체와의 정보공유가 문제가 된다. 하나의 제품과 관련된 구성요소가 많을 경우 이러한 관계를 모두 파트너십 형태로 관리하는 데는 많은 시간이 소요된다. 이 때문에 기업들은 특정한 공급사슬 연계에 적합한 파트너십의 수준을 선택할 필요를 느끼게 된다. 다시 말해 공급사슬 전체에 걸친 연계 모두가 긴밀하게 조정되고 통합되어야 한다는 것은 아니다. 가장 적절한 관계는 특정한 상황들의 집합에 가장 잘 부합되는 형태의 것이다. 공급사슬의 어느 부분에 경영자들이 특히 주목해야 하는가는 여러 가지 요인들에 의해 좌우된다. 이러한 요인들은 기업의 능력과 그것이 기업에 얼마나 중요한 의미를 지니는가에 따라 가중치가 달리 주어져야 할 것이다.

3. SCM의 유형

1) 제품 특징에 따른 구분

제품의 특성이 기능적(functional) 또는 혁신적(innovative)인지에 따라 공급사슬의 형태가 물리적으로 효율적(efficient) 또는 반응적(responsive)인지가 결정된다. 기능적 제품은 식료 잡화나 편의점에서 사람들이 구매하는 물품으로서, 일반적으로 안정적이고 예측 가능한 수요를 지니며, 긴 제품 수명주기를 지닌다. 반면에 혁신적 제품은 첨단 제품으로서, 일반적으로 예측 불가능한 수요와 짧은 제품 수명주기를 지닌다. 또한 효율적·반응적 공급체인은 공급체인의 목적, 생산초점, 재고전략, 리드타임 초점, 공급자 선정, 제품 디자인 전략 등의 요인에 의해 구별된다.

표 9-1 기능적 제품과 혁신적 제품의 특징

제품의 특성	기능적 제품	혁신적 제품
제품수명주기	2년 이상	3개월에서 1년
공헌이익	5~20%	20~60%
제품 다양성	낮음	높음
예측오차(수요)	10%	10~100%
재고부족률	1~2%	10~40일
시즌 막바지의 가격할인	0%	10~25%
주문생산에 필요한 리드타임	6개월~1년	1~2일

※ 자료 : 최낙훈, 우정사업의 SCM 발전전략, KISDI, 2002.3.

표 9-2 효율적·반응적 공급사슬의 특징

구분	물리적으로 효율적 공급사슬	시장반응적 공급사슬
주요 목적	• 공급량 예상 가능 • 가장 낮은 가격에 효율적으로	• 불활실한 시장 수요에 빠르게 반응 • 재고부족, 강요된 할인가격, 쓸모없는 재고를 최소로
생산초점	높은 이용률	초과 생산능력의 배치
재고전략	높은 재고회전률 창출 (재고회전률 = 판매량/재고)	버퍼 생산능력의 배치
리드타임 초점	비용이 증가하지 않는다면 감축	리드타임 감축을 위한 공격적 투자
공급자 선정	비용과 품질	스피드, 연성, 질
제품디자인 전략	비용 최소화	모듈라 디자인

※ 최낙훈, 우정사업의 SCM 발전전략, KISDI, 2002.3.

표 9-3 공급사슬의 가치 공헌

구분	구매	제조	유통
소비재산업 (비누, 샴푸)	30~50% →	5~10%	30~50%
중공업 산업 (산업기기, 항공, 방위산업)	50~60% →	10~15% →	5~10% →
내구 소비재산업 (자동차, 세탁기)	30~50% →	30~50% →	20~30% →

※ 자료 : 최낙훈, 우정사업의 SCM 발전전략, KISDI, 2002.3.

2) 공급사슬에 참가한 기업의 역할에 따른 구분

공급사슬의 3가지 연결고리인 조달, 제조, 유통에 대한 각 기업의 상대적 부가가치가 산업에 따라 달라지는 것에 착안하여 공급체인의 유형을 공급체인에 참가한 기업의 역할에 의해 구분하는 방식이다.

3) 공급사슬 참가자 구성에 따른 구분

공급사슬 참가자가 국내기업으로 한정되어 있는지, 또는 외국기업도 포함되는 지에 따라 국내(domestic) 공급사슬과 글로벌(global) 공급사슬로 구별하는 방식이다.

제 2 절 SCM의 배경 및 발전과정

1. SCM의 배경

1) 부가가치의 60~70%가 제조과정 외부의 공급사슬에서 발생

미국의 경우 제조업의 물류비용은 업종에 따라 10~15%에 이른다. 일반적으로 고객이 주문 후 납품까지의 주문 사이클타임 중에서 순수 제조 소요기간보다 공급체인 상에서 소요되는 시간이 훨씬 길다. 제조업체들은 공장자동화나 CIM(computer integrated manufacturing) 구축을 위해 막대한 투자를 하고 있다. 그러나 고객만족 효과는 주문처리, 물류관리, 구매조달 등에서 개선의 여지가 더욱 크며, 적은 규모의 투자로도 개선이 가능하다.

2) 부품 및 원자재 공급, 주문 이행 과정

부품 및 원자재 공급, 주문 이행 과정에서의 불확실성 제거 필요부품 및 원자재 공급, 주문 이행 등의 과정에서 납기, 품질 등에 대한 불확실성을 제조업체가 수동적으로 흡수하여 생산계획 편성, 재고 관리, 리드타임 단축 등을 하는 데에는 한계가 있다. 따라서 최근에는 이러한 외부로부터의 변동을 낮은 비용의 정보를 활용하여 감소시키려는 방안을 적극적으로 강구하고 있다.

3) 공급사슬상의 정보공유, 상호협력 및 조정의 중요성 인식

공급사슬의 가장 마지막 단계인 소매단계의 고객 주문, 수요 행태의 변동과 관련한 정보가 도매상, 지역 유통센터 등의 공급사슬을 거슬러 제조업체까지 전달되는 과정에서 정보전달의 지연 및 왜곡 확대로 인해 시장현실에 맞지 않는 마케팅, 납기지연, 결품, 과잉재고 등의 문제가 발생하는 이른바 채찍효과(bullwhip effect)의 부작용이 심각하다. 채찍효과는 채찍을 휘두를 때 파장이 계속적으로 커지는 것처럼 최종 고객의 작은 수요의 변화가 최종 공급업체에 이르는 과정에서 유통단계별로 계속적으로 과대평가되어 원자재 공급업체에 도달했을 때에는 변화가 무척 커지는 것을 말한다.

4) 글로벌 차원의 공급사슬 및 물류 관리가 중요한 과제로 부각

기업 활동이 글로벌화됨에 따라 공급망 상의 리드타임이 길어지고 불확실해졌다. 또한 부품조달 비용, 인건비, 금융비용, 생산성, 운송 및 물류비용 등의 국가별·지역별 편차, 관세 및 환율과 수출입 관련 법규의 국가별 차이, 지역별 제품사양의 차이 등을 종합적으로 고려하는 것이 중요해졌다. 이에 따라 글로벌한 관점에서 어떤 주문을, 언제 어디서 어떻게 얼마나 만들고, 어떻게 유통, 운송하며, 부품조달을 어떻게 할 것인가 등에 대한 계획, 실행 및 추적이 중요한 과제로 부각되고 있다.

5) 대량고객화(mass customization) 추세에 따른 대응 시급

종래의 표준화된 제품을 대량 생산하여 고객에게 밀어내던 방식에서 탈피하여 고객의 다양한 요구에 맞추어 제조, 납품해야 하는 대량고객화가 보편화되고 있다. 이에 따라 취급품목이 많아지면서 재고 및 물류관리가 복잡해지고, 주문관리, 생산계획, 정보관리 및 추적관리가 어려워지고 있다. 동시에 리드타임이 길어지고 불확실해지면서 재고 증가, 주문충족도 악화 등 공급체인의 효율이 급속히 저하되게 되어 공급사슬관리가 중요해 지고 있다.

6) 기업간 경쟁 격화에 따른 공급체인의 혁신 요구 증대

최근 기업간 경쟁 격화에 따른 비용 및 납기 개선을 포함하여 고객지향, 고객만족, 시장요구에 대한 적응을 위해 공급체인의 혁신 요구가 증대되고 있다. 최근 HP, Digital, Dell, Walmart, 미국 섬유산업, 식료품업계, 의료제품업계, 자동차업계 등에서의 공급사슬관리 성공사례들이 이를 촉진하고 있다.

7) 정보기술의 발달에 따라 통합적인 공급사슬관리가 가능

최근 전사적 자원관리(ERP) 등에 의해 기업내 프로세스가 정보화, 통합화되고 전자문서교환(EDI), 인터넷(internet), 전자상거래 등의 정보기술이 급속히 발전하고 있다. 이에 따라 공급사슬간의 정보공유 및 전달과정을 혁신하고 공급사슬간의 프로세스를 적극적으로 통합할 수 있게 되면서 관련 개념 및 기법의 보급이 확산되고 있다.

2. SCM의 발전과정과 eSCM

1) SCM의 발전과정

산업에 따라 SCM은 여러 가지 각기 다른 이름으로 전개되고 있다. 예를 들어 미국에서는 1985년부터 의류업체와 유통업체(주로 백화점)간에 SCM 개념을 적용하여 QR(quick response : 신속대응) 운동이 일어났다. 이것은 1980년대 초 한국, 홍콩 등 개발도상국에서 수입된 저가의 수입제품으로 인해 내수시장에서 경쟁력을 잃게 됨에 따라 1984년 미국의류제조업협회 주도로 의류제품 제조 및 판매과정의 시간을 단축하여 고객 및 제품 서비스의 경쟁력을 강화하는 방안으로 QR을 제시한 것이 시발이었다. 일본의 경우 아시아 섬유산업의 발전으로 인한 수출 감소와 수입 증가라는 위기상황을 맞이하여 1994년부터 정부 주도하에 정보 네트워크 구축을 기반으로 하는 QR을 추진하였으며, 한국에서도 1995년 이후 한국섬유산업연합회 주도로 QR의 도입이 추진되기 시작하였다. 한편 1980년대 중반부터 Walmart, Priceclub 등과 같은 대형

할인매점이 저렴한 가격으로 소매시장을 공략함으로써 슈퍼마켓 등 미국의 기존 유통업체들은 위기에 직면하게 되었다. 미국의 슈퍼마켓 유통업체들은 상대적으로 높은 제품 집중도와 지역 집중도 때문에 기업간 수직통합이나 병합을 통한 경쟁력 향상은 구조적으로 한계가 있었다. 이에 따라 식품 및 잡화류 위주의 슈퍼마켓 등은 현재의 산업구조를 유지하면서 기업간 업무의 재정립 및 효율화를 통해 유통채널의 생산성을 높이기 위한 공동노력을 전개하였다. 이것이 바로 ECR(efficient consumer response: 효율적 고객대응)이다. ECR은 식품 및 잡화 분야의 유통과정에서 존재하는 시간과 비용의 비효율적인 요소들을 바코드(Bar Code), 판매시점관리(POS), 전자문서교환(EDI), 부가가치통신망(VAN) 등 정보기술을 이용하여 제거함으로써 경쟁력을 향상시키고자 하는 유통 및 제조업체들의 유통전략이라고 말할 수 있다. 다시 말해 ECR은 유통산업의 가치사슬을 구성하는 생산업체, 유통체인과 고객간의 정보와 물류 흐름의 효율성을 증가시켜 기업의 경쟁력을 높이는데 그 목적이 있다. ECR은 효율적인 제품의 분류에서부터 합리적인 판매프로모션과 가격정책, 기업간 물류의 유연한 흐름, 신제품의 체계적인 도입 등을 총괄적으로 다루고 있다. ECR 체계에서 유통체인은 주문 대신 각 제품의 Bar Code, POS 시스템으로부터 얻어지는 일일판매량정보, 재고정보 등을 EDI를 통해 생산업체에게 전달하게 되면, 생산업체가 제품의 공급량과 공급시기를 결정한다. 슈퍼마켓체인은 제품의 공급에 대한 의사결정을 생산업체에게 완전히 위임하게 되므로 ECR은 기존의 주문 방식에 의한 공급체계와는 완전히 다른 물류혁신이라고 볼 수 있다. 이러한 지속적인 물품 공급체계를 강조하는 ECR을 특히 CRP(continuous replenishment process)라고 부른다. 한편 일본과 유럽 자동차업계의 북미시장 진출과 시장잠식으로 위협을 받게 된 미국의 자동차 3사(제너럴모터스, 포드, 크라이슬러)는 1981년 AIAG(Automative Industry Action Group)라고 불리는 비영리조직을 설립하여 JIT(just in time : 적기공급체제)의 도입을 서둘렀다. 즉, 자동차 3사와 부품 공급업체간의 유기적인 협력과 물류관리 혁신을 통하여 경쟁력을 회복하고자 생산자동화와 전자거래를 위한 표준화 등을 적극 추진하였다. 이것은 다품종 소량생산 체제 구축 요구에 부응하여 적은 비용으로 품질을 유지하여 적기에 제품을 인도하는 것을 목적으로 재고를 쌓아두지 않고서도 필요한 때에 부품을 공급받아 제품을 생산, 공급하는 방식이다.

이렇듯 SCM은 산업에 따라 다른 명칭과 형태를 띠고 있는데, 이것은 고객, 제품, 사업환경이 다르기 때문에 나타나는 현상이다. 따라서 SCM은 해당 산업의 공급사슬의 구성요소와 구성요소간의 상대적 중요도 등을 감안하여 산업별 특성에 맞게 적용하는 것이 필요하다.

2) eSCM의 대두

인터넷의 등장으로 기존의 오프라인 환경보다 훨씬 저렴한 비용으로 더 많은 공급자와 고객간의 연계가 가능해짐으로써, e비즈니스 시대에 맞는 새로운 SCM, 즉 eSCM의 시대가 열리고 있다. 과거에는 폐쇄적인 부가가치통신망(value added network : VAN)를 통해 기업간의 연계가 이루어졌기 때문에 많은 비용이 소요되어 일부 대기업만이 SCM 시스템을 구축할 수 있었다. 그러나 이제는 인터넷 환경 속에서 단일 기업의 공급사슬 관점이 아닌 글로벌한 차원에서 공급사슬을 관리할 수 있는 eSCM이 가능하게 되었다. 특히 이제까지 단순히 하청업체로 생각했던 공급업체들을 전략적인 파트너로 인식하고, 서로의 정보를 공유함으로써 가능하게 된 것이다. 과거에는 정보를 오픈하지 않고 보유함으로써 경쟁우위를 가졌다면, 이제는 정보를 서로 공유함으로써 경쟁우위를 점할 수 있는 시대로 가고 있는 것이다. 앞으로의 SCM은 이렇듯이 각 기업간에 전략적인 협력을 통해 가상의 네트워크를 구축하여 고객의 요구에 더욱 민첩하게 대응할 수 있는 체제로 나아갈 것이다. 실제로 최근 들어 FedEx와 같은 다국적 물류업체는 물론 세계적인 유통 및 오프라인의 제조업체들이 각종 정보와 인터넷 관련 기술을 접목하여 eSCM과 같은 효율적인 물류시스템을 구축함으로써 성공적인 e비즈니스의 대표적인 사례로 소개되고 있다. 국내에서도 삼성전기, 제일모직 등을 필두로 eSCM의 도입을 서두르고 있다. eSCM이란 "디지털 기술을 활용하여 공급자, 유통채널, 소매업자, 그리고 고객과 관련된 문자, 정보, 자금 등의 흐름을 신속하고 효율적으로 관리하는 것"을 의미한다. 다시 말해 eSCM은 공급자에서 고객까지의 공급사슬상의 물자, 정보, 자금의 흐름을 디지털 기술을 활용하여 총체적인 관점에서 통합하고 관리함으로써 e비즈니스 수행과 관련된 공급자, 고객, 그리고 기업 내부의 다양한 니즈를 만족시키고 업무의 효율성을 극대화하려는 경영기법이다. eSCM의 등장으로 인해 기존의 기업의 폐쇄적, 수직적 가치사슬이 해체되고 글로벌 차원에서 기업들은 핵심분야에만 집중할 수 있게 되었으며, e비즈니스의 연관 분야 또는 타 산업으로 진출하는 개방적, 수평적 확장 현상이 가속화되고 있다. eSCM을 통해 기업이 달성하고자 하는 목표는 크게 세 가지로 나눌 수 있다. 첫째, 디지털 환경으로 등장한 새로운 비즈니스 패러다임에 부합할 수 있도록 원재료, 제품, 정보 흐름 등을 리엔지니어링(reengineering)하는 것이다. 둘째, 디지털 기술을 활용하여 원재료, 구매, 제조,

판매, 물류 등을 동기화(synchronization)하는 것이다. 셋째, 이를 통해 고객에 대한 대응능력을 높이고 새로운 서비스를 제공하여 고객만족도를 높이는 것이다. 이러한 eSCM을 성공적으로 도입하기 위해서는 다음의 세 가지를 명심할 필요가 있다. 첫째, eSCM은 기술적인 이슈가 아닌 사업전략적인 이슈이다. 둘째, eSCM 시스템을 움직이는 구성원의 조직문화 변화가 필수적이다. 셋째, 경쟁우위 확보의 원천으로서의 정보기술 활용이 필수적이다. 바코드(bar code), 판매시점관리(point of sale : POS), 데이터베이스(database), 전자문서교환(EDI)을 비롯하여 최근의 인터넷(Internet)으로 대표되는 정보기술의 급속한 발전과 확산은 eSCM의 비전과 경영혁신을 실현시키는 핵심적인 유인자(Enabler)로서 불가분의 관계에 있다. eSCM을 위해 도입해야 할 주요 정보기술을 요약하면, ㉠ 내부 기능 부서간의 업무 통합을 위한 전사적 자원관리(ERP) 시스템, ㉡ 고객, 공급자 등의 거래상대방과의 거래 처리 및 의사소통을 위한 인터넷 기반의 전자상거래(eCommerce) 시스템, ㉢ 수집된 고객 및 거래데이터를 분석하고 의사결정을 지원해 주는 자료저장(data warehouse) 및 자료탐색(data mining) 시스템 등이 있다.

표 9-4 전통적 SCM과 eSCM의 차이

구분	전통적 SCM	e-SCM
공급사슬 프로세스	예측 가능, 채널의 견고성	유동적, 채널의 붕괴
경쟁력	고정자산, 비용	속도와 지식, 고객서비스
변화주기	년/월	일/주
공급사슬 거래	1대1 접점 거래, 고정가격 책정(fixed pricing)	N대N 전자상거래 내에서의 거래, 동적가격 책정(dynamic pricing)
기획 및 실행	관리자와 분석가, 기획 후 실행	모든 참여자, 기획과 실행의 동시성
업무환경	지시와 통제	권한의 분산

※ 자료 : 강승원 외, 전자상거래의 이해, 학현사, 2002, p.160.

그러나 이러한 요소기술들은 개별적으로 존재하기보다는 s-SCM의 체계 하에 상호 유기적으로 연계되고 통합되어져야 최상의 이점을 제공한다. 다시 말해 eSCM에 있어서 정보기술은 모든 거래상대방, 고객, 공급자들과의 거래가 정보기술의 효과적 사용을 통해 효율적이고 신속하게 통합 처리됨으로써 공급사슬이 최종 고객의 요구사항에 초점을 맞추도록 하는 것이다. 최근 공급사슬상의 업체간 구매조달 프로세스를 통합하는 eSCM 솔루션들과 전자상거래 솔루션과의 경계가 모호해지고 있다. 종래의 전자상거래 솔루션들은 전자쇼핑몰 등의 기업-소비자간(B2C) 거래에 중점을 두었지만,

최근의 기업-기업간(B2B) 전자거래 솔루션들은 구매조달 등의 공급사슬에 중점을 두고 있다.

제 3 절 SCM의 구현

1. SCM 4단계 구축방법

미국의 SCC(Supply chain council)에서는 SCM과 관련한 비즈니스 프로세스의 발전 과정을 다음과 같이 4가지 단계로 분류하였다.

① SCM 이전의 단계 : 비공식 공급사슬 프로세스 정비 이전의 혼돈의 상태로서 공급사슬에 대한 개념이나 방침 등의 기초적인 업무설계가 되어있지 않고 프로세스가 비관리 상태로 많은 문제를 발생시키고 있는 단계이다.

② SCM의 1단계 : 조직의 정비

조직기능의 분담이 이루어지고 기능 최적화가 이루어져 있어서 관리능력, 비용능력, 고객만족의 향상을 도모하고 있으나 기업 전체적으로는 최적화되어 있지 않으며, 관련 방법이나 도구를 가지고 있지 않은 상태이다.

③ SCM의 2단계 : 사내 프로세스의 정비

기업 내에서 횡적·종적으로 프로세스, 관리, 업무가 통합되어 있고 계속적인 개혁을 추구하여 업무적으로도 상당한 수준의 효과를 달성하고 있는 상태이다.

④ SCM의 3단계 : 공급망 전체의 정비

기업의 내부 외부의 조달로부터 최종 고객까지를 포함하여 공급사슬 전체를 통합하여 최적화한 상태이다. 기업에서는 고객별로 자사의 핵심역량, 새로운 가치창조에 초점을 맞추어 활동을 전개하고 있는 상태이다.

SCM의 구축단계는 이상과 같이 4단계로 구분하여 표현될 수 있지만, 기업이나 사람에 따라 SCM을 구현해 나가는 것이 다양하다. 실제로 국가별, 기업별로 다른 현실에서 SCM을 표준적으로 적용하기에는 무리가 따르게 된다. 따라서 SCM은 기업의 특성에 적합한 구현이 필요한 것이다. 그리고 특히 외부 공급사슬 구축을 위해서는 물류회사, 유통, 그리고 고객까지를 연계하는 통합적 프로세스가 확립되어야 하기 때문

5) ECR의 7대 요소

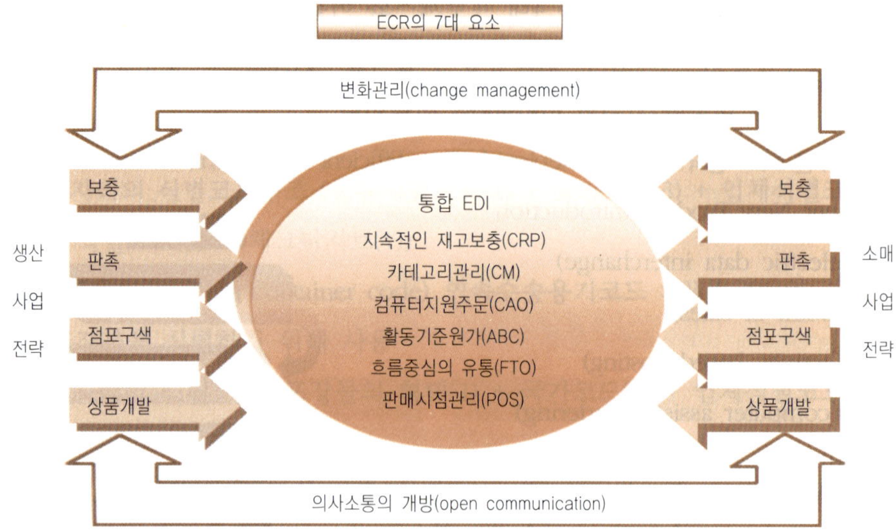

(1) EDI(Electronic Data Interchange : **전자 문서 교환**) : 다른 기업 간에 수주, 발주, 수송, 결제 등 상업거래를 위한 자료를 데이터 통신회선을 통해 표준화된 포맷과 규약에 따라 컴퓨터간에 온라인으로 전달하는 기법

(2) CRP(Continuous Replenishment Planning : **지속적 재고보충**) : 실 판매량과 수요 예측을 기반으로 제품을 보충하기 위한 제조와 유통간 협업 프로세스임

(3) CM(Category Management : **카테고리 관리**) : 상품을 고객의 입장에서 보고 동종상품으로 분류하여 관리하는 기법

(4) CAO(Computer Assisted Ordering : **컴퓨터 자동발주**) : 컴퓨터로 리얼타임에 재고를 파악하고 재고 레벨이 적정수준을 밑돌 때 컴퓨터에서 자동적으로 아웃풋(output)해서 발주를 재촉하는 기법

(5) ABC(Actvity Based Costing : **활동기준 원가회계**) : 제품의 라이프사이클이 짧아지고 제조기술이 급변함에 따라 급증하고 있는 간접비를 합리적인 기준으로 직접비로 전환하는 기법

(6) FTO(Flow Through Distribution : **흐름중심의 유통**) : 배송의 속도를 단축하는 기법

(7) POS(Point Of Sales : 판매시점 관리) : 소매점 등에서 매상이 발생하는 시점에서 막대부호나 광문자 등 기계가 읽어 들일 수 있는 형태로 표현된 상품명이나 가격 등에 관한 데이터를 수집하여 컴퓨터로 관리하는 기법

6) ECR(효율적고객대응)과 SCM(공급망관리)

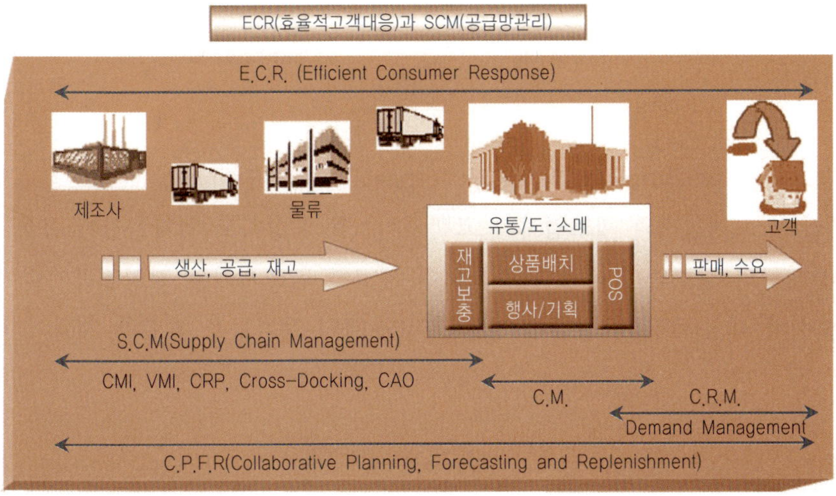

7) CRP

CRP의 정의는 유통업체의 경제적 발주량에 근거한 주문에 대하여 제조업체가 납품하던 기존의 방식에서 실 판매량과 수요 예측을 기반으로 제품을 보충하기 위한 제조와 유통간 협업 프로세스이고, 기존의 Push방식과는 다른 Pull방식이다. Push 방식은 유통소매점에 재고가 있음에도 불구하고 상품을 공급하는 방식이며, Pull방식은 소비자 수요에 기초하여 유통소매점에 상품을 공급하는 방식이다.

(1) C.M.I.(Co-Managed Inventory); 공동재고관리

제조업체와 유통업체가 제품정보를 공유하고 공동으로 재고관리하는 것과 제조업체가 발주 확정을 하기 전에 발주권고를 유통업체에게 보내어 상호합의 후 발주확정이 이루어지는 처리이다.

(2) V.M.I.(Vendor Managed Inventory); 공급자 재고관리

유통업체가 제조업체에 판매, 재고 정보를 EDI로 제공하면 제조업체는 이를 토대로 과거 데이터를 분석하고, 수요예측을 하여 상품의 적정 납품량을 결정해주는 시스템이다.

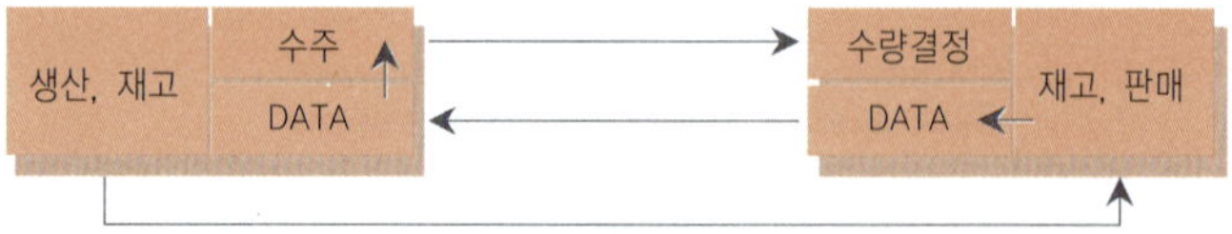

(3) C.P.F.R(Collaborative Planning, Forecastingand Replenishment); 공동기획예측

소매업자, 도매업자와 제조업자가 고객서비스를 향상하고 업자들간에 유통 총공급망(SCM)에서의 정보의 흐름을 가속화하여 재고를 감소시키는 경영전략기술이며, 효율적 소비자 대응(ECR)과 공급자 재고관리(VMI)의 장점들을 혼합한 개념이다.

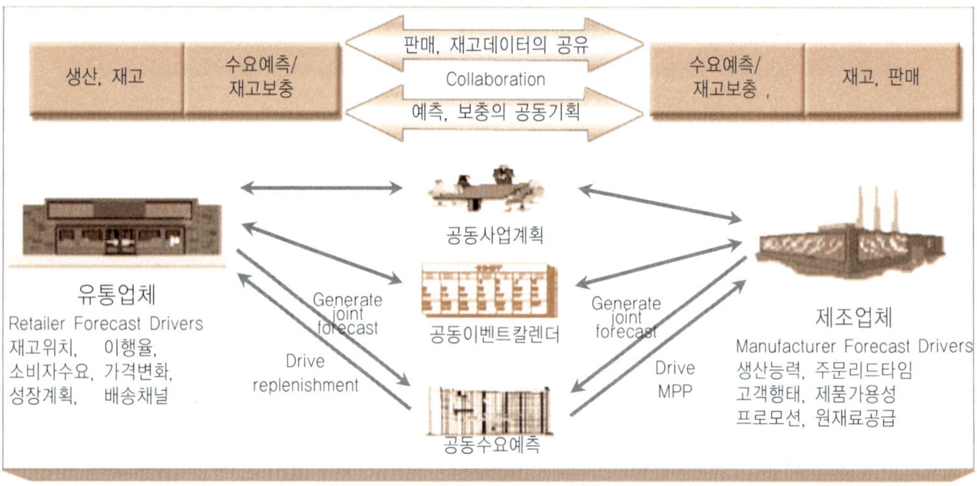

(4) 기대효과

① 제조업체: 재고의 감소(창고, 매장), 상품 흐름에 따른 생산·물류의 예측가능, 수요예측 및 영업 마케팅 DB와의 연계, 원활한 행사관리, 효율적 생산관리와 연계 등이다.

② 유통업체: 재고 또는 납품리드타임의 감소, 품절방지, 매장 또는 DC의 재고회 전율 증가 DC Utilization 개선, 효율적 판촉전략과 연계 등이다.

(5) 적용사례(Sonae와 P&G)

① Sonae

> 소재 : 포르투갈의 대규모 소매업체
> 연간 매출액 : 20억불 (1997)
> 종업원수 : 11,000명
> 규모 : 하이퍼마켓(8,000~20,000 평방미터 규모) 10개, 슈퍼마켓 44개 등
> 취급 품목 : 식품, 신선식품, 비식품, 가정용품, 섬유류 등
> 특기 : 소비재에 대한 강력한 판촉활동, 자사상품(PB : Private Brand)개발에 역점, 1996년 포르투갈 최초로 CRP 시범사업을 시작

② P&G(Procter & Gamble)

> 소재 : 미국 오하이오주 신시네티 있는 다국적 기업으로 세계 최대 소비재 제조업체
> 연간 매출액 : 1000억불 (1997)
> 종업원수 : 전 세계에서 103,000여명이 근무
> 취급품목 : 세탁용품, 청소용품, 건강미용용품, 화장품, 향수, 식품 및 의약품
> 특기 : 140여 개의 나라에 판매, 1989년 포르투갈에 진출하여 영업을 시작, 포르투갈의 표백제 및 샴푸시장에서 판매순위 1위, 분말/액상세제 부문에서는 2위를 차지

③ 추진 배경 : 물류에 대한 중앙통제, 수송 최적화, 물류계획 개선, 리드타임 단축 서비스 개선 (P&G → Sonae의 물류센터 → Sonae의 각 매장)

④ 중점 추진사항 :

- Sonae 물류센터의 상품재고
- Sonae 결품상품
- P&G가 주문서를 발송하였지만 아직 Sonae에 배달되지 않은 상품
- 물류센터에서 매장으로 출고되는 전 세계 매출액

위의 4가지 데이터는 매일 밤 자정 Sonae사의 물류센터에서 EDI 재고현황보고서(INVRPT)의 형태로 P&G로 전송되었고, 그 정보를 기초로 하여 P&G는 예측데이터를 계산하고, 재고관리원칙에 따라 리드타임과 Sonae 물류센터에서의 하역시간 등을 고려하여 배송수량 산출하였다. CRP에 의해서 자동으로 작성된 주문서는 P&G와 Sonae의 시스템으로 동시에 전송되고 각 시스템에서 수령한 주문서는 자동적으로 통합되었다.

⑤ 적용 효과

- Sonae 물류센터에서의 재고량 24% 감소
- 회전률이 낮은 상품에 대해서는 국가별 중앙집중관리를 통한 영업비용 감축
- P&G의 주문서 단순화
- 배송관행 개선
- Sonae 물류센터 운영개선
- 행정단순화 (송장 감소 및 송장에러 감소)
- 재고수준 감축
- Sonae 매장의 선반재고에 대한 P&G의 소유관리개선
- Sonae의 CRP 데이터(주문내역,재고수준,판매수치,결품데이터 등)를 P&G의 통합 계획시스템으로 통합
- 주문서 입력에러 감소
- Sonae의 역할이 '구매자'에서 '재고관리자'로 전환
- 영업상 주된 활동이 판촉활동, 상품의 입점 또는 삭제, 적체된 재고처리 등 특수한 프로세스의 처리로 전환

8) Cross Docking

Cross Docking의 개념은 물류센터(DC)로 입고되는 제품을 창고에 저장하는 단계를 생략하고 Dock을 통해 필요한 곳으로 바로 출하시키는 기법으로 수송 및 분배의 동기화를 통한 물류의 단순화시키는 것이다.

① 효과 :

- 감소효과 : 물류비용 감소, 유통업체의 결품 감소, 재고수준 감소, 물류센터의 물리적 공간 감소, 공급체인 전체의 저장로케이션 수 감소
- 증대효과 : 물류센터에서의 평방미터 당 회전율 증가, 상품의 진열생명(shelf-life) 연장, 상품의 공급용이성 증대
- 원활화 효과 : 상품흐름의 원활화
- 기타 : 상품활동 데이터에 대한 액세스 개선, 각 소매점으로부터 별도의 주문서 대신 통합주문서 수령

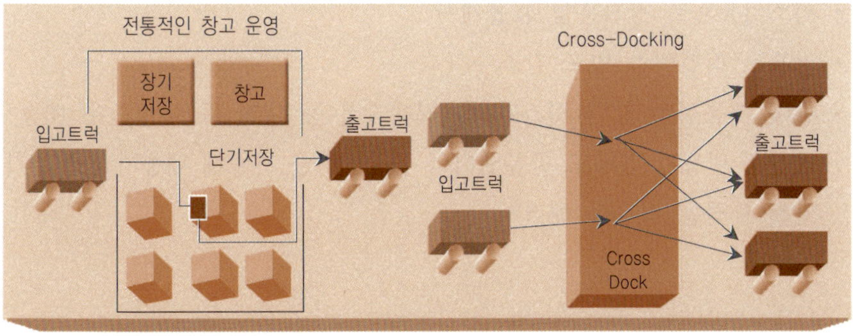

② 크로스 도킹 사례(Debenhams)

설립일 : 1778년에 설립
취급품 : 액세서리, 가정용품, 미용용품 등
규 모 : 영국 내의 90개 백화점 체인과
매출액 : 13억 파운드(1996), 아일랜드에 백화점 1개를 운영
특기사항 : 영국 최대 백화점, 1928년에 증권거래소에 상장, 상품의 19%가 크로스 도킹 방식으로 처리, '98년 물류전문기업인 Tibett & Britten그룹과 계약, '94년 250개 제조업체와 EDI연계를 구축하여 생산라인과 제조업체와의 크로스도킹 시행

③ 크로스도킹 운영

- 각 점포의 POS정보가 중앙상품관리시스템으로 전송되어 EANCOM 주문서 자동 작성
- 제조업체에서 EAN·UCC바코드가 부착되어 있고, 상품 수령할 시 핸드스캐너로 스캐닝하여 하역작업을 하며, 상품내역은 발송통지서 내용과 전자적으로 비교
- 제조업체들 간 신뢰구축 (제조업체에 대한 지원팀을 운영으로 일정한 품질수준을 유지)
- 각 점포에 대한 배송빈도는 주당 2.5회~5회 정도
- 상품은 배송차량에 실을 때 다시 한 번 스캐닝작업
- 각 점포는 배송되는 상품에 대한 추적시스템을 통해 주문서의 내역을 관리하는데, 이 시스템은 상품관리프로그램의 일부로서 어떤 상품이 어떤 점포로 배달되는 가에 대한 정보를 제공한다.

③ 개선효과

- 상품확보의 용이성 증대

- 최소비용으로 창고운영 효율개선
- 점포로 직접배송 빈도 감소
- 판매 대응성이 강한 시스템(예, 침대커버 등 대형 큐브 상품은 배송수량에 약간의 변동만 있어도 물류센터의 공간압력을 가중해 배송차량을 추가로 배차해야 하는 경우의 해결)

9) CAO(Computer Assisted Ordering: 자동발주시스템)

정의는 POS를 통해 얻어지는 상품흐름에 대한 정보와 계절적인 요인으로 소비자 수요에 영향을 미치는 외부요인에 대한 정보 그리고 실제 재고수준, 상품수령, 안전 재고수준에 대한 정보 등을 컴퓨터를 이용하여 통합*분석하여 주문서를 작성하는 시스템이다.

① 자동발주시스템 처리과정

② 시행이유

- 재고보유량 감소
- 주문서 작성 및 발송비용 절감
- 원활한 상품배송
- 주문서 처리에러 감소
- 제조업체와 유통업체 간의 분쟁 감소
- 결품을 줄이고 매출액 증대
- 과다재고를 없애기 위해서 계절마다 시행하는 할인행사 감소

- 소비자 행동에 대한 데이터베이스 구축
- 고객니즈를 맞춤으로써 고객에 대한 신뢰향상
- 제조업체가 일일 판매실적을 기초로 한 예측치를 통해 생산량조절

10) 카테고리 매니지먼트(category management)

① 등장배경

② 발전과정

- 1980년대

  점포 대형화(점포 판매는 증가하나 오히려 단위면적당 매상 감소)

  스페이스 매니지먼트 등장 (단위면적당 매출을 개선)

- 1990년대

  버라이어티 매니지먼트 등장(구매동기를 고려한 매장구성)

  카테고리 킬러, 매스머천트 등장(스페이스 매니지먼트, 버라이어티 매니지먼트 무력화)

  카테고리 매니지먼트 등장카테고리 킬러, 매스머천트업체에 대응)

- 1993년

  ECR 등장카테고리 매니지먼트와 동시 연구, 도입을 본격적으로 시작)

③ 정의

정의는 소비자의 가치를 창출하기 위해 유통업체와 제조업체가 비즈니스 결과를 향상시킬 수 있도록 카테고리를 전략적 비즈니스 단위로 관리하는 프로세스이다.

④ Category Management와 ECR

ECR의 4가지 전략을 통합적으로 관리하는 핵심인 Category Management이며, 4가지 전략은 효율적 상품구색, 효율적 신제품 도입, 효율적 상품보충, 효율적 판촉 등이다.

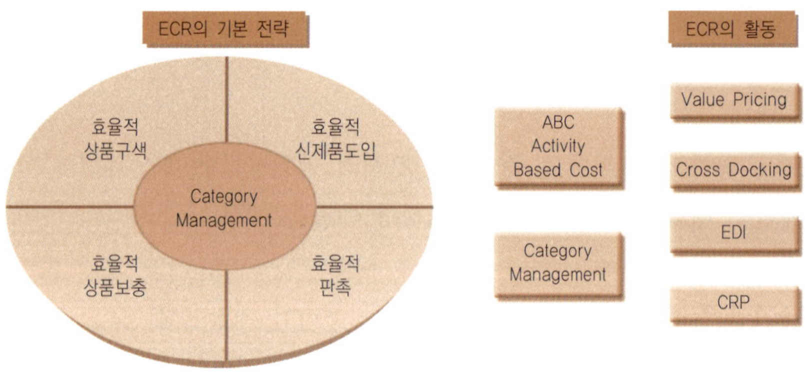

⑤ 예상효과

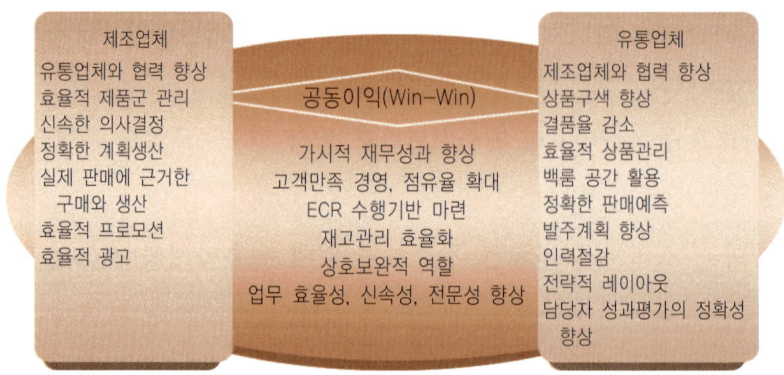

⑥ 발전방향 및 결론

문제점

- 대형유통업체 비중이 낮음
- 유통정보 기술환경 열악
- 한국적 상거래 관습
  - 중간상인/인맥과 지연
- 의존형 상거래
  - 제조, 유통간 역학관계에 의한 불공정 상거래
- 경험에 의존한 의사결정
- 신경영 이론에 대한 보수적 반응

발전방향

1. 전략
   기업의 전사 중장기 전략, 마케팅 전략과 연계하여 카테고리 전략 설정
2. 프로세스
   기업의 유통채널과 현업 실무에 맞게 설계
3. 성과평가
   영업사원과 카테고리 매니저 성과평가
4. 조직적 능력 배양
   적극적 변화관리와 교육
   최고 경영진의 지속적 지원
5. 정보기술
   실무에 대한 높은 이해도
   단계적 시스템 설계
6. 파트너쉽
   제판동맹 ; 상거래 관습 변화
   기술적 하부구조

11) SCM의 적용유형

1980년대 중반 미국의 의류산업에서 QR(quick response)로 시작되어 유럽, 남미, 아시아지역 각국에서 기업 및 산업의 경쟁력 제고전략으로서 활발히 전개되고 있다.

(1) 산업별 적용 유형

- 의류부문에서는 QR(quick response)
- 식품·잡화부문에서는 ECR(efficient consumer response)
- 의약품부문에서는 EHCR(efficient healthcare consumer response)
- 신선식품부문에서는 EFR(efficient foodservice response)

(2) QR(Quick Response:의류산업 즉시 대응)

① 성장배경

- 1980년대 초반 미국의 잡화업자는 해외루부터의 강력한 경쟁으로 의류의 경우수입품의 40% 수준이하로 하락하였으나 이에 대한 대응 전략은 장비의 현

대화 및 수입 쿼터시스템 수준으로 수입품은 계속 증가하였다.

- 1984년 수입품 침투에 대한 대응 방안의 필요성 인식으로 국산품 애용협회를 창설하고 소비자 인식도 제고 및 미국 의류 기업의 경쟁력 강화를 위한 연구 Project를 KSA+에 의뢰한 결과 고객의 요구에 빠르게 대응하는 것이 진정한 경쟁력임을 인식하였다.

② 정의

- 대립관계에 있는 섬유의 유통업과 제조업이 협조하여 제조와 판매 사이를 직접 연결하는 정보 NetWork를 구축하는 것에 의해 Partnership(제조판매동맹)을 형성하는 운동이다.
- 생산 및 유통 기간의 단축, 재고 및 반품으로 인한 손실 감소 등 생산, 유통의 각 단계에서 합리화를 실현하고 그 성과를 생산자, 유통업자, 소비자가 공유하는 시스템이다.

③ 구도

상호 협력관계 구축	섬유관련 제조, 유통업체가 긴밀하게 협조
소비자를 위한 시스템	소비자 효용과 극대화
정보화 도구	표준 상품코드, 전자문서 교환, 상품 코드 DB 등
낭비의 제거	재고 회전율 30% 향상, 재고상품 30~40% 감소, 매출 27% 증가, 재고 25% 감소 등
이익의 배분	Win-Loss 관계를 Win-Win의 관계로 전환 제조 - 유통 - 소비자가 이익을 공유

(3) EHCR(efficient healthcare consumer response)

정의는 EHCR(efficient healthcare consumer response)이란 의료부문의 공급망에서 효율성을 증대시키고 효과적인 방법으로 관리함으로써 의료공급망 내에서 발생하는 비효율적인 요소들을 제거하고 관련 비용을 최소화 하려는 전략으로 의료분야의 공급망 관리(SCM)이다.

① 목표 : 정보화를 통한 소비자의 욕구를 만족시키기 위하여 소비자가 원하는 제품을 원하는 장소와 시기에 저렴한 비용으로 제공하는 것이다.

② 필요성 : 의약품 유통구조상 복잡, 다원화 및 다품종 소량거래란 특성에 따라 물류유통체계 미확립으로 과다한 물류비용이 발생하고 있다. 이러한 물류비용으로 제약산업 경쟁력이 약화되고 있기에 EHCR을 통하여 현대화된 유통기법 및 물

류체계를 실행해야 한다.

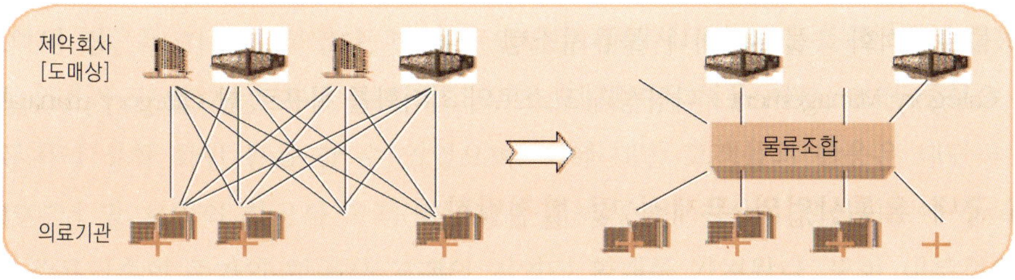

③ 기대효과

- 의약품유통구조현대화를 통한 제약산업의 경쟁력 강화
- 보험약가관리 체계개선을 통한 국민의료비 절감
- 의약품거래의 투명성확보 및 공정경쟁 체계 구축
- 물류비절감 및 대금회전기일 단축

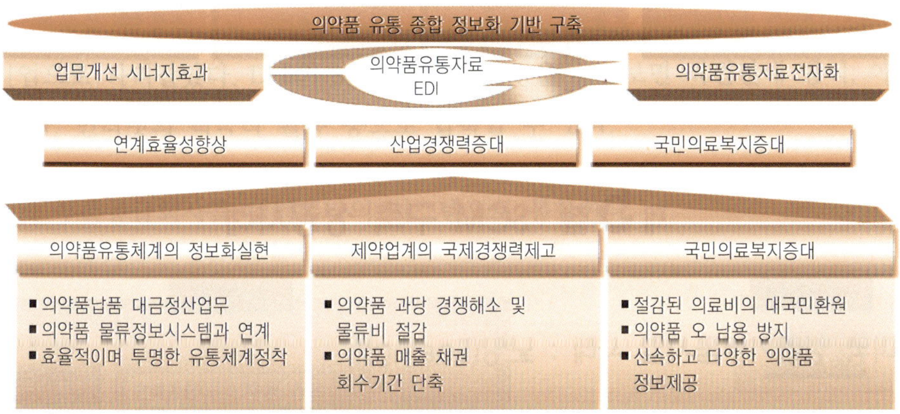

4) EFR(efficient foodservice response): 식품분야 효율적 소비자 대응

정의는 외식산업의 ECR을 EFR(efficient foodservice response)라고 칭하였고, 레스토랑이나 택배 서비스 등 외식업계가 그로서리 업체에 뒤쳐지지 않으려고 분발하면서 1997년에 조직되어 1998년 4월에 제1회 회의가 개최되기도 했었다. 그리고 메이커 등 참가자가 ECR과 중복되었으며, 그로서리 업체가 지원하였고, 중요한 차이점은 목표 수치와 전략이 상이한 점이다.

① 5대 진략

- 공정한 동맹 : 회계, 인프라의 공유와 가치에 기초한 명쾌한 인센티브 제도 도입

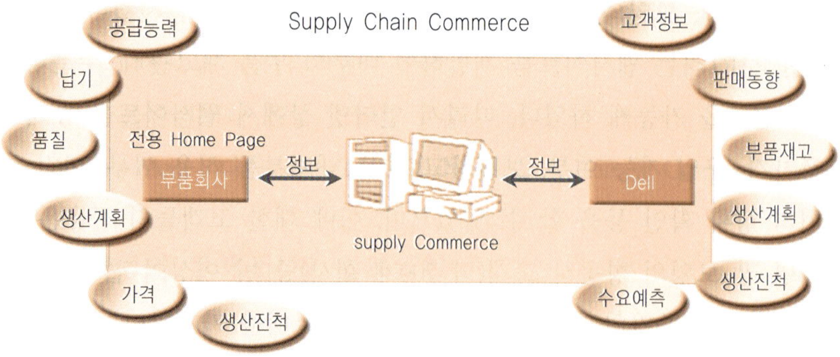

※ 자료 : pis.hanyang.ac.kr/korean/ko_course.htm

그림 9-4 Dell의 웹 기반 SCM 구현

① 직접판매 방식

기존의 PC 공급방식은 대형 유통조직이나 소매상을 거치는 간접판매 방식이었다. 이러한 간접판매 방식은 그 과정 중에 고객에게 전달되는 리드타임은 길어지고, 이미 생산된 제품을 소비자가 구매하는 것이기 때문에 고객의 욕구를 만족시킬 수가 없는 것이었다. 이러한 단점을 극복하고자 도입된 것이 직접판매 방식이다. 이는 생산자와 고객을 직접 연결하여 고객이 원하는 제품을 생산자가 제조하고, 이를 고객에게 직접 전달함으로써 공급 리드타임과 고객의 만족도를 다양하게 증대시킬 수 있는 것이다.

② 아웃소싱 전략

Dell은 생산을 제외한 다른 부문들에 대한 아웃소싱을 강화하였다. 예를 들어 생산이 끝나면 그 이후의 포장, 운송 등의 모든 과정은 외부의 전문업체에게 맡겨진다. 이에 따라 포장 등에 소요되는 시간과 비용을 절약하고, 포장된 제품이 차지했던 공간을 생산활동에 활용할 수 있게 됨으로써 공장의 대단히 효율적으로 진행되고 있다. 이처럼 Dell은 포장, 운송 등의 업무를 전문업체에 아웃소싱함으로써 효율적인 물류관리를 추진하였으며, 전문업체 선정에 있어서 매우 엄격하고 명확한 기준을 세우고 이에 가장 적합한 기업을 선정하였다. 반면 Dell은 오직 생산에 전념함으로써 제품의 성능과 효율성을 높였다.

③ 인터넷의 적극 활용

전화 등으로 이루어지던 Dell의 직접판매 방식은 인터넷의 도입으로 새로운 전기를 맞았다. 인터넷의 도입은 직접판매 방식의 이점을 더욱 향상시켰다. 웹사이트인 델온라인(www.dell.com)에서는 구매사양 선택 및 주문, 주문 처리 상황 확인, 고객 지원 및 서비스가 제공되며, 기업고객을 위한 프리미어 페이지가 개설되어 있다. 이러한 웹사이트의 운영으로 고객 관련 비용을 절감시키고 효율성을 추구할 수 있을 뿐만 아니라, 고객의 요구를 파악하여 좀 더 나은 고객관계관리를 할 수 있게 되었다.

3. 미국 타이어업체의 사례 : 미쉐린(Michelin)

세계 타이어시장은 300여개 이상의 브랜드가 치열한 생존경쟁을 벌이고 있다. 이 가운데 미쉐린, 브리지스톤, 굿이어 등 이른바 빅3가 세계시장의 50% 이상을 점유하고 있다. 미쉐린(Michelin)은 외국업체로서는 최초로 지난 1987년 우성타이어와 합작투자로 우리나라에 진출한 이후 1991년 미쉐린코리아(주)를 설립하여 직판체제로 운영하고 있다. 미쉐린의 경우 과거에는 미주. 유럽시장에서 신제품이 개발되면 일정기간이 지난 다음에 국내시장에 도입했다. 하지만 최근에는 아시아시장의 소비자를 만족시키기 위해 60/65 시리즈 MXF CLUB을 개발, 공급하는 등 공격적인 마케팅을 펼치고 있다. 미쉐린의 물류정보시스템은 공급사슬관리(SCM)를 중심으로 지역별로 분산되어 있는 세계 각국의 공장, 영업장, 고객, 원자재 조달업체 및 다양한 협력업체를 유기적으로 연결하는 Global Logistics Network이 핵심이다. 이것은 전 세계를 하나의 네트워크로 연결, 광대한 물류 인프라를 구축하고 물류의 전 과정을 효율적으로 관리할 수 있는 계기를 마련해 주었다. 미쉐린이 개발한 Global Logistics Network 시스템의 특징은 다양하다. 먼저 통합된 자체적인 VCN(value chain network)을 통해 계획, 수송, 창고관리 등을 통합시킴으로써 주고객인 완성차업체 및 딜러들에게 제품 전달을 더욱 효율적이고 정확히 제공할 수 있게 되었다. 또한 VCN 참여업체로부터 수집한 정보의 통합은 수요 기회와 공급 제약 요인을 균형 있게 조절해 주며, 계획부문에서의 주요소인 수요계획 예측부문에 특성별로 특이사항을 반영할 수 있게 되었다. 이와 동시에 마케팅, 생산, 구매, 물류, 수송 담당자가 동일한 계획을 수립하는데 따른 다양한 그룹의 요건을 반영할 수 있게 되었고, 창고 내에서 재고 회전율이나 재고 파악, 고객서비스 수준의 정확성 및 재고 감축시 유연성을 제공할 수 있게 됐다. 미쉐린의 Global Logistics Network 구축은 지난 1995년에 전 세계를 대지역군으로 나누어 운영되던 기존 조직을 사업단위(business unit)로 변경하면서 계획을 구체화시킨 것이 시발이었다. 그 이전까지는 각 지역의 특성에 맞는 영업전략을 중심으로 지역별로 독립적인 사업을 영위하면서 이에 필요한 다양한 활동을 별도로 추진하였다. 그러나 1995년 조직개편을 계기로 종합적인 전략을 수립하여 획일적이고 체계적인 업무 프로세스의 통합 및 표준화작업을 추진하였다. 미쉐린이 현재 세계 1위의 시장점유율을 고수하고 있는 것도 알고 보면 첨단 물류정보시스템의 덕분이다. 앞으로 부품조달 e비즈니스가 본격화되면 조달가격 인하, 정보교류 효율성 제고, 재고 감축, 가치사슬 관리 최적화 등로 미쉐린 자체의 비용절감은 물론 고객인 완성차업체 및 부품업체는 대폭적인 비용절감이 가능할 것으로 기대된다. 특히 부품조달 e비즈니스의 질적 발전에 의해 제품개발 과정에서부터의 공동 엔지니어링 및 모듈화가 진전된다면 비용절감 규모는 더욱 확대될 것으로 전망된다(자료:http://www.winlogis.co.kr/data/body_bbs_01.htm).

제 6 절 SCM의 성공요소와 발전방향

1. SCM의 성공요소

한 조직 내에서 새로운 시도를 할 때에는 많은 저항과 무관심 등 장애에 부딪쳐그 시도가 좌절되는 경우도 허다하다. 하물며 서로 다른 조직간에 하나의 목표를 위하여 뜻을 같이 하고 하나와 같이 하고 하나와 같이 움직인다는 것은 매우 어려운 일이다. SCM을 성공적으로 이끌기 위해서는 참여자 모두가 승리자가 되어 그 효과를 같이 누릴 수 있다는 명확한 비전과 확신을 심어 주어야 한다. 여기에는 SCM활동을 리드하는 선도자로서의 확신에 찬 노력이 있어야 하고 각 사업책임자의 적극적인 참여가 필요하다. 서로가 하나의 목적을 향한 진정한 사업동반자가 되기 위하여 다음의 8가지의 성공요소를 갖추도록 확신을 가지고 노력하여야 할 것이다.

1) 개별의 우월성

SCM에서 비지니스 파트너로소 참여하기 위하여서는 자사가 제공하는 상품 또는 서비스 분야에서 자타가 인정하는 자사의 강점을 보유하고 있어야 한다. 아울러 SCM의 파트너로서 공급망의 경쟁력 강화에 기여할 수 있는 우월성을 보유하고 있어야 한다. 이러한 우월성이 있을 때 다른 참여자들이 SCM의 파트너올서 가치와 매력을 느껴 적극적으로 비지니스 파트너가 되기를 원하고 자사와 같은 우월성을 지닌 좋은 파트너들이 참여하게 되어 SCM을 성공적으로 이끌 수 있다.

2) 중요성의 인식

SCM이란 서로 다른 조직·회사들이 새로운 관계를 설정하고 하나처럼 원활하게 움직이는 것이므로 각 참여자들이 그 중요성을 인식하고 SCM추진에 비중을 두는 것이 매우 중요하다. 이것은 SCM에서의 비지니스 파트너 관계설정이 각사의 전략적 목표와 일치하고, 또한 각 참여자들이 자사가 SCM에서 맡은 분야에서 핵심적 역할을 탁월하게 수행할 수 있는 장기 목표와 계획을 가지고 있어야 한다. 즉, 모든 참여자들은 자사의 노력과 성과가 전 공급망의 성패에 결정적인 영향을 미칠 수 있다는 사실을 깨닫고 전략적 비지니스 파트너로서의 중요성과 책임감을 인식, 전략적으로 비중있게 추진하는 것이 필요하다.

3) 독립성·의존성

SCM에 참여하는 모든 파트너들은 각자가 각 분야에서 우월성을 지닌 하나의 독립된 사업자이다. SCM의 각 참여자들은 자사의 사업 경쟁력 강화를 위하여 다른 참여자들을 보완적인 파트너로서 필요하게 되고, 이를 효과적으로 이루기 위하여 전략적인 파트너 관계를 모색하게 된다. 따라서 각 파트너들은 서로가 상호 보완적인 자산과 기술을 보유하고 있어서 어느 참여자라도 단독으로 해낼 수 없는 일을 SCM을 통한 공동의 노력으로 효율적으로 해 낼수 있게 되고, 그것이 경쟁력을 확보하는 길이다.

4) 적극적인 투자

SCM을 성공적으로 실현하기 위하여서는 전 참여자들간의 신뢰를 바탕으로 한 전략적 제휴관계의 형성이 필수적이므로 이를 위하여 모든 참여자들의 자발적이고 적극적인 노력이 선행되어야 한다. 즉, 각 파트너들은 이러한 노력을 가시화하기 위하여 상호간의 필수적인 투자를 적극적으로 함으로써 SCM의 비지니스 파트너로서 맡은 바 역할을 충실히 이행하는 것을 확신시킬 필요가 있다. 이러한 투자에는 상호간의 강점 보강과 약점 보완을 위한 상호자산의 교환, 자산의 공동소유 등을 생각할 수 있다. 나아가 공동사업계획·확장 등을 위한 공동이사회나 공동위원회 등도 제휴의 한 방법이다.

5) 정보의 공유

SCM을 구현하기 위해서는 각 파트너들간의 정보제공과 공유가 필수적이며 기본적

업은 단기간의 신제품개발과 판매에 신속하게 대응하고 경쟁력을 높일 수 있는 유연한 정보시스템을 구축해야 하는 과제를 안게 되었다.

④ 고객은 제품의 품질을 최고수준으로 원하고 있으므로 이를 위해서는 생산시스템에서 제품의 품질을 확고히 지원해 줄 수 있는 품질보증시스템을 요구하게 되고, 일괄생산형태의 주문까지도 지원하는 수주형태의 정보시스템을 구축해야 한다. 기업은 제품을 생산하여 판매하는 기업의 시스템 전체가 경쟁력을 갖추어 총체적 우위를 확보하고 고객의 기호와 감성에 호소하는 제품을 만들 수 있도록 다양한 정보를 제공하는 시스템을 필요로 하게 되었다. 즉, 시간과 서비스에 뒤진 고객지원체계는 기업의 성장에 절대적인 마이너스 요인이므로 고객 정보의 효율적 관리, 고객 요구에 대한 신속한 대응, 정기적 고객만족도 조사 등 고객이 원하는 것을 재빠르게 얻어낼 수 있는 고객 친밀형 정보시스템의 확립이 요구되는 것이다.

이를 해결해 줄 수 있는 새로운 경영정보시스템이 사내 정보화로는 eERP이고, 상생 IT 정보화는 SCM인 것이다. eERP는 기업의 경영활동을 원활하게 할 수 있는 자재·구매관리, 생산관리, 외주관리, 물동관리, 원가관리, 인사·회계·재무 등 조직이나 기업의 전 업무영역을 수용하는 경영정보시스템인 것이다. 현재는 전자상거래와 관련하여 eERP의 필요성이 필연적으로 수용기반 하에서 이루어져야 하고, 모기업과 협력사간의 구매발주 및 납품관리를 확대시켜 소모성 자재(maintenance, repair & operation: MRO) 및 기타 공동구매서비스와 중견기업체 중심의 협력사간의 협업화 그룹을 형성하여 ASP(application service provider)의 공동 환경을 이용한 ASP환경 체제의 eERP활용과 Supply Chain망을 이용한 협업 정보화 이용이 현시점으로 적실히 필요한 것이다. 이는 중소기업들의 공동 협업체제를 도모하여 외세를 대비하는 응집력을 확고히 함으로써 집단체제의 e마켓플레이스 확립과 더불어 국제경쟁을 대비한 방안으로서 집단 공동의 웹환경 인프라가 필요한 것이다. 이러한 배경에서 ASP환경을 이용한 중견기업과 중소기업간 구매발주, 입고, 출고 등 반복적으로 일어나는 정보전달을 IT자원을 활용하여 비능률적이고 직·간접비의 낭비를 최소화를 기할 수 있게 하여야 할 것이며, 구매자·공급자간 재고정보를 실시간 공유하여 기업내부의 업무정보 공유화와 기업간의 공급사슬망에 대한 정보공유를 유지함으로써 기업간 물동흐름이 원활하게 되게 하여 재고부담을 최소화와 제품조달의 유리하게 할 수 있는 환경을 조성해 나아가야 하겠다. 이는 물자와 정보의 흐름을 실시간으로 조정하게 하여 주문·조달의 정확성 내지는 상호 신뢰할 수 있게 하여 기업간의 생산계획과 납기준수가 현실화되게 경영지도와 상생 IT화에 걸맞은 인프라를 조성해 주어야 하겠다. eERP활용방안과 Supply Chain망을 이용한 협업 정보시스템 구축전략을 경남지역의 기계산업정보화사업단이 추진하는 일반기계, 전기기계, 금속기계, 수송기계, 정밀기계의 5개 업종을 4,877개 기업 대상으로 추진하고 있으며, 그 중 상생 IT 정보화 관련하여 중견기업군을 76개와 각 군별 60개 정도의 협력사로 구성되어져 있다. eERP의 모델로서 2003년도까지 50개 기업을 선정하고, 중견기업군을 2개 정도를 먼저 시범모델로 선정 적용하고 시스템이 정착과 안정될 시 확대해 나아갈 것이다.

2. 사업 목적과 목표

본 사업의 궁극적인 목표는 IT와 인터넷 기술을 기반으로 21세기 디지털 신경제를 포용하는 신지식형 기계산업 정보화 기반을 구축하여 우리나라 기계 산업의 가치사슬을 혁신하고, 기계산업분야의 국제적인 경쟁력을 확보함과 아울러 경영활동에 있어서의 e-Transformation을 완성하는 것이다. 이를 위해 무엇보다 중소기업의 Digital Divide 해소에 주력하고 산업정보화에 필요한 모든 요소들을 동시에 갖춤으로써 정보화 후발주자로서의 시간적 제약을 극복해야 한다. 1차적으로 중소기계 기업에게 정보활용 능력 습득의 지원을 목적으로 기계전문포탈 사이트를 구축하여 경영, 판매, 생산, 품질관리 등의 업무적용으로 기업경영에 필수적인 기계관련 컨텐츠와 커뮤니티 활동을 통하여 On, Off-line의 기업운영을 할 수 있게 여건을 마련하고, 2차적으로 정보활용능력이 확보된 상태에서 기업의 디지털 경영능력을 제공하기 위하여 중견기업군을 대상으로 사내정보화 및 기업간 상생 IT화를 ASP형태로 지원함과 동시에 이들 기업을 중심으로 Supply Chain별 분석을 구체화하고 맞춤형 지원(ERP, 협업IT화)체제를 마련하는데 있으며, 마지막으로 중견기업중심의 성공사례를 지속적으로 발굴, 지원하여 기계산업 전 분야에 사업추진의 효과를 극대화하고, 국제간 제품, 기술교류 및 상거래의 장으로 발전시킴으로써 국내 기계산업의 재도약의 기반을 마련하는데 있다. 최종 목표는 전자상거래 및 SCM을 성공하기 위한 전초 사업으로서 eERP를 기업단위별로 보급하고 기업간의 상생 IT화를 통해서 기반을 확고히 하자는 데 있다. 이는 국내 기계산업체를 대상으로 한 홍보 및 마케팅 채널을 구축하여 웹상의 판매망 구축을 이용함으로써 매출액 신장과 더불어 기업의 원가, 생산, 품질 및 판매 경쟁력 확보를 마련하기 위한 디지털 경영여건을 마련해 줌으로써 국내 기계산업의 정보화

사업을 성공적으로 구축하는데 있다. 중소 기계기업의 내적인 측면에서 볼 때, 사내 정보화(ERP, 그룹웨어 등) 수준이 아직 미약한 상태이며 Active User의 기반 역시 취약한 상태로서, 중소기계기업은 대기업 또는 중견기업의 폐쇄적인 하청구조관계로 형성된 환경이라 일반공개 상거래 형태로 탈피하려는 노력이나 의지도 부족한 형편이다. 정보화에 대한 필요성을 인식하고 있으나 투자여력 부족과 향후 운영의 어려움 때문에 적극적인 정보화 추진을 못하고 있는 실정이다. 외부 환경에 있어서, 비즈니스와 IT기술을 접목한 e-Business가 급속하게 전개될 것으로 예상되었으나 법, 제도나 사회적 관행이 정착되기 전까지는 활성화의 진전은 어려울 것으로 전망된다. 반면에 대기업을 중심으로 진행되고 있는 Private eMP는 나름대로 확대되어 가고 있으며 실효성을 거두고 있는 실정이다.

3. 지식기반 인프라 구축과 상생 IT 정보화 수준

1) 기계기업의 정보화 현황 및 전망

경남지역 기계산업체의 공통적인 특징은 정보화와 e-Business전환에 대한 인식과 욕구는 강한 반면, 투자여력 부족과 향후 운영의 과부담으로 정보화 투자를 추진하지 못하고 있는 실정이다.

PC 보유현황

- 경남지역 기계산업체의 평균 PC 보유대수는 9.4대로 생산부문을 제외한 관리/지원부문(구매, 영업 R&D) 종업원 인당 0.5대 수준임.
- 따라서 전반적인 PC 보급은 어느 정도 이루어진 상태이나, 아직 3대 미만을 보유하고 있는 영세 업체도 40% 이상임.

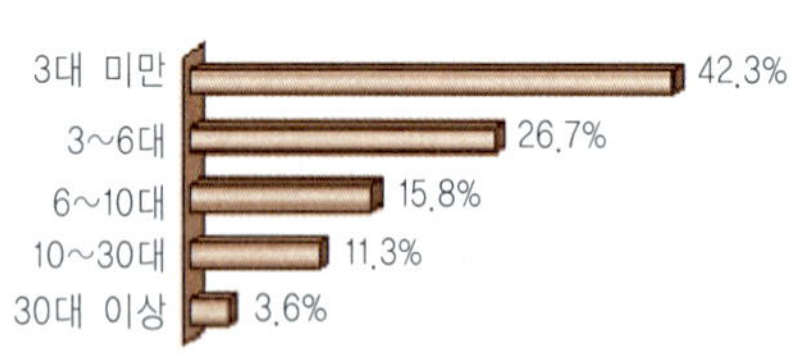

PC 보유현황

- 70% 이상의 업체가 서버를 갖고 있지 않으며, 10인 미만 업체 중에서 서버 보유업체는 4%에 불과함.
- 보유하고 있는 서버의 종류도 PC 서버가 절반 이상을 차지하고 있어 본격적인 전자상거래를 위해서는 개선이 필요한 것으로 판단됨.

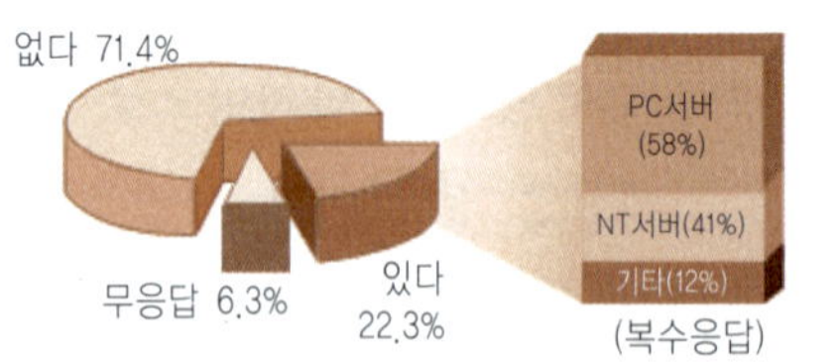

자료:eMK21 수요조사(2001-2002)

하드웨어(hard ware: H/W) 인프라에 있어서 개인용 PC 보유율은 생산직을 제외한 관리인력 기준으로 0.5대이나 정보화의 근간이 되는 서버 보유율은 4% 수준이라 정보화 인프라 구축이용이 시급한 실정이다.

전산환경 개선계획	정보화 추진상의 문제점
▪개선계획이 전혀없는 업체가 45% 이상이며, 2년 이후로 응답한 업체도 16%나 되어 당분간 경남지역 중소기업의 자체적인 전산환경 개선을 기대하기 어려운 실정임. ▪특히, 규모가 영세할수록 개선계획이 전혀 없다고 응답한 비율이 높음(10인 미만:51%, 100인 이상:44%)	▪경남지역 중소기업이 정보화사업에서 느끼는 가장 큰 애로사항은 예산부족, 기술부족, 인력부족의 문제임. ▪이는 비단 투자단계에서 뿐만아니라 투자 이후 시스템의 운영이나 유지/보수 역시 중소기업으로서는 큰 부담으로 작용하는 것으로 판단됨.

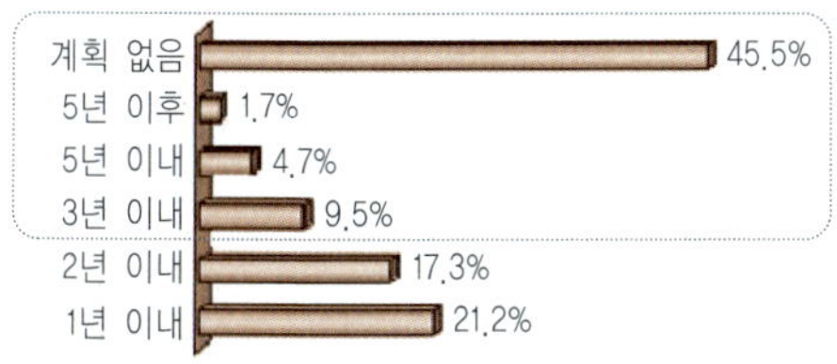

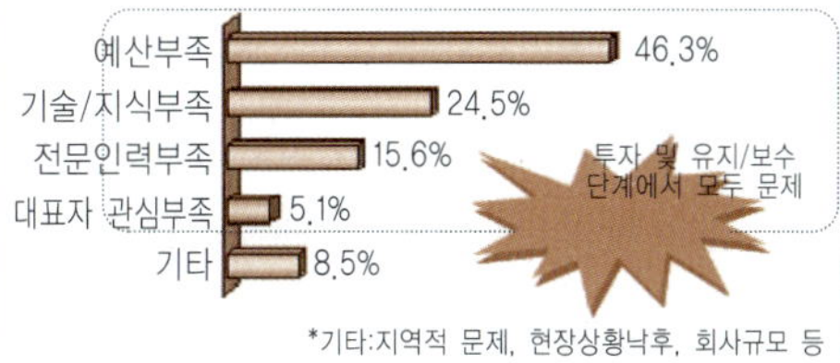

자료:eMK21 수요조사(2001-2002)

사내정보화 수준은 60%이상이 개선계획이 없는 상태이고 가장큰 이유로 예산·기술 및 인력 등 부족한 실정이다. 따라서 이러한 실정을 극복하기 위해서는 공동이용될 H/W인프라서비스와 사내정보화를 ASP 시스템에서 지원할 수 있는 체제가 필요하다.

2) 사내정보화 추진실적 및 성과

기계산업 5개업종(수송기계, 일반기계, 전기기계, 정밀기계, 금속기계)을 대상으로 업종별 10개 업체(총 적용 50개 업체)를 선정하여 기업업무의 표준프로세스를 정립하고, 당해연도에 10개 업체에 표준경영시스템(ERP) 적용시켰다. eMK21에서 제공하는 표준경영시스템의 특징은, e-Commerce전환 기반으로서의 역할을 부여한 점인데 ERP와 e-MP가 상호 연동수행(재고, 전자카탈로그, 생산계획, 거래실적 등)하도록 구현하였다. 또한 ERP를 경험한 중소기업의 불만이 각 기업의 특성에 맞지 않는 부분에 대한 커스토마이징은 시스템의 부적절한 부분과 운영유지관리의 효율을 기하기 위해 집단 설명회, 공청회 및 개별기업 방문을 통해서 사용자 만족을 반영된 적합한 모듈을 개발하여 기업에 제공하고 있다. 200업체를 선정하여 그룹웨어와 500개 업체의 EC용홈페이지를 이용할 수 있게 시스템 구축과 더불어 이용교육을 실시하였다. EC용 홈페이지는 자체 구축한 기업기본정보, 전자카탈로그, 전자상거래와 연계운영될 수 있도록 구현하였다. 이는 개별 기업의 홍보와 마케팅 확대 채널 확보로서 의미가 있다.

4. 상생 IT화의 SCM기반을 위한 추진 전략과 성과

1) 추진 전략

① 중견기업(매출 400억이상)과 관련협력사를 중심으로 사내 정보화와 상생 IT화를 추진하여 중견기업군 중심의 경영디지털화를 우선 지원한다.

② 이를 기반으로 기업군별 e-Commerce 가능 품목을 선정하여 전자상거래 적용 모델화하고 점진적 확대를 도모한다.

③ eMK21사업의 참여를 유도하기 위하여 CEO협의회, 실무자협의회 및 공청회 등 Off-line 커뮤니티 활동을 확대한다.

④ 지역사업(eMK21)과의 연계 추진에 의한 시너지 효과를 고려하여 On, Off-line 연계 방안을 수립하여 시행한다.

⑤ 기계산업포탈로서의 위치를 확보하고 기계산업의 HUB사이트로의 역할을 수행하기 위하여 필수 컨텐츠 자체 확보와 외부컨텐츠 연계서비스를 추진한다.

⑥ 지식기반 확충으로 Active User 양성을 위한 정보화교육과 On-line 교육서비스를 강화한다.

⑦ 5개 기업군이나 기업간 거래형태 및 구조를 재조사하고, 전환 대상을 선별하여 시스템 구축에 반영한다.

⑧ 향후 자립운영에 대비하여 ASP지원 대상사업 및 기업을 선정하여 수익모델화하고 운영체제를 조기에 구축한다.

⑨ 해외 eMP와의 연동을 위하여 전략적 제휴를 추진한다.

⑩ 자체 구축한 컨텐츠의 유지관리를 위하여 수요자 중심의 편리성과 유용성을 위한 지속적인 시스템 유지관리를 한다.

2) 추진 성과

① 2차년도에는 기계전문 포탈사이트, 전자상거래시스템서비스 준비 완료, 정보화 컨설팅 및 사내정보화 지원 확산을 목표로 추진하였다.

② 운영체계 완비와 자립운영을 위한 수익모델 개발에 총력을 투여하였다.

③ 수요자 요구 수렴과 수요자 기반을 확보하고자 Off-line 커뮤니티 활동을 지속적으로 추진하였으며 설문조사를 통하여 서비스 중인 시스템에 대한 만족도 조사와 서비스 계획사업에 대한 요구사항을 분석하여 시스템에 반영하였다.

④ 당해연도의 사업추진은 1차년도에 이어 eMK21사업의 인지도 저변확대와 정보화 Mind확산 측면에서 의미를 부여할 수 있다.

⑤ 3,000여 기업체에서 eMK21의 사업취지와 서비스내용 및 향후 운영계획에 대해 인식하고 있다.

⑥ 수요자의 사이트 활용을 위하여 기본적인 컨텐츠(자체 구축, 외부 공급)를 90% 이상 완료하였고, 커뮤니티 활동을 지원할 서비스를 구축하였다.

⑦ 가장 핵심적으로 추진할 사내정보화 및 상생 IT화관련 단위사업들을 완료하였고 중견기업 중심으로 ASP지원 계획과 방침을 수립하여 접촉 중에 있다.

⑧ e-Commerce 전환을 유도하기 위하여 전자상거래분야의 서비스준비를 완료(CRM 제외)하였다.

운영체계를 조기 구축하고자 운영사업자선정에 최대한의 노력을 투여하였으나 결론을 얻지 못하였고 현재 다각적인 방안을 검토하고 있다. 그러나 운영자립을 위한 수익모델 발굴(ASP회원제)을 완료하였고 이를 기반으로 중소기계기업의 e-Transformation하기 위한 사용자 인프라층 확보, 컨텐츠, 커뮤니티 구축, 전자상거래환경 구축, 지식경영을 위한 단위사업 완료 등 통합ASP지원을 위한 개발을 85%이상 완료한 것에 추진효과가 크다.

3) 자립운영을 위한 수익모델 확보

e-MP의 성공적 추진을 위해서는 계열기업이나 협력업체에 영향력이 큰 대기업을 참여시키는 방법이 최상책이지만, 일개 대기업이 참여할 경우, 일부 기업군에 편중된 혜택이 부여되고 여타 기업의 불참이 예상되며, 대기업에 종속된 시스템으로 전락할 가능성이 높다. 따라서 대기업에 비해 효과는 적으나 많은 중소기업들이 공동참여가 가능하고 투명한 거래를 할 수 있는 여건이 마련된다. 상생 IT화(SCM)와 관련된 76개의 중견기업을 선정하고 이들 기업 중심으로 한 1,200개의 CEO협의회 구성을 통해서 통합ASP서비스를 지원하는 회원제 운영방식을 채택하였다. 회원사에 제공하는 서비스로는 사내정보화 부문에 ERP와 그룹웨어 및 EC용홈페이지이며, 외부 또는 자체적으로 구축한 컨텐츠서비스 및 상생 IT서비스이다. 이러한 회원제를 통해서 기계산업체들의 저변확대와 동시에 e-Commerce전환을 모색할 계획이다. 당해연도에 중견기업(2개 업체)의 각 25개 협력사(총 50개 협력사)와 협약이 진행중이며, 향후 중견기업군 단위로 IT협력화와 e-Commerce 적용을 확대할 방침이다.

5. 상생 IT화 추진에 대한 애로대책

1) 핵심사업의 집중관리

중소기계기업의 균등한 정보화 기회부여와 사업추진 효과의 조기 실현하기 위하여 4개사업 분야를 동시에 병행 추진하였으나, 정보인프라 지원측면에서는 추진성과가 있었지만 향후 자립운영 기반 확보 측면에서는 기여도가 낮은 단위사업이 일부 발생되었다. 또한 사업부문별로 각각의 사업목표에 충실하고자 참여기업을 확대하는 전략으로 시행되었다. Off-line 커뮤니티 활성화(CEO협의회, 실무자협의회, 설명회, 공청회 등)에 있어서는 참여활동이나 회원 수는 계속 증가해 왔으나, 참여도나 관심도 및 충성도를 고려한 차별화 활동전략이 아쉬웠다. 이러한 애로문제점을 해결하기 위해서는 Off-line 커뮤니티 활동을 통해서 협력사들간에 영향력을 가장 많이 주는 중견기업군을 대상으로 하여 중견기업군별로 정보화 수준을 고려하고 추진계획 및 CEO의 의지를 감안하여, 기존에 운영 중인 지역중심 추진방법을 중견기업군 형태로 재편성해야 한다. 따라서 중견기업군 단위별로 활동을 강화시키고 활동실적에 따라 지원도 차별화함으로써 eMK21의 커뮤니티 활성화를 위한 전략을 구체화해야 한다. 이러한 토대로 해서 사내정보화와 상생 IT화를 위해 대상사업을 재정립하고, 기본적인 협약에 의거 ASP지원을 보급하게 함으로서 이용률을 높이고 보다 더 기계산업체들간의 e-Commerce 활성화될 수 있도록 분위기를 조성해야 한다.

2) 자립운영을 위한 수익기반 확보 방안

전자상거래(B2B, B2C, 중고기계, 사이버박람회) 수익원 확보는 시기적으로 아직 이르다. 제도적인 뒷받침도 중요하지만 무엇보다도 전자적인 거래에서의 수반되는 판매자와 구매자간의 신뢰성과 기업경영의 투명성이 요구된다. 특히 기계산업에 있어서는 장기간 자리잡고 있는 폐쇄적인 하청구조와 정밀을 요구하는 기계제작부분과 협업간의 기술제휴가 한정되어져 있어 걸림돌로 작용하고 있다. 따라서 단기간 내에 이러한 거래구조를 허물고 수평적인 거래구조로 전환하기 어려운 실정이다. 이러한 애로문제점을 해결하기 위해서는 기계산업체 대상으로 한 사내정보화 지원과 상생 IT화를 패키지형 ASP형태로 회원제 도입 운영하여 정보화 서비스를 할 수 있는 자립운영조직체제를 구성해서 회원사에게 e-Commerce와 관련된 각종 서비스 혜택을 받을 수 있게 해야 하며, 정보화 인프라 이용하는데 우선 지원해야 하겠다. 따라서 3차년(2002.10.1~2003.9.30)부터 2개 기업군을 선정하여 상생 IT 정보화 모델을 개발하여 적용해야 할 것이다.

6. 종합경영 컨설팅 활동

종합경영컨설팅이란 경남지역 기계산업체의 기업경쟁력 강화를 지원할 수 있도록 정보기술의 전략적 활용을 통한 부가가치 증대와 전사적 관점의 비즈니스 성과 향상을 위한 업종별 표준 프로세스를 정의하고 생산성 향상을 위한 제반 절차와 표준을 수립하며 종합경영시스템(ERP)을 효과적으로 구축할 수 있도록 필요한 교육과 정보를 제공하는 사업이며, 기업의 업무 프로세스 개선과 표준화 등 개별기업의 차원에서 해결하기 어려운 문제와 기술적 내용들에 대해 전문적인 컨설팅 서비스를 지원하고 기업은 회사업무 표준처리절차를 정립하고 기업특성에 부합되는 ERP시스템을 구축할 수 있도록 하는데 있다. 종합경영컨설팅의 주요 업무범위는 ERP 교육, 현행업무분석 및 사용자 요구사항 분석을 통한 5개 업종에 가장 적합한 업무표준 프로세스 모델을 수립하는 업무이다. 개발된 종합경영시스템의 적용단계에서 최종적인 시스템을 사용자에게 인도하기 위한 적용 계획수립과 운영을 위한 기초자료의 설정 및 개발된 시스템의 기능이 고객의 요구사항과 일치하는지를 고객이 주관이 되어 테스트를 하는 사용자시험, 시스템 운영에 필요한 각종 매뉴얼 작성 및 사용자 교육 그리고 시범운영 등 실제적용을 위한 준비단계를 지원하게 된다. 종합경영시스템의 업체 적용을 위한 각 단계별 업무 절차와 방법을 사전에 규정하여 업무기준을 설정함으로서 업무의 효율성을 기하고 신속한 적용을 통해 시스템을 조기에 안정화시키고, 적용단계에서 진행되어야 되는 작업계획을 사전 수립하여 프로젝트 일정준수 할 수 있도록 해야 한다. 최종 종합경영시스템을 실제 운영환경에서 운용할 수 있도록 필요한 자료와 기준을 정하고 사용자·운영자가 보다 쉽게 운영 및 유지보수를 할 수 있도록 매뉴얼 작성교육을 실시하였고, 특히 시스템 사용자 중심을 위한 헬프(help)기능을 제공했다. 그리고 시범운영을 통하여 종합경영시스템의 안정성을 점검하였다.

1) 사업목표

경남지역 기계산업의 정보화를 위해 5개 업종별(수송, 일반, 전기, 정밀, 금속기계) 특성을 반영하여 기계산업에 특화된 표준 프로세스를 정립하고, 정보화 환경개선 방향 수립, 정보화 마인드 교육, 코드체계 정립 및 기초데이터 구축 등을 통해 종합경영시스템의 성공적인 적용을 위한 정보화 기반을 구축하는데 있다.

가. 목표 업체

구분	1차년도	2차년도	3차년도	비고
종합경영 컨설팅	10개 업체	- 20개 업체 업종별 표준프로세스 정립 - 1차년도 대상 10개 업체 표준경영시스템 적용	20개 업체	총 50개 업체

2) 사업내용

가. 20개 업체 업종별 표준프로세스 정립

구 분	세 부 내 용
프로젝트 수행준비 및 업체 선정	- 프로젝트 수행을 위한 업무내역과 절차 및 일정 정의 - 각 타스크별 책임과 권한 부여 - 프로젝트 수행 대상업체 선정
기업 환경 분석	- 기업의 일반적인 현황과 개요 및 경영 현황에 대한 기초조사를 수행하는 단계 기업의 주요 문제점 및 현재 상태와 미래 목표에 대한 자료조사
현행 업무 분석	- 고객의 조직(부서)별로 현재 수행하고 있는 담당업무를 파악하여 고객의 업무를 이해하고, 현재 수행되는 업무처리에 대한 문제점 파악 - 신규 프로세스의 도출을 위해 현재의 모습을 정확하게 파악하는 활동
현행 정보 기술분석	- 현재 사용하고 있는 정보시스템의 현황을 조사하여 시스템의 가용성 증대 - 현기업이 보유한 기술환경과 정보기술의 추세를 분석하여 구축할 기술환경의 방향을 제시
사용자 요구분석	- 현행 업무분석 결과와 인터뷰 결과를 검토하여 고객 조직(부서)의 담당업무별 업무기능에 관련된 현재 종합경영시스템에 구현되지 않은 모든 요구사항을 파악 - 기술구조에 관련된 요구사항은 기술요소별로 분류하여 정의
Gap 분석	- 2차년도 20개 회사에 대한 업무분석 결과와 1차 년도에 수립한 표준 프로세스와의 비교 검토를 통하여 업무의 구조적인 모델수립에 의한 수정된 5개 업종별 표준 프로세스를 도출하는 과정 - 1차년도 표준 프로세스와의 Gap과 해결방안을 도출하여 적용 가능한 범위 수립
표준 프로세스 정립	- 1차년도 표준 프로세스에 2차년도 추가 조사한 20개 업체의 업무 분석결과를 바탕으로 경남지역 기계산업의 5개 업종별(수송, 일반, 전기, 정밀, 금속기계) 특화된 수정 표준프로세스를 정립

나. 1차년도 대상 10개 업체 종합경영시스템 적용

구 분	세 부 내 용
프로젝트 계획수립구성	- 종합경영시스템 적용을 위한 추진계획 수립 및 추진팀 구성과 역할 분담
업체 시스템 환경 설정	- 업체 사용자 환경 Setup 계획수립
사용자 교육실시	- 사용자 교육계획서 작성 및 교육 실시
사용자 리스트 작성	- 업체별 사용자 목록 작성 : 사용자별 ID, 패스워드, 사용권한 설정
코드체계수립	- 표준코드집 준비, 코드 설정
마스터데이터 작성	- 종합경영시스템을 사용하기 위해 필수적으로 요구되는 마스터 데이터 준비작업을 수행
기초 데이터 준비	- 기초데이터는 종합경영시스템으로 이전하는 경우 최초 데이터를 만드는 작업(은행잔액, 재고, 수주자료)
시험 운영	- 본 가동에 들어가기 전, 시스템의 완성도를 확인하고 사용에 익숙 하도록 시험운영을 함
본 가동	- 본 가동지원

다. 사업 추진 절차

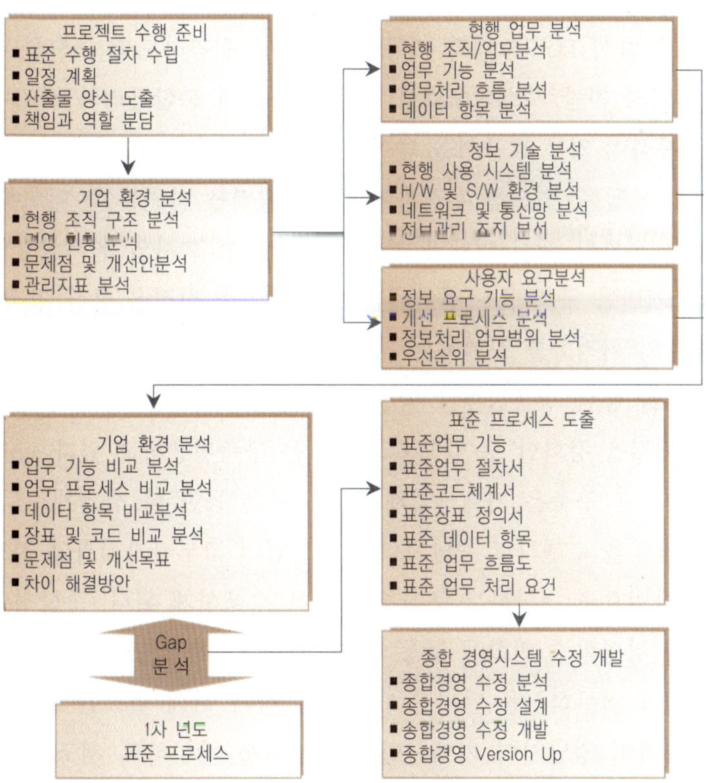

7. 종합경영시스템(eERP) 추진활동

종합경영시스템은 경남지역 기계업체의 5개 업종별(수송, 일반, 전기, 정밀, 금속, 기계) 특성을 반영하여 기계산업에 특화된 표준 프로세스를 정립하고, 정보화 환경개선 방향 수립, 정보화 마인드 교육, 코드체계 표준화를 통해 종합경영시스템의 성공적인 적용을 위한 정보화 기반을 구축하는 사업으로서 컨설팅을 통하여 도출된 표준 프로세스를 근간으로 ASP(application service provider)용 종합경영시스템(ERP)을 개발하여 IDC 센터에 종합경영시스템 전용 고성능 서버를 설치하고 고속 네트워크를 기반으로 경남지역에서 선정된 5개 업종 50개 기업에 종합경영시스템 어플리케이션을 사용하도록 하는 시스템으로 전자상거래와도 연계되며 향후 적용기업을 점진적으로 확대 가능하도록 구축하는 사업이다. ASP용 종합경영시스템은 경남지역 중소기업이 경영관리를 위해 가장 필요로 하는 기준정보, 영업, 구매, 외주, 재고, 생산, 품질, 무역, 인사, 회계 경영자 정보 및 시스템관리 모듈로 구성하여 기업전사자원을 관리할 수 있도록 하는 통합 응용 솔루션을 구축한다. EC전용 ERP시스템은 기계산업과 관련된 기업들에게 EC연동 시스템을 제공함으로서 전자 상거래 체계가 활성화 되도록 하여 핵심업무의 IT화를 유도하며, 시스템 구성은 기업기본정보, 상품정보, 판매정보, 경영정보로 하여 EC시스템과 커뮤니케이션이 원활하도록 구축한다. 종합경영시스템은 각 기업의 기간 시스템으로서 전사적 차원의 통합관리와 비즈니스 프로세스의 재구축을 통하여 업무 효율성을 높이며 eMK21의 전자상거래 등 타 시스템과 유기적인 연계관리가 될 수 있도록 추진하여 디지털경영을 지원할 수 있도록 하며 경상남도 중소기업의 정보화 핵심 인프라 기능을 담당하여 회사의 원가절감과 생산효율을 높일 수 있는 기반을 구축하고, 경영체질 강화와 가치 향상을 통한 경쟁우위 확보, 사업과 조직구조의 최적화를 실현하는 것이다. 또한 최근의 지대한 관심분야인 전자상거래와의 연계를 통한 상품판매로 영업 활성화를 도모하고 자재 구매비용을 절감하여 기업경영 체질을 강화할 수 있도록 시스템을 구축활용하고 있다. eMK21 사업에서의 종합경영시스템 구축은 기계산업체의 정보화를 통한 타 산업체로의 파급효과 및 정보화 모델 역할을 수행하고 경남지역 기계산업의 고부가가치화와 정보기술을 바탕으로 한 지식산업으로 전환하는 구심적 역할을 수행하게 된다. 종합경영시스템은 급변하는 최근의 경영환경 변화에 능동적으로 대처할 수 있도록 업무프로세스의 리엔지니어링(BPR)과 업무혁신을 단기간 내에 실현하기 위해 필요한 표준화된 통합경영시스템을 제공하여 경남지역 기계산업의 경쟁력을 강화하고 제조 시스템의 혁신을 추구하는데 있다. 그리고 중소기업이 최소의 투자비용만으로 종합경영시스템을 사용할 수 있도록 하며 기업의 성장에 맞추어 점진적 상위 모델로 업그레이드가 가능하게 하고, 범용성 있는 eERP시스템이 되게 꾸준히 노력과 새로이 변화하는 기업환경·문화를 수용할 수 있는 기능모듈을 개발하여, 시스템을 적용하고 있는 기업에 저렴한 비용으로 제때 공급이 될 수 있게 하는데 있다.

가. 사업목표

구분	1차년도	2차년도	3차년도	4~5차년도
종합경영 시스템 구축	기본계획 수립 업무분석 및 설계	종합경영시스템개발 및 시험 10개사 적용	적용운영 40개사 적용	확대 적용
	- 기업을 5개업종별(수송기계, 정밀기계, 전기기계, 일반기계, 금속기계) 형태별로 분류한 ASP용 종합경영시스템 모델 표준화 및 개발적용 - EC전용 ERP 개발지원(ASP용 종합경영시스템과는 별도 임) - 5개 업종별 각각 10개 업체 총 50개 업체 구축			

나. 사업내용

① 1차 년도의 분석 및 설계서를 바탕으로 종합경영시스템을 개발구현, 시험 및 적용하는 업무를 수행하며 개발된 시스템을 1단계로 5개 업종(수송, 일반, 전기, 정밀, 금속, 기계)의 10개 업체에 적용.

② 종합경영 컨설팅과 표준화를 통하여 이루어진 표준 비즈니스모델들에 대해 경남지역의 기계산업 중소기업에 쉽게 적용 할 수 있는 종합경영시스템을 구축

③ 종합경영시스템은 기업 경영목표를 달성하는데 용이한 도구로 활용될 수 있도록 신진프로세스의 사상을 반영하여 낙후된 중소기업체에 바람직한 기업모형을 지원.

④ 또한 개발되는 종합경영시스템은 인터넷을 기반으로 하여 중소기업의 규모별 업종별 사용자의 요구에 따라 다양한 지원을 할 수 있도록 구축.

⑤ 종합경영시스템의 활용성 측면에서 최종 사용자의 정보화 능력이 낮은 점을 고려 중소기업의 특성에 맞도록 사용자의 편리성과 습득의 용이성을 갖추고, 향후 유지보수가 용이한 형태로 구축.

⑥ ASP용 종합경영시스템은 다양한 모듈화 및 컴포넌트화로 현장에서 발생한 상황들에 즉각적으로 대처 할 수 있도록 구성되고 종합경영시스템을 통해 전체적으로 최적화된 기업활동이 가능해 지도록 구축.

⑦ EC용 ERP시스템

- EC용 ERP시스템은 EC와 연계하여 업체의 기업기본정보, 상품정보, 생산정보, 판매정보 및 기업경영정보를 제공, 업체의 대외홍보 및 영업경쟁력 향상을 도모하기 위한 시스템 구축.
- EC용 ERP시스템

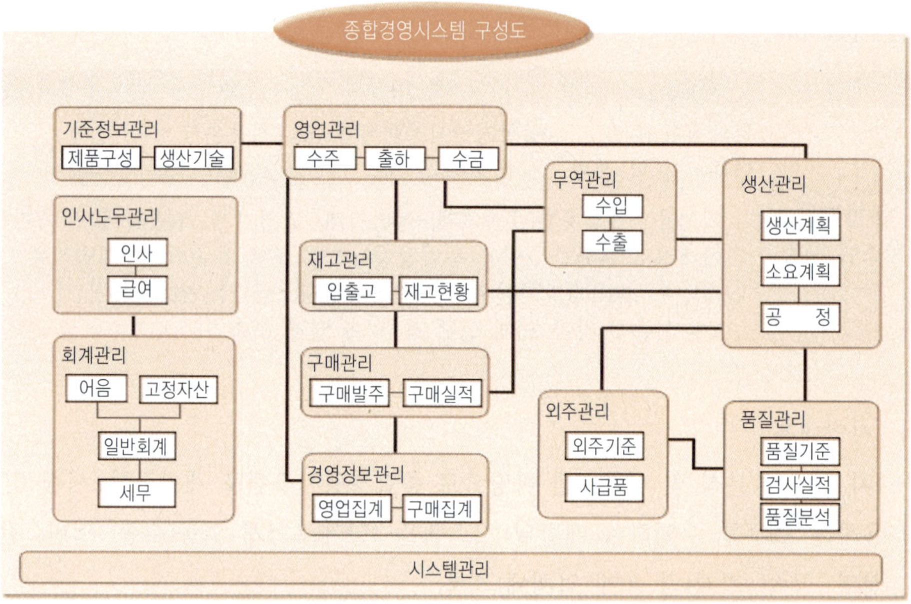

다. 개발구축 단계

① 시스템의 원활한 정착을 위해 적용 대상업체 사용자에 대한 종합경영시스템 패키지 개념교육 및 사용자 교육 실시.

② 종합경영시스템의 적용을 하기 위한 사전 준비작업으로 업체에 대한 코드체계 표준화, 업무프로세스 정립 및 기초데이터 준비작업 실시.

③ 종합경영시스템의 완벽한 적용과 사용자 만족도를 높이기 위한 각 업체별 요구사항 수렴 및 보완 개발을 통하여 제품의 완성도 향상.

개발단계	사업추진 내용	산출물	비고
개발	작업단위 생성 및 코딩	프로그램 소스	
	코드 검토	코드체계정의서	
시험	시스템 시험계획서	시험계획서	
	시스템 단위 시험	시험결과서	
	시스템 통합시험	시험결과서	
	교육훈련	사용자·운영자지침서	1차 10개 업체
적용	시스템 전개 - 현장변환		1차 10개 업체
	시스템 전개 - 운영감독		1차 10개 업체
운영	시스템 유지보수		1차 10개 업체
	시스템 개선 및 보완개발		

라. 개발내용

<table>
<tr><th>모듈명</th><th>주 요 기 능</th><th>세부 관리 내역</th></tr>
<tr><td rowspan="3">기준정보 관리</td><td colspan="2">시스템의 모든 업무에 공통적으로 사용되는 기초정보를 등록, 수정, 조회, 출력하는 모듈</td></tr>
<tr><td>제품구성관리</td><td>- 품목의 기본정보관리. 제품구성 내역(BOM) 정보관리, 공통기준 정보관리</td></tr>
<tr><td>생산기술관리</td><td>- 공정내역(공정마스타)의 관리, 작업장에 대한 정보 및 생산능력관리.
- 장비 마스터 세부내역 정보관리, 장비 가동상태 및 보수 이력관리</td></tr>
<tr><td rowspan="4">영업관리</td><td colspan="2">견적에서 수금까지 영업의 전반적인 제반 활동을 효과적으로 관리하여 고객의 요구에 적극적으로 대응할 수 있도록 하는 모듈</td></tr>
<tr><td>수주관리</td><td>견적 접수내역 및 견적 이력관리, 수주내역 및 현황관리
- 수주번호별, 거래처별, 제품별, 납품 예정일자별 미납현황 관리</td></tr>
<tr><td>출하관리</td><td>- 주문에 대한 납품정보관리 및 관련증빙 발행(출고증, 거래명세서)
- 거래처별, 수주별 미납현황 및 납기관리</td></tr>
<tr><td>수금관리</td><td>- 매출에 대한 수금 실적관리. 매출금액에 대한 미수금을 거래처별, 계산서별로 관리</td></tr>
<tr><td rowspan="2">생산관리</td><td colspan="2">주문생산과 계획생산 등 모든 생산형태에 적용되며, 실행하기 쉽고 사용이 간편하여 업무적용의 유연성을 보유한 모듈.
자재 소요계획관리는 생산에 필요한 자재를 적기에 조달하기 위하여 부족품의 발주 및 오더의 독촉·지연·취소 지시를 하는 모듈.</td></tr>
<tr><td>생산계획관리</td><td>- 작업장별, 제품별, 기간별 생산계획 수립, 수주내역을 기준으로 생산일정관리.
- 작업장별 소요부하 산출처리 및 과부하 산출관리, 생산달력의 관리</td></tr>
</table>

모듈명	주 요 기 능	세부 관리 내역
생산관리	소요계획관리	- BOM을 이용 제품구성내역 전개를 통해서 자재소요 원천 내역 생성처리(MRP) - 자재소요계획, 자재예정오더 내역, 자재오더 조정권고 내역관리
	공정관리	- 생산부서에 대한 생산오더 발행 및 생산자재 내역관리. - 생산실적관리
구매관리	구매청구부터 소요통제, 업체선정, 발주, 납입, 대금 지불까지 제반업무가 신속하게 집행 되도록 지원하는 모듈.	
	구매발주 관리	- 구매청구 내역관리, 확정된 구매청구에 대한 자재발주 현황 및 구매단가, 납기, 대금지불조건 등 관리
	구매실적 관리	- 구매처가 납품한 구매품목의 입고내역에 대한 관리 - 구매대금 지불관리, 미납자재에 대한 관리
외주관리	외주관련 업무를 지원하는 모듈로 유무상 사급자재 반출·입관리 및 외주관리를 지원하는 모듈	
	외주기준관리	- 외주 품목의 외주 생산공정 내역관리
	사급품 관리	- 외주 품목의 사급자재 관리 및 외주 임가공품에 대한 발주관리, 사급자재 반출·입 관리
재고관리	제품, 반제품, 부품, 소재, 소모품 등 모든 물건을 입고처리와 출고처리를 함으로서 정확한 현 재고량을 관리하는 모듈	
	입출고관리	- 자재 및 제품 입출고 내역관리 및 재고조정, 재고실사 등 입출고이력관리 - 현장에 투입된 원·부자재 불출요청서에 의거 출고처리 및 불출전표 발행과 기불출(출고)품관리 - 재고 년도 이월관리
	재고현황관리	- 재고 마감처리 및 재고금액 평가관리, 수불대장, 수불카드 발행, 재고정보관리 - 재물조사 지원 및 재고조정 이력관리, 재고저장 위치관리, 재고가치 클래스관리, 재고용도관리
무역관리	해외에서 물품을 구입할 경우 관련 무역 업무를 지원하는 모듈해외로 제품을 판매할 경우 관련 무역 업무를 지원하는 모듈	
	수입관리	- 수입L/C정보관리 , 수입통관 및 세부내역관리 부대비용 관리, 수입현황정보관리
	수출관리	- 수출L/C정보관리, 수출통관내역의 세부정보관리 수출대금 회수에 대한 매입내역관리 - 수출네고정보 및 부대비용관리

모듈명	주 요 기 능	세부 관리 내역
품질관리	생산 중 또는 출하 이후에 발생한 불량의 원인과 특성을 분석하여 품질 향상을 지원하는 모듈	
	품질기준관리	- 품질검사기준관리. 검사항목내역, 품질등급구분, 검사방법 구분및 품목의 검사 난이도 정보관리
	검사실적관리	- 원재료 및 부품의 수입검사 실적관리, 가공품 및 조립품, 완성품에 대한 공정검사관리
	품질분석관리	- 불량원인을 분류할 기준을 관리, 불량의 원인별, 기간별, 제품별 불량발생내역 및 이력관리
회계관리	기업의 전표입력에서 재무제표까지 회계정보를 체계적으로 관리하고, 경영층이 합리적인 의사결정을 할 수 있도록 관련 정보를 제공하는 모듈.	
	일반회계관리	- 거래중 발생한 모든 수입·지출 및 대체전표에 대한 정보관리 - 회계처리와 관련된 현금출납부, 총계장원장 등 제장부 원장 및 보조장관리 - 결산 및 재무제표관리, 계정별 잔액 및 기초잔액관리
	어음관리	- 거래중에 수취한 받을어음 및 지급어음에 대한 내역관리, 만기일, 배서, 수탁, 활인 등에 대한 정보관리
	자산관리	- 고정자산의 현황 및 취득, 이동, 폐기, 매각 관리, 감가상각 관리.
	세무관리	- 부가세자료 관리, 신고내역 및 납부세액관리, 부가세 전산매체신고관리, 세금계산서관리
인사관리	입사에서 퇴사까지 기업의 인력에 대한 정보를 관리하여 효율적인 인력배분을 할 수 있도록 하며 인사, 근태, 급여, 상여, 정산관리를 하는 모듈.	
	인사관리	- 사원의 기본 인적사항 및 발령내역, 자격내역, 학력내역, 교육연수내역, 가족내역, 신원보증내역, 경력내역, 병역사항, 건강사항 등에 대한 자료관리, 각종 인사현황에 대한 조회, 검색, 분류관리
	급/상여관리	- 개인의 근태현황 및 복리후생정보관리, 급·상여 계산처리 및 이력관리, 세액관리
	정산관리	- 퇴직금 계산 및 퇴직정산관리, 년말정산관리, 년말정산 전산매체세무신고관리
경영정보	경영정보자료를 경영층에 시각적으로 제공하여 문제 및 변화를 신속히 감지 대응할 수 있는 의사결정지원 모듈.	
	경영정보	- 영업집계, 구매집계, 생산실적, 재고정보, 재무현황, 인사현황관리,
시스템 관리	ERP시스템을 운영하기 위해서 사용회사별 또는 사용자별로 고유의 환경을 설정하는 모듈	
	운영관리	- 환경설정관리, 사용자관리, 메뉴관리, 운영관리

마. 사업 추진 과정

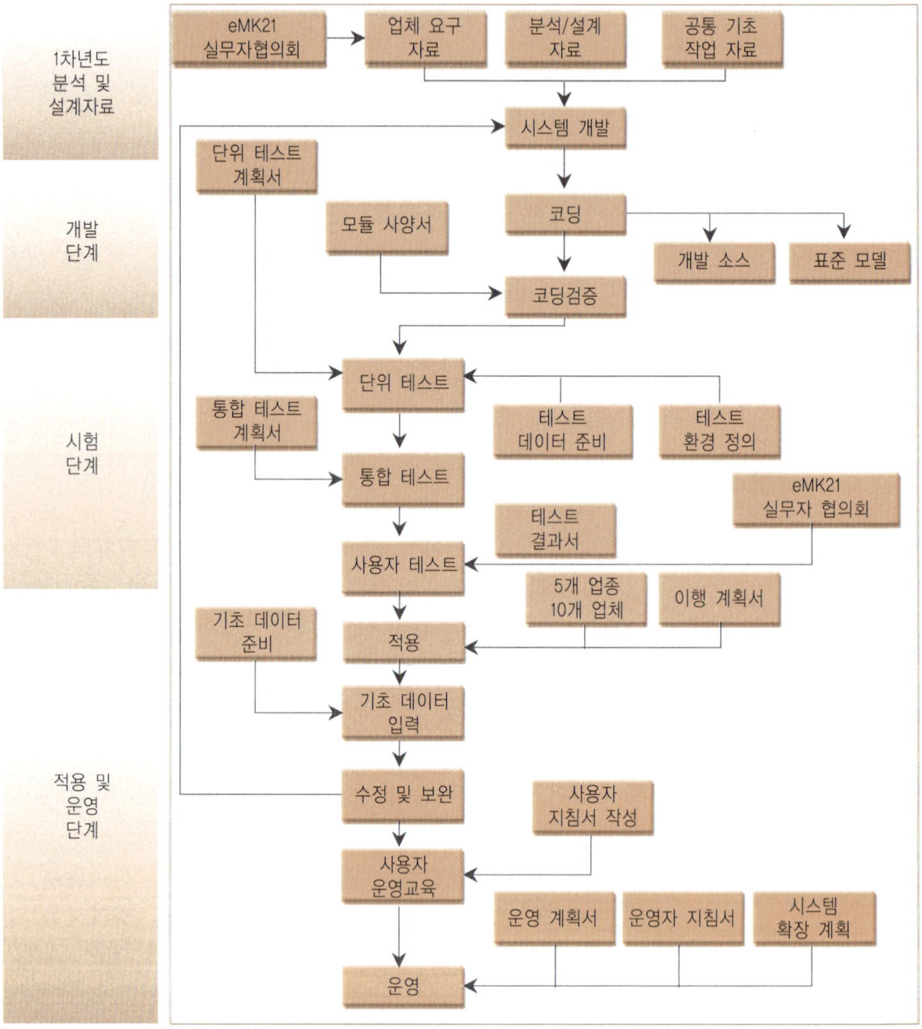

1) 종합경영시스템은 생산된 제품의 속성에 따른 5개 업종(수송기계, 일반기계, 전기기계, 정밀기계, 금속제품)과 산업형태(프로젝트산업, 조립산업, 가공산업, 프로세스산업) 또는 생산 형태(make to order, make to assembly, make to stock)에 따라서 적용범위 및 방법을 달리할 수 있도록 컴퍼넌트화 및 모듈화로 개발하고 적용기업의 업종과 업무특성 및 사용자 환경을 고려하여 시스템 구축해야 한다.
2) 사용자 요구사항이 시스템에 충분하고 정확하게 반영되었는지의 여부를 검증하기 위해 업체면담 및 실무자협의회를 개최하고 사용자 테스트를 통해 오류를 최소화 할 수 있도록 추진해야 한다.

3) 개발되는 종합경영시스템은 업체별 업무특성에 따라 프로세스를 변경하고 유지보수가 용이하도록 시스템의 유연성을 확보해야 한다.

4) 종합경영시스템 구축의 성공은 기업 담당자들이 제대로 시스템을 이해하고 활용할 때 그 효과를 극대화 할 수 있으며 기업 임원 및 사용자들의 의지와 열정, 종합경영시스템에 대한 지식이 무엇보다 중요한 사항이므로 이에 초점을 맞추어 단계적 교육계획을 수립하여 진행해야 한다.

바. 사업 성과

◉ 사업 추진 실적

구분	모듈	프로그램수	화면수	보고서	BATCH	비고
기본 ERP	POP UP	79	79	-	-	
	기준정보관리	82	59	7	2	
	영업관리	132	81	22	24	
	생산관리	117	70	19	28	
	구매관리	40	29	7	4	
	외주관리	22	19	3	0	
	재고관리	81	55	12	14	
	무역관리	87	74	12	1	
	인사관리	110	74	23	13	
	회계관리	121	72	33	6	
	품질관리	46	35	11	0	
	경영정보관리	35	30	-		
	시스템관리	44	44	-	-	
EC ERP				-	-	
	합계	1024	778	149	98	

업체명	컨설팅 방문 실적	데이터 셋업 교육 실적	사용자 교육 실적	사용자등록	비고
우수기계공업(주)	3회	8회	6회	34명	- 집체 교육 : 3회 실시
(주)현대기공	2회	8회	8회	21명	
(주)K.A.T	3회	7회	5회	8명	
(주)아성정공	3회	7차	5회	32명	
(주)동성전기	3회	7회	3회	17명	
명신정공사	3회	7회	6회	12명	
대광정밀공업(주)	3회	5회	5회	12명	
동양특수금속(주)	3회	5회	5회	16명	
(주)한전금속	3회	6회	5회	11명	
대명산업(주)	3회	7회	5회	24명	
합 계	29회	67회	53회	211명	

8. eSCM체계 기반을 위한 상생 IT 정보화의 전략

1) 경남지역 기계산업체의 상생 IT화 추진 배경

경남기계산업 중소기업의 산업구조는 업종별 중견그룹을 중심으로 관련 중소업체가 모기업 납품하는 종속형태가 대부분이며, 기계산업의 특성상 제품개발에 필요한 자금과 기술, 장기간의 개발기간이 필요로 하는 사업으로 납품에 대한 확실한 보장과 기술지원이 없이는 중소기업 자체적으로 제품생산을 위한 투자가 어렵고 모기업과 강한 연대 속에 제품개발이 이루어지는 산업구조이다. 이러한 구조 하에서 중견기업은 관련 협력사를 제품을 생산하기 위한 관련공정으로 인식하고 작업지시나 재고파악이 실시간으로 실행되기를 희망하나, IT기반의 취약으로 중소기업의 직원이 파견되어 작업지시량과 납품량을 파악하여 자사와 연락하는 체계를 갖추고 있는 기업형태도 적지 않다. 이러한 산업구조는 부가가치의 60-70%가 제조과정 외부의 공급체인 상에서 발생하고 있으나 원자재의 납기 및 재고부담과 품질의 불확실성으로 인하여 제조생산에 지대한 영향을 주고 있는 실정이다.

2) 추진경과

세 부 내 용	추진 시기
2차년도 업체방문 기간 중 기업간 협업화 필요성 대두 · ERP, 그룹웨어 등 기업내 정보화시스템 구축적용으로는 경남기계산업의 산업구조의 특수성에 따른 생산 효율화 기여에 한계 봉착	2002.2~2002.5
중견기업 대상 업무처리 관행 및 문제점 조사	2002 .6
경남지역 기계산업의 산업구조를 반영한 상생 IT화 추진방안 수립	2002.7.2
중견업체 및 관련협력사 대상 상생 IT화 추진방안 설명회 실시 · 중견업체 및 관련협력사 대표 및 실무자 54명 참석	2002.7.11
산업자원부 평가단 대상 상생 IT화 추진방안 설명	2002.7.15
상생 IT화 세부 추진계획수립을 위한 관련협력사 의견수렴	2002.8.13
상생 IT화시 기계산업 업무특성 반영을 위한 업체방문조사 중	2002.8.20~2004.12

3) 상세 내용

가. 추진 전략

기업단위의 종합경영시스템을 보급하여 시스템 운영측면의 안정화 내지는 효과적으로 활용될 때, 중견기업군을 대상으로 사내정보화 및 기업간 상생 IT화를 ASP형태로 지원함과 동시에 이들 기업 중심으로 Supply Chain별 분석을 구체화하고 맞춤형 지원인 상생 IT화를 구체화하여 eSCM시스템의 기반을 확고히 하자는 데 있다. 이는 경남지역의 기계산업구조 분석을 통해서 시범모델을 설정하여 정립 후 중견기업군(74개 군) 대상으로 적용 확대해 나아가는데 있다. 기업단위는 물론 Supply Chain단위의 중견기업군을 통합 ASP서비스 기반환경을 제공함으로서 협력업체들간의 전산화 일관성 유지와 저렴한 비용으로 서비스할 수 있게 되어야 하며, 향후 중견업체 관련한 상위업체(모기업 등 포함)와의 정보화 연계사업으로 확대해 나아가야 하겠다. 추진에 참여대상은 적용업체들의 사용자(CEO, CIO, 여러 분야의 전문가 및 사용자 등) 참여로 사용자 중심의 편리성과 유용성을 감안한 IT정보화가 되어야 한다.

나. 정보서비스 제공대상

(1) 사내정보화 부분: 종합경영시스템의 정보내용 동일

① 기준정보관리	② 영업관리	③ 생산관리	④ 구매관리
⑤ 외주관리	⑥ 재고관리	⑦ 무역관리	⑧ 품질관리
⑨ 회계관리	⑩ 인사관리	⑪ 경영정보	⑫ 시스템관리

(2) 상생 IT 정보화 부분

① 발주·구매관리	② 납품관리	③ 외주관리	④ A/S관리
⑤ 클레임 관리	⑥ 품질관리	⑦ 기술사양 및 기계설계도면관리	⑧기술관리
⑨ 지불관리	⑩ 기타		

다. 시스템 구성방안

(1) 초기단계 : 중견기업군의 협력사 중심으로 사내 정보화 공급에 역량집중

○ eMK21에 협력사 사내정보시스템 서비스 내용:
ERP, 그룹웨어, EC용 홈페이지, 웹 메일, 전자카탈로그, 쇼핑몰 등
○ 상위기업(모기업 등)의 협업정보를 협력사들의 ERP구축 시 상호 연계되게 정보 제공

표 11-1 수용모델변수의 관리지표 정의 및 측정

변수명		관리지표 종류	척도형태	설문항목	변수
외부상황변수	하드웨어 의 질	① 정보시스템의 접속, 상호작용 및 반응시간 정도 ② 정보시스템의 정보획득 및 융통성,신뢰성,보안성 정도 ③ eSCM 관련 최신 각종 IT장비 보유 및 이용 정도 ④ 로지스틱스 운영장비의 최신화(유비쿼터스) 정도 ⑤ 물류센터의 자동화 실현 정도 ⑥ 기술협력화의 정보시스템 구축 정도	6개 항목 리커트형 7점 척도	문항 14. (1)~(6)	독립
	소프트웨어 의 질	① eSCM 응용기술의 전자상거래 이용 정도 ② 정보활용의 신뢰성, 현실성, 다양성 및 분산화 정도 ③ 기업간 정보교류와 부서간 정보 호환성 및 커뮤니케이션 활용 정도	3개 항목 리커트형 7점 척도	문항 15. (1)~(3)	독립
	공급사슬 전체의 기능통합	① 기업간 공동목표 설정 및 상호협상(IT협업화 포함) 운영 정도 ② 기업전략에 준한 생산과 공급 정도 ③ 운송서비스의 구조적 변화 수용에 따른 물류센터의 지역적 위치, 분산화 등 운영 만족도 ④ 조직의 상호 연계성 정도 ⑤ 기업간 공동(로지그틱스)운영정책 및 절차의 수용도 ⑥ 기업내부 및 기업간 프로세스 기능통합추진, 실무팀 구성 운영 정도 ⑦ 기업간 경제의 패러다임 변화(네트워크 경쟁) 수용도	7개 항목 리커트형 7점 척도	문항 17. (1)~(7)	독립
	고객의 기호와 감성	① 시스템 운영의 고객접촉 내지 고객참여 정도 ② 고객만족에 맞는 서비스 품질 정도 ③ 기업의 수익성, 생산성, 고객만족을 위한 프로세스 결정의 정도 ④ 제품설계 시 고객 참여 및 반영 정도 ⑤ 사용자 참여도구의 가상현실 시스템(원격회의시스템 포함) 이용 정도	5개 항목 리커트형 7점 척도	문항 18. (1)~(5)	독립
믿음	인지된 사용의 용이성	① 정보획득 및 작업의 용이성, 이해성, 융통성, 숙달성 정도 ② 적절한 시기와 형태의 자료교환 정도 ③ 예기치 못한 환경에 대응 능력 정도 ④ 로지스틱스 운영기능 성과측정 및 효과적 활용 정도 ⑤ 기업간 로지스틱스 프로세스에 준한 적용도	5개 항목 리커트형 7점 척도	문항 19. (1)~(5)	종속 매개
	인지된 유용성	① 얻은 정보의 유용성과 업무능률 향상 및 신속성 정도 ② 전략적 목표설정 및 달성수단의 이용 정도 ③ 핵심기술 및 전략정보의 교류 정도 ④ 특별한 고객의 요구에 대응능력 정도	4개 항목 리커트형 7점 척도	문항 16. (1)~(4)	종속 매개
태도	eSCM사용에 대한 선호	① 시스템의 내용에 대한 사용호감 정도 ② 시스템의 내용에 대한 긍정적 생각 정도	2개 항목 리커트형 7점 척도	문항 20. (1)~(2)	종속 매개
의도	eSCM사용에 대한 의도	① 시스템 재사용에 대한 정도 ② eSCM 관련 업무수행 정도	2개 항목 리커트형 7점 척도	문항 21. (1)~(2)	종속 매개
실행	eSCM 사용성과	① 고객수요의 신속 제공 정도 ② 고객의 제품품질과 가격 만족도 ③ 기업간 기능통합의 만족도 ④ 매출액 증대, 시장 경쟁우위 확보 정도 ⑤ 기업내부 프로세스 변화 및 효과 정도 ⑥ 납기준수 정도 ⑦ 재고의 적정성 및 구매관리의 합리화 정도 ⑧ 저원가 실현 정도 ⑨ 수요예측 정확도 ⑩ 업무처리의 생산성 향상	10개 항목 리커트형 7점 척도	문항 22. (1)~(10)	종속

출처 : 정세현, 문덕희(2005)

3. 수용모델 결과의 시사점

수용모델은 다음과 같은 시사점을 준다.

첫째, eSCM수용 부분은 그 기본이 공급망 전체를 보고 최대의 효율을 목표로 프로세스를 꾸준히 혁신하는 활동이고, 이것을 뒷받침하는 것은 정보시스템 기반 하에서 관련 업체간의 협업이 원활하게 잘 이루어져야 한다. 따라서 여기에는 조직, 예산, 책임과 권한이 재조정되고 설정돼야 하기 때문에 추진하는데 어려움이 따른다. 그리고 각 계층에 걸쳐 교육을 실시하는 동시에 경영층으로부터 적극적인 지원이 요구된다.

둘째, eSCM의 발전은 추진 주체의 의지와 관련업체의 여건에 따라 속도와 양상의 차이가 있다. 즉, 현재의 거의 모든 조직은 기능 중심으로 세분화되어 있어서 각 기능 사이에는 연계성이 부진하고, 기능간의 단절 부분이 발생되어 있다. 현재의 기능 중심의 업무체계를 프로세스 중심으로 재구축함으로써 전체적인 업무 효율이 대폭적으로 개선된다. 이러한 프로세스 중심의 체계를 더욱 단순화하고 프로세스들을 큰 단위의 프로세스로 통합하고, 좀더 넓은 시야를 가지고 업무를 수행하는 체계가 갖추어져야 효과가 있다.

셋째, eSCM시스템 수용에 있어서 가장 영향을 받을 수 있는 인지된 유용성의 변수와 인지된 사용의 용이성 변수가 되겠으나 변수별 독립적으로 수용하는 것 보다는 관련 변수간의 연관을 갖고 복합적으로 수용함으로써 많은 문제점 개선과 더 나은 경영성과를 얻을 수 있다.

넷째, eSCM사용성과에 가장 영향력을 줄 수 있는 eSCM수용모델모형(전체 변수를 수용한 최적의 수용모델모형) 중심으로 직접적인 영향력을 받는 관리지표, 간접적인 영향력을 받는 관리지표, 매개효과 영향력을 받는 관리지표 등으로 구분하여 참조할 수 있는 여건이 마련되었다. eSCM사용성과에 영향력을 주는 주요 관리지표들(28개 관리지표)을 참조하면 eSCM수용과 관련하여 업무혁신 하는데 많은 도움이 될 수 있다.

4. 향후 eSCM의 수용모델 방향

대상 기업과 관련된 주변 환경관리지표를 수용한 변화관리, 통합모형을 고려한 개선된 종합프로세스 수용, 비용절감을 고려한 혁신 및 체제방식의 재확립 등과 관련하여, 향후 연구과제로서 추가 발전되어야 될 사항들을 보면 다음과 같다.

첫 째로, 고객이 직접 기업에 구매하는 과정과 고객이 기업으로부터 서비스를 제공받는 과정에서 발생하는 서비스 상황에 대하여 eSCM과 연계 적용을 기반으로 하고, 기업간의 내부 중심으로 운영업체의 체계와 관련된 경영·제조생산합리화 및 고객만

(1) 자료의 척도분석

설문대상자 중심으로 연구변수의 관리지표 정의 및 척도에 의해 산업체별로 통계분석한 결과 〈표 11-3〉과 같이 산업체의 변수별로 척도분석 결과현황(평균치)으로 제시하였고, 〈표 11-4〉와 같이 산업체군의 변수별로 척도분석 현황을 평균치로 요약한 것이다. 이러한 요약된 내용을 중심으로 방사형 차트로 정리한 것이 ① 종합 평균 설문변수의 척도분석, ② 산업군별 설문변수의 척도분석, ③ 중견기업 이상의 설문변수의 척도분석 등 그림으로 도시화한 것이다.

표 11-3 산업체군의 변수별 척도분석 현황(산출평균)

산업체군	H/W질	S/W질	기능통합	기호감성	용이성	유용성	선호	의도	사용성과
철강	5.06	4.22	4.71	4.60	4.27	4.25	5.50	5.33	5.07
조선	5.00	4.22	4.57	4.53	4.00	4.17	5.33	5.33	4.93
자동차	5.11	4.33	4.67	4.40	4.20	4.17	5.33	5.33	4.97
식품	5.00	4.11	4.52	4.53	4.13	4.17	5.50	5.33	4.83
유통	5.39	4.56	4.71	4.80	4.40	4.25	5.17	5.17	5.07
총평균	5.04	4.22	4.62	4.52	4.15	4.19	5.42	5.33	4.95

표 11-4 eSCM 각 변수의 산업별 척도분석에 대한 평균치 환산

산업체구분	HW질	SW질	기능통합	기호감성	용이성	유용성	선호	의도	사용성과
철강대기업	5.33	5.33	4.86	5.30	5.10	4.63	5.75	5.50	5.50
철강중견기업	4.60	4.20	4.00	3.92	4.24	4.10	5.00	5.10	4.50
철강중소기업	3.26	3.05	3.12	3.25	3.68	3.52	5.62	5.42	3.97
조선대기업	4.25	3.67	2.86	3.60	3.60	4.00	5.50	5.50	5.15
조선중견기업	4.11	3.22	2.95	3.27	3.40	3.83	5.00	5.00	5.10
조선중소기업	3.43	3.04	2.91	3.07	3.45	3.50	5.50	5.33	4.21
자동차대기업	5.67	5.67	4.71	5.00	5.10	4.50	5.50	5.50	5.55
자동차중견기업	4.40	4.20	3.83	3.64	4.20	4.20	5.20	5.10	4.74
자동차중소기업	3.47	3.23	3.03	3.18	3.60	3.54	5.58	5.35	4.13
식품대기업	5.67	6.00	5.57	5.20	6.00	5.00	6.00	5.50	5.30
식품중견기업	5.25	5.67	5.07	4.80	5.40	5.00	5.00	5.00	5.45
식품중소기업	3.72	3.75	3.67	3.44	3.95	3.82	5.41	5.26	4.36
유통대기업	5.67	6.00	5.57	5.00	6.00	4.75	5.00	5.00	5.50
유통중견기업	5.33	5.50	5.21	4.70	5.30	4.88	5.50	5.50	5.15
유통중소기업	3.80	3.51	3.21	3.28	3.66	3.57	5.50	5.24	4.12

① 종합 평균 변수의 척도분석

종합 평균 변수의 척도분석은 철강, 조선, 자동차, 식품, 유통의 5개 산업체 총 100개 기업을 대상으로 종합하여 평균화 한 것이다.

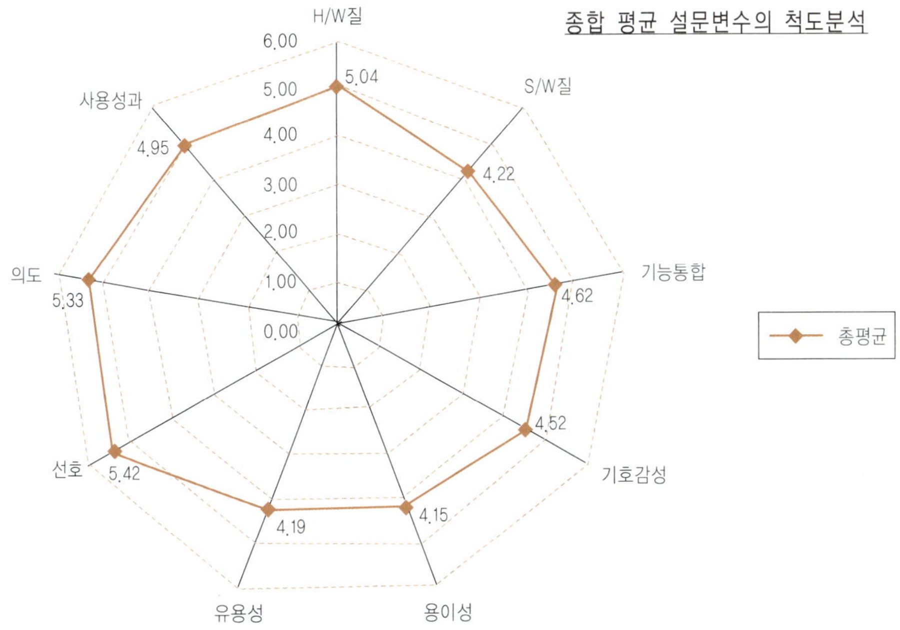

그림 11-2 설문변수별의 종합적 평균치 척도분석

〈그림 11-2〉와 같이 변수의 종합적으로 평균화한 척도분석을 나타낸 것이며, 내용을 살펴보면, eSCM사용에 대한 선호가 5.42로 가장 좋은 결과로 나타났고, 다음으로는 eSCM사용에 대한 의도가 5.33, 하드웨어의 질이 5.04, 사용성과 4.95, 공급사슬 전체의 기능통합 4.62, 고객의 기호와 감성이 4.52, 소프트웨어의 질 4.22, 인지된 유용성이 4.19, 인지된 사용의 용이성이 4.15의 순으로 나타나고 있다. 가장 높게 나타난 eSCM사용에 대한 선호는 업무 담당자들의 업무수행 처리하는데 유익하고 기업간의 시스템 연계가 체계적으로 이루어졌기 때문에 선호하는 것으로 볼 수 있으며, 반면에 인지된 사용의 용이성이 가장 낮은 것은 아직도 신규 시스템 도입으로 인하여 쉽게 적용하는데 있어서 불편함을 느끼고 있는 것 같다. 이는 eSCM운영을 위해 시스템 이용에 있어서 사용교육과 소프트웨어의 질과 하드웨어의 질을 편리성을 보장할 수 있게 하고, 공급사슬 전체의 기능통합 그리고 고객의 기호와 감성이 반영되면 더욱 안전 된 시스템이 될 것이다.

② 산업군별 변수의 척도분석

〈표 11-4〉의 산업체군의 변수별 척도분석 현황(평균치)을 토대로 해서 방사형 차트로 정리한 것이 〈그림 11-3〉와 같으며, 이는 산업군별로 변수의 척도분석 내용으로 산업군별로 합산하여 통계적 평균치를 적용한 것이다. 도표에서 제시한 것을 살펴보면, eSCM 사용에 대한 선호는 5.17~5.50, eSCM사용에 대한 의도는 5.17~5.33 사이에

1) SCM 시스템 운영의 효율화 방안

Process 개선으로 Lead Time(L/T) 감소시키고, 제품 생산성 향상을 도모해야 하며, 모기업의 생산계획을 1차·2차 벤더에 대한 자원(resource)을 감안한 시뮬레이션(Simulation)기법을 통해서 활용하여 최적 방안을 지속적으로 개선 연구하여야 한다.

① 모기업, 1차·2차 벤더 및 공동물류회사 등 실시간 변화 내용을 공용화로 이용하도록 한다. 대부분의 기업들은 계획 확정 내용과 실적 위주의 정보를 활용되고 있으나, 모기업이 생산계획 수립 시 반영될 1차·2차 벤더의 자원정보를 실시간으로 제공되어져야 한다. 자원정보는 생산능력(capacity), 재고량, 조달 L/T, 생산 L/T, Line Balance, 인력투입 Balance 등이 되겠다.

② 모기업의 생산계획 수립 시 1차·2차 벤더의 자원정보를 실시간 제공의 의무화 하여야 한다.

2) 제품개발 시 공동 참여용 Web Server 시스템 이용

① Digital Manufacturing(DM) 개념 도입 관련 공동 개발용 Web Server 이용한 정보의 공용화로선, 기업간 공동개발용 PDM기반 인프라와 SCM개념의 디지털 메뉴팩터링 등이 있다.

② 개발범위 대상은 반품 제품의 개량화를 위한 개발, 신제품 개발, 대체품 개발 등이다.

③ 향후 PLM 도입 활용 대비를 위해 모기업과 협력사간의 DM기반 교류가 원활히 될 수 있게 업종별 패밀리 형태의 인프라 및 정책이 마련되어져야 한다.

3) 완제품 통합생산체제의 L/T의 단축과 생산 효과성 방안

① 모기업 관련 1차·2차 벤더 현장 Line 생산의 L/T 단축을 위한 연구개선을 하기 위해서 각종 Line 방식 도입활용, 시설의 현대화, 투입공수, 숙련, 품질 등의 장애요인 등을 발굴하여 생산성 효과를 위해 지속적으로 노력하여야 한다.

② 품질관리의 제도 개선을 위해서 불량 발생분에 대한 해결 조치에서 근본 원인 재발방지 위주의 관리가 되게 하여야 하고, 품질관리 또한 패밀리 단위로 개선해야 한다.

③ 1차·2차 벤더간의 상생 협력을 위해서 모기업의 권한을 1차 벤더로 하향 조정 등으로 책임화 하여 자율적으로 지원이 원활하게 될 수 있게 여건을 주어야 한

다(1차 벤더가 2차 벤더 관리 및 업체 선별 등의 권한 부여).

④ 1차·2차 벤더에 대한 KPI 관리의 개선은 근본 원인 해결 위주의 관리가 될 수 있도록 연구 발전 시켜야 한다.

7. eSCM 혁신 관련 경영개선의 경영관리용 자료

1) 기업내부 경영활용 자료 현황

기업내부의 경영수준과 정보화 수준을 파악하기 위해 각종 경영관리용 자료를 사전에 입수하여 정리하는 것이 된다.

(1) 구매부문 : 월별, 년간별

① DO 실적관리(납기준수, 불량자재, 결품자재 기타) 내역

② 모기업 생산계획에 따른 구매확보 차질 발생량(2차 벤더별(품종별), 모델별, 품목별, 품종별 현황정보)

③ 생산현장의 결손 자재(손망실(분실)분, 작업자 실수량, 불량자재) 내역

④ 불용자재 처분량(품목별, 품종별, 모델별) 내역

⑤ 구매의뢰 정확도 장애요인분석(실재고량, 기준정보, 배분율 등의 정보 상 불정확성) 내역

⑥ 2차 벤더별 불량자재 추리분석(모델별, 품목별, 품종별) 내역

(2) 자재/물류부문 : 월별, 년간별

① 2차 벤더별 DO물량 대 입고량(GR) 차이 분석(거래처별 모델별, 품목별, 품종별) 내역

② 현장 투입자재 품목별 Loss량 집계 내역

③ 2차 벤더별 품목별 입고 시 오류 발생량(품목혼적, Tag Error, 타품목 등) 내역

④ 창고별(입출고창고, 현장창고 등) 장기보관 자재(자재Ageing 현황) 및 Loss량 현황

(3) 생산부문 : 월별, 년간별

① 품절, 손망실분 및 불량자재 집계현황

② 생산 유실요인 원인분석(RMA, 자재불량, 자재품절, 공정 중의 불량, 기타)

⑭ 제품판가 관리율

⑮ 자재단가 관리율

⑯ W.FCST 반영률

⑰ D.FCST 반영율

⑱ P/O 반영율

⑲ D/O 반영율

2) 1차 벤더와 2차 벤더간의 KPI 항목(21 가지)

① FCST 활용율

② 제품 재고일수

③ 제품 재고정확도

④ 모기업 정시 납품율

⑤ 모기업 정량 납품율

⑥ FCST 정확도

⑦ FCST 변동율

⑧ 충족도

⑨ 실행율

⑩ OT DO(주간생산 달성율)

⑪ 정량생산지수

⑫ 계획준수율

⑬ 계획실행율

⑭ 자동 발주율

⑮ 정시납품율

⑯ 정량납품율

⑰ DO 미변경율

⑱ 원자재 재고일수

⑲ 원자재 재고정확도

⑳ 설비 종합 효율

㉑ 고객 불량율

12 Chapter PLM의 성공적 도입 방안

제 1 절 도입배경 및 목적

21세기를 맞이하는 기업은 개방화와 국제화, 정보의 다양화 및 분산화, 제품수명주기의 단축과 수익률의 감소, 고품질의 제품, 지식산업의 등장, 고객욕구의 증대 등 다양한 내·외적 환경변화에 대응해야 하고 경쟁우위를 확보하기 위해 끊임없이 기업의 변화능력을 확보해야 한다. 이러한 환경변화에 맞게 기업은 제품을 생산하여 판매하는 기업의 시스템 전체가 경쟁력을 갖추어 총체적 우위를 확보하고 고객의 기호와 감성에 호소하는 제품을 만들 수 있도록 다양한 정보를 제공하는 시스템을 필요로 하게 되었다.

또한 기업간 경제의 패러다임이 개별기업간 경쟁에서 네트워크간 경쟁으로 전환됨에 따라 공급사슬관리의 중요성이 부각되고 있고, 이러한 공급사슬관리에 있어 효과적인 물류시스템의 구축이라는 측면은 네트워크의 경쟁우위를 제공하는 중요한 수단으로 부각되고 있다. 이러한 시점에서 기업들은 PLM(product lifecycle management: 제품수명주기관리)에 대하여 적극적으로 구축하기 위하여, 기존 PLM시스템을 운영하고 있는 선진기업 대상으로 벤치마킹과 기업환경에 적합한 PLM도입에 대해 여러 방면으로 연구조사를 실시하고 있는 실정이다. PLM시스템은 최종적인 통합 e-Manufacturing이 될 수 있는 것이라 더욱이 기업간의 상호 협업화(collaboration)와 정보화가 갖추어진 조건 하에서 가능하기 때문에 더욱 신중을 기해야 한다.

특히, PLM은 웹 환경 발선으로 인하여, PLM에서 고객들의 인지도를 효과적으로 관리하기 위해 검증하는 것이 필연적으로 대두되고 있고, PLM에 대한 고객들의 인지도에 영향을 주는 요인이 무엇인가를 밝힐 필요가 있다. 본 내용은 PLM을 크게 2가지로 eSCM(electronic supply chain management)수용 적용부분과 디지털 매뉴팩처링 수용 적용부분을 나누어서 정리하고자 한다.

따라서, 본 내용의 목적은 PLM(eSCM & digital manufacturing)사용성과에 영향을 미치는 제반 요인들 중 가장 중요한 요인들을 확장기술수용모형(extended technology acceptance model: ETAM) 중심의 실증적 연구결과를 통해서 도출하였다. 이를 다시 실증적으로 검증해 봄으로써 향후 우리나라 기업의 전자상거래시스템을 포함한 eSCM시스템과 디지털 매뉴팩처링 시스템을 제대로 구축하고 효과적으로 운영하기 위한 방안들을 제시하는데 있다.

1. eSCM 수용 적용에 관한 서론 및 배경

90년대 후반으로 오면서 외부환경이 인터넷 기반으로 바뀌면서 기존의 경영전략의 문제점이 제시되어 새로운 전략에 대한 연구가 시도되고 있다. 이러한 인터넷환경이 좋아짐에 따라 세계 곳곳에서 상호 물류관계를 교류할 수 있고, 글로벌한 무역이 사이트를 통해서 원활하게 수용 할 수 있는 실정이다.

환경의 변화는 기업들로 하여금 외부의 변화 요인들을 적절히 반영하여 의사결정을 내리도록 함과 동시에 고객만족을 위해 적극적으로 대처할 수 있도록 하는 내부 프로세스를 갖출 것을 요구하고 있다. 이는 고객의 수요를 빠른 시간과 신뢰성 있는 품질과 가격으로 만족할 수 있는 자재조달에서부터 생산, 판매, 유통에 이르기까지 공급사슬 전체의 기능통합과 최적화의 필요성이 커지고 있다는 것을 의미한다.

특히, 오늘날 유통물류산업 중 운송서비스에 대한 소비자의 욕구는 경제환경의 변화와 정보통신의 발달과 더불어 급변하고 있다. 즉, 소비자의 소비형태 변화에 따른 제품생산의 다품종 소량화, 제품출하의 소형·소량화 및 다빈도화, 그리고 온라인상에서의 상품주문 및 대금결제가 이루어지는 전자상거래 시대를 맞이하면서 운송서비스 수요의 구조적 변화를 가져 왔다. 이러한 변화로 인하여 물류서비스 이용이 급증하였다. 변화는 기존에 물류를 전통적인 지원활동으로 보던 관점이 이제는 전략적인 측면에서 경쟁우위의 원천으로 파악하는 관점으로 변화하고 있는 것이다. 이에 따라 물류서비스가 고객만족을 통한 고객유지에 매우 중요한 역할을 수행하는 것으로 인식되어 가고 있다.

그러므로, 본 내용은 eSCM에 대한 고객들의 인지도에 영향을 주는 요인이 무엇인가를 밝히고자 하는데 초점을 둔다. 이러한 이슈를 고려해 볼 때, 본 연구의 주목적은 다음과 같다.

첫째, 하드웨어(시스템 인프라)의 질과 소프트웨어(적용업무의 정보)의 질이 eSCM에 대한 방문객의 믿음, 즉 인지된 유용성과 인지된 사용의 용이성에 대해 미치는 영향을 검증하는 것이다.

둘째, 인지된 유용성과 인지된 사용의 용이성이 태도, 즉 eSCM의 선호에 미치는 영향과 인지된 사용의 용이성이 인지된 유용성에 미치는 영향을 검증하는 것이다.

셋째, 인지된 유용성과 인지된 사용의 용이성이 eSCM사용에 대한 의도에 미치는 영향을 검증하는 것이다.

넷째, eSCM 사용에 대한 의도에 의한 eSCM 시스템 사용 성과에 미치는 영향을 검증하는 것이다.

부차적 목적으로 외부상황변수인 하드웨어의 질·소프트웨어의 질, 공급사슬 전체의 기능 통합 그리고 고객의 기호와 감성 등의 외부상황변수들이 독립변수 역할과 인지된 사용의 용이성, 인지된 유용성, eSCM사용에 대한 선호, eSCM사용에 대한 의도 등이 매개효과 검증을 하는 것이다.

따라서, 본 연구의 목적은 인터넷상의 eSCM시스템 사용성과에 영향을 미치는 제반 요인들 중 가장 중요한 요인들을 확장된 기술수용모형 중심의 실증적 연구결과를 통해서 도출하고, 이를 다시 실증적으로 검증해 봄으로써 향후 우리나라 기업의 전자상거래시스템 관련 eSCM 시스템을 제대로 구축하고 효과적으로 운영하는데 있다. 또한 고객이 직접 기업에 구매하는 과정과 고객이 기업으로부터 서비스를 제공받는 과정에서 발생하는 서비스 상황에 대하여 eSCM과 연계 적용으로 운영업체의 체계와 관련된 합리적인 통합eSCM경영전환 및 고객만족을 위한 서비스 개선 방안에 대한 것을 연구하고자 한다.

2. 디지털 매뉴팩처링 수용 적용에 관한 서론 및 배경

컴퓨터의 진보와 자동화 설비의 보급으로 인해, 그간 인류에게 익숙하였던 수동 생산방식은 점차 기계에 의존하는 자동 생산방식으로 바뀌었고, 마침내 무인 자동화 공장이 등장하기에 이르렀다. 다양한 산업분야에서 더 높은 생산성이 실현되었고 더 저렴한 가격의 제품이 시상에 선보이게 되었으며, 동시에 더욱 좋은 제품이 출시되었다. 더욱이 시장에 제품을 출시해야 하는 시간(time to market)은 점차 짧아지고 있다.

신제품이 투입되면 생산기술자들은 다른 업무는 모두 중단하고 이 일에 전념할 수밖에 없다. 그만큼 적기에 신제품을 출시하는 것이 우선순위가 높은 업무이기 때문이다.

제품 생산공정을 고려한 설계란 것은 시스템적인 도움이 없이는 실현 불가능한 일이다. 그리고 제품개발기간을 줄일 수 있는 가장 좋은 방법은 설계자, 생산자, 영업담당자, 원자재 구매담당자 등 관련자 모두가 함께 일하는 것이다. 설계를 하면서 즉시 아이디어를 관련 부서 담당자들에게 주어 사전에 문제점을 해결해가는 것이다. 과거에는 동시공학(concurrent engineering)이라고 하였으나 최근에는 기업 내부는 물론 기업간 협력으로 범위를 더 넓혀서 협업(collaboration)이라고 부른다.

생산기술자와 설계자가 조직적으로 협력하여 직무를 수행하기 위해서는 두 전문가가 효과적으로 상대 지식을 공유 할 수 있어야 한다. 근래에는 컴퓨터 하드웨어, 소프트웨어 기술의 발전으로 기술정보의 공유가 용이하게 되었으며, 이와 관련하여 기술정보의 공유문제를 효과적으로 해결해 줄 수 있는 방법으로 부각된 것이 디지털 매뉴팩쳐링(digital manufacturing : DM) 이다.

DM이란 설계에서부터 생산에 이르기까지 모든 과정에서 컴퓨터를 이용하는 디지털 기술을 적용하는 것으로서 CAD(computer aided design), CAM(computer aided manufacturing), PDM(product data management), CAPP(computer aided process planning), 시뮬레이션(Simulation), CAE(computer aided engineering) 등 다양한 종류의 도구들이 사용된다. 특히 위에서 언급한 각종 요소기술들이 3D 기반의 기술인 경우에 DM을 효과적으로 운영할 수 있고(신중계 외, 2004), 이는 가상생산(virtual manufacturing : VM)까지 발전할 수 있다.

DM은 크게 2가지 가치를 기본적으로 제공한다. 하나는 지식 재활용이고, 또 다른 하나는 시뮬레이션이다(신중계 외, 2004). 지식 재활용이란 한번 구축해 놓은 기술 정보를 다른 사람이 쉽게 사용할 수 있는 반복성 및 재생성을 의미한다. 반면에 시뮬레이션이라 함은 미리 어떤 일을 실행해본다는 것이다(신중계 외, 2004). 공장 생산라인의 물류 시뮬레이션, 단위 공정의 작업자 시뮬레이션, 로봇의 작업 시뮬레이션, 단위 공정의 설비 시뮬레이션, 제품의 조립 검증 시뮬레이션, 유지보수와 관련된 시뮬레이션 등이 대표적인 DM시뮬레이션이다(신중계 외, 2004).

그 밖에의 DM 기술분야는 주로 PDM, CAE, CAD, CIM, 유비쿼터스 등의 제조생산에 필요한 시설과 정보화와 연계한 것이며, 웹상의 환경도 수반한 것이다. 또한 기업간의 관계 업체도 그러한 디지털 환경이 이루어져야 기업간의 상호 DM이 효과적으로 활용될 수 있는 것이다.

이와 같은 DM기술을 선도하는 분야는 자동차 산업이다. 미국의 GM, 일본의 Toyota, 우리나라의 GM대우자동차, 현대자동차 등도 일찍이 DM기술을 도입한 회사들이다. 미국의 GM에서는 벡트라(Vectra)라는 신차를 설계함에 있어서 각기 5개의 다른 지역(독일, 영국, 남아프리카 등)의 각기 다른 부서(설계, 생산, 설비제조)가 공동으로 참여하여 생산준비 기간을 2년으로 줄인 것으로 알려져 있다(신중계 외, 2004). 또한 Toyota자동차에서도 DM기술을 이용하여 신차개발기간을 40%정도 줄인 실적을 보유하고 있으며, 국내 대우자동차에서도 칼로스, 뉴-마티즈의 신차 개발 시 DM기술을 전체 신차 개발과정에 도입하였다.

DM기술을 비교적 많이 도입한 또 다른 분야로는 조선산업분야, 항공기 산업, 기계산업분야 등이 있는데 국내의 경우 아직까지는 3D CAD를 이용한 제품설계위주로 도입이 되고 있는 실정이다. 국내의 DM수용에 대한 연구로는 자동차산업 분야의 적용사례로 Park et al.(2005), Moon et al.(2005) 등 많은 논문이 발표된 바 있으며, 조선산업분야에서는 Kim et al.(2002) 등 여러 논문이 발표된 바 있다. 또한 반도체 산업을 비롯한 전기전자 산업분야에서도 시뮬레이션을 적용한 많은 사례가 보고되었다. 물론 기계공학 분야에서 제품설계에 DM을 사용한 사례는 많기 때문에 본 내용에서 별도로 언급하지는 않겠다. 근래에 DM을 적용하고자 하는 회사들이 급속하게 증가하고 있는데 제품설계단계에 DM을 적용하는 것에 대해서는 큰 거부감을 가지고 있지 않지만 공정 설계 및 생산시스템설계 단계에 DM을 적용하는 것에 대해서는 여전히 주저하고 있는 경향이 있다. 이는 DM적용 성과에 대한 믿음이 불확실한 점과 인프라 구축에 필요한 투자비와 인력확보에 어려움이 있기 때문이라고 하겠다.

따라서 본 내용에서는 DM을 수용하고 있는 회사들을 대상으로 면담설문을 통하여 어떠한 요인들이 DM의 성공적인 수용·운용에 영향을 주는 지를 분석해 보았다. 분석을 위하여 ETAM(extended technology acceptance model)이라는 확장기술수용모형을 사용하였다.

본 내용의 주요 분석 내용은 다음과 같다. 첫째, 하드웨어(시스템 인프라)의 질, 소프트웨어(적용업무의 정보)의 질, 기업간의 기능 통합과 고객의 기호와 감성 등의 독립변수들이 DM에 대한 사용자의 믿음(beliefs), 즉 인지된 유용성(perceived usefulness)과 인지된 사용의 용이성(perceived ease of use)에 대해 미치는 영향을 검증하는 것이다. 둘째, 인지된 유용성과 인지된 사용의 용이성이 태도(attitude), 즉 DM의 선호도(preference)에 미치는 영향과 인지된 사용의 용이성이 인지된 유용성에 미치는 영향을 검증하는 것이다. 셋째, 인지된 유용성과 인지된 사용의 용이성이 의도(intention),

즉 DM의 사용 의도에 미치는 영향과 DM사용의 선호도에 미치는 영향을 검증하는 것이다. 넷째, DM을 사용하고자 하는 의도가 DM의 적용성과에 미치는 영향을 검증하는 것이다. 마지막으로 DM 사용의 선호도 혹은 DM 사용에 대한 의도 등 2개 이상의 변수들을 결합하여 동시에 검증하는 것이다.

제 2 절 PLM의 개요와 구조

1. PLM의 정의와 이해

제품수명주기관리(product lifecycle management: PLM) 개념이 시장에 도입된 이후, 제조업에서는 SCM·CRM·ERP와 더불어 또 하나의 비즈니스 솔루션으로 정착되었고 발전해 가고 있다. 그러나 시장에서는 PLM이 갖는 개념이 다른 비즈니스 솔루션과는 달리 통일되지 않았다는 점에서 혼란의 여지가 있다고 본다. 일반적으로 PLM은 제품데이터 관리(product data management: PDM)와 동일한 의미로 시장에서 사용되는 경우가 많다. PDM은 제품수명주기 동안 디자인과 관련된 제품 데이터 관리를 뜻한다. 반면에 PLM은 모든 제품의 라이프사이클 단계, 즉 제품의 기획, 디자인, 생산, 유통, 유지보수 등과 관련한 관리 기능을 제공한다(BB Media, 2005).

2. PLM의 출현 배경

제조업체의 데이터 관리 시스템은 1980년대 엔지니어링 데이터 관리(engineering data management: EDM)부터 시작하여 90년대 중반 PDM이라는 개념이 생겨나면서 많은 제품정보를 관리하기 위한 솔루션의 개별과 이의 적용이 시작되기 시작하였다. 이러한 PDM은 제품개발과 생산의 프로세스가 기업중심에서 공급자와 파트너, 고객사로 확대되면서 인터넷과 협업을 강조하는 CPC(collaborative product commerce)라는 개념이 생겨나게 되었다. 이러한 CPC라는 개념의 PLM이라는 용어와 비슷한 시기에 출현하여 업계가 PLM이라는 용어를 많이 사용하면서 제품의 라이프사이클 기간 동안 이루어지는 모든 활동들을 계획하고 관리하는 포괄적인 프레임워크로서 업계의 비전을 제시하는 용어로서 PLM이 정착되고 있다. 최근의 제조산업 환경은 네트워크

기술 특히, 인터넷 기술의 출현 및 급속한 확대, 글로벌라이제이션(globalization) 및 경쟁의 심화, 기업의 합병, 통합에 의한 변화의 소용돌이 한가운데에 위치하고 있다. 또한 고객의 요구에 보다 적극적인 대응을 통해 세분화, 전문화 되어가는 시장환경에 적응해야 하는 과제를 안고 있다. 이러한 환경의 변화는 기업으로 하여금 보다 효율적인 대응방법을 모색하게 하였고, 이러한 맥락에서 기업은 e-비즈니스 기술을 이용하여 대응전략을 모색하고 있다.

제품 개발에 관련된 애플리케이션 영역은 그간 제조산업에서 타 부분과 고립된 영역이었다. CAD 및 PDM 기술은 설계 엔지니어들을 좀 더 생산성 있게 만들고자 했지만 그들을 고립시키는 결과를 낳았다. 설계자는 그들의 시스템에만 접근할 수 있고, 서로간의 정보를 공유하는 방법이 없었기 때문에 마케팅 또는 생산부문이 설계초기에 관여하여 설계방향에 대해 아이디어를 반영하는 것은 사실상 불가능했다. 제조업체는 e-비즈니스 전략을 추구하면서 각 부문간의 효율화는 꾀했으나, 전체의 통합 측면과 제품개발 프로세스 측면에서 전체와의 연관관계를 바라는 것은 소홀히 했다. 이러한 상황에 최근 변화가 생겨나기 시작했다.

첫째, 최근의 네트워크 및 인터넷 기술의 급속한 발전은 협업을 강조하고 있으며, 이를 제품개발 단계에 이용하고자 하는 단계로 발전했다.

둘째, 이노베이션 관점에서 각 기업은 변화를 꾀하고 있다. 혁신적인 신제품을 최초에 시장에 선보이거나, 완전히 새로운 영역의 신제품을 출시하는 기업이 이노베이션을 선도하는 기업으로 인식되고 있다. 그 동안 기업은 경쟁의 무기로서 이노베이션보다는 비용 절감에 더욱 많은 시간과 주의를 집중하고 있었고 이는 이노베이션이 그만큼 어려운 과제라는 반증이기도 하다. 〈그림 12-1〉은 제품정보관리 기술의 발전방향을 단계적으로 도시화 된 내용이다.

PLM은 제품 설계자 및 생산직원, 영업 사원간의 상호협력을 제한해온 장벽을 해제하는데 초점이 맞추어져 있다. 즉, 제조업체의 핵심 역량을 이루는 제품의 기획, 설계, 생산, 애프터서비스, 폐기 등 제품의 라이프사이클 동안 디지털 데이터를 각 업무부문간 공유하고 협업함으로써 전체의 효율성과 효과성을 극대화 하고자 하는데 초점을 맞추는데 PLM의 목적이 있는 것이다. 제품정보의 공유 및 활용을 위한 통합적 정보시스템의 열쇠는 PLM, CRM, SCM, ERP의 연계라고 할 수 있으며, e-비즈니스 환경의 측면에서 e-커머스(e-commerce), 비즈니스 인텔리전스(business intelligence(지식관리: KM)) 등의 인프라가 뒷받침되어야 한다. 따라서 기업간 애플리케이션 간의 협업(collaboration)이 화두가 되고 있다. 협업의 구현을 위한 EAI의 핵심기술로는, 기업간

정세현, 「웹 사이트 재방문 의도에 관한 주경로 모형설정의 리모델링 연구」, 한국경영정보학회, 2001.8

정세현, 「웹 정보시스템 개론-1 e-Biz시대의 환경변화와 웹기술 구현」, 애니큐(eBook), http://www.anyebook.com, 2002.

정세현, 「웹 정보시스템 개론-2 e-Biz시대의 전환전략과 컨텐츠 방안」, 애니큐(eBook), http://www.anyebook.com, 2002.

정세현, 「웹 정보시스템 개론-3 e-Biz의 정보전략수립」, 애니큐(eBook), http://www.anyebook.com, 2002.

정세현, 「웹 정보시스템 개론-4 ERP중심의 e-Biz모델 구축과 쇼핑몰 사례」, 성공시대(eBook), http://www.anyebook.com, 2002.

정세현, 「웹 정보시스템 개론-5 웹 사이트 평가 및 리모델링」, 애니큐(eBook), http://www. anyebook.com, 2002.

정세현, 「웹정보시스템 총론」, (주)부스힐, 2002. 정세현, 「중소기업의 공동 ASP환경을 이용한 WebERP 활용과 구축전략」, 한국SI서비스학회, 2002.

정세현, 「확장기술수용모형(ETAM)을 이용한 성공적인 디지털매뉴팩처링 운영에 영향을 주는 요인분석」, 대한산업공학지, 2006.

정세현, 「확장기술수용모형(ETAM)을 이용한 성공적인 eSCM 운영에 영향을 주는 요인 분석」, 한국SCM학회, 2005.

조동성 · 신철호, 「14가지 경영혁신기법의 통합모델」, IBS컨설팅그룹, 서울, 1996.

조선일보, "조선일보 인터넷대상", http://cia.chosun.co.kr, 1999.

최환진, 「인터넷 광고의 효과과정에 관한 연구: 웹사이트의 상호작용성을 중심으로」, 경희대학교 대학원 신문방송학과 박사학위 논문. 1998.

최환진 · 정보통, 「인터넷 광고-이론과 전략」, 나남출판, 2000.

커머스넷코리아, "한국 전자상거래 대상(ECaward)", http://ec.commercenet.or.kr, 1999.

팸 알렉산더, 파멜라 오길비, "인터넷사업 성공전략", 「미 포브스誌」, 조선일보(역), 1999.

한국전산원, 「소비자 대상 전자상거래의 성공요인 분석을 통한 전자상거래 시장 활성화 전략수립」, http://nca이.nca.or.kr, 1999. 6

한국전자상거래진흥원, "대한민국 우수사이버몰 시상대회", http://bestmall.or.kr/bestmall, 1999.

한국정보통신진흥협회, "인터넷 모범상점 인증제도", http://trust.kait.or.kr, 1999.

황태호 역, 「벤치마킹 & 기업경쟁력」(Michael J. Spendolini 저), 김영사, 1993.

IMResearch, 「한국인터넷 사용자조사(KIUSE-I)」, 1998. 6.

Saunders, Rebecca, 「아마존의 성공비밀」, 새스컴 전략기획팀(역), 1999.

■ 외국문헌

Abdul-Gader, A.(1996), "The Impact of User Satisfaction on Computer-Mediated Communication Acceptance: A Causal Path Model," Information Resources Management Journal, Vol. 10, No. 4, pp.17-26.

Abelson, R. P. and Levi, A.(1985), "Decision Making and Decision Theory," in The Handbook of Social Psychology, 3rd Edition, Lindsay, G. and Aronson, E. (Eds.), Knopf, New York, NY, pp.231-309.

Adams, D. A., Nelson. R. R., and Todd, P. A.(1992), "Perceived Usefulness, Ease of Use, and Usage of Information Technology: A Replication," MIS Quarterly, Vol. 16, No. 2, pp.227-247.

Adelbratt, T. and Montgomery, H.(1980), "Attractiveness of Decision Rules," Acta Psychologica, Vol. 45, No. 3, pp.177-185.

Agarwal, R. and Prasad, J.(1997), "The Role of Innovation Characteristics and Perceived Voluntaries in the Acceptance of Information Technologies," Decision Sciences, Vol. 28, No. 3, pp.557-581.

Ajzen, I.(1985), "From Intentions to Actions: A Theory of Planned Behavior," in Action Control: From Cognition to Behavior, Kuhl, J. and Beckmann, J.(Eds.), Springer Verlag, New York, NY, pp.11-39.

Ajzen, I. and Fishbein, M.(1980), Understanding Attitudes and Predicting Social Behavior, Prentice-Hall, Englewood Cliffs, NJ.

Alan Cohen(1999), "Editor's Choice : Web Portals," PC Magazine

Alastair, Smith G.(1997), "Criteria for Evaluating Internet Information Resouces," The Public Access Computer Systems Review 8,

Angehrn, A. and Meyer, J.(1997), "Developing Mature Internet Strategies," Information Systems Management, Vol. 14, No. 2, pp.37-43.

Associated Press(1996), "Procter & Gamble World Wide Web Ad Strategy Raises Online Ire," San Fracisco, Apr 28, 1:17 p.m. ED, [URL: http://www2.nando.net/newsroom/n수/info/042896/info5_380.html].

Bailey, J. V.(1992), "Evaluating Benchmark Quality," Financial Analysts Journal, May-June.

Bailey, J. E. and Pearson, S. W.(1983), "Development of a Tool for Measuring and Analyzing Computer User Satisfaction," Management Science, Vol. 29, No. 5, pp.

Structural Equation Modeling in MIS Research: A Note of Caution," MIS Quarterly, Vol. 19, No. 2, pp.237-246.

Davis, F. D.(1986), "A Technology Acceptance Model for Empirically Testing New End-User Information Systems: Theory and Results," Doctoral Dissertation, Sloan School of Management, M. I. T., MA.

Davis, F. D.(1989), "Perceived Usefulness, Perceived Ease of Use, and User Acceptance of Information Technology," MIS Quarterly, Vol. 13, No. 3, pp.319-340.

Davis, F. D., Bagozzi, R. P., and Warshaw, P. R.(1989), "User Acceptance of Computer Technology: A Comparison of Two Theoretical Models," Management Science, Vol. 35, No. 8, pp.982-1003.

Davis, F. D., Bagozzi, R. P., and Warshaw, P. R.(1992), "Extrinsic and Intrinsic Motivation to Use Computers in the Work-Place," Journal of Applied Social Psychology, Vol. 22, No. 14, pp.1111-1132.

Davis, G. B. and Olson, M. H.(1985), Management Information Systems: Conceptual Foundations, Structure, and Development, 2nd Ed., McGraw-Hill, New York, NY.

Davis, F. D. and Venkatesh, V.(1996), "A Critical Assessment of Potential Measurement Biases in the Technology Acceptance Model: Three Experiments," International Journal of Human Computer Studies, Vol. 45, No. 1, pp.19-45.

Dean, J. W., Jr., and Bowen, D. E.(1994), "Management Theory and Total Quality : Improving Research and Practice through Theory Development," Academy of Management Review, Vol. 19, No. 3, pp.392-418.

DeLone, W. H. and McLean, E. R.(1992), "Information Systems Success: The Quest for the Dependent Variable," Information Systems Research, Vol. 3, No. 1, pp.60-95.

Dishaw, M. T. and Strong, D. M.(1999), "Extending the Technology Acceptance Model with Task-Technology Fit Constructs," Information and Management, Vol. 36, No. 1, pp.9-21.

Doll, W. J. and Hendrickson, A., and Deng, X.,(1998), "Using Davis's Perceived Usefulness and Ease-of-Use Instruments for Decision Making: A Confirmatory and Multigroup Invariance Analysis," Decision Sciences, Vol. 29, No. 4,pp.839-869.

Doll, W. J. and Torkzadeh, G.(1988), "The Measurement of End-User Computing Satisfaction," MIS Quarterly, Vol. 12, No. 2, pp.259-274.

Downing, C. E.(1999), "System Usage Behavior as a Proxy for User Satisfaction: An Empirical Investigation," Information and Management, Vol. 35, No. 4, pp.203-216.

Duncan, T. and Moriarty, S. E.(1998), "A Communication-Based Marketing Model for Managing Relationships," Journal of Marketing, Vol. 62, April, pp.1-13.

Dutta, S., Kwan, S., and Segev, A.(1998), "Business Transformation in Electronic Commerce: A Study of Sectoral and Regional Trends," European Management Journal, Vol. 16, No. 5, pp.540-551.

Prentice Hall.Efraim Turban, J. K. Lee, D. King, and M. Chung, 1999. Electronic Commerce: Managerial Perspective,

Epstein, B. and King, W.(1981), "An Empirical Study of the Value of Information," Omega, Vol. 9, No. 3, pp.249-258.

European Commission, Proposal for European Parliament and Council Directive on a Common Framework for Electronic Signatures, 1998.5.13., http://www.ispo.cec.be/ief /policy/com98297.html

Fahey, P. P., and Ryan, S.(1992), "Quality Begins and Ends With Data," Quality Progress, April.

Fedorowicz, J. and Villeneuve, A. O.(1999), "Surveying Object Technology Usage and Benefits: A Test of Conventional Wisdom," Information and Management, Vol. 35, No. 6, pp.331-344.

Fishbein, M. and Ajzen, I.(1975), Belief, Attitude, Intention and Behavior: An Introduction to Theory and Research, Addison-Wesley, Cambridge, MA

Forrester Research(1999), "Forrester Power Rankings," http://www.forrester.com

Francis McInerney & Sean White(2000), "Future Wealth", 『St. Martin Press』.

Gallager, C. A.(1974), "Perceptions of the Value of a Management Information System," Academy of Management Journal, Vol. 17, No. 1, pp.47-55.

Gefen, D. and Keil, M.(1998), "The Impact of Developer Responsiveness on Perceptions of Usefulness and Ease of Use: An Extension of the Technology Acceptance Model," Data Base, Vol. 29, No. 2, pp.35-49.

Gefen, D. and Straub, D. W.(1997), "Gender Differences in the Perception and Use of E-mail: An Extension to the Technology Acceptance Model," MIS Quarterly, Vol. 21, No. 4, pp.389-400.

Gelderman, M.(1998), "The Relation between User Satisfaction, Usage of IS and (http://www.law.upenn.edu/library/ulc/uecicta/etaam99.htm

Tornatzky, L. G. and Klein, K. J.(1982), "Innovation Characteristics and Innovation Adoption-Implementation: A Meta-Analysis of Findings," IEEE Transactions on Engineering Management, Vol. 29, No. 1, pp.28-45.

TRAFFIC RESOURCE(1996), [URL: http://www.trafficresource.com/glossary.html].

Tucker, F. G., Zivan, S. M., and Camp, R. C.(1987), "How to Measure Yourself Against the Best," Harvard Business Review, January-February.

Turner, J.(1985), "Organizational Performance, Size and the Use of Data Processing Resources," Working Paper, #54, Center for Research in Information Ssystems, New York: New York University.

UETA는 1999. 6. 1. 새로운 초안이 발표되어 7. 29. 채택되었으며, 정보통신기술을 사용하는 거래를 지원하기 위해 필요한 일반 계약법의 수정에 중점을 두고 있다. UCITA는 당초 1998년 7월 통일상법전의 일부로 채택될 계획이었으나('UCC Article 2B'라 불리웠음), 법조협회(ALI)와의 의견차이로 독립적인 법안으로 제정되었다. Article 2B는 원래 소프트웨어, 음악, 비디오, 출판 등 모든 형태의 정보의 사용승인과 관련된 계약을 일반적으로 다루었으나, 그 범위를 축소하여 컴퓨터거래와 관련된 정보에 중점을 두는 쪽으로 수정되었다.

UNCITRAL의 전자서명에 관한 국제통일규칙의 제정작업이 2년을 넘김에 따라 과연 국제적인 합의가 가능한 것인지 의문도 제기된다. 금년 2월의 비엔나 회의에서 전자상거래 작업팀은 미국과 스웨덴 대표가 성공가능성에 회의적이었음에도 불구하고 다른 대표들의 강력한 지지로 작업을 계속하기로 하였다. 아울러 그동안 다양한 전자인증기술에 개방적인 기술중립적 방향으로 변화되어 온 작업방향을 전환하여, 디지털서명 공개키 인프라를 운용하는데 필요한 법규의 제정에만 관심을 집중하기로 하고 다른 전자인증기술은 통일규칙이 마련된 연후에 검토하기로 하였다. UNCITRAL의 작업팀은 다음 2차의 회의를 통해 작업을 종결할 것으로 기대되며, 다음 회의는 금년 9월 비엔나에서 개최된다(Electronic Commerce Legislation: Gaining Momentum and Changing Direction, ITEC Law Alert, Vol. 9, No. 2, June 1999, http://www.mbc.com/newsletters/Itec/Itec699.html).

United Nations, UNCITRAL Model Law on Electronic Commerce with Guide to Enactment 1996, http://un.or.at/uncitral/english/texts/electcom/ml-ec.html

Vaughn, R.(1980),"How Advertising Works: A Planning Model," Journal of Advertising Research, Vol. 20, No. 5, pp.28-29.

Vaziri, H. K.r(1992), "Using Competitive Benchmarking to Set Goals," Quality Progress, Octobe.

Venkatesh, V.(1999), "Creation of Favorable User Perceptions : Exploring the Role of Intrinsic Motivation," MIS Quarterly, Vol. 23, No. 2, pp.239-260.

Venkatesh, V. and Davis, F. D.(1996), "A Model of the Perceived Ease of Use Development and Test," Decision Sciences, Vol. 27, No. 3, pp.451-481.

Venkatesh, V. and Davis, F. D.(2000), "A Theoretical Extension of the Technology Acceptance Model: Four Longitudinal Field Studies," Management Science, Vol. 46, No. 2, pp.186-204.

Venkatesh, V. and Morris, M. G.(2000), "Why Don't Men Ever Stop to Ask for Directions?, Gender, Social Influence, and Their Role in Technology Acceptance and Usage Behavior," MIS Quarterly, Vol. 24, No. 1, pp.115-139.

Watson, G. H.(1993), "Strategic Benchmarking," New York, John Wiley and Sons.

Web Advertising 101. http://www.grady.uga.edu/ads.

Webby Awards(1999), "Website criteria for judgment," http://www.webbyawards.com.

Webjectives Research(1999), "Website evaluation process model," Web Evaluation Report, http://www.surveysite.com.

Weill, P.(1992), "The Relationship Between Investment in Information Technology and Firm Performance: A Study of the Value Manufacturing Sector," Information Systems Research, Vol. 3, No. 4, December, pp.307-333.

Welsch, G. M.(1986), "The Information Transfer Specialist in Successful Implementation of Decision Support Systems," Data Base, Vol. 18, No. 9, pp.32-40.

Wright, P.(1975), "Consumer Choice Strategies: Simplifying vs. Optimizing," Journal of Marketing Research, Vol. 14, No. 1, pp.429-423.

Xerox.(1988), "Competitive Benchmarking: The path to a Leadership Position. Stamford," Conn. : Xerox Corp.

Xia, W. and King, W. R.(1996), "Interdependency of the Determinants of User Interaction and Usage: An Empirical Test," Proc. of the Seventeenth ICIS, Dec. 16-18, Cleveland, Ohio, pp.1-20.

Zmud, R. W.(1979), "Individual Differences and MIS Success: A Review of the Empirical Literature," Management Science, Vol. 10, No. 10, pp.966-979.

저자약력

정세현

■ 경력

- ·현대그룹사 현대미포조선소 전산부 프로그램 & 시스템분석가
- ·포스코건설 전산기획 및 프로젝트 관리자(직위 : 과장)
- ·오리온그룹사 (주)오리온제과 실장(경영혁신 및 경영정보담당 책임자)
- ·기아정보시스템 SI사업본부 개발 및 프로젝트 관리자(팀장)
- ·우성해운(주) 경영정보고문
- ·(재)경남테크노파크 정보화사업단 시스템개발실장(단장)
- ·한국산업연구소 경영컨설팅본부 겸 정보화본부 본부장
- ·한성디지털대학교 경영학부장·전임교수
- ·한국사이버대학교·세종사이버대학교·서울시립대학교·서울산업대학교·한남대학교·대구사이버대학교·경원대학교·한세대학교·성결대학교·동서울대학·창원대학교 등 외래교수/겸임교수
- ·(현) 경원대학교 산학협력단 경제경영연구소 연구위원
- ·(현) (사)한국자치행정연구원 연구본부장
- ·(현) 한국산업기술대학교 겸임교수
- ·(현) 한국경영문화연구소 소장(CEO)

■ 전문위촉

- ·특허청 심사전문위원
- ·송도테크노파크 기업지원 전문위원
- ·한국IT비즈니스진흥협회 IM(정보화 멘토) 전문위원
- ·지식경제부 기술표준원 서비스품질 심사위원
- ·한국표준협회 CSR 전문위원
- ·한국TOC협회 전문 컨설턴트
- ·중소기업청 경영 및 정보화지도부 전문위원
- ·중소기업진흥공단 정보화지도부 전문위원
- ·한국경영·기술지도사협회 전문위원
- ·경기지방중소기업청 전문위원
- ·생산성본부 정보화 사업부 전문위원
- ·국제ISO 심사위원
- ·한국법률일보 편집위원/사회부부장
- ·한국창업경영컨설팅협회 전문위원

■ 학력

- ·연세대학교 공학석사(산업공학 전공)
- ·영남대학교 경영학석사(경영학 전공)
- ·경원대학교 경영학박사(경영정보 전공)
- ·창원대학교 공학박사(산업공학시스템 전공)

성공적 eSCM 구축 운영

2010년 3월 2일 초판1쇄 인쇄
2010년 3월 5일 초판1쇄 발행

저자와의 협의하에 인지생략

저 자 정 세 현
펴낸이 임 순 재
펴낸곳 한올출판사
등록 제11-403호
121-849
주 소 서울시 마포구 성산동 133-3 한올빌딩 3층
전 화 (02)376-4298(대표)
팩 스 (02)302-8073
홈페이지 www.hanol.co.kr
e-메 일 hanol@hanol.co.kr
정 가 25,000원

- ISBN 978-89-8325-928-8